高級漢文解釋法

漢文을 어떻게 끊어 읽을 것인가

管 敏 義 지음

서울대東洋史學硏究室 옮김

창비

역자 머리말

오랫동안 중국사라는 한문사료를 다루는 분야의 연구와 교육에 종사해오면서 절감하는 것이 한문읽기의 어려움이다. 나 자신도 한문문장의 정확한 뜻을 캐내기 위해 많은 시간을 허비해야 할 때가 많았지만, 석·박사과정 학생의 학위논문 지도과정에서 그들이 한문사료를 성확하게 읽는 데 일마나 고생하는가를 절실하게 느껴왔다. 한문문장을 정확하게 이해하기 위해서는 우선 정확하게 끊어 읽는 법을 알아야 한다. 어디서 끊는가만 알면 그 문장의 이해는 거의 된 것이나 같기 때문이다. 그 끊는 법을 익히기가 쉽지 않은 것이다. 그렇다고 옛날 식대로 백번 읽으면 문리(文理)가 통한다고만 가르칠 수는 없었다. 그저 훈련을 통해 조금씩 조금씩 익히는 수밖에 없었는데, 적당한 교재가 없어 암중모색하는 식으로 그때 그때 마주치는 문장을 교재삼아 가르칠 수밖에 없었다.

그러던 차, 얼마 전에 홍콩의 한 서점에서 보내온 도서목록에 관민의(管敏義)라는 사람이 쓴 『옛책의 표점을 어떻게 하느냐(怎樣標點古書)』, 즉 한문문장의 구두점을 어떻게 찍느냐는 뜻의 제목을 단 책을 발견해 바로 주문했었다. 읽어보니 과연 구두점 찍는 법을 많은 사례를 들어가면서 체계적으로 논술해놓았다. 혼자 읽기가 아까워 1992년도 2학기의 대학원 석·박사과정 강의에서 이를 교재로 삼아 한문읽기를 훈련하기로 하였다. 학생 각자에게 번역원고를 만들게 하여 시간중에 지명받은 사람으로 하여금 발표케 하고 나머지 학생은 자기의 번역원고를 바탕으로 토론을 하게 하였다. 이 과정에서 잘못된 번역이 수정될 뿐 아니라 원저자의 잘못된 설명, 예문의 잘못된 인용 등까지도 더러 발견할 수가 있었다. 그들은 정말 꼼꼼하게 착실하게 강의에 참여하였었다. 내가 해온 많은 강의 중 가장 성공적인 강의의 하나로 오래도록 내 기억에 남을 것이다. 그런데 강의가 애초에 의도한 훈련성과는 십분 발휘하였지만, 욕심이 더 생겨 워드프로세서로 꼼꼼히 다듬

4

은 번역원고를 활용해볼 생각이 들었다. 한문문장 읽기의 초보는 익혔으나 좀더 깊이 나가는 데 힘겨워하는 많은 다른 사람들에게 우리의 성과를 나누어주고 싶은 생각이 든 것이다. 그 결과 창작과비평사에 출판 제의를 하고 그것이 받아들여져 이 책이 출판될 수가 있게 되었다. 창비사가 상업성은 없으나 질 좋은 출판은 필요하다는 인식을 가지고 이 책 출판에 결단을 내린 것을 흐뭇한 마음으로 고맙게 여긴다.

이 원고 작성에 참가한, 즉 나의 강의에 참여한 학생들은 박사과정에 최진묵, 석사과정에 이용규·손승희·최재영·이수덕·권오정·박수철의 일곱명이었다. 그들의 노고를 기쁜 마음으로 치하하는 바이다. 그들 중 특히 최진묵군은 원고를 수합하여 정리하는 고달픈 일을 기꺼이 맡아주었을 뿐 아니라 성가신 교정까지도 마다하지 않았다. 이 자리를 빌려 감사를 표한다. 창작과비평사의 정해렴 선생의 놀랍도록 꼼꼼한 편집과정을 겪지 않았더라면 이 책이 이렇게 거의 완벽한 내용을 가질 수는 도저히 없었을 것이다. 아울러 깊은 감사를 드리는 바이다.

1994년 5월 26일

閔 斗 基

序　文

　고서(古書)의 표점(標點)은 고서를 정리하는 첫번째 과정이다. 과거에는 고서를 정리할 때 교감(校勘)·주석(注釋)을 가했지만 인쇄할 때 구두(句讀)를 하지 않았다. 지금은 반대로 고서를 다시 인쇄할 때 교감이나 신주(新注)는 있을 수도 있고 없을 수도 있지만, 표점만은 반드시 있어야 한다. 모(毛)주석, 주(周)총리도 고서의 표점을 중시하여 일찍이 이십사사(二十四史)에 대한 표점작업을 직접 주도하고 또 깊은 관심을 보였다. 근래 진운(陳雲) 동지 역시 고서 표점을 중시하여, 고서 표점의 상황에 대해 거듭 물어보면서, "고서를 표점·단구(斷句)하지 않으면, 설령 고문에 기초가 잘 닦여 있는 사람일지라도 읽기 어렵다"라고 지적하였다. 표점의 목적은 고서의 실제에 기초하여 표점부호를 사용, 원문의 구조·쉼·어기(語氣)를 분명하고 확실하게 재현하는 것이다. 고서에 표점을 덧붙임으로써 요점과 맥락을 명확히 할 수 있고, 독자가 고서의 원의(原意)를 이해하는 데 도움을 줄 수 있다. 따라서 여숙상(呂叔湘) 선생은 "표점은 고서 정리의 첫번째 과정이다"라고 적절하게 지적했던 것이다.

　고서 표점은 학자가 학문을 하는 데 있어 기본적인 기술이다. 중국의 고서는 헤아릴 수 없을 정도로 많아 한 통계에 의하면 8만여 종에 이른다고 한다. 그러나 이 가운데 정리된 서적은 4천여 종에 불과하다. 결국 현재 대부분의 고서는 여전히 표점이 되어 있지 않기 때문에 학자는 책을 읽을 때 구두·표점할 수 있는 능력을 가지고 있어야만 한다. 또한 고서의 정황이 복잡하여 이미 표점이 끝난 고서에도 착오가 있을 수 있으므로, 표점의 정확성 여부를 분별할 수 있는 능력도 가져야만 한다. 따라서 고적(古籍)의 원뜻을 정확하게 이해하기 위해서 학자는 반드시 고서를 표점하는 기본기술을 갖추고 있어야 한다.

　고서 표점은 고서를 읽고 검사할 수 있는 능력의 시금석이다. 당대(唐代)

학자 이제옹(李濟翁)은 "학식이란 구두[點書]를 어떻게 하는가 하는 문제와 밀접히 관련된다"[1]고 말했다. 고서를 읽고 이해하는 것은 고서를 표점하기 위한 전제이며, 고서 표점의 법칙을 파악하는 것은 고서 표점을 위한 필요 조건이므로, 이 두 가지는 어느 하나라도 빠뜨릴 수 없다. 오직 이 두 가지 모두를 갖추어야만 비로소 고서를 정확히 표점할 수 있다. 만약 고서를 잘 못 이해했다면 표점 역시 분명히 잘못하게 된다. 설령 고서의 대의를 충분 히 이해했다 하더라도 표점부호를 정확히 사용할 수 없으면, 이 역시 반드 시 착오를 일으킨다. 바로 노신(魯迅)이 "고문(古文)의 표점은 비단 학생을 곤혹하게 할 뿐만 아니라, 종종 유명한 학자조차 망신시키기도 한다"[2]라고 말한 바와 같다. 노신은 "구두를 틀리게 하는 것은 곧 그 내용을 이해하고 있지 못하고 있다는 명백한 표시 아닌가"라고 반문하면서, "고문에 표점하 는 것은 진정 하나의 시금석 같은 것으로서, 단지 몇개의 권(圈)·점(點)만 갖고도 그 문장의 참모습을 드러나게 해준다"[3]고 지적하였다.

따라서 고서 표점은 절대로 어떤 사람이 말한 것처럼 "단순히 미사여구로 문장을 꾸미는 보잘것없는 기교"가 아님을 알 수 있다. 이것은 중요한 일이 며, 또한 매우 어려운 일이다. 그러므로 우리는 계속 표점에 대하여 깊이 연구해야 한다. 육종달(陸宗達) 선생은 일찍이 구두에 대해 다음과 같이 말 했다. "구두에 대한 분석은 언어의 중요한 내용을 해석하는 것이므로 우리 는 이를 중시하여야만 한다. 그러나 과거에는 이 방면에 대한 체계적인 전 문서적이 없었을 뿐만 아니라, 고대 서적과 작품의 작가가 자기 스스로 구 두한 적도 없었다. 이것은 고대 중국어 가운데 서면언어(書面言語)가 후세 에 끼친 심각한 문제로, 반드시 앞으로의 훈고학자들의 공동 노력과 연구를 통하여 이러한 결함이 메워져야 한다. 우리는 한편으로는 고대 서적 및 작 품을 정확히 표점하면서, 다른 한편으로는 구두법칙에 대한 이론을 발전시 키고 규칙을 찾아내어, 고서 표점 작업에 활용하여야 한다."[4]

---

1) 『資暇集』
2) 「'題未定'草(6)」, 『魯迅全集』 6, 423면.
3) 「點句的難」, 『魯迅全集』 5, 574면.
4) 『訓詁簡論』, 30면.

　위와같은 육선생의 말에 자극받아, 필자는 비재를 무릅쓰고, 매 강의마다 누적된 자료를 계속 정리하여, 어떻게 고서를 표점하는가라는 문제에 대해 분석하였다. 글을 써나가는 도중에 고대 훈고가와 근현대 언어학자의 구두·표점에 대한 논술을 참고하였는데, 주된 것으로 무억(武億)의 『경독고이(經讀考異)』, 양수달(楊樹達)의 『고서구두석례(古書句讀釋例)』, 육종달(陸宗達)의 『훈고간론(訓詁簡論)』, 여숙상(呂叔湘)의 『통감표점쇄의(通鑑標點瑣議)』 등이 있다. 앞서 말했듯이, 고서의 정황이 복잡하기 때문에 표점하는 자 —— 설령 학식이 뛰어난 전문가라 하더라도 —— 에게 한 군데도 틀리지 않기를 요구하는 것은 거의 불가능하다. 마찬가지로 고서의 표점법식을 전부 과학적인 법칙으로 귀결시키는 것도 매우 곤란하다. 필자 능력의 한계 때문에 본서는 여러 학자들이 연구한 성과를 기초로 하여, 단지 고서 표점시 나타나는 일반적인 문제에 대해 졸렬한 견해를 제출함으로써 다른 사람의 고견을 이끌어내는 역할을 하고자 한다. 틀린 곳이 있다면 지적하여 바로잡아주길 바란다.

　본서의 일부 장·절은 일찍이 1982년 8월 중국역사문헌연구회(中國歷史文獻硏究會) 제3차 학술대회 때 제출한 것이다. 당시 회장 장순휘(張舜徽) 선생, 부회장 유내화(劉乃和) 선생, 비서처(祕書處) 왕서명(王瑞明)·최서정(崔曙庭) 선생 등의 아낌없는 지지를 받았다. 1983년 4,5월 사이에 필자는 서북(西北)대학 역사과의 초청을 받아 고서 정리를 전담하는 연구생들에게 고서를 표점하는 문제에 대해 체계적으로 가르친 적이 있었다. 이 일이 끝난 후 나는 은사이신 대남해(戴南海) 선생님 및 여러 연구생에게 강의한 원고에 대해 의견을 묻고 수정을 가하였다. 특별히 지적해둘 점은 본서를 수정하는 과정중에 북경도서관 문헌총간 편집부(文獻叢刊編輯部) 동지들의 전폭적인 지원을 받은 점이다. 그들은 필자에게 대량의 자료를 제공해주었을 뿐만 아니라, 북경도서관으로부터의 도서 대출과 열람시 필자에게 대단한 편의를 베풀어주었다. 이상의 동지 및 관계기관에 진심으로 감사의 뜻을 전한다.

1984년 6월 14일 관민의(管敏義)

일러두기

1. 지문이나 번역문에서는 한글 표기를 원칙으로 하고 필요한 한자는 ( ) 안에 병기했다. 다만, '예문' 문장을 분석 설명할 때에는 인용부호 (' '・" ")를 쓰고 음독을 달지 않았다. 우리 식 독음이 없는 글자는 ○ 표로 표시해 두었다.

2. 인용한 예문 해석에서 '바른 해석'은 [ ]를 사용하여 구별하였다.

3. 인명이나 서명 기타는 편의상 한국 한자음으로 표시하였다.

4. 장마다 별면으로 처리하고 각주는 일련번호로 표시했다.

5. 주(註)에서는 한자를 그대로 썼다.

6. 서명호 등 우리나라 관례와 다른 것은 우리 관례에 좇았다.

7. 절 이하의 분류체계는 원서보다는 좀더 단순화시켰다.

8. 예문 중의 △은 표점이 잘못된 부분을 나타낸 것이며, ・은 저자의 강조점이다.

9. 저자의 명백한 잘못은 일일이 지적하지 않고 바로잡았다.

10. 예문의 번역에서는 우리말 번역본이 있는 경우 아래의 번역서를 주로 참고하는 것을 원칙으로 하였다. 그러나 필요한 경우, 역자 스스로 번역한 경우도 있다.

『論語』: 車柱環 역, 乙酉文化社 1978.

『孟子』: 車柱環 역, 明文堂 1988.

『書經』: 車相轅 역, 明文堂 1985.

『左傳選』: 李成珪 편역, 三星文化美術財團 1980.

『春秋』: 鄭熙國 역, 韓國協同出版公社 1984.

『戰國策』: 李相玉 역, 兵學社 1989.

『荀子』: 金吉煥 역, 徽文出版社 1981; 安炳周 역, 三省出版社 1990.

『韓非子』: 尹永春 역, 徽文出版社 1981.

『史記』: 李成珪 편역, 서울대학교출판부 1987.

『史記列傳』: 李相玉 역주, 明文堂 1986.

『老子』『莊子』: 張基槿 외 역, 三省出版社 1976.

차   례

역자 머리말 ···3

序 文 ···5

일러두기 ···8

제 1 장   구두점과 표점

제 1 절 구두법의 기원 ···13

제 2 절 古書에서 句讀를 하지 않은 원인 ·······························29

제 3 절 구두점 찍는 법의 역사 ··34

제 4 절 구두와 표점의 유사점과 차이점 ····································41

제 5 절 古書를 표점하는 목적 ··48

제 2 장   고서에 표점하는 준칙

제 1 절 마침표와 쉼표 ···53

  1. 마침표의 용법 ···53

  2. 마침표를 해야 할 곳과 하지 말아야 할 곳······················56

  3. 쉼표의 용법 ···59

  4. 마침표를 할 것인가 쉼표를 할 것인가·····························79

제 2 절 모점·세미콜론·콜론 ·······································87

　　1. 모점의 용법 ··87

　　2. 모점을 할 것인가 쉼표를 할 것인가·····················88

　　3. 세미콜론의 용법 ···97

　　4. 세미콜론을 할 것인가 마침표를 할 것인가 ············101

　　5. 세미콜론을 할 것인가 쉼표를 할 것인가 ···············102

　　6. 콜론의 용법 ···106

제 3 절 물음표와 느낌표 ···111

　　1. 물음표의 용법 ··111

　　2. 느낌표의 용법 ··114

　　3. 마침표를 할 것인가 물음표를 할 것인가 ···············116

　　4. 쉼표를 할 것인가 물음표를 할 것인가 ·················118

　　5. 마침표를 할 것인가 느낌표를 할 것인가 ···············119

　　6. 물음표를 할 것인가 느낌표를 할 것인가 ···············120

제 4 절 引用符號 ···122

　　1. 인용부호의 용법 ···122

　　2. 인용부호의 誤用 ···129

제 5 절 말늘임표·말줄임표·전명호·서명호 ····················150

　　1. 말늘임표의 용법 ···150

　　2. 말늘임표를 사용할 곳과 사용하지 말아야 할 곳·········154

　　3. 말줄임표의 용법 ···155

　　4. 전명호···159

　　5. 서명호···165

제 3 장 고서 표점의 전제로서의 고서 이해

제 1 절 글자를 알고 뜻을 판별함 ·····························169
제 2 절 고대 중국어 어휘의 특징 파악 ·····················177
제 3 절 인명 판별의 중요성 ··································195
제 4 절 고대문화에 대한 지식의 필요성 ·····················205

제 4 장 표점과 고대 중국어 어법과의 관계

제 1 절 文言虛詞를 이용한 고서 표점 ·····················219
　　　1. '也' ··221
　　　2. '夫' ··227
　　　3. '焉' ··231
　　　4. '乎' ··236
　　　5. '而' ··239
　　　6. '以' ··244
　　　7. '與' ··248
　　　8. '爲' ··252
　　　9. '然' ··254
제 2 절 품사의 활용과 복합어에 대한 주의 ·················260
제 3 절 傳達動詞 '曰'자 앞뒤에서의 표점 ·················270
　　　1. '曰' 앞에서의 표점 ································271
　　　2. '曰' 뒤의 표점 ····································273

  3. '曰'의 생략···276
제 4 절 문장성분간의 관계에 대한 주의 ·····························279
제 5 절 문장성분의 생략과 표점과의 관계 ·······················303
제 6 절 각종 문장형식을 숙지해야 할 필요성 ·····················310

제 5 장 고서를 표점할 때 주의할 문제

제 1 절 고서 표점시 舊注 참고 ····································318
제 2 절 표점이 고대 음운에 부합해야 할 필요성 ·················324
제 3 절 고대 중국어 修辭의 특징에 대해 주의할 점 ············329
제 4 절 문체 특징에 근거하여 표점하기 ·······················337
제 5 절 표점은 校勘 고증과 서로 결합할 것이 요구됨 ········345

맺음말 ···352

索　引 ···354

제1장 구두점과 표점

제1절 구두법의 기원

옛날부터 사람들은 전해 내려오는 문헌 기록에 근거하여 막연히 한왕조(漢王朝) 이전 시기부터 구두법이 있어왔다고 했다. 청조(淸朝) 때 사람 장학성(章學誠)은 "문장에 점을 찍는 방식은 한왕조 이전 시기부터 있어왔다"고 말한 바 있다.[1] 그러나 충분한 증거가 없기 때문에 도대체 어느 시기부터 시작됐는지 불확실하다. 지금은 근래의 고고학적 발굴에 따라 문자 사이사이에 기재한 여러가지 부호 사용법이 갑골문 시기 때부터 이미 시작되었음을 알 수 있다. 몇몇 갑골문으로 새긴 글자들은 하나의 판에 여러 줄이 있을 경우, 각 줄 사이에 횡선·직선·정자(丁字) 모양의 선을 써서 구분한다.[2] 이러한 선을 갑골학에서는 '계획(界劃)'이라고 한다. 이것은 글자를 새길 당시 어떤 의도를 가지고 그은 것으로, 주로 각각 복사(卜辭)의 단락을 구분하려 한 것이다. 『복사통찬(卜辭通纂)』[3]에 있는 512호의 복사를 예로 들면, 좌측에는 위에서 아래로 칼로 그은 흔적이 있고, 우상면에는 직각형에 가깝게 새긴 흔적이 있어서 복골(卜骨)을 세 부분으로 나누고 있다. (도판 1 참조)

癸巳卜殼貞旬亡禍王占曰有祟
其有來艱迄至五日丁酉允有來艱

---

1) 章學誠, 『丙辰札記』, 35면.
2) 『甲骨文合集』 40610正 41824 41901, 『卜辭通纂』 512號(『郭沫若全集』 考古編 第二卷, 科學出版社 1983, 438면).
3) 郭沫若의 저서로 文求堂에서 1933년 초판이 간행되었다. 甲骨文 考釋書이다.

自西沚貳告曰土方征于我東鄙

戋二邑舌方亦侵我西鄙田

　계사일에 점을 쳤다. 곡(殼)이라는 씨족의 정인이 물었다. "열흘 이내에는 화가 없겠습니까?"(商)왕이 점을 보고 판단하여 말했다. "좋지 않은 징조이니 난이 생기리라." 5일 후인 정유일에 이르러 실로 난리가 서쪽으로부터 있었다. (그후 과연) 지○(沚貳)이 다음과 같이 보고하여 아뢨다. "토방(土方)이 우리 동쪽 마을을 공격하여 두 읍락을 노략합니다. ○방(舌方)도 역시 서쪽 땅을 공격합니다.[4]

　이것은 계사 어느 날에 곡이라는 이름의 복관(卜官)이 행한 첫번째 복문(卜問)이다. 전사(前辭)·정사(貞辭)·점사(占辭)·험사(驗辭)가 있다.[5]
　복골의 우측 직각형 '계획' 이하로는 모두 다섯 행이 있다. 석문은 아래와 같다.

癸卯卜殼貞旬亡禍

王占曰有祟其有

來艱五日丁未允

有來難舌彡伢

亡自舌圍六月

　계묘일에 점을 쳤다. 곡(殼)이라는 씨족의 정인이 물었다. "열흘 안에 화가 없겠습니까?"(상)왕이 점을 보고 판단하여 말했다. "좋지 못한 징조이니 난이 생기리라." 오일 후인 정미일에 실로 난리가 있었다. 이 ○어(舌圍)에서부터 화가 있었다. (이상은) 유월의 (일이다.)

---

4) 이 갑골문의 표점과 해석은 곽말약의 견해에 따랐다.
5) 前辭·貞辭·占辭·驗辭는 갑골문을 구성하는 네 단락의 형식의 명칭이다. 前辭는 어느 날에 점을 쳤다는 내용이고, 貞辭는 그것에 대한 貞人의 질문, 占辭는 실제 점의 내용, 驗辭는 이 점과 관계된 현실적 사건을 쓴다. 위 인용문에서 전사는 '癸巳卜', 정사는 '殼貞旬亡禍', 점사는 '王占曰有祟', 험사는 끝부분까지이다.

이것은 계묘일에 정인 곡(殼)이 실시한 첫번 정문이다. 정사·점사는 위의 것과 같은 내용이지만 험사는 다른 것이다.

두 개의 '계획' 사이에는 모두 세 행이 있다. 석문은 다음과 같다.

王占曰有祟其有來艱迄至七日己
巳允有來艱自西長友角
告曰吾方出侵我示纂田七十人五

왕이 점을 보고 판단하여 말했다. "좋지 못한 징조이니 난이 생기리라." /일 후인 기사일에 이르러 실로 난리가 서쪽으로부터 있었나. (그후 과연) 장우각이 보고하여 아뢰었다. "○방(吾方)의 무리가 우리 시○전(示纂田)을 침탈했는데 70인이었습니다." (이상은) 5월의 (일이다.)[6]

바로 위의 복사는 단지 점사와 험사뿐이다. 아마도 계해일의 점복인 듯하다. 왜냐하면 계해일부터 기사일까지가 일곱번째 날이기 때문이다.

비록 대다수의 갑골문에는 '계획'을 긋지 않았지만 '계획'이 있는 갑골문으로 보아서 그것은 확실히 단락을 나누는 작용을 했을 것이다. 그러므로 '계획'을 원시적인 분단부호(分段符號)로 보아도 무방할 것이다.

1969년 섬서성 남전현(藍田縣)에서 출토된 서주(西周) 공왕(共王) 시기의 영우(永盂)의 명문(銘文) 중 아홉째 행의 '句'자의 왼편 아래쪽에 꺾쇠부호가 있다.[7] 석문은 아래와 같다.

佳十又二年初吉丁卯益公
入卽命于天子公廼出厥
命錫矢師永厥田淪易洛
疆罕師俗父田厥罕公出

---

6) 맨 끝부분 '七十人五'는 70人과 5月이 합친 것으로 보아야 한다. 이 갑골의 앞부분에는 '五月'이라는 문자가 있는데(도판 1 참조) 저자가 임의로 인용하지 않은 것으로 보인다.

7) 『文物』1972-1, 62면, 圖三 永盂銘文(도판 2 참조).

도판 1 『卜辭通纂』512호 甲骨文

도판 2 永盂와 永盂銘文

厥命井伯榮伯尹氏師俗父
遺仲公迺命鄭司徒凼父
周人司工屈致史師氏邑
人奎父畢人師同付永厥
田厥率舊厥疆宋句丨 永拜
稽首對揚天子休命永用
作朕文考乙公尊盂永其
萬年孫孫子子永其率寶用

바야흐로 12년 초하루 정묘일에 익공(益公)이 입궐하여 천자로부터 명을 받들기 위해 나아갔다. 익공은 곧 (천자의) 명을 내려 사영(師永)에게 음양락 일대의 땅을 사여하였다. 경계는 사속보(師俗父) 땅에 미쳤다. 익공이 명을 내릴 때에 함께 있던 자들은 정백·영백·윤씨·사속보·견중 등이었다. 공은 이에 정(鄭)의 사도(司徒)인 ○부(凼父), 주인(周人)의 사공(司工)인 ○(屈)·○사(致史)·사씨(師氏), 읍인(邑人)인 규보(奎父), 필인(畢人)인 사동(師同) 등에게 명해서 영에게 토지를 환부하도록 했다. 분전(分田)하는 일이 구(舊)에 의해 영도되었고, 송구에 의해 경계가 지어졌다. 영(永)은 절하고 머리를 조아린 뒤 천자의 아름다운 명을 칭송했다. 이로써 영(永)은 덕이 있는 조상 을공(乙公)을 위한 존우를 만들었다. 자자손손 만만세 그것을 이어 내려 귀히 쓰기를 바라노라. [8]

명문의 아홉번째의 행의 '厥率舊厥疆宋句丨'에서 '句'자 왼편 아래쪽의 丨는 꺾쇠부호로 윗글이 '句'자에서 끝남을 표시한다. '句'자의 자리에 꺾쇠부호를 그은 것은 이 명문(銘文)의 문장구조에 부합되는 것이다. 왜냐하면, 그 위의 아홉 행의 문자는 사전(賜田)에 관한 기사이기 때문이다. '舊'·'宋句'는 모두 사람 이름이다. 아홉번째 행의 이 말의 의미는 분전(分田)하는 일이 구에 의해 영도되었고, 송구에 의해 경계가 지어졌다는 것이다. '句'

---

8) 이 해석은 唐蘭, 「永盂銘文解釋」, 『文物』 1972-1, 1972와 伊藤道治, 『中國古代國家の支配構造 —— 西周封建制度と金文』, 中央公論社 1987, 142~43면에 따랐다.

자 이하 '永拜稽首' 등등은 명문 중에 늘상 보이는 의례적 문구들이다.

1965년 12월 산서성의 '후마진국유지(侯馬晉國遺址)'에서 출토된 춘추 말기의 '후마맹서(侯馬盟書)'의 서약문 가운데 '자손(子孫)'·'한단(邯鄲)'·'지소(之所)'·'지우(至于)' 등의 합문(合文)[9]의 다음에 합문부호(合文符號)가 표해져 있다. '군소(君所)' 두 글자의 다음에는 중문부호(重文符號)[10]가 표시되어 있다. 더욱 중요한 것은 구두부호도 있다는 것이다. 예를 들어보자.

以事其宗~而敢不盡從嘉之明定宮平峙之命及或戲改助及㕣卑不守二宮[11]

종묘의 제사를 받들어 섬긴다. 감히 맹주(盟主: 嘉는 맹약에 참여한 이가 主盟人을 높이는 말)의 맹약(明은 盟과 통함)과 정궁(定宮: 종묘의 이름), 평치(平峙: 지명, 經籍에는 平時로 되어 있음)에서의 명(命)을 끝까지 따르지 않거나 신의를 저버리고 바꾸며 이궁(二宮: 親廟와 祖廟)의 종묘를 제대로 지키지 않는다면……[12]

맹약문 중에는 모두 47개의 구두부호가 있다. 이것은 최근까지 발견된 춘추 시기의 글로 되어 있는 자료 중 구두부호를 가장 많이 쓴 것이다.

장사(長沙)에서 출토된 전국 백서(帛書)와 신양(信陽)에서 출토된 전국 죽간(竹簡) 위에는 매 단락의 말미마다 납작한 장방형의 기호가 있어서 단락의 마침을 표시해준다. 신양의 죽간에는 구두부호도 있는데 문장의 가장 끝 글자의 오른편 구석에 작게 문구를 끊는 부호를 그어놓았다. 예를 들어보자.

---

9) 合文이란 서로 다른 두 글자가 합쳐져서 만들어진 한 글자를 말한다. 예를 들면 '孫='는 子孫의 合體文이다.

10) 중문부호는 그 바로 앞글자가 그 뒷글자와 연결됨을 나타내는 기능을 한다.

11) 『侯馬盟書』, 文物出版社, 1-32, 1976.

12) 이 해석은 唐蘭, 「侯馬出土晉國趙嘉之盟載書新釋」, 『文物』 1972-8, 1972에 따랐다. 原著에는 이 예문 이외에도 "及其子孫~麵猷之子孫~史醜及其子孫" (및 그 자손과 麵猷의 자손, 사추 및 그 자손에까지)의 인용이 있으나 이는 맹서 원문에는 중문부호로 되어 있는 것을 구두부호로 잘못 인용한 것이어서 譯書에서는 삭제했다.

教窅唱／教信三㪍教(제1조)
器二芓罷／二圓缶二靑方／二方向監／四罷二圓監(제2조)

1975년 호북성 운몽현 수호지(湖北省雲夢縣睡虎地) 진묘(秦墓)에서 출토
된 진간(秦簡) 중에도 각종의 부호가 있다. 「남군수등문서(南郡守騰文書)」
는 진시황 20년 남군수(南郡守) 등(騰)이 각 현과 도에 시달한 문서이며,
총 523자다. 그 가운데 ‘쟁서(爭書)’·‘조(曹)’·‘부(府)’·‘영승(令丞)’ 등의
중문 뒤에는 중문부호가 있고, ‘악리(惡吏)’ 앞에 큰 원점을 그려서 분단부
호(分段符號)로 했다. 그밖에 꺾쇠부호도 있다. 예를 들어보자.

古者∟民各有鄕俗其所利及好惡不同或不便於民∟害於邦是以聖王作爲法度以矯
端民心∟去其邪避∟除其惡俗∟法律未足∟民多詐巧∟故後有間令下者∟[13]
옛적에는 각기 마을마다 백성들의 풍속이 달랐다. 그 이롭게 여기는 것과
좋아하고 싫어하는 것이 달라서 어떤 것은 백성들에게 불편함을 주고 나라
에도 해가 되었다. 그리하여 성왕이 법도를 세워 민심을 바로잡고 사특한
것을 없애고 악한 습속을 제거하고자 했다. (그러나) 법률이 미비되고 백성
가운데 간사하고 교묘한 자들이 많아서 그후에 법령을 교란시키는 자들이
나타났다.[14]

이 문서 중에는 모두 26개의 꺾쇠부호가 있다. 모두 죽간의 두 글자 사이
에 쓰인 것으로 보아 글을 쓴 사람이 표해놓은 것임을 알 수 있다.
「진법율령(秦法律令)」 중의 ‘효(效)’·‘색부(嗇夫)’ 등의 중문 뒤에는 중문
부호가 있다. 또 꺾쇠부호도 있다. 그 예는 다음과 같다.

禾芻稿積脅有贏不備而匿弗謁∟及者移贏以賞不備[15]

─────────────

13) 『文物』 1976-5, 圖版 伍.
14) 이 해석은 睡虎地秦墓竹簡整理小組 編, 『睡虎地秦墓竹簡』, 文物出版社
   1978, 18면에 따랐다.
15) 『文物』 1976-7, 11면.

곡물 및 꼴·볏짚 등의 창고 물품에 대해 적(積: 저장 단위)의 남는 것이
나 모자라는 것이 있으되 은닉하고 보고하지 않았거나, 그 물품이 (장부상
의 수보다) 많다고 해서 그것으로 (다른 積의) 부족분을 보충한 경우……[16]

1973년말 장사(長沙)의 마왕퇴(馬王堆) 3호 한대 묘지(漢代墓地)에서 출
토된 백서(帛書) 『노자(老子)』 갑본(甲本) 뒷면에 부기된 네 편의 일서(佚
書)에는 글자 사이에 모두 구두부호가 있다. 『노자』 을본전고일서(乙本前古
佚書)의 각장이 연서되어 있는데 장의 맨 앞에 묵점 기호를 써서 장부호(章
符號)로 했다. 장의 말미에는 표제가 있다. 문장 중에는 구두부호가 있다.
『경법(經法)』 도법(道法)의 예를 들어보자.

至知者爲天下稽~稱以權衡[17]
지극한 지혜 있는 자는 천하를 위하여 헤아린다. 저울과 추로써 재듯 하
고……
畜臣有恒道使民有恒度~天地之恒常
신하를 기르는 데 변치 않는 도가 있고 백성을 부리는 데 일정한 법도가
있다. 천지의 불변의 법칙은……

『전국종횡가서(戰國縱橫家書)』의 장(章)의 앞머리에 묵점 표시가 있어서
장호(章號)의 기능을 한다. '대부(大夫)' 합문 뒤에는 합문호가 있고 '제
(齊)'·'조(趙)' 등의 중문 뒤에는 중문호가 있다. 문장 중간에는 꺾쇠부호
가 있다. 「소진위제왕장(蘇秦謂齊王章)」을 예로 들어보자.

楚越遠⌐宋魯弱⌐燕人承⌐乾粱有秦患傷齊者必勹[18]
초나라와 월나라는 멀고, 송나라와 노나라는 약하고, 연나라 사람들은

---

16) 이 해석은 睡虎地秦墓竹簡整理小組編, 『睡虎地秦墓竹簡』, 文物出版社 1978
100면 등에 따랐다.
17) 『馬王堆漢墓帛書』, 『經法』, 文物出版社 1976, 圖片.
18) 『馬王堆漢墓帛書』, 『戰國縱橫家書』, 文物出版社 1976, 圖片.

(우리를) 잘 섬기며, 건〔韓〕나라와 양(梁: 魏)나라에는 진나라의 우환이 있
으니 제나라에게 해를 끼칠 것은 작〔趙〕나라일 뿐입니다.

　이외에 『역경(易經)』의 뒤에 부기된 「역설(易說)」의 글자 사이에도 구두
부호가 있다.
　1972년 4월 산동성 임기(臨沂)의 은작산(銀雀山)의 제1호와 제2호 한대
묘지(한무제 초년에 해당)에서 출토된 한간(漢簡) 가운데 각종 부호가 있
다. 『손빈병법(孫臏兵法)』의 경우 각편에 편의 제목이 달려 있는데, 첫번째
죽간의 후면에 씌어 있다. 편말에는 전편의 글자수를 밝히고 있다. '평릉
(平陵)' 등의 중문 뒤에는 중문호가 있다. '대부(大夫)' 등의 합문 뒤에는
합문호가 있다. 문장 중간에 구두부호가 있다. 『손빈병법』 위왕문(威王問)
을 예로 든다.

　孫子曰鼓而坐之十而揄之。田忌曰行陣已定動而令士必聽奈何。[19]
　손자가 대답했다. "북을 치면서 나아가지 않고 앉아서 적을 기다리며, 여
러가지 방법으로 적을 유인해야 할 것이오." 또 전기가 물었다. "진 치는
일은 이미 정해지고 움직이려 할 때 영을 내리면 병사들이 반드시 듣게 하
려면 어떻게 해야겠습니까?"

　1959년 무위(武威)에서 출토된 서한(西漢)의 『의례』 간책(簡策)에는 편호
(篇號)·장호(章號)·구두부호·제목부호·괄호 등 각종 부호가 있다.[20]
　편호에는 두 종류가 있다. 첫째는 납작한 직사각형 부호(▬)이다. 간(簡)
의 첫부분에 쓰이는데, 갑본(甲本) 「복전(服傳)」의 맨앞에 쓰인 것이 그 좋
은 예다.

　▬斬衰常苴絰杖絞帶冠繩纓菅屨者斬者不緝也(제1간)
　참최(오복의 하나, 거친 삼베로 짓고 아랫단을 꿰매지 않은 상복, 외간상

---

19) 『銀雀山漢墓竹簡』, 『孫臏兵法』, 文物出版社 1975, 圖片.
20) 『武威漢簡』, 文物出版社 1964, 圖片.

에 입음)의 상복은 저질(상중에 쓰는 수질과 요질)과 저장(상중에 쓰는 검은 대나무 지팡이)을 하고, 교대(참최에 띠는 새끼로 만든 띠)를 띠고 관은 새끼로 갓끈 매고 솔새짚신을 신는다. 참(斬)이라는 것은 꿰매지 않는다는 뜻이다.

둘째는 큰 원점(●)이다. 간의 첫부분에 쓰이는데 병본(丙本)「상복(喪服)」의 맨 앞에 쓰인 것이 그 좋은 예다.

●喪服斬衰常苴経(제1간)

상복 참최의 상복은 삼베도 한다.

장호에는 네 종류가 있다. 첫째는 중간원점(●)이다. 간(簡)의 첫머리에 쓰였는데 마치 방형이나 타원형의 모습이다. 갑본「복전」에 보인다.

●疏衰常資牡麻経冠布纓削杖布帶疏屨基者問者(제12간)

소최(재최를 이름, 참최 다음가는 상복)의 상복은 모마로 된 거친 삼베에 관은 포로 된 갓끈을 하고 삭장(사각 오동나무 지팡이)을 하고 포대를 띠고 삼으로 엮은 신을 신는다. (일정한) 기간을 복한다. 묻는 자가……

둘째는 동그라미(○)다. 중간 원점과 같은 기능을 한다. 을본「복전」에 보인다.

○疏衰常資牡麻経無綴者寄公爲所畏寄公者何也。(제31간)

소최의 상복은 모마로 된 거친 삼베에 끈은 달지 않는다. 기공(제후가 나라를 잃거나 또는 어떤 사정이 있어서 이웃 나라에 기탁하고 있는 자)과는 구별하는 바 되니 기공이란 무엇을 말함인가?

셋째는 삼각형(▲)이다. 중간 원점의 기능과 같다. 갑본「연례(燕禮)」에는 다음과 같이 사용되었다.

▲燕禮小臣戒與者善宰具官選於寢東樂人縣执洗(제1간)

연례(잔치 의례의 일종)에 소신 가운데 삼가 함께 참여하는 자 중 선재는 침전 동쪽에 관의 음식을 준비하고 악공은 (연례의 시작을 알리는) 종을 친다. (또한) 씻는 그릇을 설치한다.

넷째는 꺾쇠부호(ㄴ)다. 중간 원점의 오른쪽에 위치하는데, 절을 정렬하기 위하여 만든 기호다. 「특생(特牲)」에서는 다음과 같이 쓰였다.

●ㄴ延祝南面主人酌獻祝祝拜受角主人拜(제23간)

자리에 앉아 남면하고 주인은 술을 따라 드리고 주인은 배송한다.

구두호에는 다섯 종류가 있다. 첫째는 중간원점(●)이다. 간(簡)의 행의 두 글자 사이에 쓰이는데, 갑본「복전」의 경우는 다음과 같다.

妻則小君也父卒然後爲祖後服斬●妾爲女君何以　基也妾之事女君與婦之事咎姑等●婦爲咎姑何以　基也從服也●(제26간)

처는 소군이다. 아버지가 돌아가신 후에는 조부를 위해 후사가 된 자는 참최를 입는다. 첩이 여군(정부인)을 위해서는 어느 기간만큼 복하는가? 첩이 여군을 섬기는 것은 며느리가 시부모를 섬기는 것과 똑같이 해야 할 것이다. 며느리가 시부모를 섬김에 무엇을 어느 기간만큼 복하는가? 복에 따른다.

『의례』간 중에서 중요한 점은 중간 원점을 구두부호로 쓴다는 것이다. 그 가운데 「사상견지례(士相見之禮)」에 아홉 개, 갑본「복전」에 23개, 갑본「특생」에 53개, 갑본「소뢰(少牢)」에 36개, 갑본「유사(有司)」에 29개, 갑본「연례」에 22개, 갑본「태사(泰射)」에 115개, 모두 287개다.

둘째는 동그라미(○)이다. 죽간의 행 가운데 두 글자 사이에 쓰인다. 갑본「특생」에서는 다음과 같다.

再 拜稽首尸入主人退○宿賓如主人服出門左西面(제5간)

재배 계수하고 나서 시관이 들어오면 주인이 물러난다. 숙빈과 주인이 음복하고 문 좌측으로 나와서 서쪽 면을 향한다.

『의례』간 중에 동그라미로 사용한 구두호는 중간 원점에 비해 훨씬 작다. 갑본「특생」가운데 겨우 한 개가 있고, 그 외에 을본「복전」중에 23개가 있다.

셋째는 삼각형(▲)이다. 죽간의 행 가운데 두 글자 사이에 쓰이는데, 갑본「연례」의 경우는 다음과 같다.

再拜稽首公合再拜賓以旅州於　西階上▲射人作夫＝長升受旅賓夫＝之右坐 (제21간)

재배하고 머리를 조아린 뒤 공은 빈객에게 답하여 재배하고 서쪽 계단에서 여수(旅酬: 의식이 끝난 후에 식에 참여한 사람들이 술잔을 돌려가며 마시는 일)를 행한다. 사인 및 작대부도 연장자 순으로 잔을 받고 빈대부에게 돌린 뒤 오른쪽 좌석으로 간다.

『의례』간 중에 삼각형으로 장호(章號)·구호(句號)를 쓴 예는 극히 드물다. 겨우 갑본「연례」에 각각 하나씩 사용되었다.

넷째는 꺾쇠부호(∟)다. 글 오른쪽에 쓰인다. 「사상견지례」에서는 다음과 같다.

某固辭不得命敢不從再拜受∟下大夫相見以雁飭(제8간)

누군가 고사하고 명을 받지 않으면서 감히 다시 배수해도 따르지 않으면 하대부가 서로 만나서 타이르고 권고한다.

『의례』간 중에는 꺾쇠부호도 그다지 많지 않다. 「사상견지례」에 겨우 한 개, 그 외에 갑본「특생」에 8개, 갑본「유사」에 5개가 있다. 주의해야 할 것은 꺾쇠부호의 용법과 위의 몇가지 구두부호의 용법이 서로 꼭 같지는 않다는 것이다. 그것은 모두 글의 옆 혹은 두 글자 사이의 오른쪽에 쓰였으므로 독자가 찍은 것 같다.

다섯째는 점(ヽ)으로 글 옆에 쓰인다. 갑본 「특생」의 경우는 다음과 같다.

爵興取肺坐絶祭嚌之興加於俎坐捝手祭酒啐酒 ヽ (제28간)

잔을 올리고 취폐(제폐를 의미하는 듯함. 손님이 술로 제사한 다음 俎에 담긴 폐를 집어 씹어 맛보는 것. 주인의 예를 대신하는 것이다)하고 앉는다. 제사의 흥이 절정에 달하면 제기에 (음식을) 올려서 바치고 앉아서 손을 씻고 제주(손님이 祭천을 하고 난 뒤 다시 술로 제사하는 것. 제천은 손님에게 주인의 제수를 올리면 손님이 즉석에서 포와 젓으로 제하는 것)와 최주(술을 입에 대고 마시는 흉내 정도로 조금 맛보는 것)를 행한다.

『의례』간 중에는 점도 많이 쓰이지 않는다. 갑본 「특생」 중 겨우 세번 보인다.

제목부호로 작은 점(・)이 쓰인다. 각 편의 표제 및 말미의 제목에 이러한 작은 점이 보인다. 「사상견지례」의 예는 다음과 같다.

・士相見之禮(제2간 背文)
・凡千二十字(제16간)

괄호([　])는 오직 「사상견지례」 제11간 [慈諰] 두 글자의 위아래에 보인다. 괄호는 두 글자 사이의 빈 자리에 찍힌 것으로 보아 아마도 독자가 덧붙인 것 같다.

『의례』간은 이전에 이미 발견된 한대 글로 된 자료 가운데 각종 부호가 가장 많이 사용된 고서다. 진몽가(陳夢家)의 고증에 따르면 묘 주인은 경전(經典)을 가르치던 선생인 듯하다.[21] 이 간책은 교본일 것이다. 문서상의

---

21) 『武威漢簡』緖論, 文物出版社 1964.

각종 부호가 어떤 것은 원서 위에 바로 찍혀 있다. 편장호와 부분 구두부호
가 그 예인데, 이 부호들은 간행 중간의 편장 시작 부분이나 두 글자 사이
에 각각 한 글자의 자리를 차지하고 있으므로 책을 편록한 사람이 초록한
것임을 알 수 있다. 어떤 부호는 읽던 사람이 후에 덧붙인 것이다. 구두부
호·점부호·괄호 및 부분 중간 원점은 이러한 부호들이 모두 한 글자의 자
리를 차지하고 있지 않고, 어떤 것들은 글자의 옆에 찍혀 있고, 어떤 것은
두 글자 사이의 틈 사이에 씌어 있기 때문이다.

1930년 출토된 거연한간(居延漢簡) 위에도 꺾쇠부호가 있다. 『거연한간갑
편(居延漢簡甲編)』의 예를 보자.

候史旁乚遂昌(179간)
후사 방이 창을 좇았다.

尉謂士吏親乚候長誼乚壽等寫移(978간)
도위(都尉)가 사리(士吏: 혹은 士史) 친, 후장 의·수 등에게 문서를 써서
전달할 것을 말했다.

詣候衰覇乚則乚思乚忘得乚劵乚聖乚及憲亡(2008간)
후 쇠패·칙·사·망득·○(劵)·성 및 헌망에게 일러……

이 외에 『유사추간(流沙墜簡)』 봉수류(烽隧類) 제45간에는 네 추장(隧長)
의 이름이 나온다. 앞의 세 사람의 이름 오른쪽에는 모두 乚표시를 했다.

隧長常賢乚充世乚綰乚鵃等候廛稟郡界中門戌卒王韋等十八人皆相從
수장인 상현, 충세, 관(綰) ○(鵃) 등의 후는 군계의 중문에서 근무했는
데(녹을 받다) 수졸 왕위 등 18인이 모두 그들을 따랐다.

1972년 감숙성(甘肅省) 무위(武威)에서 출토된 동한(東漢) 의간(醫簡)에
서 쓰인 부호는 일정한 규칙이 없다. 어떤 것은 간의 서두에 ' ノ '' ／ '' ヽ '

등의 부호가 있는가 하면 두 개의 의방(醫方) 사이나 분단되는 곳에 ‘ﾉ’ 부호 표시가 되어 있다. 무위『의례(儀禮)』간에서 쓰인 각종 편장호·구두부호와는 다른 점이 있다.

治痺手足雍種方秦瘳五分付子一分 ﾉ 凡二物冶合和半方寸匕一先鋪飯酒飲日三以愈爲度[22]

수족의 마비나 종기를 치료하는 처방은 진료(‘秦’은 ‘蓁’자와 통함) 5푼에 부자(‘付’는 ‘附’와 통함. 진료와 부자 모두 독성을 지닌 약초의 일종)를 1푼으로 한다. 무릇 이 두 약물을 섞어서 반 숟가락 정도를 식사 후 술과 함께 마시기를 하루에 세 차례 하면 차도가 있을 것이다.

皆冶合和以方寸匕酒飲不過再飲血立出不不卽大便血良禁ㇵ治金創腸出方冶龍骨三指□和以鼓汁飲之□□禁□□□□ ﾉ 治金創內廛創養不遹腹張方黃芩[23]

모두 섞어서 반 숟가락씩 술과 함께 마시는데 한도를 넘어서 거듭 마시지 말아야 한다. 피가 솟아 나오다가 그치면 대변에 피가 나오는 것은 잘 고칠 수 있다. 금창이나 장출을 치료하는 처방은 거북 껍질 세 마디에 고즙을 타서 마시면……을 고칠 수 있다. 금창과 내전창, 가려움증, 복장증(腹腸症: 배가 더부룩한 병)을 치료하는 처방은 황금으로……

우리가 위에 서술한 고고학적 발굴 문헌자료에서 보았듯이 분단과 구두는 은대부터 맹아가 싹텄고 주·진(周秦) 시기에 형성되었다. 이 부호들은 대개 세 가지 유형으로 구분된다. 첫째는 원문의 작자가 쓴 것이다. 갑골문에서의 ‘계획’이나 금문에서의 구두, 후마맹서와 진한간책 문서에서의 구두부호이다. 이러한 문헌 자료는 학습용으로 제공된 것이 아니고 모두 원본이며, 초록된 적이 없는 것이다. 두번째로 어떤 부호들은 초록한 자가 옮겨 쓴 것이다. 백서(帛書)『경법』,『전국종횡가서』, 한간『손빈병법』,『의례』

22)『武威漢代醫簡』, 文物出版社 1975, 13면.

23)『武威漢代醫簡』, 文物出版社 1975, 3면.

등의 책의 편장부호와 부분 구두부호가 그 예다. 셋째로 어떤 부호들은 읽는 사람이 첨가한 것이다. 『의례』 간에서의 꺾쇠·점·괄호 및 부분 중간 원점 등이 그 예다.

그러나 이러한 부호의 기원은 비록 이른 것이지만 용법은 각기 달랐다. 『의례』 간을 예로 들더라도 같은 책 가운데에도 편호가 두 종류, 장호가 네 종류, 상용적인 단구부호 또한 다섯 종류나 된다. 다른 서적의 부호는 그야말로 각양각색이다. 아울러 보편적으로 사용된 것도 아니다. 전체적으로 보아 절대 다수의 고적들은 구두부호가 없다. 만약 중국의 고적을 바닷물처럼 많다고 표현한다면 구두점은 바닷속의 좁쌀 한 알에 불과할 것이다. 더욱이 구두 표시가 있는 고서라 하더라도 모든 문장에 구두부호가 있는 것은 아니다. 『의례』 간을 해석할 경우, 구두점이 발견되는 예는 소수이고, 대다수 문장은 구두부호를 사용하지 않는 것이다. 구두부호를 가장 많이 사용한 갑본 「태사」에는 총 6858개의 글자가 있고, 115개의 구두부호를 사용했다. 평균 50여 자마다 한 개의 구두부호를 사용한 것이다. 기타 문헌 중에서는 구두부호를 거의 찾아보기 드물다. 실제로는 고대에 몇몇 문서 가운데 작자가 간혹 구두부호를 사용한 것 이외에는 문장을 쓸 때 일반적으로 작자 자신이 단구부호를 하지 않았다. 현재 역사문헌에서 볼 수 있는 구두부호는 대다수가 이후의 초록자나 독자들이 덧붙인 것이다.

제 2 절 古書에서 句讀를 하지 않은 원인

옛날 사람은 글을 쓰면서 구두를 하지 않아 후세 사람이 글을 읽는 데 많은 어려움을 느끼게 한다. 그 원인은 매우 복잡하다. 역사적으로 보아 크게 다음과 같은 몇가지 점으로 귀결할 수 있다.

첫째, 서면언어(書面言語: 글로 된 자료)가 형성되는 초기에는 내용이 비교적 간단했다. 당시에는 아주 적은 글자로도 의미를 전달할 수 있었으므로 문자 이외의 분단부호(分段符號)나 단구부호(斷句符號)를 굳이 사용할 필요가 없었다. 그래서 당초에 이러한 부호를 만들지 않은 것이다. 분단부호와 구두부호는 언어와 문자의 발전이 일정한 단계에 이르러 나온 것이다. 전술했듯이 최초의 분단부호는 제일 먼저 갑골문에 보이고 꺾쇠부호는 금문(金文)에서 처음 보이며 기타 여러가지 구두부호는 춘추전국에서 진한(秦漢)에 이르는 옥석각(玉石刻)·백서(帛書)·간책(簡策) 중에서부터 점차로 출현한다. 이러한 부호가 생겨날 때는 소량이었고 엉성하였으며 사용하는 방법에도 규칙이 없었고 고정되지 않았다. 만일 구두부호가 만들어진 이후에 이를 종합하고 일반화시켜 널리 사용하게 하였더라면 이후에 문장을 작성하는 데 표점을 하지 않는 현상이 생겨나지 않았을 것이다. 애석하게도 역사적인 한계 때문에 고대에서는 이러한 단계까지 도달할 수 없었다.

둘째, 상고 시대의 서적에 구두를 하지 않은 것은 책이 만들어진 요인, 전해 내려온 방식, 그리고 당시의 글 쓰는 조건과 관계가 있다. 경서라고 불리는 『시(詩)』·『서(書)』·『역(易)』·『예(禮)』·『춘추(春秋)』에 대해 이야기하자면 이들 모두는 공동 작업의 성과이다. 『춘추』의 내용은 노나라의 역대 사관이 끊임없이 기록한 것이 누적되어 나온 것이다. 『상서(尙書)』는 고대 전적을 망라한 것이고 『시경』은 많은 사람들이 공동으로 창작한 것이다. 『역』과 『예』는 숱한 사람들의 작업을 거치고 나서야 편찬된 것이다. 춘추전국 시대 대부분의 제자백가서는 작자 자신이 쓴 것이 아니고 그들의 문생(門生)·고리(故吏)나 사회적으로 그들을 떠받드는 군중들이 그들의 말과 행위를 모아서 편찬한 것이다. 『관자(管子)』·『논어(論語)』·『여씨춘추(呂氏春秋)』·『맹자(孟子)』 등은 모두 이렇게 편찬된 것이다. 그 중에서 『춘추』나 『상서』 같은 책은 몇 세대 사람들의 작업을 경과한 것이고 어떤 책은 『시경』처럼 처음 만들어질 때 글로 된 것이 없이 민간에서 구두로 전해 내려왔다. 또한 춘추전국에서 진·한에 이르러 고서는 일찍이 몇 차례 재난(戰火와 秦始皇의 焚書를 포함하여)을 당하였고 수많은 책이 스승과 제자 사이에서 입과 귀로 전해 내려왔다. 당시 글을 적는 여건이 곤란했기 때문에 사람들이 구두언어(口頭言語)를 기록할 때는 소리 있는 어언(語言)만을 기록했지 소리가 없는 분단부호나 구두부호가 비록 이미 원서상(原書上)에 출현하였다 해도 사람들은 기록할 때 시간과 문장의 길이를 절약하기 위해 가능한 대로 생략하고 기록하지 않았다.

셋째, 상고 시대 문장을 적으면서 구두를 하지 않은 습관은 이 이후 점차 일종의 관례가 되었다. 이 관례는 자연히 전체 학술계에 침투되었다. 더욱이 당시 '사인(士人)'들은 보편적으로 '옛날 것을 숭상하고 현재의 것을 낮추는' 사상을 가지고 있었다. 따라서 옛날 것을 숭상하고 모방하는 것이 크게 유행하게 되었다. 한 무제(漢武帝)가 '백가를 버리고 유술(儒術)만을 존중'한 이후로 공자가 산정(刪定)한 『시』·『서』·『예』·『역』·『춘추』는 경서로 존중되었다. 이 경서는 역사적 원인으로 인해 원래 구두를 하지 않았으며 일반 사인들은 모두 이를 신성불가침의 것으로 여겼다. 어떤 유학자들은 고서를 백문(白文: 표점되어 있지 않은 글)으로 읽는 것을 고아(高雅)하다고 여겼으며 자신이 문장을 적는 데 구두를 하지 않을 뿐만 아니라 심지어 경서의 장구(章句)를 분석하는 것을 천박한 유학자나 하는 짓으로 생각했다. 하후승(夏侯勝)은 일찍이 장구를 풀이하여 연구한 하후건(夏侯建)을 배척하여 "장구를 분석하는 것은 소유(小儒)나 하는 짓으로 대도(大道)를 무너뜨리는 짓이다"[24]라고 하였다. 이러한 분위기의 영향 아래에서 비록 이후에 종이가 발명되어 글을 적는 여건이 점차 개선되었다고 하더라도 문장을 적는 데 구두를 하지 않는 습관은 여전히 답습되어 내려오게 되었다.

넷째, 고서에서 구두를 하지 않는 것은 당시의 어법 수준과도 일정한 관계가 있다. 표점과 어법학의 관계는 매우 밀접하다. 문장의 구조를 분명히 이해해야 정확한 표점을 할 수 있고 문장의 구조를 분명히 이해하려면 반드시 중국어의 어법을 이해해야만 한다. 그러나 중국어 어법학은 매우 늦게 성립되었다. 상고 시대의 어법 연구는 일반적으로 개별 단어의 해석에 제한되었고 주로 유가 경전의 훈석(訓釋)에 치우쳤다. 원대(元代) 이후에라야 어법에 대해 종합적이고 독립성을 띤 연구가 시작되어 문어 허사(文語虛詞)를 전문적으로 다룬 노이위(盧以緯)의 『어조사(語助辭)』가 출현한다. 청대에 이르러 어법 연구가 유행되어 원인림(袁仁林)의 『허자설(虛字說)』, 유기(劉淇)의 『조자변략(助字辨略)』, 왕인지(王引之)의 『경전석사(經傳釋詞)』, 유월(兪樾)의 『고서의의거례(古書疑義擧例)』가 출현한다. 그러나 이러한

---

24) 『漢書』夏侯勝傳, 中華書局 1962, 3159면.

어법 연구는 유가 경전에 대한 의존에서 완전히 벗어나지 못했고 어법에 대한 계통적인 저서도 출현하지 못했다. 1898년에 이르러 마건충(馬建忠)이 라틴어의 어법을 모방하여 중국 최초의 문어어법 전저 『마씨문통(馬氏文通)』을 만들어 겨우 중국 어법학의 기초를 마련하였다.

중국어 어법학의 수립이 늦었으므로 고대 사인들은 일반적으로 어법을 사용하기는 하여도 명확한 어법의 개념은 없었다. 물론 고서에서 구두하는 방법을 이론에 이르도록 치밀하게 분석하고 그것을 법칙으로 귀결시킬 수 없었다.

다섯째, 고서에서 구두를 하지 않은 이상의 원인 이외에도 고대 중국어 자체의 특징과 일정한 관계가 있다. 그 중에서 고문이 많은 문어허사(文語虛詞)와 압운(押韻)을 사용하는 두 특징과 가장 밀접한 관계가 있다.

춘추전국 시기에 고문 중에 대량의 문어 허사가 출현한다. 구수사(句首詞)나 구말어기사(句末語氣詞) 등등 몇몇 허사는 실제적으로 문장을 끊어주는 역할을 한다. 이는 매우 분명한 사실이다. 여기에서 설명을 요하는 것은 고서에서 구두를 하지 않았기 때문에 많은 허사를 사용하여 문장 끊기를 도왔으며, 반면에 많은 허사를 사용함으로써 고서에 구두를 하지 않아도 될 조건이 조성되었다는 점이다. 이들은 서로 인과관계인 것이다.

고문에서 허사를 사용하여 문장 끊기를 돕는다는 것은 고서 중에 문어 허사를 덧붙이는 사례를 통해 입증할 수 있다. 『논어(論語)』 안연편(顔淵篇) 중에 "君子之德風小人之德草"라는 이 두 병렬판단구(並列判斷句)의 뜻은 "군자의 덕은 바람에 비할 수 있고 소인의 덕은 풀에 비길 수 있다"는 것이다. 구두부호를 하지 않았기 때문에 독자들은 '德風'과 '德草'을 붙여 읽어서 수식 관계로 오인하기 쉬울 것이다. 맹자가 이 두 구절을 인용했을 때 '風' '草' 다음에 각각 '也'자를 붙였다.

　　君子之德, 風也；小人之德, 草也。(『孟子』 滕文公 上)

판단구를 도와주는 어기사 '也'를 집어넣음으로써 판단의 의미는 명확해지고 독자는 수식 관계로 오해하지 않을 것이다.

또한 후대의 필사본·인쇄본에서 문장을 끊으려는 곳은 언제나 허사를 집어넣어서 쉼과 어기를 표시했다. 유월은 『고서의의거례』에서 다음과 같이 말했다.

老子 第五章：“天地之間，其猶橐籥乎？”易州唐景龍二年刻石本無‘乎’字。第十章：“(載營魄)抱一能無離乎？ 專氣致柔，能嬰兒乎？ 滌除玄覽，能無疵乎？ 愛民治國，能無知乎？ 天門開闔，能無雌乎？ 明白四達，能無知乎？”河上公本，此六句幷無‘乎’字。蓋無‘乎’字者，古本也；有‘乎’字者，後人以意可之也。

『노자』 제5장에서 “하늘과 땅의 사이는 마치 풀무와 같다고나 할까？”라고 하였는데, 역주(易州)의 당 경룡(唐景龍) 2년(二年)의 각석본(刻石本)에는 ‘乎’자가 없다. 제10장에서 “(形氣에 올라타고) 하나인 도를 지키고 이탈하지 않을 수 있다면？ 정기를 집중하여 흐트리지 않고 유연한 자세로 어린아이 같을 수 있다면？ 마음속의 거울을 말끔히 씻어 닦고 흠이 없게 할 수 있다면？ 백성을 사랑하고 나라를 다스리되 무위자연의 도를 따를 수 있다면？ 감관을 활용하되 여성적인 자세로 수동적이고 정적일 수 있다면？ 사방에 통달하는 밝은 예지를 가지고 있으면서 무지를 지킬 수 있다면？”이라고 하였는데 하상공(河上公)의 본에는 이 여섯 구에 ‘乎’자가 없다. 대개 ‘乎’자가 없는 것은 고본이다. ‘乎’자가 있는 것은 후인들이 의식적으로 더한 것이다.

유월의 생각은 정확하다. 이러한 허사는 모두 후인이 더한 것이다. 베껴 쓰거나 인쇄하는 사람들이 왜 이런 허사를 더한 것일까？ 이는 문장의 구조나 어기를 분명하게 하여 이후에 독자들이 잘못 끊어 읽는 것을 방지하기 위한 것이다.

동시에 고대의 서적은 전송(傳誦)에 편하도록 하기 위해 종종 압운을 사용한다. 『역경』이나 『노자(老子)』 같은 것은 많은 문구가 압운이고 기타의 산문에도 적지 않은 운구(韻句)가 있다. 시(詩)·부(賦)·사(詞)·곡(曲) 등 운문은 말할 필요도 없으며 운각(韻脚) 자체도 모종의 구두 작용을 한다.

고대 중국어의 이 두 특징은 글을 적을 때 구두를 하지 않아도 될 객관적인 조건을 제공하였다. 오랜 기간 동안 사람들은 일정한 훈련을 경과해야 구두가 되어 있지 않은 고서를 읽을 수 있었다.

위에서 서술한 것을 종합해 볼 때 고인들이 문장을 작성할 때 구두부호를 하지 않은 원인은 여러가지이고 결코 한두 개의 원인으로 이루어진 것은 아니다. 다양한 원인이 복합적으로 작용하는 가운데 그 중에서도 옛날 것을 숭상하고 모방하는 사상은 더욱 중요한 역할을 하였다.

제 3 절 구두점 찍는 법의 역사

고대의 문장에는 모순된 현상이 보인다. 한편으로 작자는 글을 쓸 때 구두부호를 하지 않았고, 다른 한편으로 독자는 책을 읽을 때 스스로 구두를 해야 했다. 이러한 모순된 현상으로 사람들은 독서할 때에 자주 착오를 일으켰다. 이러한 상황은 이미 춘추시대에 발생했다. '기일족(夔一足)'의 전설이 바로 그와같은 것이다. '기(夔)'는 요(堯)의 악관(樂官)이었다고 한다. 요는 일찍이 '기유일족(夔有一足)'이라고 한 적이 있었다. 노(魯)의 애공(哀公)은 이 네 자를 붙여 읽어 기는 다리가 하나밖에 없다는 말도 안 되는 결론을 얻었다. 뒤에 공자가 갖은 설명을 다한 후에야 비로소 의미가 명확해졌다. 『한비자』 외저설 좌하(外儲說左下)에는 다음과 같은 기술이 있다. "애공이 공자에게 물었다. '나는 기가 다리가 하나라고 들었는데 정말입니까?' 공자가 대답했다. '기는 사람입니다. 어찌 다리가 하나이겠습니까? 그는 다른 뛰어난 점은 없었고 단지 음악에 통달했습니다. 요(堯)는 「기는 한 명만 있어도 충분하다」라고 말하고 그를 악정(樂正)으로 삼았습니다. 그러므로 군자가 기유일족(夔有一足)이라고 한 것이지 다리가 한 개라고 한 것은 아닙니다.' 원래 '기유일족'은 하나의 압축된 복문으로 기와 같은 악관은 한 명만 있으면 족하다는 뜻이다. 네 자가 두 개의 구를 이루어 '기유일(夔有一)'이 한 문장이 되고, '족(足)'이 다른 하나의 문장이 된다. 이와 유사한 예는 더욱 많이 있지만 여기에서는 일일이 예를 들지 않겠다.

구두 문제를 해결하기 위해서 옛사람들은 두 방면에서 조치를 취했다. 하나는 구두의 훈련을 중시하는 것이다. 『예기』 학기편(學記篇)에는 다음과 같은 기술이 있다. "매년 입학해서 한 해씩 걸러 평가를 하는데, 1년에서 2년 사이에는 경전을 분석하여 (구두점을 끊어서) 뜻을 알아내는 것을 시험하였다. (比年入學, 中年考校, 一年, 視離經辨志)" 정현(鄭玄)은 주(注)에서 "이경(離經)은 구절(句絶)을 끊는 것이고, 변지(辨志)는 뜻이 향하는 바를 판별하는 것을 말한다"고 쓰고 있다. 공영달(孔穎達)은 소(疏)에서 다음과 같이 서술하였다. "학생이 처음 입학하여 2년이 지나면 향수대부(鄕遂大大)가 연말에 그 학업을 시험본다. 이경(離經)은 경전의 뜻을 분석하여 장구(章句)가 끊어지게 하는 것을 말한다." 무억(武億)은 『구두서술(句讀敍述)』에서 이것을 다음과 같이 해석하였다. "옛날에는 15세에 대학에 들어가 한 해 걸러 시험하였는데, 공영달의 소에 의해 그것을 계산하면 2년이 된다. 곧 학생들이 17세 될 때에 우선 경전을 구두하였다는 것이다. 주례에서는 3년마다 시험한다고 하였는데, 여기서 한 해 걸러 시험하는 것은 소에서 말하는 바대로 주례의 것이 아니고 하은(夏殷)의 교법(敎法)에서 따온 것으로 이때부터 이미 구두 끊는 것을 가르치는 것으로서 요체를 삼았다는 것이다"라고 해석하였다. 『예기』의 이 기술으로 통해서 고인들이 초학자들에게 구두 훈련을 행하는 것을 중시했고, 그것으로 학업 성적을 평가하는 중요한 척도로 삼았던 것을 알 수 있다. 또 하나는 고서에 대해 구두하는 방법을 분석하는 연구를 강화하는 것이다. 한대 이후로는 구두 연구가 하나의 전문적인 학문을 이루었다.

전해오는 문헌자료로 볼 때 구두의 개념이 상고 시대에서부터 점차적으로 형성되었음을 알 수 있다. 선진(先秦) 시기에 장(章)·언(言)·구(句)·두(讀)는 모두 문장의 음절을 가리켜 말한 것이었다. 음절이 끝나는 곳은 장이고 음절의 쉼이 있는 곳이 구, 두, 언이 된다. 구는 두라고 부를 수 있고, 두도 또한 구라고 부를 수 있다. 『공양전(公羊傳)』 정공(定公) 원년조(元年條)에 "정공이 구두하는 것을 익히고 그 전(傳)을 참고했다"라고 기재되어 있는데 후한대(後漢代) 하휴(何休)는 『춘추공양전해고(春秋公羊傳解

詁)』에서 이에 대해 "두란 경전을 말하고, 전은 훈고를 말한다"라고 주석을 달았다. 여기에 말하는 '두'는 곧 '구'의 의미이다.

'구두'라고 붙여 읽는 것은 하휴의 「공양전해고서(公羊傳解詁序)」에 처음 보인다. "스승의 말을 백만언에 이르도록 되풀이하여 읽어도, 오히려 이해하지 못하는 바가 있어서 때로는 우스운 말들을 만들어낸다. 그리고 다른 경전을 끌어들여서 올바른 구두를 하지 못하고, 엉뚱한 것을 있게 하기도 한다. 심지어 (周王을 天囚로 보는 따위의) 어처구니없는 일들이 한둘이 아니다"라는 것이 바로 그것이다. 마융(馬融)은 『장적부(長笛賦)』에서 '구투(句投)'라는 말을 썼다. 여기에서 "음악에 밝은 자는 가락에서 법칙을 보고, 구투에서 변화를 살핀다"라고 하였다. 여기서의 구투는 곧 '구두'이다. 또한 고유(高誘)는 『회남자(淮南子)』서(序)에서 "내가 어렸을 때부터 옛날의 시중(侍中)인 같은 현의 노군(盧君)을 따라서 구두하는 것을 배웠다"라고 회상하였는데, 여기서 '구'와 '두'는 함께 붙어 사용되지만 양자간에는 일정한 차이가 있다. 그러나 당시에 그 한계는 그렇게 명확하지 않았다. 구조상으로 말하자면 '구'와 '두'는 서로 바꾸어 사용해도 되는 글자로서 합해서 하나의 두 음절어를 만들며 그 뜻은 단독으로 '구' 혹은 '두'라고 칭하는 것과 유사하다. 이것은 당시 문장의 개념이 오늘날과 같이 명확하지 않았기 때문이고, 또한 어의가 완전한 것(구)과 불완전한 것(두)의 구분도 엄격하지 않았기 때문이다. 이러한 현상은 당시 사람들이 문장에 방점을 찍을 때 구호(句號)와 두호(讀號)의 용법이 기본적으로 구별이 없었던 점과 같다.

한대 이후에 단구(斷句)에 사용하는 주요한 부호는 세 종류였다. 첫째, 'ㄴ'(중국어 발음으로는 絶 jué)는 서주(西周)의 금문(金文)에서 처음 보이는 것으로 진한 시대의 간책(簡策)·백서(帛書)에도 쓰였다. 『설문해자(說文解字)』제10편 ㄴ부에서는 "ㄴ는 꺾쇠 표지이다"라고 설명하고 있다. 동시에 저소손(褚少孫)이 보충한 『사기』골계전(滑稽傳)에는 "동방삭이 상서(上書)를 할 때에 삼천 개의 주독(奏牘)을 사용하였고, 임금이 읽다가 멈춘 곳에 '乙' 표시를 하면서 읽어 2개월 만에 끝이 났다"라는 기록이 있는데 이 '乙'자에 대해 단옥재(段玉裁)는 『설문해자주(說文解字注)』에서 이에 관해 다음과 같이 해석하였다. "이것은 갑을(甲乙) 할 때의 '을'이라는 글자가 아니고 바로

'ㄴ'이다. 오늘날 사람들이 독서하면서 꺾쇠를 하는 것이 곧 이것이다."둘째, 丶(중국어로는 主 zhǔ)로『설문해자』제12편 丶부에서 "丶는 끊어 멈추는 것이고 丶로서 표시한다"라고 풀이했다. 셋째, 동그라미 '○'로 개별적인 곳에 장호(章號)를 쓰는 이외에 일반적으로 단구하는 데 쓰인다. 당시에 이세 가지 부호의 쓰임은 기본적으로 일치했다.

당대(唐代) 사람들도 구두 연구를 매우 중시하여 구두하는 것을 어의 해석과 말의 사상이나 감정을 설명하는 중요한 관건으로 여겼다. 육덕명(陸德明)의『경전석문(經典釋文)』은『상서』·『시경』·『좌전』·『예기』등의 책에 내해 어의를 실명하고 독음을 밝히는 것 이외에 선인들의 구두하는 나양한 방법들을 열거하고, 어떤 것에 대해서는 비평을 하기도 하였다. 당대의 언어학자들은 또 구두하는 것을 학식 수준을 재는 시금석으로 보았다. 이제옹(李濟翁)은『자하집(資暇集)』에서 "학식이란 어떻게 책을 표점하는가의 문제이다"라고 기술하기도 했다. 당 이후 구(句)와 두(讀)는 명확한 구분이 있었다. 천태사문(天台沙門) 담연(湛然)은『법화문구기(法華文句記)』에서 "경문의 말이 끊어지는 곳을 '구'라 하고, 말은 끊어지지 않았는데 점을 하여 읽기 쉽게 한 것을 '두'라 한다"고 말했다. 여기서 말하는 '구'는 오늘날의 마침표에, '두'는 쉼표에 해당한다.

그런데 책을 간행할 때 구두부호를 사용한 것은 송대부터 시작되었다. 송대 사람 악가(岳珂)의『간정구경삼전연혁례(刊正九經三傳沿革例)』에는 다음과 같이 기재되어 있다. "촉의 여러 판본을 보면 모두 구두가 없는데 오직 건감본(建監本)이 한림(翰林)의 교서하는 방식을 본받아 옆에 방점을 하기 시작하였다. 따라서 책을 펴면 명료하여 학자에게 편리했다."송대 사람들은 '구'와 '두'에 대한 구분이 더욱 명확하였고 또 비교적 일치된 방점 방법을 가지고 있었다. 모황(毛晃)은『증운(增韻)』에서 "지금 비서성(祕書省)의 교서(校書)하는 방식은, 구가 끊어지면 글자의 옆에 점을 찍고 두가 나누어지면 글자의 중간에 작은 점을 찍는다"라고 했다. 현재 전해지는 송상대악씨본오경(宋相臺岳氏本五經)은 이러한 부호를 사용하고 있다.

원대(元代)의 여러 간행본에도 구두가 있었다. 청대 사람 하작(何焯)은『통지당경해춘추당본의(通志堂經解春秋堂本義)』를 평하는 말에서 "원의 판

본이 가장 정교한데, 구두에 점(點)과 말(抹)이 있었다"라고 말했다. 원대
사람들의 구두에 대한 분석은 진일보하여 정단례(程端禮)의 『정씨가숙독서
분년일정(程氏家塾讀書分年日程)』 중의 구두에 대한 논술은 지금도 중요한
참고 가치를 가지고 있다.

주의해야 할 것은 송·원 이래로 사람들은 독서를 하면서 표점을 하기 시
작했다는 것이다. 『송사(宋史)』 하기전(何基傳)에는 다음과 같은 서술이 있
다. "독서를 하는 데는 표점을 하지 않으면 안된다. 이것을 하면 문장의 의
미가 분명하게 드러나 설명을 기다리지 않고 저절로 알 수 있기 때문이다."
또 『송사』 왕백전(王柏傳)에는 "『논어』·『대학』·『중용(中庸)』·『맹자(孟
子)』·『통감강목(通鑑綱目)』에 주해를 달고 표점하여 교정한 것이 더욱 정
밀하다"라고 기재되어 있다. 우리는 송대 사람이 표점한 고서를 본 적은 없
으나 이 기술에서 '점(點)'은 아마도 구두를 가리키고 '표(標)'는 아마도 기
억을 돕는 부호를 가리키는 것을 추측할 수 있다.

원대 학자들도 독서할 때에 역시 표점을 했다. 청대 사람 전태길(錢泰吉)
의 『포서잡기(曝書雜記)』의 기재는 다음과 같다.

常熟毛黼季, 藏元人標點『五經』。 魏叔子爲之記, 見文集卷十六。 其大略曰:
"『書集傳纂注』, 有至順壬申二月吳壽民識云:『尙書票點』。 王魯齋先生凡例:
朱抹者, 綱領大旨; 朱點者, 要語警語也。墨抹者, 考訂制度;墨點者, 事之始
末及言外意也。大略與『四書』標點例同。『詩集傳』, 亦墨朱標點;『易傳義』, 黃
朱; 有元人印記。『禮記集說』, 亦元人標題。三經標點, 皆類王魯齋義例。『春
秋胡傳』, 用五色筆點抹, 以『左氏』、『公羊』、『穀梁傳』標于上, 視諸經尤工密。
黼季又云: 近見元人臨魯齋標點四書, 在泰興季御史振宜家, 款例與『五經』同。"
毛氏季氏所藏之經書, 不知尙在天壤間否? 亦未見臨摹之本。學者用此意以
讀經, 則『讀書分年日程』所載勉齋批點四書例, 可彷彿也。

상숙의 모보계가 원대 사람이 표점한 『오경』을 소장했다. 위숙자가 그것
을 기록한 것이 문집 권16에 보인다. 그 대략을 말하면 다음과 같다. "『서
집전찬주』는 지순 임신 2월에 오수민이 지(識)를 붙여 『상서표점』이라 했
다. 왕노재 선생의 범례에 의하면 붉은 줄은 큰 줄거리와 대의에 표하고,

붉은 점은 중요한 말과 경구에 표시한다. 검은 줄은 제도를 고찰하는 데 쓰이며, 검은 점은 일의 시말과 언외의 뜻에 표시한다. 대략 사서 표점의 범례와 같다. 『시집전』도 또 검고 붉은 표점을 했고, 『역전의(易傳義)』는 노랗고 붉은 표점을 했는데 원대 사람이 인쇄한 것이 있다. 『예기집설』도 또한 원대인이 제목을 붙였다. 삼경의 표점은 모두 왕노재의 범례와 유사하다. 『춘추호전』에는 오색의 붓을 사용하여 점(點)과 말(抹)을 했는데, (거기서 인용한) 『좌씨전』·『공양전』·『곡량전』은 위에 표점하여 여러 경전을 더욱 치밀하게 보이게 했다. 보계가 또 말하기를, 근래에 원대인이 왕노재의 사서 표점을 내하는 것을 보니 태흥의 어사 계신의의 집에 있는 것노 범례는 오경과 동일하다.

모씨·계씨가 소장하고 있던 경서는 존재하는지 여부도 모르지 않는가? 그 당시 모사본은 아직 보지 못했다. 공부하는 사람이 이 뜻을 가지고 경전에 구두를 하려고 한다면 『독서분년일정』에 실린 면재(勉齋: 黃榦)가 표점한 예도 본받을 수가 있다.

이로부터 우리는 원대 사람들이 이미 독서할 때에 표점을 많이 하고 있었으며 또 주점·주말·묵말·묵점 등의 여러가지 다른 방법들을 가지고 있었음을 알 수 있다.

명대(明代) 사람들은 이러한 방법을 문장에 점을 찍는 데에 전문적으로 사용했다. 『포서잡기』 권중(卷中)에는 일찍이 명대 귀유광(歸有光: 震川)이 『사기』를 평점(評點)한 방법을 소개하고 있다.

震川評點『史記』, 自爲例意。略云: 硃圈點處, 總是意句與敍事好處; 黃圈點處, 總是氣脈。硃圈點者, 人易曉; 黃圈點者, 人難曉。黑擲是背理處, 靑擲是不好要緊處, 硃擲是好要緊處, 黃擲是一篇要緊處。

진천이 『사기』를 평점하면서 스스로 예를 들었다. 요약하여 말하면 붉은 방점을 하는 곳은 전체적으로 의미와 서술이 잘된 것을 뜻한다. 노란 방점을 하는 곳은 기맥이 통하는 곳이다. 붉은 방점을 하는 것은 사람들이 알기 쉬운 부분이고, 노란 방점은 사람들이 알기 어려운 곳에 한다. 흑척은 이치에 어긋난 곳에 쓰고, 청척은 그다지 중요하지 않은 곳에 쓰며, 주척은 아주 중요한 곳에 쓰고, 황척은 일편(一篇)의 요점에 쓴다.

  그렇지만 명백히 이들 표점은 우리가 현재 사용하는 신식 표점과 전반적으로 같은 것은 아니다. 이것은 대개는 구두의 기초적인 수준으로 문구에 밑줄을 치는 정도일 따름이다.

  청대(淸代)의 학자는 구두의 분석을 매우 중시했다. 그들은 언어의 훈고와 주석에 탁월했을 뿐 아니라 고서의 구두에 대해서도 한층 발전된 논술을 하였으며 사서(四書) 및 십삼경(十三經)의 분석에도 좀더 향상된 모습을 보여주었다. 범응정(范凝鼎)의 『사서구두석의(四書句讀釋義)』, 오영(吳英)의 『사서장구집주가숙독본구두(四書章句集注家塾讀本句讀)』, 하흔(夏炘)의 『시장구고(詩章句考)』, 진기영(陳其榮)의 『경전이구고증(經傳離句考證)』, 왕할(王劼)의 『모시독, 경전자구고이(毛詩讀, 經傳字句考異)』, 육석모(陸錫謨)의 『시경구두고증(詩經句讀考證)』, 전역(錢繹)의 『십삼경단구고(十三經斷句考)』, 요사찬(姚思贊)의 『심정사서구두(審定四書句讀)』, 적호(翟灝)의 『사서고이'구두'(四書考異'句讀')』 등이 출현했다. 동시에 구두를 연구하는 전문적인 저서가 출현했는데, 예를 들어 무억의 『구두서술(句讀敍述)』·『경독고이(經讀考異)』 등이 그것이다. 이외에도 많은 학자들의 저작 중에서──예컨대 고염무(顧炎武)의 『일지록(日知錄)』, 왕염손(王念孫)의 『독서잡지(讀書雜志)』──모두 고서에 대한 구두를 언급했다. 요약하면, 이 시기의 언어학자들은 경서 및 기타 중요한 역사문헌에 대해서 어의·어법과 음률 각 방면에 걸쳐서 분석을 행하여 옳고 그름을 판정하고 한·당(漢唐) 이래로 행한 각가(各家)의 주석 중의 구두상의 착오를 바로잡았다.

  청대인의 구두 연구상의 성취는 당시 어법 수준의 향상과 밀접한 관계가 있다. 건륭·가경 이래 경학자들은 점차 훈고로부터 어법 연구로 전향하여 이전 시대 학자에 비하여 명확한 어법개념을 가지기 시작했다. 이미 서술한 바와 같이 당시에는 또 어법에 관계된 일련의 서적들이 출현했다. 어법 연구는 구두 연구를 자극하여 현저한 성과를 거두었다. 여기서 특별히 지적해야 할 것은 왕염손·왕인지(王引之) 부자가 구두 분석상에서 중요한 공헌을 하였을 뿐 아니라, 스스로 간행한 『광아소증(廣雅疏證)』·『경전석사(經傳釋詞)』 같은 책에서 스스로 구두부호를 하고 있기도 하다. 따라서, 수천년간의 저서에 스스로 구두를 표시하지 않는 낡은 관습을 타파했던 것이다.

종합하면, 구두의 개념은 상고 시대에서부터 점차 형성된 것이다. 한대 이후 구두 연구는 하나의 학문을 이루었다. 고인들은 글을 쓰면서 스스로는 구두를 표시하지 않으면서 한편으로는 구두 연구를 중시했다. 이러한 모순된 현상이 수천년간 지속되었다. 청대 사람 왕씨 부자가 스스로 간행한 책에서 구두를 하였지만 전체 사회의 기풍을 바꿀 수는 없었다. '5·4' 신문화 운동기에 이르러서야 이러한 관습을 지키려는 구전통을 철저하게 타파하고 문자언어 중에 신식 표점을 시작해 비로소 고서에 표점부호를 하는 일에 착수할 수 있게 되었다.

제 4 절 구두와 표점의 유사점과 차이점

현재의 표점은 5·4운동 기간에 서양에서 수입된 것이다. 처음에는 마침표를 동그라미〔圓圈〕로 대체한 것 이외에는 기본적으로 서양식의 것을 그대로 수용하였지만 사용하는 가운데 점차 개선, 완성되어 현재와 같은 모양으로 되었다. 표점부호는 표호(標號)와 점호(點號)를 함께 가리키는 말이다. 어기(語氣)와 쉼을 표시하는 부호를 점호라고 부르며 여기에는 마침표(句號 .)·쉼표(逗號 ,)·모점(頓號 、)·세미콜론(分號 ;)·콜론(冒號 :)·물음표(問號 ?)·느낌표(歎號 !) 등이 포함된다. 인용·주석·생략 및 인명·지명·서명 등을 표시하는 부호를 '표호'라 부르며 여기에는 따옴표(引號 " ", ' '), 괄호(括號 〔 〕, ( )), 말늘임표(破折號 ——), 말줄임표(省略號 ……), 방선(專名號 ＿＿＿), 서명호(書名號 《 》, 〈 〉) 등이 포함된다. 구두와 표점 사이의 유사점과 차이점을 분석하기 위해 먼저 구두와 표점이 대비된 아래와 같은 예를 살펴보도록 하자.

時甲子昧爽、 王朝至于商郊牧野、 乃誓。 王左杖黃鉞、 右秉白旄以麾。 曰、
逖矣、西土之人。(『尚書』牧誓)

時甲子昧爽, 王朝至于商郊牧野, 乃誓。 王左杖黃鉞, 右秉白旄以麾。 曰:
"逖矣, 西土之人?"

때는 갑자일(甲子日) 새벽으로 왕은 아침에 상(商)의 교외 지역인 목야
(牧野)에 나아가 맹세를 했다. 왕은 왼손에는 황금빛 도끼를 들었고 오른손
에 하얀 모우의 꼬리를 쥐고 지휘를 하면서 "(路程이 정말) 멀었구나. (우
리들은) 서쪽 지역의 사람들인가?"라고 말했다.

有子問于曾子曰、 問喪于夫子乎。 曰、 聞之矣。 喪欲速貧、 死欲速朽。
(『禮記』檀弓 上)

有子問于曾子曰: "問喪于夫子乎?"曰: "聞之矣。 喪欲速貧, 死欲速朽."

유자(有子)가 증자(曾子)에게 "벼슬하다 관직을 잃은 것에 대해 부자(孔
子)에게서 들었습니까?"라고 묻자 (증자가) 대답하기를 "그것에 대해 들었
소. 벼슬하다 관직을 잃으면 속히 가난해지는 것이 좋고 사람이 죽으면 빨
리 썩게 하는 것이 좋다고 하셨네"라고 했다.

三家者以雍徹。 子曰、 相維辟公、 天子穆穆。 奚取于三家之堂。(『論語』八佾)

三家者以『雍』徹。 子曰: "相維辟公, 天子穆穆.' 奚取于三家之堂?"

삼가(三家)에서 (제사를 마치고『詩經』의) 옹장(雍章)을 노래하면서 철상
(撤床)하였다. 공자(孔子)가 "'제후들이 (제사를) 돕거늘 천자는 엄숙하게
계시다'는 가사를 어찌해서 삼가의 당(堂)에서 취해서 쓰는가?"라고 말했
다.

慶封曰、 無或如楚共王之庶子圍弑其君、 兄之子麇、 而代之、 以盟諸侯。(『左
傳』昭公 4년)

慶封曰: "無或如楚共王之庶子圍弑其君 —— 兄之子麇 —— 而代之, 以盟諸
侯!"

경봉(慶封)은 "혹시 초 공왕(楚共王)의 서자인 위(圍)가 그 임금 즉 형의 아들인 균을 시해하고서 그를 대신하여 (스스로 임금이 되어) 제후와 맹약하는 일 같은 것이 없도록 해라!"라고 말했다.

> 君仁、莫不仁。君義、莫不義。君正、莫不正。(『孟子』離婁 上)
> 君仁, 莫不仁; 君義, 莫不義; 君正, 莫不正。

임금이 어질면 어질지 아니한 것이 없을 것이요, 임금이 의로우면 의롭지 아니한 것이 없을 것이다. 임금이 바르면 바르지 않은 것이 없을 것이다.

> 將爲胠篋、探囊、發匱之盜而爲守備, 則必攝緘縢、固扃鐍、此世俗之所謂知也。(『莊子』胠篋)
> 將爲胠篋、探囊、發匱之盜而爲守備, 則必攝緘縢, 固扃鐍, 此世俗之所謂知也。

장차 상자를 열고 주머니를 뒤지며 궤짝을 여는 도둑이 있을 것이니 (그것을) 대비하여 반드시 줄이나 끈으로 묶고 빗장과 자물쇠를 단단히 채워둔다. 이것이 세상이 일컫는 지혜인 것이다.

이상의 예문을 통하여 구두와 표점 모두가 문장 끊기에 사용되는 것임을 알 수 있다. 이것이 구두와 표점의 공통점이다. 그러나 여기에는 차이점도 존재한다. 첫째, 표점부호의 내용이 구두부호에 비해 좀더 다양하다. 구두에서 사용되는 것이 단지 두 종류의 부호임에 반해 표점부호는 십여 종류에 이른다. 고대의 구(句)는 현대의 마침표 외에 물음표·느낌표·세미콜론에 해당하고 고대의 두(讀)는 쉼표 외에 콜론·모점 등에 해당한다. 현대의 따옴표·전명호(專名號)·서명호(書名號) 등은 고대 구두법에는 없었던 것이다. 둘째, 구두는 단지 문장을 끊는 작용만 할 뿐이지만 표점으로는 문장 끊기 이외에 말의 어기와 감정을 나타낼 수 있다. 예로 평서문 뒤의 마침표, 의문문·수사의문문 뒤의 물음표, 감탄문·기원문 뒤의 느낌표 등을 들 수 있다. 더욱이 말줄임표·괄호·말늘임표 등의 작용은 구두부호가 표현할 수 없는 것이다. 어떤 문장의 경우 과거의 구두에 의하면 여러가지 다른 뜻으로 해석될 수 있지만 새로운 표점을 사용하면 오해를 일으키지 않을 수 있다. 『상서』서백감려(西伯戡黎) 가운데 한 구절은 과거의 구두법에 의하면 다음과 같다.

王曰、嗚呼、我生不有命在天。[25)]

이 구절에 사용된 부호로는 문장의 어기를 반영할 수 없다. 즉 수사의문문일 수도 있고 평서문일 수도 있다. 그러나 앞뒤 문장을 보면 이는 수사의문문이다. 새로운 표점을 사용한다면 독자에게 오해를 일으키지 않을 것이다. 예를 들어보자.

王曰："嗚呼！ 我生不有命在天？"
왕은 "아아！ 나의 생명은 하늘에 달려 있지 않겠는가？"라고 말했다.

『상서』여형(呂刑) 중의 한 구절은 과거의 구두법을 사용하면 다음과 같다.

王曰、嗟、四方司政典獄、非爾惟作天牧。[26)]

왕은 주 목왕(周穆王)이며 사정전옥(司政典獄)이란 여기에서는 제후(諸侯)를 가리킨다. 과거의 구두법을 사용하면 이 문장의 어기를 정확하게 나타낼 수 없다. '非爾惟作天牧'은 부정을 표시하는 판단문으로 볼 수 있는데 그럴 경우 "너희들은 하늘을 대신해서 백성을 관리할 수 없다"라고 해석된다. 그러나 앞뒤의 문맥으로 보아 이것은 수사의문문으로 긍정의 어기를 표시한다. 그 뜻은 "너희들이 높으신 하늘을 대신하여 백성을 관리하지 않는가？"이다. 새로운 표점부호를 사용하면 독자들은 일목요연하게 내용을 파악할 수 있게 된다. 즉 다음과 같다.

---

25) 『尙書正讀』, 中華書局 1964, 115면.
26) 『尙書正讀』, 中華書局 1964, 282면.

王曰:"嗟! 四方司政典獄, 非爾惟作天牧?……"

왕이 말했다. "아! 사방의 제후들, 너희들만이 하늘을 대신하여 (민을) 관리하지 않는가?"

표점부호로 고서를 표점할 경우 구두로 단구(斷句)할 때보다 더욱 세밀하고 정확할 수 있으므로 표점된 고서의 문리(文理)가 훨씬 명확해진다. 이와 같다면 표점자에 대한 요구의 수준도 매우 높아진다. 고서를 표점할 경우 표점자는 구두의 법칙에 대해 알고 있어야 할 뿐만 아니라 정확하게 표점부호를 사용할 술 알아야 한다. 그렇지 않고 구누는 정확하지만 표점부호들 바르게 사용하지 못하면 고서를 정확히 이해하지 못할 수도 있다. 예를 들어보자.

　＊ 或時賢而輔惡, 或以大才從于小才, 或俱大才。道有清濁。或無道德而以技合, 或無技能而以色幸。[27]

혹 어떤 때에는 현명한 사람〔賢臣〕이라도 악한 사람〔惡王〕을 보좌하고 혹 큰 재주를 가진 사람이라도 작은 재주를 가진 사람을 따르기도 하며 혹 큰 재주를 갖춘다. 도(道)에는 청탁(淸濁)이 있는데 혹 도(道)와 덕(德)이 없을지라도 기(技:재주)로써 나아갈 수 있고 혹 기능(技能)이 없을 경우 색(色:용모)만으로 총애를 얻기도 한다.

과거의 구두법을 사용한다면 여기에서의 착오는 분명하게 드러나지 않는다. 그러나 현재 사용하는 새로운 표점으로는 착오가 명확하게 드러나게 된다. 윗글은 병렬복문(幷列復文)으로 각 절마다 그 앞에 모두 혹(或)자를 사용했다. '或俱大才, 道有清濁'은 하나의 절로 즉 '或俱大才而道有清濁'이라는

---

27) 『論衡』逢遇篇, 中華書局『諸子集成』本, 1954, 1면.
　　문장 앞에 '＊'표가 있는 것은 이 문장의 표점이 잘못됨(혹은 부적절함)을 나타내는 것이다. 'ᐃ'가 되어 있는 곳은 이곳의 표점이 문제가 됨을 표시한다. 이하 모두 이와 같다.

뜻이다. 그런데 표점자는 '道有淸濁'을 독립된 구절로 취급하여 그 앞뒤로 각각 하나의 마침표를 사용하였다. 결국 문장의 층에 혼란이 생겨 앞 문장과 뒤의 문장이 통하지 않게 되어버렸다. 정확한 표점은 다음과 같다.

或時賢而輔惡; 或以大才從于小才; 或俱大才, 道有淸濁; 或無道德, 而以技合, 或無技能, 而以色幸。

혹 어떤 때에는 현명한 사람[賢臣]이라도 악한 사람[惡王]을 보좌하고 혹 큰 재주를 가진 사람이라도 작은 재주를 가진 사람을 따르기도 한다. 혹 큰 재주를 갖추었다 할지라도 도(道)에는 청탁이 있으며 혹 도와 덕이 없을지라도 기(재주)로써 나아갈 수 있고 혹 기능이 없을 경우 색(용모)만으로 총애를 얻기도 한다.

    * 夫王者有過, 異見于國, 不改; 災見草木, 不改; 災見于五穀, 不改, 災至身。[28]

무릇 왕에게 잘못이 있으면 나라에 이(異: 이상한 조짐)가 나타나도 고치지 않는다. 재(災: 이상한 현상)가 초목에 나타나도 고치지 않는다. 재가 오곡에 나타나도 고치지 않아 (결국) 재는 몸에 이른다.

    과거의 구두를 사용하면 여기에서의 착오도 분명하게 드러나지 않는다. 그러나 새로운 표점을 사용하면 잘못이 드러난다. 이것은 이중복문으로 제일층은 병렬관계이고 제이층은 가정관계이다. 고문(古文)에서는 부정의 가정을 표시하는 경우 종종 '如' '若' 등과 같은 접속사를 사용하지 않는다. 이 문장의 '不改'는 일종의 가정으로 '如果再不改'와 같은 의미이다. 표점자가 이러한 어법상의 특성을 이해하지 못했기 때문에 '不改'를 앞 문장에 이었고, 이 때문에 어의가 명확하지 않게 되었다. 정확한 표점은 다음과 같다.

夫王者有過, 異見于國; 不改, 災見草木; 不改, 災見于五穀; 不改, 災至身。

---

28) 『論衡』 異虛篇, 中華書局 『諸子集成』本, 1954, 46면.

무릇 왕이 잘못하면 나라에 이(異: 이상한 조짐)가 나타난다. (잘못을) 고
치지 않으면 초목에 재(災: 이상한 현상)가 나타나고, (그래도 잘못을) 고치
지 않으면 오곡에 그 해가 미치며, (그래도 잘못을) 고치지 않으면 몸에까
지 재가 이르게 된다.

＊天子下其議, 丞相<u>光</u>、大司空<u>武</u>奏請: "自諸侯王、列侯、公主名田各有限；
關內侯、 吏、 民名田皆毋過三十頃；奴婢毋過三十人， 期盡三年；犯者沒入
官."[29]

천자가 그 논의를 명하자 승상 광(光)과 대사공 무(武)가 상주하여 청원
하였다. "제후왕·열후·공주의 명전(名田)에서부터 각각 (그 소유의 크기
에) 제한을 두어야 하며 관내후·이(吏)·민(民)의 명전은 모두 30경(頃)을
넘어서는 안됩니다. (그들의) 노비는 30인을 넘게 해서는 안되고 3년 기한
이 지난 후에 위반된 것은 관에 몰수해야 합니다."[바른 해석: ―― 노비는
30인을 넘게 해서는 안됩니다. (토지 점유와 노비 소유 모두에 있어) 기한
3년이 지난 후에 위반된 것은 관에 몰수해야 합니다."]

천자(天子)는 한 애제(漢哀帝)[30]이고 광(光)은 공광(孔光)이며, 무(武)는
하무(何武)이다. 이것은 애제 수화(綏和) 2년(B.C. 7년)의 일이다. 하무의
상주에 대한 단구(斷句)는 정확하나 표점부호의 사용은 정확하지 않아 그
뜻에 변화가 생겼다. '奴婢毋過三十人' 뒤의 쉼표와 '期盡三年' 뒤의 세미콜
론 사용으로 이 두 문장이 하나의 절을 이루게 되었다. 이 표점에 따르면
'期盡三年'은 '奴婢'에 관한 것으로 되어버린다. '期盡三年, 犯者沒入官'은 앞
의 문장 모두를 가리키는 것으로 토지 점유와 노비 소유는 모두 3년 내에
제한 내로 줄이도록 해야 한다는 것이며 위반된 것은 빼앗아 관부(官府)에

---

29) 『資治通鑑』, 中華書局 1956, 1060면.

30) 저자는 이때의 황제를 成帝로 보고 있으나 실은 哀帝의 잘못이다. 『資治通
鑑』에 따르면 이 기사는 成帝紀에 나오지만 『漢書』食貨志와 哀帝紀에 의하면
成帝는 綏和 2년 3월에 沒하였고 이 限田令은 그해 6월에 반포되었기 때문이
다.

넣어야 한다는 것이다. 따라서 '人'자 뒤의 쉼표는 콜론이나 마침표로 고쳐야 하며 '年'자 뒤의 세미콜론은 쉼표로 고쳐야 한다.

제 5 절 古書를 표점하는 목적

표점은 일종의 부호로서 문장 내부의 구절과 구절 사이, 문장과 문장 사이의 결합관계 및 문장의 어기(語氣)를 나타낸다. 현대 중국어의 표점은 문장의 유기적 구성성분이다. 각각의 표점은 모두 독특한 작용을 하며 허사(虛詞)에 해당한다. 따라서 과거에 표점을 사용하지 않았던 것은 잘못된 것이다. 그러나 그렇다고 해서 옛날 사람들의 말과 문장에 구조와 어기가 없었다는 말은 아니다. 고대 중국어와 현대 중국어 양자 모두는 반드시 구조와 어기를 갖는다. 고서를 표점할 때는 고서의 실제에 근거하여 표점부호를 사용함으로써 고문의 구조, 쉼, 어기 등을 정확하게 재현해야 하며, 이를 위해 고서를 표점할 때 언어의 구조와 내용의 양측면으로부터 다음과 같은 몇가지 점을 고려해야 한다.

첫째, 표점한 뒤의 문맥은 서로 의미가 통하여 글 사이에 모순이 없어야 한다. 둘째, 표점 후 각 구절의 내용은 사실과 이치 그리고 작자의 원의에 부합하여야 한다. 셋째, 표점 후 어법·표현·말소리 등의 현상이 모두 고대 중국어에 부합해야 한다. 넷째, 문장의 요점이 분명해야 한다. 즉 표점 후의 문장은 표점을 한 사람뿐만 아니라 독자도 일목요연하게 파악할 수 있고 오해의 소지가 없어야 한다. 결국 표점 후의 각 문장은 모두 원문의 구조와 어기에 부합하며, 내용이 고서의 원뜻에 맞아야 하는 것이다.

이러한 목적을 달성하기 위해서는 반드시 진지한 자세와 실사구시의 태도로 고서 표점에 임해야 한다. 오늘날의 고서 표점 중에는 제대로 된 것도 많지만 소홀히 다루어진 것도 적지 않다. 예를 들어『본초강목(本草綱目)』용편(龍篇) 가운데의 한 구절을 어떤 사람은 다음과 같이 문장을 끊었다.

＊龍者鱗蟲之長。王符言其形有九。似頭。似駝角。似鹿眼。似兎耳。似牛

項。似蛇腹。似蜃鱗。似鯉爪。似鷹掌。似虎是也。[31]

용은 인충의 으뜸이다. 왕부는 용의 형상을 9가지로 묘사하였다. 머리,
낙타 뿔, 사슴 눈, 토끼 귀, 소 목덜미, 뱀 배, 이무기 비늘, 잉어 발톱,
매 발바닥, 호랑이 등과 같다고 했다.

그러나 용의 무엇이 '머리'와 같은가? 어떻게 '사슴 눈', '토끼 귀', '소
목덜미', '뱀 배', '이무기 비늘', '잉어 손톱', '매 손바닥 ', '호랑이'와 같을
수 있는가? 무엇이 '낙타 뿔'과 같은가? 어떻게 낙타에 뿔이 있다고 할 수
있겠는가? 또한 무엇이 '잉어 발톱'과 비슷한가? 잉어가 발톱을 기를 수
있다고 할 수 있겠는가? 원문을 여러 번 자세히 읽어보면 다음과 같은 사
실을 발견할 수 있다. 표점자는 '九似'라는 한 구절을 구분해 '似'자를 뒷구
절에 붙이는 착오를 범함으로써 이와같이 우습고 기이한 문장을 만들어냈
다. 정확한 표점은 다음과 같아야 한다.

龍者鱗蟲之長。王符言其形有九似: 頭似駝, 角似鹿, 眼似兔, 耳似牛, 項似
蛇, 腹似蜃, 鱗似鯉, 爪似鷹, 掌似虎是也。

용은 인충의 으뜸이다. 왕부는 그 형상이 (다음의) 9가지와 유사하다고
하였다. 머리는 낙타 같고, 뿔은 사슴 같고, 눈은 토끼 같고, 귀는 소 같
고, 목덜미는 뱀 같고, 배는 이무기 같고, 비늘은 잉어 같고, 발톱은 매 같
고, 발바닥은 호랑이 같다.

뒷문장의 9가지 모습은 앞문장의 '九似'와 맞아떨어져 이러한 표점이 문장
의 원의에 부합한다고 할 수 있다.
또 다른 예로『명통감(明通鑑)』중의 한 구절은 이렇게 표점되어 있다.

*太祖在江州, 遣諸將陳德華、高費聚等分三路兵往援, 皆不利。[32]

---

31)『本草綱目』影印本, 人民衛生出版社 1957.

32)『明通鑑』, 中華書局 1959, 68면.

태조가 강주에서 진덕화·고비취 등의 장수를 세 방면으로 나누어 구원케 하였으나 모두 불리하였다.

이러한 표점을 따르면 진덕화·고비취는 2명이 되어 뒷문장의 '三路兵'과 서로 맞지 않게 되며, 또한 『명사』를 조사해 보아도 이 두 명의 장수는 나타나지 않는다. 오히려 진덕(陳德)·화고(華高)·비취(費聚) 3인의 장수가 있으니 『명사』 권130, 131에 각각의 전기가 있어 그들이 주원장(朱元璋) 기병 때부터의 명장이었음을 알 수 있다. 따라서 만약 표점자가 『명사』를 한번 살펴보았으면 이러한 착오를 범하지 않았을 것이다.

서로 다른 이해는 다른 표점을 낳고, 다른 표점은 다른 의미를 나타내게 된다. 어떤 사람은 이러한 특징으로부터 자기의 주관이나 원망 때문에 의식적 혹은 무의식적으로 표점을 변형시켜 모종의 목적을 달성시키기도 한다. 이러한 현상은 고금을 아울러 헤아릴 수 없을 정도로 많다. 예를 들어 『논어』 향당(鄕黨) 가운데의 몇 구절은 다음과 같이 문장을 끊었다.

廐焚。子退朝。曰："傷人乎？"不問馬。
마구간에 불이 났는데, 선생님께서 퇴조하셔서, "사람이 다쳤느냐？" 하고 말씀하시고, 말은 물어보지 않으셨다.

그러나 육덕명(陸德明)은 『경전석문(經典釋文)』에서 "'不'자에서 끊어야 한다"고 하였다. 이러한 문장 끊기에 따르면,

＊廐焚。子退朝。曰。傷人乎不。問馬。
마구간에 불이 났는데, 선생님께서 퇴조하셔서 사람이 다쳤는지 않았는지 물으시고 (그 다음에) 말에 대해 물어보셨다.

당대(唐代) 사람 이제옹(李濟翁)의 『자하집(資暇集)』은 "당연히 '乎'자에서 끊어야 하며 '不'자는 한 구절이다"라고 하였다. 즉,

＊廐焚。子退朝。曰。傷人乎。不。問馬。

마구간에 불이 났었는데, 선생님께서 퇴조하셔서 사람이 다쳤는가라고 말씀하셨다. 아니다(라고 하니) 말에 대해 물어보셨다.

금대(金代) 사람 왕약허(王若虛)는 『호남유로집(滹南遺老集)』 권5 「논어변혹(論語辨惑)」 가운데에서 이렇게 문장을 끊는 것을 비판했다. 그는 이 문장 끊기에 대해 다음과 같이 말했다. "이는 성인의 지고한 인이 천한 가축이라 해도 불쌍히 여기지 않음이 없었다는 의미이다. (그러나) 뜻의 시비는 차치하고라도 세상의 글 중에 이와같은 어법이 어디 있는가? 경을 해석함에 있어 그 뜻이 비록 높더라도 글의 어법에 맞지 않으면 따를 수 없는데, 하물며 그 뜻이 높지 않음에 있어서야 어떻겠는가?" 왕약허의 견해는 정확한 것이다. 첫째, 어휘의 사용이란 측면에서 보면 고대 중국어는 의문을 나타내는 단어 뒤에 또다시 '不'이라는 의문사를 부가하지 않으며 '不'자 단독으로 부정을 나타내지도 않는다. 둘째, 문장 형식의 측면에서 보면 '傷人乎?'라는 것은 의문문이고 '問馬'는 서술문인데, 고서에 이렇게 앞뒤 문장이 통일되지 않은 의문문이 있는가?

『논어』 태백편(泰伯篇) 가운데의 한 구절은 옛날부터 다음과 같이 문장을 끊었다.

民可使由之, 不可使知之。

백성이란 (당연히 이치에) 따라서 행하도록 할 수 있으나, (그 이치를 이루 다) 이해시킬 수는 없다.

이것은 공자의 민중 경시사상을 반영하는 것이다. 그러나 양계초(梁啓超)는 『논어』에서부터 입헌군주제의 논거를 찾기 위해 『공자송원(孔子訟冤)』에서 다음과 같이 문장을 끊었다.

＊民可, 使由之; 不可, 使知之。

민이 (이미) 알고 있다면 그들로 하여금 행하게 하고, 그렇지 않다면 (먼저) 그들로 하여금 알게 한다.

양계초는 고의로 '民可' '不可'를 구분하여 다음과 같이 해석했다. "그 의미는 입헌군주에 관한 것으로, 민중이 이미 이 지식을 소유하였다면 바로 그것을 실행하고 민중이 아직 지식이 없으면 민지를 계발하여 여건을 조성함으로써 그것의 신속한 실행을 준비해야 한다." 양계초는 두 단문을 표점을 통해 조건의 복문으로 만들고 그후에 주관적 의도에 따라 해석했던 것이다. 그러나 양계초의 이와같은 표점은 고대 중국어의 어법에 맞지 않는다. 고대 중국어 가운데 조건의 복문은 일반적으로 '즉(則)'자를 관계사(關係詞)로 사용한다. 만약 공자가 당시 정말로 양계초의 해석과 같은 뜻을 갖고 있었다면 '使'자 앞에 '則'자가 있어야 한다. 따라서 원문에 '즉'자가 없는 이상 이렇게 표점할 수는 없는 것이다.

이 두 가지의 예는 표점이 정치적 경향을 띨 수 있음을 설명하고 있다. 전자는 성인이 결코 짐승을 천시하지 않았다는 사실을 증명하기 위해서, 후자는 군주입헌제의 근거를 찾기 위해 어법의 사실을 왜곡하고 주관적으로 해석하였다. 이런 식의 문장 끊기나 표점은 정확할 수 없다.

그러므로 고서 표점에는 반드시 정확한 자세를 갖추어야 한다. 엄격하고 성실한 태도와 실사구시의 자세가 요구된다. 그러나 고서의 실상이 복잡하여 정확하게 표점하기란 쉽지 않다. 노신(魯迅)은 "고문 표점은 확실히 어려운 일로 종종 어디에서부터 붓을 대야 할지 모르는 경우가 있다. 많은 경우 심지어는 작자 자신에게 표점을 청해도 머뭇거리거나 명확하게 표현할 수 없으리라 생각한다"[33]고 하였다. 사실 확실히 이와 같다. 이미 다시 출판된 고서의 경우에 있어 설사 표점자가 학문이 뛰어나고 반복해 검토했다고 해도 착오가 없을 수 없다. 일반적으로 많은 독자의 끊임없는 교정을 거쳐야만 표점의 착오를 최소한으로 줄일 수 있다. 우리는 고서를 표점하는 학습에 힘써 이 오류를 최소화하거나 오류가 없도록 해야만 한다.

---

33) 「馬上日記」, 『魯迅全集』 3, 人民文學出版社 1981, 313면.

제 2 장 고서에 표점하는 준칙

고인들이 말하고 글 쓰는 데 일정한 법칙이 있었으니 이것이 고대 중국어 어법이다. 고서에 표점하는 데에는 고대 중국어 어법에 근거해서 표점부호를 가시고 고문의 구조, 마침과 어기를 정확하고 분명하게 재현할 수 있어야 한다. 실로 고서에 표점하는 일은 다소 융통성이 있는 것도 사실이다. 만약 마침표를 해야 할 곳에 쉼표를 했다고 해도 원문의 뜻에 그다지 영향을 미치지 않는다. 앞 문장을 종결하는 콜론도 마침표 등으로 바꿔 쓸 수 있다. 그러나 표점을 하는 일에는 일정한 원칙과 법칙이 있다. 마침표를 할 수 있는 모든 자리에 쉼표를 할 수는 없다. 또한 콜론을 붙여야 할 자리 모두에 마침표를 해서도 안된다. 즉 융통은 이차적인 것이고 원칙이 주된 것이다. 이 장은 각종 표점의 용법을 분석하는 일에 대해 중점적으로 서술하고자 한다. 동시에 만약 표점의 법칙을 지키지 않으면 문장구조와 의미에 변화가 생겨 문장이 원래 저자의 뜻과 어긋날 수 있음을 실례를 들어가면서 설명하려 한다.

제 1 절 마침표와 쉼표

1. 마침표의 용법

마침표는 한 구절의 말이 끝난 곳에 쓰여 구절이 마쳤음을 표시한다. 이른바 한 구절의 말이란 그 말이 하나의 완전한 뜻을 표시할 수 있음을 가리킨다. 즉 우리가 통상적으로 사용하는 문장이다. 현대 중국어와 마찬가지로 고대 중국어에서도 완전한 문장은 일반적으로 주어와 서술어 두 부분을 갖

추고 있다. 주어는 진술(陳述)하는 대상이다. '누가' 혹은 '무엇이'를 말하는
부분으로 문장의 주체가 된다. 서술어는 주어에 대하여 진술하는 것이다.
'무엇을 한다', '어떠하다' 또는 '무엇이다'를 말하는 곳으로 문장의 설명 부
분이다. 이러한 주어와 술어가 갖춰진 문장을 주술문이라고 한다. 표점을
할 때, 이러한 주어와 술어 성분이 있고 진술을 표시하는 문장 뒤에는 마침
표를 해야 한다. 예를 들어보자.

　廏焚。(『論語』 鄕黨)
　마굿간이 불탔다.

　胤子朱啓明。(『尙書』 堯典)
　후계자인 주는 총명했다.

　海岱惟靑州。(『尙書』 禹貢)
　바다와 태산 사이의 이 일대가 청주 지역이다.

　'廏'는 주어, '焚'은 술어다. 주어가 '어떻게 되어 있는지'를 설명하고 있
다. '胤子朱'는 주어, '啓明'은 술어다. 주어가 '어떠한가'를 설명한다. '海岱'
는 주어, '惟靑州'는 술어다. 주어가 '무엇인지'를 설명한다. 문장의 끝에는
모두 마침표를 했다. 어떤 문장에서는 타동사가 술어가 되면 동사 뒤에는
목적어가 뒤따라서 '주어＋술어＋목적어' 형식의 문장이 된다. 예는 다음과
같다.

　周公作『立政』。(『尙書』 立政)
　주공께서 『입정』편을 지으셨다.

　宋人伐陳。(『左傳』 襄公 17년)
　송나라 사람이 진나라를 침벌했다.

'『立政』' '陳'은 문장의 목적어인데, 뒤에 모두 마침표를 사용했다.

고대 중국어 특히 상고 시기의 중국어에서는 단문이 비교적 많다. '厥焚' 이란 구절은 단지 두 자로 완비된 뜻을 표현했다. 이 점 때문에 표점을 할 때에는 주의를 해야 한다. 동시에 고대 중국어에서 문장성분이 보통 생략되 기도 하는데 특히 주어의 생략은 흔히 볼 수 있다. 어떤 경우에는 앞문장을 받아서 혹은 뒷문장에서 찾아지기 때문에 생략하고, 또 어떤 경우에는 자술 이나 대화에서 말하는 상황이 분명히 드러남으로 해서 주어를 생략하는 것 이 보편적이다. 우리가 이러한 문장을 접했을 때 문장의 끝에는 역시 마침 표를 해야 한다. 예를 들어보자.

初, 宣子田于首山, 舍于翳桑。[ ]見靈輒餓, 問其病。[ ]曰：“不食三日 矣。”[ ]食之。[ ]舍其半。[ ]問之。[ ]曰：“宦三年矣, 未知母之存否。 今近焉, 請以遺之。”[ ]使盡之, 而爲之簞食與肉, 置諸橐以與之。[ ]旣而 與爲公介, 倒戟以御公徒, 而免之。[ ]問何故。[ ]對曰：“翳桑之餓人也。” [ ]問其名居。[ ]不告而退。——[ ]遂自亡也。(『左傳』宣公 2년)

예전에 조선자(조순, 晉의 재상)가 수산(首山)에서 사냥을 하다가 잠시 뽕나무그늘에서 쉬었다. 그는 영첩이 굶어 쓰러져 있는 모습을 보고 그가 어떤 고통에 처했는지를 물었다. 그는 대답했다. “사흘을 먹지 못했습니 다.” 그가 먹을 것을 주자 (영첩은) 그 반을 남겼다. 그 까닭을 묻자 다음 과 같이 대답했다. “삼년간 고용살이를 하느라 모친의 생사(生死)조차 모르 고 있습니다. 이제 여기서는 집도 가까우니 어머니께 가져다 드리려는 것입 니다.” 선자는 그에게 (남은 음식을) 다 먹게 하고 따로 그 어머니를 위해 밥과 고기를 대바구니에 담고 이를 자루에 넣어 주었다. 그후 영첩은 진나 라 (영)공의 위사(衛士)가 되었다. (조선자가 위급한 처지에 놓인 것을 알 자) 그는 창을 되돌려 자기편 진후의 군사를 막아서 (선자의 어려움을) 면 하게 했다. 선자가 그 연고를 묻자 그는 “뽕나무그늘에서 굶어 쓰러져 있던 사람입니다”라고 대답했다. 그의 이름과 거처를 묻자 대답하지 않고 물러갔 다. 결국 조선자도 도망쳤다.

'初'로부터 시작하는 것은 이것이 삽입 부분임을 의미한다. 이 단락은 단지 맨 첫구절에 '宣子'라는 주어 하나만 있을 뿐이다. 이후의 문장에서는 주어가 모두 생략되었다. 어떤 것은 앞문장의 주어 '宣子'를 받아서 생략되었고, 어떤 것은 목적어 '靈輒'을 받아서 생략되었다. 이렇게 다른 주어를 생략한 문장 뒤에는 모두 마침표를 해야 한다. 그렇지 않으면 독자로 하여금 오해하게 만들 수 있다. "見靈輒餓, 問其病"의 주어는 '宣子'다. "曰: '不食三日矣'"의 주어는 '靈輒'이다. 만약 '病'자 뒤에 마침표로 끊어주지 않는다면 독자는 인용부호 속의 말이 선자가 말한 것이라고 착각할 수 있다. '食之'의 주어는 '선자', '舍其半'의 주어는 '영첩', '問之'의 주어는 '선자', "曰: '宦三年矣……'"의 주어는 '영첩'이다. 그 사이는 모두 마침표를 해서 끊어주어야 한다. '使盡之'의 주어는 '선자', '旣而與爲公介'의 주어는 '영첩'이며, '而免之'까지로 삽입문이 끝난다. '問何故'의 주어는 '선자'다. 이 구절은 '初'자 앞의 원래의 문장에 이어지는 것이다. 그러므로 '遺之'·'與之'·'免之'의 뒤에는 반드시 마침표를 해야 한다. '問其名居'의 주어는 '선자', '不告而退'의 주어는 '영첩'이다. 이것 때문에 '居'·'退'자 뒤에도 모두 마침표를 해야 한다.

2. 마침표를 해야 할 곳과 하지 말아야 할 곳

마침표는 가장 기본적인 표점부호로 마땅히 해야 할 곳에 하지 않으면 문장의 구조와 의미에 변화가 생긴다. 예를 들어보자.

* 丁亥, 上幸仁壽宮。時天暑, 役夫死者相次于道, 楊素悉焚除之, 上聞之, 不悅。及至, 見制度壯麗, 大努曰: "楊素殫民力爲離宮, 爲吾結怨天下。" 素聞之, 惶恐, 慮獲譴, 以告封德彝曰: "公勿憂, 俟皇后至, 必有恩詔。"[1]
    정해일에 황상(皇上)께서 인수궁에 행차하셨다. 당시 날이 무더워 요역

---

1) 『資治通鑑』, 中華書局 1956, 5548면.

중에 죽은 자가 길에 줄을 이었다. 양소는 그들을 모두 태워서 깨끗이 했
다. 황상이 그 소식을 듣고 기뻐하지 않으셨다. 그곳에 이르셔서 건물의 격
식이 웅장 화려함을 보시고 대노하여 말씀하셨다. "양소는 민력을 고갈시키
고 이궁을 지음으로 해서 나로 하여금 천하와 원수 맺게 하는구나!" 양소
는 그 말을 듣고 놀라고 두려워 문책받을까봐 걱정하며 봉덕이에게 문의하
여 말했다. [바른 해석: 봉덕이에게 문의했더니 그가 다음과 같이 말했다.]
"공은 걱정 마십시오. 황후가 이르기를 기다린다면 반드시 은혜로운 조칙이
있을 겁니다."

상(上)은 수 문제(隋文帝), 양소(楊素)와 봉덕이(封德彝)는 수왕조(隋王
朝)의 대신이다. 이 표점에 의거하면 '以告封德彝曰'을 붙여 읽어 인용부호
안의 말은 양소가 한 것이 된다. 그러나 내용으로 보면 이것은 봉덕이가 양
소에게 한 말이다. 구조상으로 보아 윗 구절의 뜻은 '封德彝' 부분에 이르러
이미 끝이 났다. '曰'자 이하는 또 다른 구문이며 그 주어 '봉덕이'는 앞문장
의 목적어를 받아서 생략되었다. 그러므로 반드시 '彝'자 뒤에 마침표를 해
야 한다.

＊昨見韓丞相, 言王定國今日玉堂獨坐, 有懷其人。[2]
　전날에 한승상을 만났더니 그가 왕정국이 "오늘은 옥당에 홀로 앉아 그
사람을 그리워하네!" 했다고 말했다.
　[바른 해석: 전날에 한승상을 만나서 왕정국에 대해 이야기했고, 오늘은
옥당에 홀로 앉아 그 사람을 그리워하네!]

이것은 소식(蘇軾)이 왕정국을 그리워하면서 지은 시 앞에 있는 설명이
다. 한승상은 한강(韓絳)이다. 왕정국은 한강의 사촌동생이며 소식의 벗이
다. 임연(任淵)의 『황산곡집주(黃山谷集注)』에 다음과 같은 기술이 있다.
"소동파는 십과(十科)에서 왕정국을 천거했다. 그후 정국이 동파에게 아첨하

---

2) 『蘇軾詩集』, 中華書局 1982, 1544면.

며 섬긴다고 말하는 자들이 있었다. 그는 마침내 종정승(宗正丞)의 자리를 물러나 양주로 부임 갔다."³⁾ 원래의 표점에 따르면 왕정국은 '玉堂獨坐'와 '有懷'의 주어가 된다. 이렇게 되면 '其人'이 가리키는 바가 분명치 않다. 시 중의 "置之江淮交(그와 양자강과 회수를 사이에 두고서 교제한다)"는 내용을 참조할 때, 왕정국은 당시 변경에 있지 않았다. 옥당에 홀로 앉은 것은 왕정국이 아니라 소식이다. 이것은 자술인 관계로 '今日玉堂獨坐' 앞에 주어가 생략된 것이다. 그러므로 '王定國' 다음에 반드시 마침표를 해야 한다.

이상의 실례는 마침표의 역할이 매우 크며 마땅히 해야 할 장소에 해야 함을 말해준다. 이와 동시에 마침표를 편의적으로 사용할 수는 없음을 알 수 있다. 한편 마침표를 하지 말아야 할 곳에 마침표를 하면 문장구조와 의미에 변화를 가져온다. 예를 들어보자.

*子羔, 衞大夫。高柴, 孔子弟子也。⁴⁾
자고는 위 대부다. 고시는 [바른 해석: 자고는 위 대부로서 이름이 고시이고] 공자의 제자다.

위 대부 뒤에 마침표가 있어서 자고와 고시는 두 사람이 되어 하나는 위 대부, 하나는 공자의 제자가 되었다. 그런데 실은 이 둘은 한 사람이다. 『사기』 중니제자열전(仲尼弟子列傳)에 의하면 "고시의 자는 자고다. 공자보다 30세 아래이다"고 한다. 『논어』 선진(先進)에서는 "시는 어리석다"고 했는데 주희가 『집주(集注)』에서 말하기를 "시는 공자의 제자로서 성은 고, "자(字)는 자고"라고 하고 있다. 『사기』 집해 중의 '衞大夫'라는 말 뒤에는 마침표가 없어야 한다.

* 宋彭州名構。紹聖間, 爲金部員外郞。是時, 都大提擧川茶事。陸師閔移漕陝西, 謀代之者, 曾子宣、李邦直僉曰: "宋某可。"遂使權都大管勾。⁵⁾

---

3) 『蘇軾詩集』, 中華書局 1982, 1535면.

4) 『史記』 衞康叔世家, 『集解』, 1959, 1601면.

5) 『蘇軾詩集』, 中華書局 1982, 1508면.

송팽주의 이름은 구다. 황제를 보좌하여 금부원외랑이란 자리에 있었다. 당시 그는 도대제거천다사였다. 육사민이 [바른 해석: 당시 도대제거천다사였던 육사민이] 섬서 지방으로 이관함에 따라 그 자리를 대신할 사람을 모색했다. 증자선·이방직 등은 모두 아뢰기를 "송구가 적당합니다"라고 했다. 그리하여 그를 권도대관구로 임명했다.

'事'자 뒤에 마침표로 끊어줌으로 해서 송구가 이미 도대제거천다사가 된 것으로 되었다. 다음 문장에서 다시 그를 권도대관구가 되게 했다고 했으니 어찌 모순되지 않는가? 앞뒤의 문장과 연관시켜 볼 때, 도대제거친다사에 임명된 자는 송구가 아니라 육사민이다. 마땅히 '事'자 뒤의 마침표를 제거해야 한다.

3. 쉼표의 용법

쉼표는 문장 내부의 단락을 구분하여 말 중간의 쉼을 표시한다. 문장 중간의 쉼을 표시하는 것으로는 모점(冒點)·세미콜론과 콜론이 있다. 그러나 그것들은 모두 전문적인 기능을 가진 것이고 오직 마침표만이 일반적으로 쓰일 수 있는 것이다. 쉼표의 용법은 어기·구조·뜻 등 다방면의 요소에 따라 결정된다. 이하에서는 단문과 복문 두 측면에서 쉼표의 구체적 용법을 분석한다.

(1) 단문 중의 쉼표

구조가 간단하고 의미가 단순한 단문은 단숨에 읽어내려갈 수 있으므로 중간에 마침표를 하지 않는 것이 일반적이다. 그러나 문장의 구조와 뜻이 복잡하여 만약 쉼표를 하지 않으면 다른 의미가 될 수 있는 부분, 혹은 문장이 비교적 길어서 단숨에 읽지 못해서 잠깐 쉬어줄 필요가 있는 곳에서 중간에 쉼표를 해야 한다.

① 주어와 술어 사이

일반적으로는 주어와 술어 사이에 쉼표를 하지 않는다. 그러나 이하의 몇 가지 경우는 주어와 술어 사이에 쉼표를 해야 보기에 분명하고 다른 의미가 생겨나는 것을 막을 수 있는 경우이다.

첫째, 주어가 절이나 구로 이루어져 있거나 술어의 구조가 다소 복잡하게 되어 있으면 주어와 술어 사이에 쉼표를 해야 한다. 예를 들어보자.

古我先后, 旣勞乃祖乃父。(『尙書』盤庚)
옛날 우리의 선왕께서 네 조부와 부친을 다스리시느라 애쓰셨지.

‘古我先后’는 ‘옛날 우리의 선왕’이란 의미이다. 피수식어구로서 문장의 주어가 된다. 그 뒤에 쉼표를 하면 요점을 분명히할 수 있다.

莊公寤生, 驚姜氏。(『左傳』隱公 元年)
장공이 거꾸로 태어나 강씨를 놀라게 했다.

‘莊公寤生’은 주술어구로 문장의 주어다. ‘驚’은 타동사는 아니지만 문장의 술어가 되어 뒤에 ‘姜氏’라는 목적어를 동반했다. 이것은 사역용법으로 ‘강씨를 놀라게 하다’의 의미다. 이 문장의 술부가 비록 겨우 세 글자지만 구조가 비교적 특수하다. 이렇게 주어와 서술어 사이에 쉼표로 분리하면, 요점이 분명해질 뿐만 아니라 오해를 불러일으키지 않게 된다.

두번째로, 주어와 술어 사이에 다른 단어가 삽입된 경우 주어 뒤에 쉼표를 하는 편이 좋다. 예를 들어보자.

泰伯, 其可謂至德也已矣。(『論語』泰伯)
태백은 지극한 덕을 갖췄다고 할 만하다.

彼, 其于世, 未數數然也。(『莊子』逍遙遊)
그는 세상에 살면서 느긋하고 여유작작하다.

이 두 문장에서 주어와 술어 사이에 삽입된 '其'·'其于世'를 구별하기 위해 중간에 쉼표를 써서 분리시키면 문장의 의미가 좀더 분명하게 된다.

셋째로, 고대 중국어의 판단문에서는 보통 계사(系詞)를 쓰지 않는다. 고인들은 읽어나갈 때 주어와 술어 사이에 잠깐 쉰다. 이는 고인이 "者자는 (주어와 술어를) 서로 상응해서 읽어야 하는 것이니 '大學者, 大人之學也'의 예와 같다"[6]라고 말한 대로이다. 이러한 습관을 이어받아 주어와 술어 사이에는 쉼표로 분리시킨다.

虢, 虞之表也。(『左傳』僖公 5년)
괵은 우나라의 방패막이이다.

女, 器也。(『論語』公冶長)
너(子貢)는 그릇이다.

이 두 문장에서 주어가 겨우 한 글자지만 그 뒤에 쉼표로 사이를 띄었다. 그렇지 않으면 '虢虞'·'女器'가 하나로 이어져 두 글자의 단어 또는 구나 절로 오해되기 쉽다.

好勇疾貧, 亂也。(『論語』泰伯)
용기를 좋아하면서 가난을 미워하게 되면 난동을 일으키게 된다.

都城過百雉, 國之害也。(『左傳』隱公 元年)
도성이 100치를 넘으면 국가에 해가 된다.

이 두 판단문의 주어는 절이다. 주어와 술어의 사이는 쉼표를 써서 분리하여야 한다.

---

6) 程端禮, 『程氏家塾讀書分年日程』卷2, 『古漢語語法學資料彙編』210면에서 재인용.

만약 판단문의 주어와 술어 사이에 쉼표를 하지 않으면 원문의 뜻을 정확히 이해하는 데 영향을 주게 된다. 예를 들어보자.

　*馬兵之首也。號曰馬服者, 言能服馬也。[7]
　마병의 으뜸이다. [바른 해석: 말은 兵의 으뜸이다.] 소위 마복이라는 것은 말을 잘 탈 수 있음을 일컫는 것이다.

　이것은 『사기』 『정의(正義)』에서 『지림(志林)』의 기록을 인용하여, '馬服山'을 주석한 것이다. '馬兵'을 붙여 읽음으로 해서 이것이 한 단어인 줄로 오해하여 '말과 병'으로 보기가 쉽다. 그러나 이것은 판단절로 '馬'가 주어가 되고 '兵之首'가 술어가 된다. 고서 구두법의 관행에 근거하자면, '馬'자 뒤에 쉼표를 해야 한다. 판단문 가운데 동사 혹은 절이나 구가 주어로 될 때, 만약 쉼표로 끊어주지 않으면 오해를 불러일으키기 쉽다. 예를 들어보자.

　*夫拜謁禮義之效, 非益身之實也。[8]
　무릇 예의의 드러나는 결과를 배알하는 것은 [바른 해석: 배알이란 예의가 드러나는 결과이지] 신체에 도움을 주는 눈앞의 이익은 아닌 것이다.[9]

　이 표점에 따르면 '禮義之效'는 '拜謁'의 목적어가 되어 이 문장은 제대로 해석되지 않는다. 실은 동사 '배알'이 문장의 주어이며 쉼표로 끊어주어야 된다. 그 뜻은 배알은 '예의의 효과이지 신체에 실익을 주는 것은 아니다'로 된다.

---

　7) 『史記』趙世家, 『正義』, 中華書局 1959, 1822면.

　8) 『論衡』非韓篇, 中華書局 『諸子集成』本, 1954, 95면.

　9) 이 해석은 山田勝美, 『論衡』, 新譯漢文大系 69, 明治書院 1983, 668면에 의했다. 그런데 이 책에서는 이미 '배알'과 '예의지효'를 분리시켜 해석하고 있었다. 北京大學歷史系 『論衡』注釋小組, 『論衡注釋』, 中華書局 1979에서도 마찬가지였던 것을 보면, 이 예는 새로운 사실을 지적한 것이 아닌 고서에 표점하는 방법의 중요성을 강조하기 위한 예증이었던 것으로 보인다. 이러한 예는

＊耳目之用均也, 目不能見百里, 則耳亦不能聞也。[10]

이목의 용균이다. 눈이 백리를 볼 수 없다면, 귀 또한 (백리 밖의 소리를) 들을 수 없다.

'用均'을 이어서 읽으면 다른 사람들은 한 단어로 오해하기 쉽다. 뒷문장인 "目不能見百里, 則耳亦不能聞也"로 보건대 '耳目之用'은 하나의 어구이며, 문장의 주어가 된다. '用'은 효능·능력의 뜻이다. '均'은 고르다는 말이다. 이것은 판단절이며 주어와 술어 사이에 쉼표를 해서 나누어야 한다. 정확한 표점은 마땅히 다음과 같이 해야 한다.

耳目之用, 均也。目不能見百里, 則耳亦不能聞也。

눈과 귀의 쓰임은 엇비슷하다. 눈이 100리를 볼 수 없다면 귀 또한 (100리 밖의 소리를) 들을 수 없다.

② 전치성분과 주어의 사이

고대 중국어에서는 때로 서술어·부사어·목적어를 강조하기 위해서 그것을 주어의 앞에 내놓기도 한다. 이때 전치성분과 주어의 사이에 쉼표로 끊어줄 필요가 있다.

첫째는 때로 술어를 강조하기 위해 그것을 주어 앞에 놓는 경우이다. 이때 서술어와 주어 사이에 쉼표를 써서 구분짓는 것이 좋다. 예를 들어보자.

賢哉, 回也！(『論語』雍也)

현명하도다, 회는！

大哉, 孔子！(『論語』子罕)

위대하도다, 공자께서는！

이하에서도 다수 보이지만 일일이 지적하지 않겠다.

10)『論衡』書虛篇, 中華書局『諸子集成』本, 1954, 36면.

野哉, <u>由也</u>! (『論語』子路)
세련되지 못하구나, 유는!

둘째로 부사어(가장 자주 보이는 예는 시간을 나타내는 수식어이다)가 주어 앞에 놓이는 경우이다. 주어와 직접 연결되지 않는데도 주어와 인접해 있으면 중간에 쉼표를 해야 한다.

正月上日, 受終于文祖。(『尙書』堯典)
정월 상순(上旬)의 길일에 (舜은) 요 태조의 묘에서 (요가 이미) 끝마친 제위를 받았다.

十有二月乙卯, 夫人<u>子氏</u>薨。(『左傳』隱公 2년)
12월 을묘일에 부인 자씨가 죽었다.

吉月, 必朝服而朝。(『論語』鄕黨)
매달 초하루에는 반드시 조정의 예복을 입고 조정에 나아가셨다.

위의 예문에 나오는 주어 앞의 부사어는 쉽게 판별할 수 있다. 그런데 주의해야 할 것은 내용이 압축된 부사어다. 예는 다음과 같다.

朝, 與下大夫言, 侃侃如也。(『論語』鄕黨)
조정에서 하대부들과 말씀하실 적에는 화락(和樂)한 모습이었다.

'朝'는 '조정에 나아갈 때'를 의미한다. 한 글자로 압축되어서 문장 앞에 놓인 부사어가 되었다. 만약 쉼표로 끊어주지 않으면 오해하기 쉽다.
　고서에서 자주 쓰이는 '初'·'昔'(昔者)·'始' 등 시간을 나타내는 부사어는 문장의 서두에 나온다. 이것은 삽입이나 문장의 전후 관계를 바꾸어 서술하는 작문법(作文法)의 시작을 표시한다. 이러한 단어 뒤에도 쉼표를 해서 문장의 요점을 좀더 명확하게 하여야 한다. 예를 들어보자.

初, 獻公使荀息傅奚齊。(『左傳』僖公 9년)
예전에 (진나라의) 헌공이 순식으로 하여금 해제의 스승이 되게 했다.

昔者, 堯薦舜於天, 而天受之。(『孟子』萬章 上)
옛날에 요임금이 하늘에 순을 천거하사 하늘이 이를 받아들였다.

始, 昭帝時, 胥見上年少無子, 有覬欲心。(『漢書』武五子傳)
앞서 소제 시기에 서(胥: 한 무제의 아들 중 廣陵厲王 유서를 말함)는 황제가 어리고 자식이 없음을 보고 (황제가 되려는) 과분한 욕심을 품게 뇌었다.

이것은 고대 중국어에서 과거를 거슬러올라가 서술하는 일반적인 서술법이다. 『좌전』·『사기』·『자치통감』에서는 '初'자를 즐겨 썼고, 『한서』에서는 '始'를 애용했다.

여기서 설명해야 할 것은 주어 앞의 부사어에 만약 쉼표로 끊지 않으면 경우에 따라서는 오해가 생기기도 한다는 것이다. 예를 들어보자.

*孔子出, 使子路齎雨具。有頃, 天果大雨。子路問其故。孔子曰: "昨暮月離于畢, 後日復離畢。" 孔子出, 子路請齎雨具, 孔子不聽。出果無雨。子路問其故, 孔子曰: "昔日月離其陰, 故雨; 昨暮月離其陽, 故不雨。" 夫如是, 魯雨自以月離, 豈以政哉？[11]

공자께서 나가실 때 자로에게 우장을 갖추라고 하셨다. 얼마 후 과연 비가 내렸다. 자로가 그 까닭을 물었다. 공자께서 대답하셨다. "어제 달이 필성(畢星)에 걸렸더니, 그후에 해와 달이 다시 필성에 걸렸더구나." 공자께서 외출하시려 하자 자로가 우산을 가져가시라고 했다. 공자께서는 듣지 않으셨다. 나가신 뒤 과연 비가 오지 않았다. 자로가 그 연고를 물었다. 공자께서 대답하셨다. "전번에는 해와 달이 필성의 북쪽에 걸렸기 때문에 비가

---

11) 『論衡』明雲篇, 中華書局 『諸子集成』本, 1954, 152면.

왔던 것이다. 그런데 어제 저녁달은 필성의 남쪽에 걸렸기 때문에 비가 오지 않았다. "만약 이러한 것이라면 노나라에 비가 내린 것은 달의 위치 때문이지 어찌 정치 때문이겠는가?

이(離)는 리(li)라고 읽고 여(麗)와 통한다. 가깝다는 의미이다. 필은 별자리 이름으로 28수 중의 하나이다. 음은 북쪽이고, 양은 남쪽을 가리킨다. 원래 표점에 따르면 '暮月'과 '日月'을 붙여 읽어서 사람들이 두 음절어 내지는 어구로 오해하게 한다. 그런데 마지막 문장 중 '魯雨自以月離'에서 보면, '月離'는 주술관계이다. '月'자는 '暮'·'日'과 두 음절어나 어구를 이루고 있지 않다. '작모'·'후일'·'석일'은 시간을 나타내는 부사어다. 만약 이러한 말 뒤에 쉼표를 하면 독자들은 일목요연하게 알 수 있게 된다. 동시에 '後日, 月復離畢'은 서술어이므로 따옴표 내에 있어서는 안된다. 정확한 표점은 다음과 같다.

……子路問其故。孔子曰:"昨暮, 月離于畢。"後日, 月復離畢。孔子出, 子路請齎雨具, 孔子不聽。出, 果無雨。子路問其故。孔子曰:"昔日, 月離其陰, 故雨; 昨暮, 月離其陽, 故不雨。"……
……자로가 그 까닭을 물었다. 공자께서 대답하셨다. "어제 달이 필성에 걸렸더구나." 다음날에도 달이 다시 필성에 걸렸다. 공자께서 외출하시려 하자 자로가 우산을 가져가시라고 했다. 공자께서는 듣지 않으셨다. 나가신 뒤 과연 비가 오지 않았다. 자로가 그 연고를 물었다. 공자께서 대답하셨다. "전에는 달이 필성의 북쪽에 걸렸기 때문에 비가 왔던 것이다. 그런데 어제 저녁에 달은 필성의 남쪽에 걸렸기 때문에 비가 오지 않았다."……

셋째는 고대 중국어 중에 때때로 목적어를 강조하기 위해 그것을 주어의 앞에 놓는 경우이다. 이때도 목적어와 주어의 사이에는 쉼표로 끊는다.

善人, 吾不得而見之矣! (『論語』述而)
선한 사람을 나는 만나보지 못하였노라!

父母之心, 人皆有之。(『孟子』滕文公 下)
부모된 이의 심정은 모든 사람이 가지고 있다.

'善人'·'父母之心'은 모두 주어 앞에 위치한 목적어이다. 이것은 비교적 쉽게 판별된다. 그것은 이들을 주어 앞에 놓은 후, 원래 목적어의 위치에 대명사 '之'를 써서 거듭 지시했기 때문이다. 어떤 문장은 '之'자로 거듭 표시해주지 않아서 쉽게 판별되지 않기 때문에 주의를 요하기도 한다. 예를 들어보자.

水火, 吾見蹈而死者矣, 未見蹈仁而死者也。(『論語』衞靈公)
물이나 불에는, 나는 거기에 빠져(그것을 밟고) 죽는 자를 보았으나 인에 빠져 죽는 자는 보지 못하였다.

'水火'는 '蹈'의 목적어로 주어의 앞에서 강조를 표시한다. 그 뒤에 쉼표를 해서 그것과 주어를 분리하여 독자가 쉽게 분별할 수 있게 한 것이다. 어떤 문장은 주어 앞에 개사(전치사)의 목적어를 놓거나 목적어 앞의 개사가 생략되기도 한다. 이러한 문장에서는 전치목적어와 주어 사이에 쉼표를 해야 한다. 다음의 예를 보자.

禹, 吾無間然矣。(『論語』泰伯)
우에 대해서 나로서는 비난할 데가 없다.

'禹'는 전치사 '于'의 목적어로 '우에 대하여'란 의미이다. 이 문장 안에 '于'자는 생략되었다. 따라서 '禹'자를 쉼표로 분리시켜 독자의 이해를 돕는다. 어떤 표점자는 목적어와 주어 사이를 쉼표로 나누지 않는데 이로 인해 원문의 정확한 이해에 영향을 끼친다. 다음의 예를 보자.

* 乙亥, 左拾遺劉蛻上言: "滈專家無子弟之法, 布衣行公相之權." ……十一月, 丁酉, 雲復上言: "滈父綯執政之時, 人號'白衣宰相'."[12]

을해일에 좌습유 유태가 상언했다. "(令狐)호는 권세 있는 집안으로서 자제로서의 법도도 없습니다. 포의의 신분이면서 재상의 권력을 휘두르는 것입니다." ……11월 정유일에 운(雲)이 다시 상서를 올렸다. "호의 아비 도가 집정했던 시기에 [바른 해석: 호에 대해, 그의 아비 도가 집정했던 시기에] 사람들은 (그를) '백의재상'이라고 불렀습니다."

이것은 당(唐) 의종(懿宗) 함통(咸通) 4년(863년)의 일이다. 호는 영호호(令狐滈)로서 영호도(令狐綯)의 아들이다. 운(雲)은 장운(張雲)으로 기거랑(起居郎)의 직분에 있었다. 원래 표점에 따르면 '滈父綯執政之時'를 붙여 읽어서 호가 수식어가 되었다. 현대어로 번역하면, 뜻은 영호호의 부친 영호도가 집정했던 시기이다. 이렇게 앞뒤 문장에 모순이 발생한다. 도가 집정할 때 왜 사람들이 그를 백의재상이라고 불렀겠는가? 앞문장 '滈專家無子弟之法, 布衣行公相之權'이 말에서 볼 때, 사람들이 백의재상이라고 불렀던 것은 '도'가 아니라 '호'다. 두번째 따옴표 내의 이 문장의 구조는 비교적 복잡하다. '人'이 주어고 '號'가 술어, '滈'는 간접목적어이고, '백의재상'은 직접목적어이다. 간접목적어 '滈'가 문장의 전면에 나왔고, 그것과 주어의 사이에 또한 시간부사어 '父綯執政之時'가 삽입되었다. 전체 구절의 의미는 영호호는 그의 부친 영호도가 집정할 당시 사람들이 그를 '백의재상'이라고 불렀다는 것이다. 그러므로 『자치통감』의 이 글 중에서 앞에 위치한 목적어 '滈'자 뒤에 반드시 쉼표를 해야 한다.[13] 그렇지 않으면 오해가 생길 수 있다.

③ 연동식 복합서술어의 사이
문장 중에는 연속 동작을 표시하기 위해 때로는 둘 혹은 둘 이상의 동사가 연동 복합서술어를 이루는 것이 있다. 동사와 동사의 사이에는 때로 '而'

---

12) 『資治通鑑』, 中華書局 1956, 8107면.
13) 저자가 인용한 『자치통감』 1956년 본에는 '호' 다음에 표점이 없으나 적어도 1986년 수정본에서는 이미 '호' 다음에 표점이 찍혀져 있다. 이것도 역시 고서 표점법의 학습을 위해 인용한 예에 불과한 것으로 보아야 한다.

를 써서 순접시키고 어떤 때는 '而' 없이 연결한다. '而'를 써서 순접시킬 경우 동사 사이에 쉼표를 해서는 안된다. '而'로 순접시키지 않는 경우에 동사 사이에서 쉼표로 끊어주면 문장 안에서의 층차가 좀더 분명해진다. 예를 들어보자.

費請先入。伏公而出, 鬪, 死于門中。(『左傳』莊公 8년)
비는 자청해서 앞서서 들어간 후, 공(제나라 양공)을 숨기고 다시 나가서 싸우다가 문에서 죽었다.

이 문장에는 '伏'·'出'·'鬪'·'死' 네 개의 동사가 연동식 복합서술어를 이룬다. 앞의 두 동사는 '而'로 순접되어 중간에 쉼표가 필요 없다. 뒤의 동사 몇개는 '而'로 순접되지 않아서 중간에 쉼표를 찍어야 동작 변화에 앞뒤의 순서가 있어서 서로 연속됨을 표시한다. 연동식 복합서술어는 고대 중국어에서 자주 보이는데 모두 앞에서 서술한 방법에 따라 표점을 한다. 예를 들어보자.

平原君乃置酒, 酒酣, 起, 前, 以千金爲魯連壽。(『戰國策』趙策)
평원군은 이에 술상을 차리게 하고, 주흥이 일자, 일어나 앞으로 나아가서 노중련(魯仲連)에게 천금을 주어 장수를 기원했다.

范增起, 出, 召項莊。(『史記』項羽本紀)
범증은 일어나서 나와 항장을 불렀다.

만약 연동식 술어 사이에 쉼표를 두지 않으면 때로 독자가 오해하게 된다. 예를 들어보자.

* 食其亦沛人。漢王之敗彭城西, 楚取太上皇、呂后爲質, 食其以舍人侍呂后。[14]

14) 『史記』陳丞相世家, 中華書局 1959, 2060면.

이기(食其)도 또한 패 땅 사람이다. 한왕이 팽성의 서쪽에서 패하고 [바른 해석: 팽성에서 패해 서쪽으로 간 뒤] 초에서 태상왕과 여후를 인질로 삼았다. 이기는 사인으로써 여후에게 시중들었다.

이기(食其)는 심이기(審食其)다. 위의 표점에 의하면 '漢王之敗彭城西'로 붙여 읽어 독자는 유방이 팽성의 서쪽에서 패전한 것으로 생각하기 쉽다. 그러나 『사기』 고조본기의 기재에 의거하면 "한왕이 팽성에서 패해 서쪽으로 달아나 사람을 시켜 가족을 찾아보게 했으나 가족들도 역시 사라져 서로 만날 수 없었다"고 한다. 즉 유방이 팽성 전투에서 패해서 서쪽으로 후퇴했다는 것이다. 위의 예문 중 '西'는 명사가 동사처럼 쓰여서 서쪽으로 후퇴했다는 의미다. '敗'와 '西'는 연동식 복합서술어를 구성하는 것이므로 '彭城' 뒤에 쉼표를 써서 끊어야 한다.

④ 고정어(독립어구)의 뒤
고대 중국어에서의 고정어와 현대 중국어에서의 관련어(關聯語) 사이에는 공통점이 있다. 그것들은 종종 앞뒤로 연결되어 앞문장을 종결짓는 기능을 한다. 이러한 고정어의 뒤에 쉼표를 찍어서 뜻을 분명하게 해야 한다.

如是, 則非德民不和, 神不享矣。(『左傳』僖公 5년)
이와같이 즉 덕이 없이는 백성이 불화하고 귀신도 (제사를) 흠향하지 않는다.

雖然, 必告不穀。(『左傳』宣公 3년)
비록 그렇더라도 반드시 나에게 보답해야 한다.

不然, 敝邑, 館人之屬也。(『左傳』昭公 元年)
그렇지 않다면 폐읍(자기 나라의 겸칭)은 관인(객사를 지키고 빈객을 접대하는 사람)의 무리와 같을 것입니다.

以是觀之, 人謂子產不仁, 吾不信也。(『左傳』襄公 3년)

이로써 보건대, 남들이 자산이 어질지 않다고 하지만 저는 믿지 못하겠습니다.

要之, 死日然後是非乃定。(司馬遷「報任安書」)

요컨대, 죽고 난 후에야 시비가 정해질 것이다.

(2) 복문에서의 쉼표

복문과 복문에서의 각 절 사이의 관계를 분석하는 것은 고서에 정확히 표점 찍는 데 있어서 중요한 의미를 지닌다. 복문에서의 각 문장은 비록 대체로 그 자신의 주어와 서술어를 가지지만 각 분절(分節)은 모두 독립적이지 못하므로 반드시 결합되어야만 완전한 뜻을 표현할 수 있다. 그러므로 분절 사이에는 일반적으로 마침표를 하지 않고 쉼표를 한다.

① 일반 복문에서의 쉼표

구조가 비교적 간단하며 각 절의 사이에 한 층의 의미밖에 없는 복문은 일반 복문이다. 일반 복문 내의 문장 사이에는 쉼표를 써야 한다.

詩言志, 歌永言, 聲依永, 律和聲。(『尙書』堯典)

시는 뜻을 읊은 것이요 노래는 말을 길게 늘인 것이요 소리는 가락을 따라야 하고 음률은 그 소리가 조화되어야 하오.

公歸, 乃納册于金縢之匱中。(『尙書』金縢)

주공은 돌아가 쇠로 봉한 궤짝 안에 복서를 넣어두셨다.

公語之故, 且告之悔。(『左傳』隱公 元年)

공(정나라의 장공)은 그 까닭을 말하고, 또 후회한다는 것도 말했다.

與其媚于奧, 寧媚于竈。(『論語』八佾)

방 속(의 귀신에게)에 잘 보이려 하기보다는 차라리 부뚜막(귀신에게)에
잘 보이게 하라.

諫而不入, 則莫之繼也。(『左傳』宣公 2년)
(당신이) 간해도 받아들이지 않으시면 뒤이어서 간할 사람이 없게 됩니
다.

若亡鄭而有益于君, 敢以煩執事。(『左傳』僖公 30년)
만약 정을 멸하는 것이 주상께 이익이 된다면 번거롭지만 군사를 일으킬
만하기는 합니다.

縱江東父兄憐而王我, 我何面目見之? (『史記』項羽本紀)
비록 강동의 부형들이 나를 아껴 왕으로 삼는다 해도 내가 무슨 면목으로
그들을 대하겠소?

執邾悼公, 以其伐我故。(『左傳』襄公 19년)
주나라의 도공을 잡은 것은 그들이 우리(노나라)를 쳤던 때문이다.

四月, 鄭人侵衛牧, 以報東門之役。(『左傳』隱公 5년)
사월에 정나라 사람들이 위나라의 목이라는 지역을 침공했는데 이는 동문
의 싸움에 대한 보복이다.

肉雖多, 不使勝食氣。(『論語』鄕黨)
고기를 많이 잡수신다 하더라도 밥기운을 누르도록까지는 잡수시지 않으
셨다.

이상은 모두 일반 복문이며 절과 절 사이는 병렬·순접·체진(遞進: 순차
진행)·선택·조건·가설·양보·인과·목적·전환 등의 관계를 분별해서
표시한다. 각각의 절 사이에는 모두 쉼표를 사용한다.

② 다중복문(중층복문)에서의 쉼표

위의 복문은 겨우 한 층의 의미만을 가지지만 어떤 복문 속의 절이 다시 복문이 되기도 한다. 이 작은 복문 속의 절은 다시 좀더 작은 복문을 이룰 수 있다. 이렇게 어느 특정한 복문의 구조는 두 개, 혹은 좀더 많은 중층으로 이루어질 수 있다. 다중복문의 층차를 구분하는 것은 문장에 대한 이해의 정도를 더욱 깊게 할 뿐 아니라 고서에 표점을 하는 능력을 높이는 데 도움을 준다. 다중복문 속에서 병렬복문을 제외하고는 기타 복문에서의 절 사이에 모두 쉼표를 한다. 예를 들어보자.

晉侯秦伯圍鄭, │ 以其無禮于晉, ‖ 且貳于楚也。(『左傳』僖公 30년)
　　　　　　(인과)　　　　　　　　(체진)

진후와 진백은 정나라를 포위했는데 이는 그들이 진나라에 대해서 무례했고 또 초나라에 대해 양다리 외교를 했기 때문이다.

이것은 이중복문이다. 제일층은 인과 관계이고 제이층은 체진 관계다. 중간엔 모두 쉼표로 나눈다.

如有政, │ 雖不吾以, ‖ 吾其與聞之。(『論語』子路)
　　　(가설)　　　(전환)

만약 정치를 물었다면 내가 비록 임용되고 있지는 않으나 나도 그것에 대하여 들었을 것이다.

이것은 이중복문이다. 제일층은 가정 관계이고 제이층은 전환 관계이다.

居處恭, ‖ 執事敬, ‖ 與人忠, │ 雖之夷狄, ‖ 不可棄也。(『論語』子路)
　　(병렬)　　(병렬)　　(조건)　　　　(양보)

평소의 처신이 공손하고, 일처리가 공경스럽고, 남과 어울려서 충실하면 비록 오랑캐 땅에 간다 하더라도 그는 버려질 수 없을 것이다. (또는 그것을 버릴 수가 없다.)

이것은 이중복문이다. 제일층은 조건 관계이고 제이층은 병렬・양보 관계이다.

項王不能信人，‖ 其所任愛，非諸項，‖‖ 卽妻之昆弟，‖ 雖有奇士，
　　　　　　　　(병렬)　　　　　　　　　　　(선택)　　　　　　　(병렬)
‖‖ 不能用，｜ 平乃去楚。(『史記』陳丞相世家)
(전환)　　　(인과)

항왕은 남을 신임하지 않았으니, 그가 신임하고 아끼는 자는 항씨가 아니면 부인의 형제들이었습니다. 비록 뛰어난 선비가 있더라도 쓰임받지 못했으므로 나 진평은 초를 떠났습니다.

이것은 삼중복문이다. 제일층은 인과 관계이고, 제이층은 병렬 관계, 제삼층은 선택・전환 관계이다.

복문에 표점을 할 경우 특별히 압축된 복문에 주의해야 한다. 경우에 따라서는 복문 중의 절이 한 글자로 압축되므로, 압축한 부분에 쉼표로 끊어주면 층차를 분명하게 할 수 있다.

權，‖ 然後知輕重 ;｜ 度，‖ 然後知長短。(『孟子』梁惠王 上)
　(조건)　　　(병렬)　(조건)

무게를 달아본 후에라야 무겁고 가벼운 것을 알 수 있고, 길이를 재본 후에라야 길고 짧은 것을 알 수 있다.

'權'은 무게를 달아본다는 뜻이다. '度'는 헤아려본다는 뜻이다. 모두 조건 관계를 표시하는 하나의 절로서 한 글자로 압축되어 있다. 쉼표로 끊어주어 층차를 분명하게 하고 있다.

行, ‖ 或使之; │ 止, ‖ 或尼之。(『孟子』梁惠王 下)
　(가설)　　(병렬)　(가설)

간다면 가게 하고, 멈추면 그치게 한다.

'行'은 '만약 간다면'이란 뜻이고, '止'는 '만약 정지한다면'의 뜻이다. 가정 관계를 표시하는 하나의 절로서 한 글자로 압축되어 있다. 쉼표로 끊어주어 독자가 이해하기 쉽게 한다.

이상의 분석을 통해 복문 속의 각각의 절 사이는 쉼표로 끊어주어야 함을 알 수 있다. 만약 절의 사이를 쉼표로 끊지 않으면 문상 구소에 변화가 생기고 원문의 뜻을 정확히 이해하는 데 영향을 준다.

*魏軍大潰。英見橋絕, 脫身棄城走, 大眼亦燒營去。諸壘相次土崩, 悉棄其器甲, 爭投水死者十餘萬, 斬首亦如之。[15]

위군은 크게 붕궤되었다. 영은 다리가 끊어진 것을 보고 몸을 빼어 성을 버리고 도주했다. 대안도 병영을 불태우고 달아났다. 여러 누대가 차례로 무너져내렸다. 모두 자기의 병기를 버린 채, 물에 빠져 죽으려고 다투었던 자가 10여 만이요, [바른 해석: 다투어 물로 뛰어들었다가 죽은 자가 10여 만이요,] 참수된 자도 그쯤 되었다.

이것은 양 무제(梁武帝) 천감(天監) 6년(507년) 남북조 시기의 전쟁이다. 영은 위나라 중산왕(中山王)이고, 대안은 위나라의 장수 양대안(楊大眼)이다. 위의 표점에 따르면, '爭投水死者'를 붙여 읽음으로 해서 '爭投水'가 어구가 되어 '死'의 부사어로 사용되었다. 그리하여 '다투어 물에 빠져 죽고자 한다'는 뜻이 되어버렸다. 이것은 분명한 착오다. 상식적으로 판단해 볼 때 물에 들어가는 것은 살기 위해서이지 자진해서 물에 빠져 죽으려는 사람이 있을 리가 없기 때문이다. 구조상으로 보더라도 '爭投水'와 '死者十餘萬'은 두 개의 절이다. 그러므로 '爭投水' 다음에서 쉼표로 끊어야 한다.

---

15) 『資治通鑑』, 中華書局 1956, 4572면.

＊嶺南嘗獻入筒細布一端八丈，　帝惡其精麗勞人，　卽付有司彈太守，　以布還
之，幷制嶺南禁作此布。[16]

영남에서는 일찍이 입통세포 한 단 여덟 장을 헌납한 적이 있었다. [바른
해석: 입통세포를 헌납했었는데 한 단에 팔 장씩이었다.] 황제는 그 정교함
때문에 백성을 수고롭게 함을 싫어하셔서 유사에게 태수를 탄핵하게 하고
포를 돌려주었으며 아울러 조칙을 내려 영남에서 이러한 포를 만들지 못하
도록 했다.

이것은 남조 유송(劉宋)의 무제(武帝) 영초(永初) 3년(422년)의 일이다.
제는 유유(劉裕)를 지칭한다. 위의 표점에 따르면 ‘入筒細布一端八丈’을 붙
여 읽어서 ‘一端八丈’이 ‘入筒細布’의 후치수식어가 되었다. 공납한 것이 겨
우 ‘일단팔장’인 것이다. 이것은 분명코 이치에 맞지 않는다. 실은 ‘일단팔
장’은 하나의 절이며 수량사 ‘一端’이 주어, ‘八丈’이 술어가 된다. 뜻은 매
일단마다 팔장이라는 뜻이다. ‘細布’ 뒤에는 쉼표를 해야 한다.

＊自大將軍圍單于之後，十四年而卒。竟不復擊匈奴者，以漢馬少，而方南誅
兩越，東伐朝鮮擊羌，西南夷，以故久不伐胡。[17]

대장군이 선우를 포위했던 때로부터 14년 만에 (위청의 아들 위강이) 죽
었다. 그후 끝내 다시 흉노를 치지 않은 것은 한에는 군마가 적었으며 남방
으로는 동월·남월을 치고, 동으로는 조선을 치고, 강족이나 서남이를 치기
위해서였다. 그래서 오랫동안 흉노를 치지 않았다.

대장군은 위청(衛靑)이다. 위의 표점에 따르면 ‘東伐朝鮮擊羌’을 붙임으로
해서 뜻이 통하지 않게 되었다. 실은 ‘南誅……，東伐……，擊……’의 세 가
지 사건을 나누어서 서술한 것이며 구조적으로 보아 세 개의 병렬문이다.
그러므로 ‘朝鮮’ 다음에는 쉼표를 붙여야 한다.

---

16) 『資治通鑑』, 中華書局 1956, 3745면.

17) 『史記』 衛將軍驃騎列傳, 中華書局 1959, 2940면.

＊人爲善法度賞之，惡法度罰之; ……[18]

이것은 이중복문이다. 제일층은 병렬 관계이고 제이층은 가설 관계다. '惡'은 '人爲惡'을 압축한 것이다. 정확한 표점은 다음과 같다.

人爲善, ‖ 法度賞之; │ 惡, ‖ 法度罰之。
　　　(가설)　　　(병렬) (가설)
사람이 착한 일을 하면 법에 따라 상을 주고 악한 일을 하면 법에 따라 벌을 내린디.

＊貪故能立功，驕故能輕生。[19]

이것은 이중복문이다. 제일층은 병렬 관계이고 제이층은 인과 관계다. '貪'은 '人爲貪', '驕'는 '人爲驕'다. 모두 원인을 나타내는 절이며 한 글자로 줄여져 있어서 그것 뒤에서 쉼표로 끊어주어야 분명히 이해될 수 있다.

貪, ‖ 故能立功; │ 驕, ‖ 故能輕生。
　(인과)　　　(병렬) (인과)
욕심내기 때문에 공을 세울 수 있는 것이요, 교만하기 때문에 삶을 가벼이 여길 수 있는 것이다.

앞으로의 계획을 나타내는 복문에서 계획뿐 아니라 이미 그 행동이 이루어졌음을 나타낸다면 '謀'자 뒤에 쉼표를 해야 한다. 이렇게 하면 계획을 나타내는 것이 하나의 절이 되고 행동을 표시한 것이 또 다른 절이 된다. 만약 '謀'자 뒤에서 끊어주지 않으면 이미 이룬 일을 도모 중인 일로 오해하게 된다. 예를 들어보자.

---

18) 『論衡』非韓篇, 中華書局『諸子集成』本, 1954, 98면.
19) 『論衡』非韓篇, 中華書局『諸子集成』本, 1954, 97면.

* 秦太后苟氏游宣明臺, 見東海公法之第門車馬輻湊, 恐終不利于秦王堅, 乃
與李威謀賜法死。堅與法訣于東堂, 慟哭歐血; 謚曰獻哀公, 封其子陽爲東海公,
敷爲淸河公。20)

진태후 구씨가 선명대를 거닐다가 동해공 부법의 저택문에 수레와 말들이
문전성시를 이룸을 보고 언젠가는 진왕 부견에게 불리하게 될까 염려했다.
이에 이위와 법을 죽이고자 모의했다. [바른 해석: 이위와 모의를 하여 부법
에게 죽음을 내렸다.] 부견은 부법과 동당에서 이별하면서 피눈물을 흘리며
통곡했다. 시호를 헌애공이라 하였고, 그의 아들 양을 동해공에, 부를 청하
공에 봉하였다.

구씨(苟氏)는 부견(符堅)의 모친이며, 법(法)은 부법(符法)으로 부견의
배다른 형이다. 다음 문장을 보면 '賜法死'는 그저 계획만이 아니라 이미 죽
음을 내리도록 명령한 것임을 알 수 있다. 그러므로 '謀'자 뒤에 쉼표가 있
어야 한다. 이렇게 해서 앞절의 구조는 '謀'자에서 끝나고 '賜法死'는 달리
한 절을 이루어 순접 관계를 이루고 있음을 보여준다.

* 梁王將殺齊諸王, 防守猶未急。鄱陽王 寶寅家闍人顏文智與左右麻拱等密謀
穿墻夜出寶寅, 具小船于江岸, 著烏布襦, 腰係千餘錢, 潛赴江側, 蹋屬徒步,
足無完膚。21)

양왕이 제의 제왕들을 죽이고자 했으나, 방비는 오히려 허술했다. 파양왕
보인의 가신인 안문지는 측근인 마공 등과 담을 뚫고 야밤에 보인을 도주시
킬 것을 밀모했다. [바른 해석: 밀모하여 담을 뚫고 야밤에 보인을 도주시켰
다.] 장강의 강안에 소선을 준비하고 검은 베옷을 입고 돈 천여 냥을 허리
에 차고 몰래 강변으로 해서 갔는데 짚신 신고 걸었으므로 발의 살갖이 성
한 데가 없었다.

양왕은 양 무제다. 보인은 소보인(蕭寶寅)으로 제 명제(齊明帝)의 아들이

---

20) 『資治通鑑』, 中華書局 1956, 3166~3167면.
21) 『資治通鑑』, 中華書局 1956, 4515면.

자 양 무제의 형제다. 다음 문장에서 볼 때, 밀모는 이미 실행되었으므로 '謀'자 뒤에 쉼표를 첨가해야 한다.

이상의 계획을 나타낼 뿐 아니라 이미 실행했음을 나타내는 두 복문의 경우, 구조상으로 보아 '謀'자 뒤의 목적어는 그 다음의 문장과 연결되면서 생략된 것이다. 이 생략된 목적어는 바로 뒷절에서 가리키는 행동인 것이다. 그러므로 반드시 '謀'자 다음에서 쉼표로 끊어야 한다. 표점자가 이것에 주의하지 않으면 '謀'자를 다음 절과 붙여 읽어서 이미 이룬 일을 도모 중인 일로 오해하게 된다.

4. 마침표를 할 것인가 쉼표를 할 것인가

마침표와 쉼표를 대비해보면 분명한 차이가 있는 것처럼 보인다. 그러나 실제로 사용해보면 생각만큼 그리 간단치는 않다. 고서에 표점할 때, 주관적 요인이 작용하지 않을 수 없기 때문이다. 같은 이야기도 누군가의 생각엔 다 끝났는데 다른 사람의 생각에는 아직 끝나지 않은 것이다. 결국 마침표를 할 것인가 쉼표를 할 것인가에 대해 견해차가 발생할 수 있다. 그렇지만 그저 구조와 뜻 두 가지 면에서 고려해보면 대체로 마침표를 해야 할지 쉼표를 해야 할지는 확정지을 수 있다. 비록 경우에 따라 두 개가 다 되는 상황도 있겠지만 일반적으로 이러한 경우는 흔하지 않다.

앞에서 서술한 것처럼 마침표와 쉼표의 용법은 주로 다음과 같이 구별한다. 어의가 이미 끝난 곳에서는 마침표를, 말의 뜻이 다하지 않은 곳에서는 쉼표를 쓴다. 주의해서 할 것은 뜻이 끝났는지 않았는지 반드시 앞뒤 문장을 합쳐놓고 판단해야 한다. 해당 문장만이 아니라 다음 문장도 보아야 한다. 아래에서 『사기』와 『한서』 속의 동일 내용의 이야기를 대비해보자.

『史記』: 陳勝者, 陽城人也, 字涉。吳廣者……
진승은 양성 사람이며 자를 섭이라 했다. 오광은……

『漢書』: 陳勝者, 字涉, 陽城人也。吳廣者……

진승은 자를 섭이라 하고 양성 사람이다. 오광은……

'陽城人也' 네 자는 모두 똑같이 쓰였다. 『사기』에서는 '也'자의 뒤에 '字涉' 두 자가 있으므로 말의 뜻이 끝나지 않았으니 쉼표를 하는 것이 좋다. 『한서』중의 '也'자 뒤에는 '吳廣者'란 단어가 있어 이미 다른 한 문장이 시작하므로 마침표를 하는 것이 좋다. 마찬가지로 '字涉'의 뒤에 『사기』의 경우에는 이미 다른 문장이 시작하므로 마침표를 하고, 『한서』에서는 어의가 끝나지 않았으므로 쉼표를 하는 것이 좋다. 이 두 예는 마침표를 할 것인가 쉼표를 할 것인가는 그저 해당 문장만 볼 것이 아니라 다음 문장에도 주의해야 함을 설명해준다

이전에 이미 출판되었던 고서 표점본에서는 마침표와 쉼표의 용법에 있어서 곧잘 다음과 같은 실수를 범하게 된다. 첫째, 마침표를 해야 할 자리에 쉼표를 한 경우, 둘째 쉼표를 해야 할 자리에 마침표를 한 경우, 셋째 위의 두 가지가 다 있는 경우 등이다.

(I) 마침표를 해야 할 자리에 쉼표를 한 경우

초보자가 고문에 표점하는 것을 연습할 때, 쉼표를 많이 하고 마침표를 적게 하는 것이 일반적 경향이다. 그런데 우리는 일반 고서 표점본에서도 이와같은 경향이 있음을 발견한다. 예를 들어본다.

＊葱嶺東岡四山之中, 地方百餘頃, 正中墊下, 冬夏積雪, 風寒飄勁, 疇壟鳥鹵, 稼穡不滋, 旣無林樹, 唯有細草, 時雖暑熱, 而多風雪, 人徒才入, 雲霧已興, 商侶往來, 苦斯艱險。[22]

총령동강(파미르고원의 동쪽 타클라마칸산)의 네 산 가운데 어느 한 방면의 땅 백여 경은 한가운데 부위가 아래로 내려앉아 겨울과 여름을 막론하고 빙설이 쌓여 있고 찬바람이 세차게 분다. 밭두둑은 소금기가 있어서, 곡식이 자라지 않고 수목도 없이 그저 잔풀만 있을 뿐이다. 한여름철에도 이 지

역엔 때때로 풍설이 몰아치니 사람들이 이 지역에 들어서면 구름과 안개가 자욱하게 일어난다. 카라반들이 왕래함에 있어서 이 험난한 지역을 지나기가 쉽지 않다.

이 단락에는 총 65개 자에 14개의 쉼표를 썼고 마지막에 마침표 하나를 찍었다. 분석해보면 최소한 네 문장으로 나뉘는데 '勁'·'草'·'興'자 뒤의 쉼표를 마침표로 바꾸어야 한다.

고대 중국어에는 단문이 비교적 많다는 특징에 근거해볼 때, 한 문장이 복문 속의 하나의 절이 아니라 그 자체로 수어·술어 능의 문장성문을 구비하여 독립적으로 문장을 이루는 경우에는 과감하게 마침표로 끊어주어야 한다. 이하의 예문에서도 문장을 끊어야 하거나 끊을 수 있을 만한 곳에서는 쉼표로 끊어주어야 한다.

*秦圍趙之邯鄲, 魏安釐王使將軍晉鄙救趙, 畏秦, 止于蕩陰, 不進。[23]
진이 조의 한단을 포위하자, [바른 해석: 포위하였다] 위의 안리왕(安釐王)은 장군 진비를 시켜 조를 구원하게 하면서도 진을 두려워해서 탕음에서 멈추게 하고 나아가지 않도록 시켰다.

첫 문장의 주어는 '秦', 두번째 문장의 주어는 '魏安釐王'으로 각각 독자적으로 문장을 이루고 있다. '邯鄲' 뒤의 쉼표는 마침표로 바꿔야 한다.

*鄭伯如周, 始朝桓王也, 王不禮焉。[24]
정백은 주나라에 가서 (즉위 이후) 처음으로 환왕을 조현했으나 왕은 예로써 대하지 않았다.

첫 문장의 주어는 '鄭伯', 둘째 문장의 주어는 '王'이다. '也'자 뒤의 쉼표

---

23) 『中國歷史文選』上册, 上海古籍出版社, 68면.

24) 『左傳選』, 中華書局 『中國史學名著選』本, 5면.

는 마침표로 바꿔야 한다.

＊鄭武公、莊公爲平王卿士。王貳于虢，鄭伯怨王，王曰:"無之。"[25]

정나라의 무공과 장공(무공의 아들)은 주나라 평왕의 경사(주나라 육경 중 집정자)가 되었다. 평왕은 괵공에게도 거듭 정사를 맡기자 정백은 왕을 원망하였다. 그러자 왕이 말했다. "장차는 그런 일을 하지 않겠다."

첫 문장의 주어는 '鄭武公·莊公'이다. 둘째 문장의 주어는 '王', 셋째 문장의 주어는 '鄭伯', 넷째 문장의 주어는 '王'이다. '虢'·'怨王' 다음의 쉼표는 마침표로 바꿔야 한다.

고서에서 사건을 서술할 때에 과거의 일을 삽입해서 서술하는 경우가 많다. 앞에서 다루었듯이 이 경우 '初'·'昔'·'始' 등의 말로 시작한다. 표점할 때에는 삽입문의 앞뒤를 마침표로 끊어주어 그것과 원래 문장을 구분해주는 것에 주의해야 한다. 삽입 서술의 시작은 비교적 용이하게 분별할 수 있지만 그 끝부분과 원래 문장은 구분하기 쉽지 않다. 그리하여 마침표를 해야 할 곳에 쉼표를 하기 쉽다. 예를 들어본다.

＊秋, 八月, 庚寅, 有星孛于天市。

初, 益州西部都尉廣漢 鄭純, 爲政淸潔, 化行夷貊, 君長感慕, 皆奉珍內附, 明帝爲之置永昌郡, 以純爲太守。純在官十年而卒。後人不能撫循夷人, 九月, 哀牢王 類牢殺守令反, 攻博南。[26]

가을 8월 경인일에 혜성이 천시(별자리의 이름)에 나타났다. 일찍이 익주 서부도위 광한·정순은 정치가 깨끗하고 이맥(동쪽 오랑캐)들을 교화시켜 군장들이 감격 흠모하여 공물을 바치고 복종해 왔었다. 명제가 그를 위해 영창군을 설치하고 순을 태수로 봉했다. 순은 10년간 벼슬하다가 죽었다. 그 후임자들은 오랑캐를 안돈시킬 수가 없었다. 9월에 애뢰왕 유뢰가 태수

---

25) 『左傳選』, 中華書局 『中國史學名著選』本, 4면.

26) 『資治通鑑』, 中華書局 1956, 1476면.

현령을 죽이고 반란을 일으켜 박남을 공격했다.

명제는 후한의 명제다. '初'에서 '後人不能撫循夷人'까지는 삽입문이다. '九月'은 윗 문장의 '八月'과 이어지는 것이므로 '夷人' 뒤의 쉼표는 마침표로 바꿔야 한다.

* 西燕旣亡, 其所署河東太守柳恭等各擁兵自守, 秦主興遣晉王緖攻之, 恭等 臨河拒守, 緖不得濟。
* 初, 永嘉之亂, 汾陰薛氏聚其族黨, 阻河自固, 不仕劉, 石。及苻氏興, 乃 以禮聘薛疆, 拜鎭東將軍, 疆引秦兵自龍門濟, 遂入蒲阪, 恭等皆降, 興以緖爲 幷, 冀二州牧, 鎭蒲阪。[27]

서연이 곧 망하자 그때 하동태수로 있던 유공 등은 각기 병사를 거느리고 수비했다. 진왕 흥은 진왕 서를 파견하여 공격시켰다. 공 등이 황하를 끼고 저항했으므로, 서는 평정할 수 없었다.

일찍이 영가의 난 때, 분음 설씨가 그 일가를 모아 황하를 끼고 자위(自衛)하며 유씨와 석씨에게 벼슬하지 않았었다. 그런데 부씨는 흥기할 당시 설강을 예로써 초빙해서 진동장군으로 임명했고, [바른 해석: 임명한 적이 있었다.] 설강은 진군을 이끌고 용문에서부터 평정하여 마침내 포판에 들어섰고, 공 등은 모두 항복하고 말았다. 흥은 서를 병주·기주 두 주의 목사로 임명하여 포판을 진무케 했다.

'初'에서 '拜鎭東將軍'까지는 삽입 서술이다. '疆引秦兵自龍門濟'와 앞문장 '緖不得濟'는 상호 연결되는 것이다. '將軍' 뒤의 쉼표는 마침표로 바꿔야 한다.

마침표를 해야 할 곳에 쉼표를 하면 이치에 맞지도 않을 뿐 아니라 다른 해석이 나올 수도 있다.

---

27) 『資治通鑑』, 中華書局 1956, 3436면.

　＊十有二月，詔<u>成周公萬度</u>歸自<u>焉耆</u>西討<u>龜玆</u>。皇太子朝于行宮，遂從北討，
至于受降城，不見蠕蠕，因積糧城內，留守而還。[28]

　12월 성주공 만도귀를 불러 언기(카라샤르)로부터 서쪽으로 쿠차를 토벌
하게 했다. 황태자는 행궁에서 입조하여 마침내 북벌에 참가하고는 황태자
는 [바른 해석: 참가했었다. 그들은] 항복한 성을 접수하고 나서 연연(유연)
을 찾지 못하자 성내에 양식을 쌓아두고 수비케 한 뒤 돌아왔다.

　이 단락에서는 탁발씨가 서북쪽으로 진군하면서 황태자가 종군하여 북벌
한 내용을 서술한다. '討'자 뒤에 쉼표를 해서 '至于受降城' 이하 문장의 주
체가 황태자 등이라는 의미가 되었다. 그러나 앞뒤 문장에서 보면 항복한
성을 접수하게 된 자는 탁발도 및 그 전군이다. 마지막 문장의 주어는 앞의
것을 받아 생략되었다. 그러므로 '討'자 뒤의 쉼표는 마침표로 바꿔야 비로
소 독자가 오해하는 일이 생기지 않는다.

　(1) 쉼표를 해야 할 곳에 마침표를 한 경우

　이런 경우는 비교적 적지만 때때로 마주칠 수 있다. 주로 비교적 긴 문장
속에서 절 사이에 잘못하여 마침표를 사용한다.

　＊苟有明信，澗谿沼沚之毛，蘋蘩蘊藻之菜，筐筥錡釜之器，潢汙行潦之水，
可薦于鬼神，可羞于王公。而況君子結二國之信，行之以禮，又焉用質！[29]

　진실로 확실한 믿음이 있다면 계곡 시냇가와 못가에 돋는 풀이라도, 개구
리밥과 마름풀 등의 소채류라도, 대그릇과 쇠그릇 등의 제기로도, 웅덩이
길에 괸 물로도 귀신에게 바칠 수 있고 왕공께도 드릴 수 있는 것인데, 하
물며 군자로서 두 나라간에 신의를 맺어 예로써 이행하신다면 어찌 인질을
교환할 필요가 있겠습니까?

　이것은 체진복문이다. '苟'와 '而況' 등의 관련어가 서로 호응을 해서 한

---

28)『魏書』世祖紀, 中華書局 1974, 103면.

29)『左傳選』, 中華書局『中國史學名著選』本, 5면.

층 또 한 층 진전됨을 보여준다. 절 사이를 마침표로 끊어서는 안된다. '王公' 뒤의 마침표는 쉼표로 바꿔야 한다.

＊曩者朕之不明, 以軍候弘上書, 言 "匈奴縛馬前後足置城下, 馳言'秦人, 我匄若馬。'" 又, 漢使者久留不還, 故興遣貳師將軍, 欲以爲使者威重也。[30]

전날에 짐이 총명하지 못해서 생각이 미치지 못했더니, 군후 홍이 상서를 올려 다음과 같이 말했다. "흉노가 말의 앞발과 뒷발을 묶어서 성 아래에 놓고 말달리며 외치기를 '중국놈들아, 우리가 너희들에게 말을 시여해 주마'라고 합니다." 더욱이 한의 사자마저 오래도록 억류하고 돌려보내지 않으므로 이사장군(이광리)을 파견하나니 사신 문제를 엄중히 다루고자 하는 것이다.

이것은 한 무제의 정화(征和) 4년(B.C. 89년) 조서에 나오는 글로 인과복문이다. '以……, 故……'는 현대 중국어의 '因爲……, 所以……(……때문에, 그러므로……)'에 해당한다. 앞절에서 이사장군을 파견하게 된 두 개 원인을 제시했다. 그 하나는 변방의 장수가 흉노가 모욕하는 말을 전했기 때문이고, 다른 하나는 흉노가 한의 사자를 오래도록 돌려보내지 않았기 때문이다. 뒷절은 결과를 설명한 것이다. 이 두 절의 관계는 밀접하다. '馬'자 뒤에서 인용이 끝났다고 전체 문장이 끝난 것은 아니다. '馬'자 뒤의 마침표를 쉼표로 바꿔야 한다.

⑶ 쉼표를 할 곳에 마침표를 하고 마침표를 할 곳에 쉼표를 한 경우

만약 쉼표를 해야 할 곳에 마침표를 하고, 마침표를 해야 할 곳에 쉼표를 하면 층차의 혼란을 초래하여 순서가 뒤죽박죽되는 경우가 생긴다. 예를 들어본다.

＊韓信曰: "善！" 從其策, 發使使燕。燕從風而靡, 遣使報漢, 且請以張耳王趙; 漢王許之。[31]

---

30) 『資治通鑑』, 中華書局 1956, 739면.
31) 『資治通鑑』, 中華書局 1956, 329면.

한신은 말했다. "좋다." 그리고 그 계책을 좇아 연에 사신을 보내니 연은 풍문만을 듣고 흔들렸다. 한에 사신을 보내어 보고하고 [바른 해석: 연은 풍문만을 듣고서도 흔들렸다. 한신은 사신을 보내 한왕에게 보고하고] 장이를 조왕에 봉할 것을 청했다. 한왕은 허락했다.

표점자는 '發使使燕' 다음에 마침표를 하여 이 문장이 여기에서 끝남을 보여준다. 그리고 '燕從風而靡' 뒤에 마침표를 함으로 해서 '燕'이 이 문장의 주어가 되어버렸다. 이 표점에 따르면 연나라는 풍문만으로도 동요했을 뿐 아니라 한에 사신을 보내 보고한 것이 된다. 그러나 이것은 문장의 원래 뜻과는 크게 다르다. '遣使'한 주체는 연나라가 아니라 한신이기 때문이다. '使燕' 뒤의 마침표는 쉼표로 고쳐야 하고, '而靡' 뒤의 쉼표는 마침표로 바꿔야 한다. '漢王' 앞의 세미콜론은 쉼표로 고쳐야 한다.

　*興元中，有僧曰法欽，以其道高，居徑山。時人謂之徑山長者。[32]
　홍원연간에 법흠이라는 승려가 있었는데, 그의 도가 높았으므로 경산에 거처했다. 당시 사람들이 그를 경산의 장자라고 불렀다.

위의 표점대로라면 '以其道高'는 원인이고 '居徑山'이 결과다. 이에 대해 다음과 같이 묻지 않을 수 없다. 즉 '道高'와 '居徑山'이 왜 인과 관계가 되는가? 도대체 도가 높아야 경산에 머무를 수 있는 것인가? 이 표점에 문제가 있음을 알 수 있을 것이다. 마땅히 '法欽' 뒤의 쉼표는 마침표로 고치고 '徑山' 뒤의 마침표는 쉼표로 해야 한다. 정확한 표점은 다음과 같다.

　興元中，有僧曰法欽。以其道高，居徑山，時人謂之徑山長者。
　홍원연간에 법흠이라는 승려가 있었다. 그의 도가 높고 경산에 거처했으므로 당시 사람들이 그를 경산의 장자라고 불렀다.

이것은 두 문장이다. 첫째 문장은 '僧曰法欽'에서 끝나는 것으로 고쳐야

32)『唐語林』言語篇, 古典文學出版社 1957, 10면.

한다. 두번째 문장은 인과복문이다. '道高'・'居徑山'은 원인이고, '謂之徑山
長者'는 결과다.

제 2 절 모점・세미콜론・콜론

1. 모점의 용법

모점은 쉼표에서 나뉜 것으로, 병렬되어 있는 단어와 복합어를 끊는 데
사용한다. 주어・목적어・수식어〔定語〕・부사어〔狀語〕・보어의 역할을 하는
병렬성분의 중간에만 모점을 사용할 수 있다. 예를 들어보자.

宋人、蔡人、衛人伐戴。(『左傳』隱公 10년)
송나라 사람, 채나라 사람, 위나라 사람 들이 대나라를 쳤다.

周公立焉, 植璧秉珪, 乃告太王、王季、文王。(『尙書』金縢)
(제단을 남쪽에 만들어 북쪽을 향해) 주공은 서고, 구슬을 놓고 홀로 들
고서 태왕과 왕계와 문왕에게 아뢰었다.

穆、襄之族率國人以攻公。(『左傳』文公 7년)
이에, 목공, 양공의 일족들이 각기 국인(國人)을 거느리고 소공을 공격하
였다.

五年春正月, 甲戌、己丑, 陳侯鮑卒。(『左傳』桓公 5년)
5년 봄 정월 갑술일・기축일에 진후 포가 죽었다.

秋, 大水, 鼓、用牲于社、于門。(『左傳』莊公 25년)
가을철에 큰물이 나자, 성문(城門)에 희생물을 차려놓고 북을 치며 토지
신에게 제사지냈다.

'宋人・蔡人・衞人'은 주어, '太王・王季・文王'은 목적어, '穆・襄'은 수식어, '甲戌・己丑'은 부사어, '于社・于門'은 보어로 쓰이고 있다.

2. 모점을 할 것인가 쉼표를 할 것인가

모점과 쉼표는 모두 문장 속에서 쉼을 표시한다. 쉼표는 일반적인 정돈을 표시하며 모점은 병렬성분 중간에만 쓰인다. 전술하였듯이 동사가 위치상 병렬성분일 때 습관상 쉼표를 사용하며 모점을 사용하지 않는다는 것에 주의해야 한다. 예를 들어보자.

公山弗擾以費畔, 召, 子欲往。(『論語』陽貨)
공산불요가 비읍에 근거해서 반기를 들었는데, 그가 부르자 선생님께서는 가시려고 하였다.

이 문장에서 '公山弗擾'는 주어이며 그가 비읍을 근거하여 기병하고 공자를 불렀다는 것이다. '畔'과 '召'는 모두 동사로 비록 병렬적인 관계이지만 중간에 모점을 사용하지 않고 쉼표를 사용한다.
그러나 동사의 병렬성분이 보어의 충분한 설명을 받을 때, 병렬하는 동사 사이에 쉼표를 사용하지 않으며 모점을 사용한다. 예를 들어보자.

六年辛未, 朔, 日有食之, 鼓、用牲于社。(『左傳』莊公 25년)
6년 신미(辛未) 삭(朔)에 일식이 있었다. 사(社)에다 북을 치고 희생을 바쳤다.

'鼓'는 북을 친다는 것이고 '用牲'은 희생물을 사용하여 제사를 지낸다는 것이다. 이 두 개의 병렬하는 동사는 보어 '于社'의 충분한 설명을 받으므로, 중간에 쉼표를 사용할 수 없고 모점을 사용해야 한다. 그렇지 않으면 문장의 구조나 뜻이 변할 수 있다.

모점과 쉼표의 용법상 자주 보이는 착오는 쉼표를 사용해야 할 곳에 모점을 사용하는 것이다.

(1) 모점을 사용해야 하는 곳에 쉼표를 사용하는 경우

만약 모점을 사용해야 하는 병렬성분에 쉼표를 사용한다면 문장의 구조나 뜻이 변할 수 있다. 예를 들어보자.

＊絳侯 周勃旣就國，每河東守、尉行縣至絳，勃自畏恐誅，常被甲，令家人持兵以見之。[33]

강후 주발이 이미 봉지로 갔다. 하동(河東)의 군수와 군위가 현에 행차하다가 매번 그의 봉지에 이르면 그는 짐짓 두려워하여 항상 갑옷을 입고 있었으며, 가인들로 하여금 무기를 지닌 채 그들을 만나보게 하였다. [바른 해석: 항상 갑옷을 입은 채 가인에게 무기를 지니게 한 후에야 (자신이) 그들을 만나보았다.]

‘甲’자 뒤에 쉼표를 사용하였고 ‘常被甲’과 ‘令家人持兵以見之’가 두 개의 절로 되어 있다. 이와같은 표점에 따라 이해한다면 그 뜻은 주발이 항상 갑옷을 입고 있었으며, 가인들로 하여금 무기를 지닌 채 하동의 군수와 군위를 만나보게 하였다는 것이다. 이와같이 말하면 하동의 군수와 군위를 만난 것은 가인이지 주발이 아니다. 이것은 문장의 본 뜻에 맞지 않는다. 실제로 ‘常被甲’과 ‘令家人持兵’은 두 개의 병렬 성분으로 동사인 ‘見’의 부사어이다. 그 뜻은 주발이 항상 갑옷을 입은 채 가인에게 무기를 지니게 한 후에야 비로소 하동군수와 군위를 만나보았다는 것이다. 그러므로 ‘甲’자 뒤의 쉼표를 모점으로 바꾸어야 한다.

＊男子八十以上，十歲以下，及婦人從坐者，自非不道，詔所名捕，皆不得繫。[34]

---

33) 『資治通鑑』, 中華書局 1956, 462면.
34) 『後漢書』光武帝紀, 中華書局 1965, 35면.

80세 이상 또는 10세 이하의 남자 및 부녀자로 연좌죄에 걸린 자 가운데 부도(도덕에 어그러진)한 자를 제외하고 조서로서 체포를 명한 자는 [바른 해석: 부도죄나 황제가 직접 체포를 명한 자가 아니면] 모두 잡아들이지 말라.

‘不道’ 뒤에 쉼표를 사용하면 ‘自非’가 걸리는 것이 겨우 ‘道’자에 그친다. 이와같은 표점에 따르면 서로 모순되는 현상이 생긴다. 이미 ‘조서로써 체포를 명’했는데 왜 ‘모두 잡아들이지 말라’는 것일까? 원래 ‘自非……, …… 皆’는 조건 복문이며 ‘自非’가 죽 내려와서 ‘名捕’까지 걸리고 ‘不道’와 ‘詔所名捕’는 두 개의 병렬성분이다. 그 뜻은 부도(不道)죄를 범한 자와 조서로써 체포를 명한 자 이외에는 연좌죄에 걸린 모든 사람을 잡아들이지 말라는 것이다. 그러므로 ‘不道’ 뒤의 쉼표를 반드시 모점으로 고쳐야만 한다.

　＊余每覽越人入虢之診，望齊侯之色，未嘗不慨然嘆其才秀也。[35]

나는 월인이 괵으로 가서 진맥한 사실을 볼 때마다, 제후의 기색을 살폈고 [바른 해석: 나는 월인이 괵으로 가서 진맥하고 제후의 얼굴색을 관찰한 사실을 볼 때마다] 일찍이 재주가 뛰어남에 감탄하지 않을 수 없었다.

월인(越人)은 진월인(秦越人) 편작(扁鵲)이다. 이것은 장중경(張仲景)이 편작을 찬미한 말이다. 표점하는 사람이 ‘診’자 뒤에 쉼표를 사용하여 끊어 놓았고 ‘望齊侯之色’이 하나의 절을 단독으로 이루며 ‘余’가 그 주어이다. 이는 분명히 작자의 원뜻에 어긋나는 것이다. 이 문장의 ‘余’는 주어이고 ‘覽’은 동사로서 ‘入虢之診’과 ‘望齊侯之色’은 두 개의 병렬성분을 이루고 공동으로 ‘覽’의 목적어가 된다. 장중경은 ‘越人入虢之診、望齊侯之色’과 관계 있는 기록을 본 것이지 결코 장중경이 ‘제후의 기색을 살핀 것’은 아니다. 그러므로 ‘診’자 뒤의 쉼표를 반드시 모점으로 고쳐야 한다.

---

35) 『傷寒論自序』「醫古文」, 上海科學技術出版社 1978, 13면.

(2) 쉼표를 사용해야 할 곳에 모점을 사용하는 경우

만일 쉼표를 사용해야 하는 곳에 모점을 사용한다면 문장의 구조나 뜻이 변할 수 있다. 예를 들어보자.

＊勃海 鮑宣妻者, 桓氏之女也, 字少君。宣嘗就少君父學, 父奇其淸苦, 故以女妻之, ……宣、哀帝時官至司隷校尉。[36]

발해 포선의 처는 환씨의 딸로 자는 소군이다. 포선이 일찍이 소군의 아비에게 가서 배웠는데 아비가 그 청빈하고 고고한 성품을 기특히 여기고 딸을 처로 주었다. ……선제와 애제 때 관이 사예교위에 이르렀다. [바른 해석: 선은 애제 때 관이 사예교위에 이르렀다.]

이와같은 표점에 따르면 '宣'과 '哀'는 병렬로, 마치 선제와 애제 때를 가리키는 듯하다. 이는 분명히 역사 사실과 부합하지 않는 것으로 선제와 애제의 사이에는 원제(元帝)·성제(成帝)가 있어 그 사이는 5,60년이나 떨어져 있다. 실제로 윗글에서 살펴보면 '宣'은 발해선(勃海宣)을 가리키는 것이고 문장의 주어이며, '哀帝時'는 시간을 가리키는 수식의 부사어로서 두 가지는 병렬할 수 없다. '宣'자 뒤의 모점을 쉼표로 바꾸어야 한다.

＊拾寅後復擾掠邊人, 遣其將良利守洮陽、槍罕所統。槍罕鎭將、西郡公楊鍾葵貽拾寅書以責之。[37]

습인이 이후에 다시 변방을 침탈하고 그의 장수 양리를 파견하여 조양과 창한진에서 관할하는 지역을 지키게 했다. [바른 해석: 拾寅이 이후에 다시 변방을 침탈하고 그의 장수 양리를 파견하여 조양 즉 창한진에서 통할하는 지역을 지키게 하였다.] 창한진의 장군과 서군공 양종규가 습인에게 글을 보내서 꾸짖었다.

---

36) 『後漢書』列女傳, 中華書局 1965, 2782면.
37) 『魏書』吐谷渾傳, 中華書局 1974, 2238면.

습인(拾寅)은 토욕혼(吐谷渾)의 수령이다. 표점에 따른다면 '洮陽'과 '槍
竿'이 병렬하고 있어 마치 양리(良利)가 조양과 창한을 지키는 듯하다. 이
러면 '所統'을 해석할 길이 없다. 뒷문장에 따르면 양리가 차지한 곳은 조양
뿐이고 조양은 원래 창한진이 통할하던 지방이다. 그러므로 조양 뒤에 모점
을 쉼표(혹은 말늠임표)로 고쳐야 한다.

이상의 분석에서 볼 때 모점의 용법은 이해하기 어려운 것이 아니다. 하
지만 고서를 표점해본 사람은 병렬성분에 대해 정확히 판단하기가 매우 어
렵다는 것을 깊이 이해하고 있다. 역사상 이민족의 인명・지명・관명 같은
것은 음역으로 되어 있고 때때로 길게 나열되어 있어, 하나인지 두 개인지
혹은 두 개 이상인지, 모점을 사용해야 하는지 말아야 하는지, 혹은 어떤
곳에 모점을 사용해야 하는지 쉽게 단정하기가 어렵다. 그 외 직관・관복・
천문・지리・의약 등에 대한 명칭은 우리가 이것에 대해 전문 지식이 없을
때 잘못 끊을 수도 있고, 모점을 사용하여 끊어야 할 곳에 모점을 사용하지
않거나, 모점을 사용해서 끊지 말아야 할 곳에 모점을 사용할 수도 있다.

(3) 모점을 사용해야 할 곳에 모점을 사용하지 않는 경우

모점을 사용하여 끊어야 할 곳에 모점을 사용하지 않으면 문장의 구조나
뜻이 변할 수 있다. 어떤 경우는 두 개 혹은 두 개 이상의 명칭을 하나의
명칭으로 만들 수도 있고, 어떤 경우는 두 개의 병렬 관계를 수식 관계로
만들 수도 있다. 예를 들어보자.

＊會晉六卿爭權, 韓、魏、趙興而范中行、智伯弊。當是時, 逼揚侯, 揚侯逃
于楚巫山, 因家焉。[38]

마침 진의 육경이 권세를 다투었는데 한・위・조씨가 일어났고 범중항・
지백이 몰락하였다. [바른 해석: 마침 진의 육경이 권세를 다투었는데 한・
위・조씨가 일어났고 범씨・중항씨・지백이 몰락하였다.] 당시에 양후를 핍
박하자 양후가 초의 무산으로 달아나서 마침내 그곳에 살았다.

---

38) 『漢書』揚雄傳, 中華書局 1962, 3513면.

이 두 문장의 이야기는 양웅(揚雄)의 선조 양후(揚侯)가 어떻게 진(晉)나라를 떠나게 되었는가를 서술한 것이다. 『사기』 진세가(晉世家)에는 '육경강(六卿疆)'이란 기록이 있고, 『색은(索隱)』에는 "한(韓)·조(趙)·위(魏)·범(范)·중항(中行) 및 지씨(智氏)가 육경(六卿)이다"라고 주석을 달았다. 범과 중항이 두 집안이므로 중간을 모점을 사용하여 끊어야 한다.

＊車騎將軍安世將羽林騎收縛二百人，皆送廷尉詔獄。[39]

거기장군은 안세가 우림의 기병을 거느리고 2백 명을 잡아들여 모두 정위조옥에 보냈다. [바른 해석: 거기장군 안세가 우림의 기병을 거느리고 2백 명을 잡아들여 모두 정위와 조옥에게 보냈다.]

이 표점에 따르면 '廷尉詔獄'이 하나의 명칭을 이룬다. 실제로 '廷尉'와 '詔獄'은 두 개의 명칭이다. 정위는 사법(司法)·치옥(治獄)을 담당한다. 『속한서백관지(續漢書百官志)』에 "무릇 군국(郡國)에서 의죄(疑罪)를 올리면 모두 처리를 합당하게 하여 (군국에) 알려주었다"라는 기록이 있고, 『한서』 백관공경표 상(百官公卿表上)에 의하면 조옥은 황제의 조령을 받들어 장상대신을 다스리는 곳으로 그 관직을 약로(若盧)라고 불렀고, 소부(少府)에 속한다라고 한다. 그러므로 정위와 조옥의 사이에는 모점을 사용해야 한다.

＊三月，戊申，以河南尹何進爲大將軍，封愼侯，率左右羽林五營營士屯都亭，修理器械，以鎭京師。[40]

3월 무신일에 하남윤인 하진을 대장군으로 삼아 신후로 봉하고 좌우우림에 속하는 다섯 영의 영사를 거느리고 [바른 해석: 좌우우림과 오영의 영사를 거느리고] 도정에서 머물게 하였으며 무기를 수리하여 경사의 방비를 담당하게 하였다.

---

39) 『漢書』霍光金日磾傳，中華書局 1962, 2939면.

40) 『資治通鑑』，中華書局 1956, 1866면.

이 표점에 따르면 '左右羽林'이 '五營營士'의 수식어로 되어 있지만 실제로
는 좌우우림과 오영 영사는 두 부대다. 오영(五營)은 북군의 오영을 가리키
며 바로 둔기(屯騎)·월기(越騎)·보병(步兵)·장수(長水)·사성(射聲) 5교
위(五校尉)가 이에 소속한다. 그러므로 좌우우림과 오영 영사의 중간에 모
점을 사용하여 끊어야 한다.

＊六部都察院、各都司, 俱正二品。[41]
육부의 도찰원과 각 도사는 [바른 해석: 육부·도찰원과 각 도사는] 모두
정이품이다.

이와같은 표점에 따르면 독자는 육부와 도찰원을 종속관계로 인식할 것이
다. 실제로 도찰원은 육부의 아래에 속하는 것이 아니다. 중간에 모점을 사
용하여 끊어야 한다.

＊予熙寧中奉使鎭定。[42]
나는 희령(熙寧: 1068~77) 중에 진정(鎭定)에 사행(使行) 갔다. [바른 해
석: 나는 熙寧 중에 鎭과 定에 사행 갔다.]

이 표점에 따르면 '鎭定'이 하나의 지명으로 되어 있다. 실제로 '鎭'과 '定'
은 두 개의 지명이다. '鎭'은 진주(鎭州)를 가리키며 바로 진양(鎭陽)이고
'定'은 정주(定州)를 가리키며 바로 중산(中山)이다. '鎭'자 다음에 모점을
해야 할 필요가 있다.

(4) 모점을 사용하지 말아야 할 곳에 모점을 사용하는 경우

모점을 사용하지 말아야 할 곳에 모점을 사용하면 문장의 구조나 뜻이 바
뀔 수 있다. 어떤 경우는 하나의 명칭을 두 개 혹은 두 개 이상의 명칭으로

---

41) 『明史』 職官志 一, 中華書局 1974, 1746면.
42) 『新校正夢溪筆談』, 中華書局 1957, 245면.

오해할 수도 있고, 어떤 경우는 동사와 목적어 관계를 종속관계 혹은 병렬
관계로 만들어버릴 수도 있다. 예를 들어보자.

  ＊漢王用張良計，致齊王信、建成侯、彭越兵，及劉賈入楚地，圍壽春。[43]
  한왕이 장량의 계책을 사용하여 제왕 신·건성후·팽월의 병사를 이르게
하였으며 유가가 초의 땅으로 들어감에 이르러 수춘을 포위하였다. [바른
해석: 한왕이 장량의 계책을 사용하여 제왕 신, 건성후인 팽월의 병사를 이
르게 하였으며 유가가 초의 땅으로 들어감에 이르러 수춘(壽春)을 포위하였
다.]

  이 표점에 따르면 '齊王信·建成侯·彭越' 세 사람으로 되어 있지만 실제
로는 건성후는 팽월의 봉호(封號)이다. 『한서』 고제기(高帝紀) 하에서 "위
상국(魏相國) 건성후 팽월이 위나라 백성들을 위로하였다"고 기록되어 있
다. 『사기』 고조본기(高祖本紀)에는 "한왕이 자기의 군대를 거느리고 서쪽
으로 돌아가려 하다가 장량과 진평의 계획을 이용하였다. 마침내 병사를 내
어 항우를 추격하여 남양의 남쪽에서 군사를 멈추고는 제왕 신·건성후 팽
월과 만나서 초군을 공격했다"라고 하였다. 그러므로 건성후가 곧 팽월임이
분명하므로 '侯'자 뒤의 모점은 없애야 한다.

  ＊且天下强勇，百姓所畏者，有幷、涼之人，匈奴、屠各、湟中義從、西羌八
種，而明公擁之，以爲爪牙，譬驅虎兕以赴犬羊。[44]
  게다가 천하에서 강하고 용감하여 백성이 두려워하는 것은 병·양의 사람
및 흉노·도각, [바른 해석: 흉노인 도각] 황중 의종·서강 팔종인데 명공께
서 이들을 옹위하여 신하로 삼는 것은 마치 호랑이나 외뿔소를 개와 양 무
리 쪽으로 몰아가는 것과 같습니다.

  도각(屠各)은 흉노(匈奴)의 귀족으로 위·진(魏晋) 때에 이르러야 비로소

---

  43) 『漢書』 項籍傳 下, 中華書局 1962, 1817면.
  44) 『後漢書』 鄭太傳, 中華書局 1965, 2258면.

종족이나 부락의 명칭을 이루었다. '匈奴屠各'은 흉노의 도각씨를 말하는 것
으로 흉노는 수식어이며, '屠各'은 중심어이므로 중간에서 모점을 사용하여
끊을 수 없다.

   *癸丑, 以光祿勳陳國、袁滂爲司徒。[45]
   계축년에, 광록훈 진국과 원방을 사도로 삼았다. [바른 해석:계축년에,
광록훈이며 진국 출신인 원방을 사도로 삼았다.]

   이 표점에 따르면 '陳國'과 '袁滂'이 병렬하여 있으므로 진국이 인명인 동
시에 광록훈이다. 그러나 실제로 진국은 나라 이름이며 '袁滂'의 출신을 가
리킨다. '光祿勳陳國'은 '袁滂'의 수식어이며, 따라서 양자는 수식 관계이므
로 모점을 사용하여 중간을 끊어서는 안된다.

   *冬, 十一月, 初令郡國舉孝、廉各一人, 從董仲舒言也。[46]
   겨울 11월 처음으로 군국에 영을 내려 효·염 각 한 사람을 천거하게 한
것은 동중서의 말을 따른 것이다. [바른 해석:겨울 11월 처음으로 군국에
명을 내려 효렴을 군국에서 각각 한 사람씩 천거하게 한 것은 동중서의 말
을 따른 것이다.]

   효렴(孝廉)은 관리 선발 과목의 하나이므로 중간에 모점을 사용해서는 안
되며 '各一人'은 군국마다 한 사람씩 천거하는 것을 가리킨다.

   *杲卿姊、妹、女及泉明之子皆流落河北; 眞卿時爲蒲州刺史, 使泉明往求之,
泉明號泣求訪, 哀感路人, 久乃得之。泉明詣親故乞索, 隨所得多少贖之, 先姑
姊妹而後其子。姑女爲賊所掠, 泉明有錢二百緡, 欲贖己女, 閔其姑愁悴, 先贖
姑女; 比更得錢, 求其女, 已失所在。[47]

---

45) 『資治通鑑』, 中華書局 1956, 1844면.
46) 『資治通鑑』, 中華書局 1956, 576면.
47) 『資治通鑑』, 中華書局 1956, 7055면.

고경의 누나·누이동생·딸 및 천명의 자녀들이 모두 하북에서 영락(零落)하여 유랑했다. [바른 해석: 고경의 누이의 딸과 및 천명의 자녀들이 모두 하북에서 零落하여 유랑했다.] 진경은 그때 포주자사였는데 천명으로 하여금 그들을 구하게 하였다. 천명이 소리 높여 울면서 찾았는데 몹시 슬퍼하였기 때문에 길 가는 사람들 모두가 감동하였다. (그래서) 이윽고 이들의 (소재를) 찾을 수 있었다. 천명이 옛 친구에게 돈을 애걸하여 돈이 되는 대로 그들을 속량하였는데 고모의 딸을 먼저 하였고 자기 딸을 뒤에 하였다. (뒤에 또) 고모의 딸이 도적에게 잡혔고 천명에게 돈 2백 민이 있어 자기 딸을 속량하게 하려 하였지만 고모가 슬퍼할 것을 민망히 여겨 먼저 고모의 딸을 속량하였다. 얼마 지나 다시 돈을 얻어 자기 딸을 구하려 했지만 소재를 잃어버렸다.

고경(杲卿)은 안고경(顔杲卿)으로 안녹산(安祿山)에게 항거하며 안녹산을 욕하다 죽은 안상산(顔常山)이다. 천명(泉明)은 그의 아들이다. '姊·妹·女' 중간에 모점을 사용하여 세 사람으로 되어 있다. 이 표점은 뒤의 '姑姊妹'와 '姑女'와는 모순된다. 실제로 '姊妹女'는 고경의 입장에 따른 명칭이니 곧 누이의 딸을 가리킨다. '姑姊妹'·'姑女'는 천명의 입장에 따른 명칭이니 곧 고경의 누이를 가리킨다. 삼자가 가리키는 것은 동일한 대상이다. '姊'·'妹' 뒤의 모점을 없애야 한다.

3. 세미콜론의 용법

세미콜론은 문장 내부의 비교적 큰 범주의 쉼을 표시하며 주로 병렬성분 사이에 사용한다. 전술하였듯이 한 층의 뜻을 지닌 단순한 병렬복문의 경우 만일 절이 그렇게 길지 않다면 절의 사이에 쉼표를 사용해야 하며 세미콜론을 사용해서는 안된다. 그러나 비교적 복잡한 병렬절 사이에 특히 제일층이 병렬 관계인 다중복문의 사이에는 세미콜론을 사용해야 한다. 이하 몇가지 정황으로 구체적인 사례를 들어본다.

① 어떤 병렬복문 속에 비록 각 절의 사이에 한 층의 의미만 있다고 해도, 그중에 비교적 큰 하나(혹은 하나 이상)의 절이 비교적 길거나 문장의 구조가 비교적 복잡하여 절 중에 이미 쉼표를 사용하고 있다면 각 절 사이 사이에는 세미콜론을 사용해야 한다. 예를 들어보자.

五色令人目盲; 五音令人耳聾; 五味令人口爽; 馳騁畋獵, 令人發狂; 難得之貨, 令人行妨。(『老子』)

찬란한 오색의 빛은 사람의 시각을 멍들게 하며, 난잡한 오음의 음악소리는 사람의 청각을 혼란하게 하며, 잡다한 음식의 맛은 사람의 미각을 상하게 한다. 멋대로 말을 몰아 달리며 사냥하는 놀이는 사람의 마음을 미치게 만들고, 얻기 어려운 귀중한 재물은 사람을 타락시킨다.

이 병렬복문은 다섯 개의 단문으로 이루어진다. 넷째, 다섯째 절은 구절이 모두 주어로 되어 있고 주어 뒤에는 이미 쉼표를 사용하고 있으므로 각각의 병렬절의 사이에는 세미콜론을 사용해야 한다.

規矩, 方圓之至也; 聖人, 人倫之至也。(『孟子』離婁 上)

(네모와 둥근 것을 그리는) 규구는 네모와 원의 궁극적인 표준이고, 성인은 인간사의 궁극적인 표준이다.

이 병렬복문의 두 절은 모두 판단문이며 고서(古書)에 구두하던 습관에 근거하여 주어 뒤에 이미 쉼표를 사용하였으므로 절의 사이에 세미콜론을 사용해야 한다.

愛人者, 人恒愛之; 敬人者, 人恒敬之。(『孟子』離婁 下)

남을 사랑하는 사람은 늘 남이 그를 사랑하며, 남을 공경하는 사람은 남이 늘 그를 공경한다.

이 병렬복문의 두 절의 목적어는 모두 주어의 앞에 놓여 있고 앞에 위치

한 목적어와 주어의 사이에 쉼표를 이미 사용하고 있으므로 절의 사이에는
세미콜론을 사용할 필요가 있다.

② 다중복문 속에 만일 첫째 단락이 병렬 관계라면 병렬절 사이에는 세미
콜론을 사용해야 한다. 예를 들어보자.

若網在綱, ‖ 有條而不紊; │ 若農服田力穡, ‖ 乃亦有秋。(『尙書』盤庚)
　　(가정)　　　　(병렬)　　　　　　(가정)

그물에 벼리가 있으면 조리가 있어 문란해지지 않는 것과 같으며, 농사꾼
이 밭에서 일하고 힘들여 농사지으면 또한 풍성한 가을이 있는 것과 같을
것이오.

雖小道, ‖ 必有可觀者焉; │ 致遠恐泥, ‖ 是以君子不爲也。(『論語』子張)
　　(양보)　　　　(병렬)　　　　　(인과)

소도라고 할지라도 거기에는 반드시 볼 만한 것이 있을 것이나, 그것을
멀리까지 따라간다면 집착할까 무서워서 군자는 그런 것에 종사하지 않는
것이다.

然則一羽之不擧, ‖ 爲不用力焉; │ 輿薪之不見, ‖ 爲不用明焉;
　　　　　(인과)　　　　(병렬)　　　　　　(인과)
│ 百姓之不見保, ‖ 爲不用恩焉。(『孟子』梁惠王 上)
(병렬)　　　　(인과)

그러니 새털 하나가 들리지 않는 것은 힘을 쓰지 않기 때문이고, 수레에
실은 땔나무가 보이지 않는 것은 시력을 쓰지 않기 때문이고, 백성들이 편
안해지지 않는 것은 은혜를 베풀지 않기 때문이다.

君之視臣如手足, ‖ 則臣視君如腹心; │ 君之視臣如犬馬, ‖ 則臣視
　　　　(조건)　　　　　(병렬)　　　　　(조건)
君如國人; │ 君之視臣如土芥, ‖ 則臣視君如寇仇。(『孟子』離婁 下)
　　(병렬)　　　　(조건)

임금이 자기 신하 보기를 자기의 손발같이 여기면 신하는 임금 보기를 자기의 염통같이 여기고, 임금이 신하 보기를 개나 말같이 여기면 신하는 임금 보기를 일반 백성같이 여기고, 임금이 신하 보기를 흙이나 풀오라기같이 여기면 신하는 임금 보기를 원수같이 여길 것입니다.

여기서 설명을 필요로 하는 것은 세미콜론을 사용해야 할 곳에 세미콜론을 사용하지 않아서 문장 구조와 뜻에 변화가 생기는 경우이다. 예를 들어 보자.

(張綱)少以三公子經明行修擧孝廉, 不就司徒辟, 以高第爲侍御史。[48]
장강이 어려서 삼공의 아들로서 경명행수로 효렴에 천거되었고, 사도의 부름에 나아가지 않았으며 고제로써 시어사가 되었다.

‘經明行修’는 한대 효렴의 과목이다. 당시 벼슬길에는 두 가지 길이 있어서 하나는 군국(郡國)에서 추천하는 것이고 두번째는 공부(公府)에서 벽소해서 쓰는 것이다. ‘辟’은 부른다는 뜻이다. 이 표점에 따르면 전후에 모순이 발생한다. 장강이 이전에 ‘사도의 벽소’에 나아가지도 않았는데 어떻게 높은 성적으로 시어사가 될 수 있었을까? 이것은 말이 되지 않는다. 원래 이는 하나의 병렬복합문이다. 앞절의 뜻은 장강이 어릴 때 삼공의 아들로써 ‘經明行修’로써 군수에게 효렴으로 천거되었으나 그가 나아가지 않았다는 것이다. 그 뒷절의 뜻은 사도가 다시 불렀으며 장강은 우수한 성적으로 시어사가 되었다는 것이다. 그러므로 ‘不就’ 다음에 세미콜론을 해야 한다. 정확한 표점은 다음과 같다.

少以三公子經明行修擧孝廉, 不就; 司徒辟, 以高第爲侍御史。
어려서 삼공의 아들로서 경명행수로 효렴에 천거되었지만 나아가지 않았고, 사도가 부르자 높은 성적으로 시어사가 되었다.

---

48)『三國志』蜀書 張翼傳 注에서 인용한『續漢書』, 中華書局 1959, 1074면.

4. 세미콜론을 할 것인가 마침표를 할 것인가

병렬복문 중의 절들의 의미가 서로 밀접하게 관련이 있다면 세미콜론으로 연결시켜야지 마침표로 끊어서는 안된다. 어떤 표점자는 병렬절 사이에 마침표를 사용하는데 이는 잘못된 것이다. 예를 들어보자.

＊强本而節用，　||　則天不能貧。　|　　養備而動時，　||　則天不能病。
　　　　（조건）　　　　　（병렬）　　　　　　（조건）

|　道而不貳，　||　則天不能禍。[49]（『荀子』天論）
（병렬）　　　　　（조건）

근본을 강하게 하여 쓰임을 절약하면 하늘이 가난하게 할 수 없을 것이다. 준비를 갖추어서 때에 맞게 움직이면 천하는 병들 수 없을 것이다. 사람의 도리에 따라 어그러지지 않는다면 하늘이 화를 내릴 수 없을 것이다.

＊天子巡狩，　諸侯避舍，　納于管鍵，　攝衽抱幾，　視膳于堂下。|　天子已食，
　　　　　　　　　　　　　　　　　　　　　　　　　　　　　　（병렬）

退而聽朝也。[50]（『戰國策』趙策）

천자가 순행하게 되면 제후는 자기의 궁전을 천자에게 양보하고 성문이나 부고의 열쇠를 바치며, 옷깃을 여미며 숨을 죽이면서 천자에게 올릴 음식을 당하(堂下)에서 지휘한다. 천자가 식사를 마치고 나면 그 앞에서 물러나서 왕의 정사 집행에 참여한다.

＊吾視居此圍城之中者，　皆有求于平原君者也。|　今吾視先生之玉貌，　非有
　　　　　　　　　　　　　　　　　　　　　　（병렬）

求于平原君者，　曷爲久居此圍城之中而不去也？[51]（『戰國策』趙策）

---

49) 『中國歷代哲學文選』下册，中華書局，376면.

50) 『中國歷史文選』上册，上海古籍出版社，69면.

51) 『中國歷史文選』上册，上海古籍出版社，68면.

내가 이 포위된 성 가운데 있는 자를 살펴보니 모두 평원군이 등용해주기를 바라는 자들이다. 지금 선생의 옥같은 모습을 살피니 평원군에게 구하는 자가 아니다. 어찌 이 성에서 오래 머물러 떠나지 않는가?

이상의 예문 가운데 '能貧'·'能病'·'堂下'·'者也' 다음의 마침표는 모두 세미콜론으로 바꿔야 한다.

5. 세미콜론을 할 것인가 쉼표를 할 것인가

세미콜론과 마침표의 구별은 알기 쉬운 데 비해 세미콜론과 쉼표의 구별은 이해하기 어렵다. 현재 이 두 가지 부호가 올바르게 사용되지 않는 경우를 자주 본다. 아래의 몇가지 상황이 그 주요한 사례이다.

① 의미가 한 층으로 끝나는 병렬복문에서 절이 그렇게 길지 않다면 절의 사이에 쉼표를 사용해야지 세미콜론을 사용해서는 안된다. 그러나 어떤 표점자는 '세미콜론이 병렬절을 끊는다'라는 말을 고집하여 한 층의 의미가 있는 병렬복문 속의 길지 않은 절 사이에도 세미콜론을 사용한다. 예를 들어 보자.

＊我有三寶，持而保之: 一曰慈；二曰儉；三曰不敢爲天下先……[52]（『老子』 제67장)

나에게는 세 가지 보배가 있는데 언제나 지니고 보존하고 있다. 하나는 자애이고, 둘째는 검약이고, 셋째는 감히 천하의 앞에 나서지 않는 것이다.

＊善行無轍迹；善言無瑕讁；善數不用籌策；善閉無關楗而不可開；善結無繩約而不可解。[53]（『老子』 제27장)

잘 가는 걸음은 자국을 남기지 않고, 잘하는 말은 허물이 없고, 잘하는

52·53) 『老子』, 商務印書館 『學生國學叢書』本, 29면.

셈에는 산가지를 쓰지 않는다. 잘 잠그는 사람은 문빗장 없이도 열지 못하게 하고, 잘 묶는 사람은 밧줄 없이도 풀지 못하게 한다.

*菲飲食而致孝乎鬼神；惡衣服而致美乎黻冕；卑宮室而盡力乎溝洫。(『論語』泰伯)[54]

음식을 박하게 하면서도 귀신에게는 효를 다하고, 평소의 의복은 나쁘게 하더라도 제사복장은 아름답게 하고, 자기 집은 규모를 적게 하지만 도랑을 파는 등 수리에 진력한다.

이상의 병렬복문 중에 절은 모두 매우 짧고 또 한 층의 의미가 있으므로 세미콜론을 사용할 필요가 없다. 이러한 세미콜론은 모두 쉼표로 고쳐야 한다.

② 상술하였듯이 제일층이 병렬 관계 다중복문이라면 병렬절의 사이에는 세미콜론을 사용해야 한다. 만일 제일층이 병렬 관계가 아니고 제이층(혹은 이층 이상)이 병렬 관계라면 병렬절의 사이에는 세미콜론을 사용할 수 없다. 그렇게 하지 않는다면 층차적인 혼란이 생길 것이다. 예를 들어보자.

*足下何不歸將印，以兵屬太尉；‖請梁王歸相國印，｜與大臣盟而之國。[55]
　　　　　　　　　(병렬)　　　　　　　(순접)

족하께서는 어찌 장군의 인은 돌려서 병권을 태위에게 귀속시키지 않습니까? 양왕에게 청하여 [바른 해석:병권을 태위에게 속하게 하고, 양왕에게도 청하여] 상국의 인을 돌리시어 대신들과 맹약하고 봉국으로 가시지 않겠습니까?

이는 주발(周勃)이 역기(酈寄)에게 명하여 여록(呂祿)에게 가서 말하도록 한 말이다. 여록에게 '장군의 인을 되돌려 줄 것을' 권하였고 아울러 양왕

---

54) 『中國通史參考資料』第1册, 中華書局, 12면.
55) 『資治通鑑』, 中華書局 1956, 433면.

(呂産)이 '상국의 인을 되돌려 줄 것을' 요구하여 그들 두 사람이 '대신과 맹약하고 봉국으로 가도록' 요구한 것이다. 원 표점에 따르면 태위 뒤에 세미콜론을 사용하여 이 말을 두 개의 병렬절로 삼아 "대신들과 맹세하고 봉국으로 가라"고 한 것이 여산에게만 한 말이 되어버렸다. 이는 분명히 원 뜻과 맞지 않는다. 문장의 구조상으로 보아 이는 하나의 이중복문이다. 제일층이 순접 관계이고 제이층이 병렬 관계이다. 마지막 절은 '歸將印'·'歸相國印'이라는 두 병렬절을 동시에 받으므로 태위 이후의 세미콜론은 쉼표로 고쳐야 한다.

*自得之, ||| 則居之安; || 居之安, ||| 則資之深; || 資之深, ||| 則取之左右逢其
　　　（조건）　　　（병렬）　　　（조건）　　　（병렬）　　　（조건）

原, | 故君子欲其自得之也。[56] (『孟子』 離婁 下)
　（인과）

자연스럽게 체득하게 되면 그 일에 대처하는 것이 안정된다. 그 일에 대처하는 것이 안정되면 그 일에서 취하는 것이 깊이가 있게 된다. 그 일에서 취하는 것이 깊이가 있게 되면 자기가 가까이서 취해 쓰고 그 근원을 파악하게 된다. 그래서 군자는 자신이 자연스럽게 체득하고자 한다.

원 표점에 따르면 이 예문은 세 개의 병렬문을 포함하는 이중복문이며 '故君子欲其自得之也'가 세번째 단문의 한 부분을 이룬다. 실제로는 도해에서 표시했듯이 이는 삼중복문이다. 제일층은 인과 관계, 제이층은 병렬 관계, 제삼층은 조건 관계이다. 마지막 한 문장은 이 세 개의 병렬 관계가 이루는 결론을 동시에 받는다. 그러므로 '安'과 '深'자 이후의 세미콜론을 쉼표로 고쳐야만 하고 '逢其原' 다음의 쉼표를 콜론으로 고쳐야 할 필요가 있다. 이 문제에 관해서는 '콜론'에 관한 절에서 자세히 설명할 것이다.

③ 어떤 표점자는 병렬 관계가 아닌 절의 사이에 흔히 세미콜론을 사용하는데 이는 쉽사리 층차(層次)의 혼동을 일으킨다. 예를 들어보자.

56)『孟子譯註』上册, 中華書局 1962, 189면.

*傳者, 傳也; │ 所以傳示來也。[57] (『史通』卷1)
　　　　　　△
　　　　(목적)

전(傳)이라는 것은 전한다는 것이다. 그리하여 다가올 세대에 보이는 것이다.

이는 하나의 목적복문(目的複文)이다. '所以'는 '……로써 ……하는 것'이라는 뜻이다. '傳也' 뒤의 세미콜론은 쉼표로 고쳐야 한다.

*言皆精練, 事甚該密; │ 故學者尋討, 易爲其功。[58] (『史通』卷1)
　　　　　　　　△
　　　　　　(인과)

언어가 모두 정밀하면서도 다듬어져 있고 사실이 모두 자세하고 정확했다. 그러므로 학자가 연구하고 토론하여 그 업적을 이루기가 쉬웠다.

이는 하나의 인과복문(因果複文)으로서 앞의 한 절은 원인을 설명하고 뒤의 문장은 결과를 설명하므로 '密' 뒤의 세미콜론은 쉼표로 고쳐야만 한다.

*堯與群臣共擇一人治水, 尙不能無敗事; │ 況所擇而使非一人, 豈能無
　　　　　　　　　　　　 •　　　　　　△
　　　　　　　　　　　　　　　(체진)

失！[59] (『宋史紀事本末』卷30)

요와 군신들이 함께 한 사람을 선택하여 치수를 하였지만 여전히 잘못되는 일이 없을 수 없었다. 하물며 선택하여 부린 사람이 한 사람이 아닌데 어찌 잘못이 없겠는가！

이는 체진복문(遞進複文)이다. '尙'과 '況'은 서로 호응하면서 한층 더 한층이라는 뉘앙스를 나타낸다. '事' 뒤의 세미콜론은 쉼표로 고쳐야만 한다. 병렬복문(並列複文)이 아닌데 세미콜론을 주로 사용하는 것은 표점부호의

57) 『中國歷史文選』下册, 上海古籍出版社, 3면.
58) 『中國歷史文選』下册, 上海古籍出版社, 5면.
59) 『中國歷史文選』下册, 上海古籍出版社, 137면.

용법이 통일되지 않았기 때문이다. 표점의 용법을 통일하기 위해서 병렬복문을 제외한 기타 복문에서는 결코 세미콜론을 사용하지 말아야 한다.

6. 콜론의 용법

콜론은 문장 내부의 비교적 큰 쉼을 표시하는 것이다. 주로 뒷문장을 제시하거나 앞문장을 끝맺는 데 사용한다.

① 뒷문장이 앞문장을 설명할 때 중간에 콜론을 사용한다. 예를 들어보자.

五行: 一曰水, 二曰火, 三曰木, 四曰金, 五曰土。(『尙書』洪範)
오행은 첫째 수, 둘째 화, 셋째 목, 넷째 금, 다섯째 토이다.

和戎有五利焉: 戎狄荐居, 貴貨易土, 一也; 邊鄙不聳, 民狎其野, 穡人成功, 二也; 戎狄事晉, 四隣振動, 諸侯威懷, 三也; 而德綏戎, 師徒不勤, 甲兵不頓, 四也; 鑒于后羿, 而用德度, 遠至邇安, 五也。(『左傳』襄公 4년)
융과 화해하는 것에는 다섯 가지의 이로운 점이 있습니다. 융적(戎狄)은 초원에서 생활하여, 재화를 귀중히 여기고 토지를 경시하니, 그들의 토지를 재화로 살 수 있는 것이 이점의 첫째입니다. 변경에 걱정이 없어져 변경의 백성들이 그들의 땅에 안심하고 살고, 농사짓는 사람들이 많이 수확을 거둘 것이니 이것이 이점의 둘째입니다. 융적이 우리 진나라에 복종하여 섬기게 된다면, 사방의 이웃 나라들이 떨고, 제후들이 우리나라를 두려워하여 따를 것이오니, 이것이 이점의 셋째입니다. 우리나라가 도덕으로 융을 평온하게 다스린다면, 군사가 수고하지 않고, 무장과 무기의 손상이 없을 것이오니 이것이 이점의 넷째입니다. 후예를 거울삼아 덕과 바른 법도를 베푼다면, 먼 나라는 내조하고, 가까운 나라는 편안하게 될 것이오니 이것이 이점의 다섯째입니다.

② 왈(曰)·언(言)·운(云) 등 전달동사 뒤에 콜론을 사용한다. 예를 들어보자.

子曰: “朝聞道, 夕死可矣。”(『論語』里仁)
공자께서 아침에 도를 들으면 저녁에 죽어도 좋을 것이라고 하셨다.

嘗侍燕從容言: “陛下持刑太深, 宜用儒生。”(『漢書』元帝紀)
(태자가) 일찍이 잔치에서 모시면서 조용히 말하였다. “폐하께서 형벌을 하심이 너무 시나치시니 마땅히 유생을 등용해야 합니다.”

『國語』云: 晉羊舌肸習于『春秋』, 悼公使傅其太子。(『史通』卷1)
『국어』에서 “진(晉)나라의 양설힐이 『춘추(春秋)』를 익혔는데 도공이 태자를 보좌하도록 하였다”라고 한다.

여기서 설명을 필요로 하는 것은 ‘曰’·‘言’·‘云’ 다음이라고 반드시 콜론을 사용하는 것이 아니라 어떤 말 뒤에 인용하는 말이 있을 때만 콜론을 사용한다는 것이다. 만일 어떤 말 뒤에 인용이 없을 때는 결코 콜론을 사용해서는 안된다. 예를 들어보자.

衛莊公娶于齊東宮得臣之妹, 曰莊姜。(『左傳』隱公 3년)
위나라 장공이 제나라 태자인 득신의 누이동생을 부인으로 맞이하여 그를 장강이라 하였다.

諸侯之從也, 曰討有罪也。(『左傳』襄公 11년)
제후들이 합종할 때는 죄 있는 자를 토벌한다고 한다.

이 두 예문 중의 ‘曰’은 모두 ‘……라고 한다’의 뜻이고 뒤쪽에 인용한 말이 없으므로 콜론을 사용하지 않는다.

③ 서신 속의 호칭 뒤에 콜론을 사용한다. 예를 들어보자.

少卿足下: 曩者辱賜書，敎以愼于接物，推賢進士爲務。(司馬遷「報任安書」)

소경 선생 보십시오. 지난번에 보내주신 편지에서 저에게 사람들과의 관계를 원만히 하고 어진 선비를 믿어주는 것을 책무로 하라고 가르쳐 주셨습니다.

④ 윗문장을 끝맺는다. 예를 들어보자.

朝菌不知晦朔，蟪蛄不知春秋: 此小年也。(『莊子』逍遙遊)

아침에만 사는 버섯은 그믐과 보름을 알지 못하고 쓰르라미는 봄·가을을 모른다. 이는 수명이 짧기 때문이다.

庖丁爲文惠君解牛。手之所觸，肩之所倚，足之所履，膝之所踦，砉然響然。奏刀騞然，莫不中音: 合于桑林之舞，乃中經首之會。(『莊子』養生主)

포정이 문혜군을 위해 소를 잡았다. 그 손을 움직이거나 어깨로 받치는 것이나 발로 딛는 것이나 무릎을 굽히는 모양이나 쓱쓱 칼질하는 폼이 음률에 맞지 않음이 없었다. 상림의 춤에 맞고 경수의 장단에 맞았다.

고대 중국어의 복문에는, 먼저 몇개의 병렬절을 사용하여 몇가지 일(혹은 원인·조건 등)을 나누어 서술하거나 설명한 다음에 마지막으로 하나의 문장을 사용하여 결과(혹은 결론)를 가리키는 형식이 자주 보인다. 이러한 복문에서 표점은, 앞에 위치한 병렬절 사이에는 쉼표나 세미콜론을 사용하고 결론의 앞에는 콜론을 사용하며 문장 끝에는 마침표를 사용한다. 예를 들어보자.

將欲歙之，必固張之; 將欲弱之，必固强之; 將欲廢之，必固興之; 將欲奪之，必固與之: 是謂微明。(『老子』)

움츠리고자 하면 반드시 먼저 펴야 하고, 약하게 하고자 하면 반드시 먼저 강하게 해주고, 없애버리려면 먼저 융성하게 해주어야 하고, 탈취하려면 반드시 먼저 주어야 한다. 이를 미묘한 지혜[微明]라고 한다.

持而盈之, 不如其已; 揣而梲之, 不可長保; 金玉滿堂, 莫之能守; 富貴而驕, 自遺其咎: 功遂身退, 天下之道。(『老子』)

지속적으로 가득찬 것을 유지하려고 하는 것보다는 (적절한 때에) 그만두는 것이 낫다. 쇠를 두들겨 끝을 예리하게 하고서는 오래 간직할 수 없을 것이다. 황금과 보옥을 집에 가득하게 쌓아도 지킬 수 없다. 부귀를 누리고 교만하게 뇌면 스스로 허물을 남긴다. 공을 세우고 나면 몸을 물러나는 것이 천하의 도리이다.

이상의 예문에서는, 앞에는 모두 네 개의 병렬절을 사용하여 네 개의 상황을 나누어서 설명하였고 절의 사이에는 세미콜론을 사용하여 끊어놓았다. 마지막 한 문장은 결론을 제시하며 그 앞에는 콜론을 사용하여 윗 문장의 마침을 표시한다.

표점자가 이러한 복문 내부의 층차를 이해하지 못하고 복문 앞부분의 병렬절을 마침표를 사용하여 끊고, 마지막의 결론을 표시하는 문장의 앞에 또 쉼표를 함으로 해서 층차를 모호하게 만드는 경우도 있다. 예를 들어보자.

＊然優假士人太過。牧守多浸漁百姓。使者干擾郡縣。‖ 又好親任小人,
　　　　　　　　　　　　　　　　　　　　　　　　　（병렬）
頗傷苛察; ‖ 多造塔廟, 公私費損。 ‖ 江南久安, 風俗奢靡, | 故琛啓
　（병렬）　　　　　　　（병렬）　　　　　　　　　　（인과）
及之。[60]

그러나 사인들에 대한 관대함이 너무 지나치십니다. 목수(牧守)는 백성을 노략질하고 사자(使者)는 군현에서 멋대로 굽니다. 또 소인을 신임하여 피해가 자못 큽니다. 탑묘를 많이 만들어 공사(公私)의 비용을 많이 축냈습니

---

60) 『資治通鑑』, 中華書局 1956, 4934면.

다. 강남이 오랫동안 안정되어 풍속이 사치하기 때문에 침(琛)은 이것(사치)에 대해 아룁니다.

이는 역사가가 하침(賀琛)이 양 무제(梁武帝)에게 네 가지 일을 말한 것에 대해 발표한 평론이다. 위의 도해가 보여주듯이 전반부는 네 가지 상황을 나누어 서술하고 있다. 첫째 사인들에게 관대한 것, 둘째 소인을 신임하는 것, 셋째 탑묘를 많이 만드는 것, 넷째는 풍속의 사치이다. 그들간의 관계는 병렬 관계이다. 그러나 위의 표점에서는 병렬절 사이에 두 개의 마침표를 하고 단 하나의 세미콜론을 했다. 이 두 마침표는 세미콜론으로 바뀌어야만 한다. 더욱이 '奢靡' 이후에 쉼표를 사용하여 마치 '故琛啓及之'가 풍속의 사치만을 가리키는 것같이 되어 있다. 이는 분명히 타당하지 않다. 이 말은 앞의 네 가지 일을 모두 말하는 것이기 때문이다. 이 쉼표는 콜론으로 고쳐서 앞 문장의 끝맺음을 표시해야 한다. 정확한 표점은 다음과 같다.

然優假士人太過, 牧守多浸漁百姓, 使者干擾郡縣; 又好親任小人, 頗傷苛察; 多造塔廟, 公私費損; 江南久安, 風速奢靡: 故琛啓及之。

그러나 사인들에 대한 관대함이 너무 지나쳐서 목수는 백성을 노략질하며 사자(使者)는 군현에서 멋대로 굽니다. 또 소인을 신임하여 폐해가 자못 큽니다. 탑묘를 많이 만들어 공사의 비용이 많이 축났습니다. 강남이 오랫동안 안정되어 풍속이 사치해졌습니다. 그러므로 침은 이(네 가지 일)에 대해 말씀드리는 것입니다.

제 3 절   물음표와 느낌표

1. 물음표의 용법

물음표는 의문문이 끝나거나 잠시 멈춘 것을 표시한다. 그 용법은 다음과 같은 몇가지가 있다.

① 의문문이 끝날 때 물음표를 쓴다. 의문문은 다른 사람에게 의문을 제기하고 회답을 요구하는 문장이다. 고대 중국어 중에서 의문문은 일반적으로 문장 첫머리에 쓰이는 것으로 의문부사·의문대명사가 있고, 문장 끝에 쓰이는 것으로 의문어기사(疑問語氣詞)가 있다. 예를 들어보자.

帝曰: “疇咨若何時登庸？”(『尙書』堯典)
요가 말하기를 “누가 때를 만나 등용할 만하오？”

禹曰: “兪，如何？”(『尙書』皐陶謨)
우가 말하기를 “그렇습니다, 어떻게 하면 될까요？”

鄷舒問于賈季曰: “趙衰、趙盾孰賢？”(『左傳』文公 7년)
풍서가 가계에게 “조사와 조돈은 누가 더 어진 인물인가？”하고 물었다.

子出，門人問曰: “何謂也？”(『論語』里仁)
선생님께서 밖에 나가시자 제자들이 “무슨 말씀이신가요？”하고 물었다.

② 설문문(設問文)이 끝날 때 물음표를 쓴다. 설문문이란 자문자답식 문장을 말하는데, 다음 문장을 이끌어내어 독자를 깨우치고 문장의 설득력을 강화시키는 작용을 한다. 이것은 선진(先秦) 시대 제자(諸子)의 문장 중에

많이 쓰인다. 예를 들어보자.

君子多乎哉？ 不多也。(『論語』子罕)
군자야 할 줄 아는 일이 많겠느냐？ 많지 않느니라.

竊可以得國, 而不可以得天下, 是何也？ 曰: 國, 小具也, 可以小人有也,
可以小道得也, 可以小力持也; 天下者, 大具也, 不可以小人有也, 不可以小道
得也, 不可以小力持也。(『荀子』正論)
　도둑질해서 나라를 차지할 수 있으나 천하를 얻을 수는 없다. 이것은 무
엇 때문인가？ (그것은) 나라는 조그만 기구이므로 소인도 가질 수 있고 작
은 도(道)로도 얻을 수 있고 작은 힘으로도 유지할 수가 있으나, 천하는 큰
기구이므로 소인은 가질 수가 없고 작은 도로써는 얻을 수가 없으며 작은
힘으로는 유지할 수가 없기 때문이다.

何以明之哉？ 曰: 主利在有能而任官, 臣利在無能而得事; 主利在有勞而爵
祿, 臣利在無功而富貴; 主利在豪杰使能, 臣利在朋黨用私。(『韓非子』孤憤)
　어떻게 그것을 밝힐 수 있는가？ 첫째 군주의 이익은 재능 있는 인물을
얻어 임명하는 것이지만 신하의 이익은 재능이 없이 자리에만 있는 것이다.
둘째 군주의 이익은 공로 있는 신하가 작록을 받는 것이지만 신하의 이익은
공로가 없이 부귀를 얻는 일이다. 셋째 군주의 이익은 걸출한 인물이 그의
재능을 임금을 위하여 쓰는 것이지만 신하의 이익은 도당을 만들어 사욕을
채우는 것이다.

　고서에 표점할 때 의문문과 설문문의 뒤에 물음표를 쓴다는 것에는 모두
가 의견을 같이한다.

　③ 반어문(反語文)이 끝날 때 물음표를 쓴다. 고대 중국어의 반어문은 일
반적으로 문장 첫머리에 반문어를 쓰거나 문장 끝에 의문어기사를 쓴다. 예
를 들어보자.

能哲而惠, 何憂乎驩兜？ 何遷乎有苗？ 何畏乎巧言令色孔壬？(『尙書』皐陶謨)

어질고 지혜로울 수 있다면 환두가 무슨 근심이 되겠습니까？ 무엇 때문에 묘나라 임금을 내치겠습니까？ 무엇 때문에 아첨하는 말을 하고 얼굴색을 꾸미고 간사한 짓을 하는 사람들을 두려워하겠습니까？

莫敖曰：“盍請濟師于王？”(『左傳』桓公 11년)
막오가 말하기를 “어찌 왕에게 증원군을 청하지 않는 거요？”

子曰：“學而時習之, 不亦說乎？ 有朋自遠方來, 不亦樂乎？ 人不知, 而不慍, 不亦君子乎？”(『論語』學而)
선생님께서 말씀하시기를 “배우고 제때에 그것을 복습하는 것은 또한 기쁘지 아니하냐？ 벗들이 먼 곳에서 오는 것은 또한 즐겁지 아니하냐？ 남이 자기의 실력을 알아주지 아니하여도 노여워하지 않는 것은 또한 군자답지 아니하냐？”

王侯將相寧有種乎？(『史記』陳涉世家)
왕후장상의 씨가 어찌 따로 있느냐？

④ 선택의문문이 끝날 때 물음표를 쓴다. 고대 중국어 중 선택의문문은 ‘……與(歟)？ 抑……與(歟)？’‘……乎？ 將……也？’‘……邪(耶)？ ……也？’를 상용한다. 예를 들어보자.

子禽問于子貢曰：“夫子至于是邦也, 必聞其政, 求之與？ 抑與之與？”(『論語』學而)
자금이 자공에게 물어 말하기를, “우리 선생님께서는 어느 한 나라에 가시게 되면, 반드시 그 나라의 정사에 대해 참견하신다고 하는데, 그것은 자진해서 요구하셔서인가요. 그렇지 않으면 (그 나라 임금이) 정사에 참여시켜서인가요 ? ”

孟子曰: “子能順杞柳之性而以爲桮棬乎 ?   將戕賊杞柳而後以爲桮棬也 ?
……”(『孟子』告子 上)

맹자께서 말씀하시기를 “그대는 버들의 성을 그대로 살려가지고서 버들그
릇을 만들 수 있겠나 ? 버들에 상해를 가해가지고서 버들그릇을 만들 수 있
겠나 ?……”

帝曰: “人年老而無子者, 材力盡耶 ? 將天數然也 ?”(『素問』上古天眞論)

황제(黃帝)가 말하기를 “사람이 늙어서 자식이 없는 것은, 능력이 다해서
인가 ? 아니면 천수가 원래 그런 것인가 ?”

⑤ 체진(遞進) 문구가 끝날 때 물음표를 쓴다. 고대 중국어 중에서 체진
문구는 일반적으로 ‘矧’·‘況’ 등을 연접한다. 예를 들어보자.

今不承于古, 罔知天之斷命, 矧曰其克從先王之烈 ?(『尙書』盤庚)

지금 옛일을 따르지 않는다면 하늘이 명을 끊을지도 모르게 되었소. 그런
데도 선왕들의 공을 따를 수 있다고 할 수 있겠소 ?

公曰: “君子不欲多上人, 況敢陵天子乎 ?”(『左傳』桓公 5년)

(장)공이 말하기를 “군자는 대체로 남의 위에 함부로 서지 않는다. 하물
며 감히 천자를 업신여길 수가 있는가 ?”

2. 느낌표의 용법

느낌표는 강렬한 감정을 표시하기 위해 쓰이며, 문장의 끝 혹은 문장을
이루지 않는 단어의 끝에 쓰인다. 그 용법에는 다음과 같은 몇가지가 있다.

① 감탄문이 끝날 때 느낌표를 쓴다. 예를 들어보자.

帝曰: “吁！ 臣哉鄰哉！ 鄰哉臣哉！”(『尙書』益稷)

임금님이 말씀하시기를 “아아！ 신하여 내 옆에서 보좌하구려！ 내 옆에서 보좌하는 자여 신하로다！”

異哉, 君之名子也！(『左傳』桓公 2년)

기이하도다！ 군주가 그 아들의 이름지음이여！

顏淵死。子曰: “噫！ 大喪予！ 大喪予！”(『論語』先進)

안연이 죽자 선생님께서 말씀하시기를 “아아！ 하늘이 나를 없애는 거다！ 하늘이 나를 없애는 거야！”

戒之哉！ 嗟乎！ 無以汝色驕人哉！(『莊子』徐無鬼)

경계하노니！ 아！ 너의 겉모양으로 사람들에게 교만하게 굴지 말라！

是余之罪也夫！ 是余之罪也夫！ 身毁不用矣！(『史記』太史公自序)

이것은 나의 죄 때문이다！ 이것은 나의 죄 때문이다！ 몸이 훼손되었으니 다시는 등용되지 못하겠구나！

② 기원문이 끝날 때 느낌표를 쓴다. 예를 들어보자.

勖哉夫子！ 爾所弗勖, 其于爾躬有戮。(『尙書』牧誓)

힘써주오 장사들이여！ 그대들이 힘을 쓰지 않는다면, 그대들의 몸은 죽음을 당하게 될 것이오.

吾子其無廢先君之功！(『左傳』隱公 3년)

그대는 우리 선군의 공적을 헛되게 하지 말지어다！

③ 강렬한 감정을 내포한, 문장을 이루지 않는 단어의 끝에 쓰인다. 예를

들어보자.

皐陶曰: "都! 在知人, 在安民。"(『尙書』 皐陶謨)

고요가 말하기를 "아아! 사람을 아는 데 달려 있고, 백성을 편안히하는
데 달려 있습니다."

子曰: "毋! 以與爾鄰里鄕黨乎!"(『論語』 雍也)

선생님께서 "그러지 말아라! 네 이웃이나 동네 사람에게 주려무나!"라
고 말씀하셨다.

3. 마침표를 할 것인가 물음표를 할 것인가

마침표는 진술문(陳述文)의 뒤에 쓰고 물음표는 의문문의 뒤에 쓰기 때문
에 양자는 서로 쉽게 혼동되지는 않는다. 그러나 고대 중국어의 의문문은
비교적 복잡하다. 어떤 의문문은 의문사어를 쓰지 않으며 형식상으로도 진
술문과 유사하기 때문에 반복해서 여러 번 앞뒤 문장을 살핀 후에라야 비로
소 올바른 뜻을 분별해낼 수 있다. 조금이라도 부주의하면 물음표를 써야
할 곳에 마침표를 쓸 수가 있다. 자주 보이는 잘못은 반어문을 진술문으로
오인하거나, 선택의문문을 설문문으로 오인하는 것이다. 예를 들어보자.

＊公曰: "姜氏欲之, 焉辟害。"[61]

장공이 말하기를 "(그렇지만 어머니) 강씨가 원하시는 바이니, 어찌 (나
라에) 해가 되는 것을 피할 수 있겠소.[바른 해석: 있겠소?]"[62]

'焉'은 이 문장에서 의문부사로 '어떻게'의 의미이다. '焉辟害'는 반어문으
로서 문장이 끝날 때는 물음표를 써야 한다.

---

61) 『左傳選』, 中華書局 『中國史學名著選』本, 1면.

62) 이하 2장 3절에서는 특별한 경우가 아닌 한 이런 유형의 예문은 바른 표점
    으로 된 해석임을 따로 밝히지 않는다. 아래 모두 이와 같다.

＊左武衞將軍劉昇諫曰：“秦王非有他過，但費官物，營廨舍而已，臣謂可容。”
上曰：“法不可違。”楊素諫曰：“秦王之過，不應至此，願陛下詳之！”上曰：
“我是五兒之父，非兆民之父。若如公意，何不別制天子兒律！ 以周公之爲人，
尙誅管、蔡，我誠不及周公遠矣，安能虧法乎！”卒不許。[63]

좌무위장군 유승이 간하여 말했다. “진왕은 다른 죄가 있는 것이 아니라
관물을 낭비하고 관사를 크게 지었을 따름이니, 신은 용납할 수 있다고 생
각합니다.”황제가 말했다. “법은 어길 수가 없다.”양소가 간하여 말했다.
“진왕의 잘못은 이렇게까지 다스릴 바가 아니니 폐하께서는 자세히 살피시
기 바랍니다！”황제가 다시 답했다. “나는 다섯 자식의 아비이고, 백성의
아비는 아니다.〔바른 해석：아니란 말인가？〕공의 뜻대로 하자면 어쩌 천
자의 자식에 대한 법을 별도로 제정하지 않는가？ 주공의 사람됨으로도
관·채를 주살하였는데 나는 주공에 훨씬 미치지 못하니 어찌 법을 어그러
뜨릴 수 있는가？”결국 허락하지 않았다.

상(上)은 수 문제(隋文帝)이다. 진왕(秦王) 준(俊)이 “제도를 어기고 궁
실을 크게 만들었다.”“천자가 그 사치함 때문에 정해년에 준을 관직에서
파면시켰다.”원표점은 ‘非兆民之父’ 뒤에 마침표를 사용함으로써 이 문장은
부정의 판단문이 되었다. 이는 수 문제의 원뜻과 크게 어긋난다. 이 문장은
반문사어를 생략한 반어문이고, 의미는 “내가 백성의 부모가 아니란 말인
가？”이다. 당연히 ‘父’자 뒤의 마침표는 물음표로 고쳐야 한다.

＊且夫天者，氣邪？ 體也。[64]
천이란, 기인가？ 실체인가？

이것은 선택의문문이고 의미는 “천은 기인가？ 아니면 실체인가？”하고
묻는 것이다. 그런데 표점자는 설문문으로 오인했다. 당연히 ‘也’자 뒤의 마

---

63) 『資治通鑑』, 中華書局 1956, 5557〜5558면.

64) 『論衡』談天篇, 中華書局 『諸子集成』本, 1954, 105면.

침표를 물음표로 고쳐야 한다.

* 實黃帝者, 何等也? 號乎, 諡也。如諡, 臣子所誄列也。[65]

실제로 황제란 어떤 호칭인가? 생전의 칭호인가? 사후의 시호인가? 만약 시호라면 가신들이 사후에 생전의 행적을 기리기 위해 만든 명칭이다.

'如諡, 臣子所誄列也'로 윗 문장은 선택의문문이라는 것을 알 수 있다. 의미는 '황제'라는 칭호가 '호'인지, '시호'인지 묻는 것으로 마땅히 '號乎' 뒤의 쉼표와 '諡也' 뒤의 마침표는 물음표로 고쳐야 한다.

* 使下愚之人, 涉耐罪之獄, 吏令以大辟之罪, 必寃而怨邪? 將服而自咎也。[66]

만약 가장 어리석은 사람이 가벼운 벌을 받을 죄를 관리가 사형에 해당하는 죄로 다스린다면, 반드시 억울해하면서 원망할 것인가? 아니면 복종하여 스스로를 탓할 것인가?

이 문장은 '必'과 '將'이 호응하여 명백히 선택의문문이다. 당연히 '也'자 뒤의 마침표는 물음표로 고쳐야 한다. 『논형』 중에 이런 유의 문장이 많은데 표점자는 이런 선택의문문을 설문문 혹은 진술문으로 자주 오인한다.

4. 쉼표를 할 것인가 물음표를 할 것인가

쉼표와 물음표의 용법을 분별하기란 어렵지 않다. 그러나 어떤 표점자들은 어기를 묻지 않고 문장을 끊어 물음표를 써야 할 곳에 쉼표를 쓴다. 예를 들어보자.

* 對曰: "姜氏何厭之有, 不如早爲之所……"[67]

65) 『論衡』 道虛篇, 中華書局 『諸子集成』本, 1954, 68면.
66) 『論衡』 問孔篇, 中華書局 『諸子集成』本, 1954, 88면.

(제중이) 대답하여 말하기를 "강씨야 어찌 이것으로 만족하겠습니까? 일찍 도모하는 것만 같지 못합니다……"

'姜氏何厭之有'는 반어문으로서 당연히 '有'자 뒤의 쉼표는 물음표로 고쳐야 한다.

＊猶懼不蔇, 況不禮焉, 鄭不來矣。[68]

오히려 오지 않을까 걱정이 되는데, 하물며 예로써 대하지 않는다면 정나라는 오지 않을 것입니다.

'猶'와 '況'이 호응하여 체진문구를 이룬다. '焉'자 뒤의 쉼표는 물음표로 고쳐야 한다.

5. 마침표를 할 것인가 느낌표를 할 것인가

마침표와 느낌표는 서로 비교적 뚜렷이 구별되어 일반적으로 쉽게 혼동하지 않는다. 그러나 어떤 표점자는 낡은 구두 관습을 계속 사용하기 때문에 문장의 어기에 크게 주의하지 않고 느낌표를 써야 할 곳에 마침표를 쓴다. 예를 들어보자.

＊善不可失, 惡不可長, 其陳桓公之謂乎。[69]

선을 하는 기회를 잃어서는 안되고 악을 하려는 생각을 길러서는 안된다고 했는데 이는 진나라 환공을 두고 하는 말인가！

'其陳桓公之謂乎'는 추측의 어기를 포함하고 있어 '乎'자 뒤의 마침표는 느낌표로 고쳐야 한다.

---

67) 『左傳選』, 中華書局 『中國史學名著選』本, 1면.
68) 『左傳選』, 中華書局 『中國史學名著選』本, 6면.
69) 『左傳選』, 中華書局 『中國史學名著選』本, 7면.

*今君命太子曰仇, 弟曰成師, 始兆亂矣, 兄其替乎。[70]

지금 임금이 태자를 구라고 이름짓고, 동생은 성사라고 이름지으니, 이것은 동란이 일어날 징조이다. 형이 아마도 쇠미할 것이다!

'兄其替乎'의 의미는 "형되는 자가 쇠미할 것이다!"이다. 추측의 어기를 포함하고 있어 '乎'자 뒤의 마침표는 느낌표로 고쳐야 한다.

6. 물음표를 할 것인가 느낌표를 할 것인가

물음표는 의문문·설문문 혹은 반어문을 표시하는 데 쓰이고 느낌표는 감탄·명령을 표시하는 데 쓰이는데, 양자의 작용이 크게 달라서 일반적으로 쉽게 혼동하지는 않는다. 그러나 반어문 뒤에 물음표를 할 것인가 느낌표를 할 것인가에 대해서는 의견이 통일되어 있지 않다. 우리는 반어문 뒤에 물음표를 하는 것이 좋다고 주장하지만, 어떤 사람들은 습관적으로 느낌표를 쓴다.

*陳侯曰: "宋衛實難, 鄭何能爲!" 遂不許。[71]

진후가 말하기를 "송나라와 위나라는 실로 두려운 존재지만, 정나라야 감히 무엇을 할 수 있겠는가?" 하고 끝내 허락하지 않았다.

'鄭何能爲'의 의미는 "정나라가 무엇을 할 수 있겠는가?"로서 반어문이고 '爲'자 뒤의 느낌표는 물음표로 고쳐야 한다.

*『商書』曰: "惡之易也, 如火之燎于原, 不可鄕邇, 其猶可撲滅!"[72]

『상서』에서 이르기를 "악한 일은 하기가 쉬워 마치 들판의 불길과도 같은 것이다. 가까이해서도 안되는 것인데, 그 불을 끌 수가 있겠는가?"

---

70) 『左傳選』, 中華書局 『中國史學名著選』本, 15면.

71) 『左傳選』, 中華書局 『中國史學名著選』本, 6면.

72) 『左傳選』, 中華書局 『中國史學名著選』本, 7면.

'其猶可撲滅'의 의미는 "설마 박멸할 수 있겠는가?"로서 반어문이고 '滅' 자 뒤의 느낌표는 물음표로 고쳐야 한다. 어떤 때에는 반어문 뒤에 느낌표를 쓰는 것이 의미의 변화를 가져올 수가 있다. 예를 들어보자.

＊吳匡等素怨苗不與進同心，而又疑其與宦官通謀，乃令軍中曰：＂殺大將軍卽車騎也，吏士能爲報仇乎！＂皆流涕曰：＂願致死！＂[73]

오광 등은 평소 묘가 진과 마음이 같지 않은 것을 원망하고, 또 그가 환관과 통모하는 것을 의심하였는데, 군중에 영을 내려 말했다. "대장군을 죽인 자는 곧 거기이다. 그대들은 능히 원수를 삼을 수가 있겠느냐?" 모두 눈물을 흘리면서 "원컨대 죽음을 다하겠습니다!"라고 말했다.

대장군은 하진(何進)이고 거기는 거기장군(車騎將軍) 하묘(何苗)를 가리킨다. '吏士能爲報仇乎' 뒤에 느낌표를 썼지만 추측의 어기를 포함하고 있어서 명백히 원뜻에 어긋난다. 사실 이것은 오광이 병사를 격노시켜서 하진의 원수를 갚기 위해 한 반어문이다. 의미는 너희들은 대장군을 위해 원수를 갚을 수가 있느냐는 것이고, 속뜻은 너희들은 반드시 대장군을 위해 복수를 할 수 있어야 한다는 것이다. 따라서 '乎'자 뒤의 느낌표는 물음표로 고쳐야 한다.

이외에도 어떤 표점자들은 의문문 뒤에 느낌표를 쓴다. 예를 들어보자.

＊安妻，劉悰之妹也，見家門貴盛，而安獨靜退，謂曰：＂丈夫不如此也！＂安掩鼻曰：＂恐不免耳。＂[74]

안의 처는 유담의 여동생으로, 가문이 귀하고 번성한데도 안만이 혼자 조용히 물러나 (벼슬하지 못함을) 보고 말하기를 "장부가 되어 (형들과) 같지 못합니까?"라고 했다. 안이 코를 막으면서 "(여러 형들과 같이 됨을) 피하지 못할까 두려울 따름이다"라고 했다.

73) 『資治通鑑』, 中華書局 1956, 1901면.

74) 『資治通鑑』, 中華書局 1956, 3183면.

안은 사안(謝安)이다. '丈夫不如此也'는 의문문이 아니면 감탄문인데, 아래에서 사안이 회답한 것으로 볼 때 명백히 의문문이다. 표점자가 느낌표를 써서 부정문을 만든 것은 타당하지 않다. '也'자 뒤의 느낌표는 물음표로 고쳐야 한다.

제 4 절   引用符號

1. 인용부호의 용법

고대에는 인용부호가 없어서 인용문을 표시하기 위해 때로는 문자로써 설명하였다. 『주관사형주(周官司刑注)』의 예를 들어보자. "하(夏)나라의 형벌에는 사형에 해당하는 것이 2백 조, 경골을 끊는 형벌에 해당하는 것이 3백 조, 궁형(宮刑)에 해당하는 것이 5백 조, 코를 베는 형벌과 이마에 글자를 새기는 형벌에 해당하는 것이 각각 천여 조가 있었으나 주(周)나라의 형벌은 이와 달랐다. 소위 '시대에 따라 가볍고 시대에 따라 무겁다'라고 하는 것이다."『정의(正義)』에서 "'시대에 따라 가볍고 시대에 따라 무겁다'라는 표현은 『여형(呂刑)』이란 글에서 나오기 때문에 '所謂'라고 했다"라고 한다. 여기에서는 '所謂'라는 두 글자를 사용하여 인용문을 표시하였는데 오늘날의 인용부호와 같은 역할을 한 것이다. 의소(義疏)와 같은 글에서 주석에 나오는 어구에는 앞에는 '曰'자를 쓰고 뒤에는 '者'자를 쓴 것이 있는데 이 '曰'·'者'도 오늘날의 인용부호와 같은 역할을 하는 것이다. 옛날 사람들은 부득이한 경우 인용문 아래에 주(注)를 써서 "이상은 모두 어느 책의 글이다"라고 하기도 하며, 어떤 사람은 "어떤 책은 여기에서 끝난다"라고 말한다. 그러나 현재는 인용부호가 있어 여러가지로 편리하게 사용한다.

인용부호에는 큰따옴표와 작은따옴표 두 가지가 있다. 큰따옴표는 일반적인 인용문에 표시하고 작은따옴표는 인용문 안의 인용문을 표시하는 데 사용한다. 그 구체적인 용법은 다음 예들을 통해 알 수 있다.

① 인용문에 인용부호를 표시하는 것은 가장 보편적인 용법이다. 인용문을 직접인용문이라 하는데, 이것은 다른 사람의 말을 원래 그대로 쓰는 것이다. 인용문 앞에는 일반적으로 '曰'·'言'·'云' 등의 말을 전달하는 단어가 있다. 이들 단어 바로 뒤에 나오는 문장이 인용문인 것이다. 따라서 표점할 때 이들 단어 뒤에는 콜론을 붙이고, 인용문에는 인용부호를 붙인다. 예를 들어보자.

秋, 齊侯盟諸侯于葵丘, 曰: "凡我同盟之人, 旣盟之後, 言歸于好."(『左傳』僖公 9년)

가을철에, 제나라의 제후가 제후들과 규구에서 맹세를 하고서 "우리 동맹을 맺은 제후들은 맹약을 맺은 후에는, 서로 우호를 유지해 사이좋게 뭉쳐야 한다"라고 말했다.

丞相綰等言: "諸侯初破, 燕、齊、荆地遠, 不爲置王, 毋以塡之。請立諸子, 唯上幸許."(『史記』秦始皇本紀)

승상 왕관 등은 건의하였다. "제후들이 최근 정복되었습니다만, 연·제·초는 거리가 멀어 (그 지역에) 왕을 세우지 않으면 다스릴 수가 없습니다. 황자들을 (그 지역의 왕으로) 세우시기를 청하오니 허락하시기 바랍니다."

『論語』云: "三分天下有其二, 以服事殷, 周之德可謂至德矣."
　　　　　　　(『三國志』魏書・武帝紀, 裴注引『魏武故事』)

『논어』에서 "셋으로 나뉜 천하 중 그 둘을 차지하고서도 은을 따르고 섬기니 주의 덕은 지극한 덕이라 할 만하다"라고 한다.

전달동사 중에 '曰'자가 가장 많이 사용되고 '言'자도 다른 사람과의 대화를 표시한다. '云'자는 한대(漢代) 이후 비교적 보편적으로 사용되었다.

여기서 짚고 넘어가야 할 것은 인용부호는 인용문에서만 사용하고 전달문에는 사용하지 못한다는 것이다. 전달문을 간접인용문이라고도 하는데 다른 사람의 말을 전달하는 것이다. 비록 의사가 다른 사람 것일지라도 글귀만은 이미 전달자를 통해 다시 바뀌게 된다. 예를 들어보자.

君子曰: 學不可以已。青, 取之于藍而青于藍; 氷, 水爲之而寒于水。(『荀子』勸學)

군자가 '학문은 중단해서는 안된다'라고 말했다. 푸른 색은 쪽풀에서 취하는 것이지만 쪽풀보다 더 푸르고, 얼음은 물이 (얼어서) 되는 것이지만 물보다 더 차다.

이상에서 들었던 예는 모두 인용문이 전달동사와 밀접한 관계가 있는 경우이다. 고서에는 이외에도 다른 경우가 있다. 그것은 인용문과 전달동사가 긴밀하지 않아 미리 간접인용문을 사용한 뒤 직접인용문을 집어넣는 것이다. 이 경우 간접인용문 가운데 일반적으로 전달을 나타내는 '告'·'勸'·'說'·'陳'·'謂'·'請'·'語' 등을 수반한다. 이러한 문장 속에서는 콜론은 간접인용문 뒤에 해야 하며 직접인용문에는 인용부호를 붙여야 한다. 예를 들어보자.

惠帝二年, 蕭何卒。參聞之, 告舍人: "趣治行, 吾將入相。"(『史記』曹相國世家)

혜제 2년, 소하가 죽었다. (曹)참은 그것을 듣고 사인(舍人)에게 "떠날 행장을 준비하라. 내 장차 재상직에 오르리라"라고 말했다.

懷王稚子子蘭勸王行: "奈何絶秦歡?" 懷王卒行。(『史記』屈原賈生列傳)

회왕의 막내아들 자란은 왕의 행차를 권하며 말했다. "어찌 진의 호의를 거절하시는 겁니까?" (그리하여) 회왕은 출발하여 (武關에) 들어갔다.

餘客多說項羽: "陳餘張耳一體有功于趙。"(『漢書』張耳陳餘傳)

여의 객들이 항우에게 누차 말했다. "진여와 장이는 일심동체로 조나라에 공(功)이 많았습니다."

(沛公) 自陳: "封秦府庫, 還軍覇上以待大王, 閉關以備他盜, 不敢背德." (『漢書』 項羽傳)

(패공)은 "진나라의 창고를 봉하고 패상으로 군사를 돌려 대왕을 기다렸습니다. (함곡)관문을 닫고 지킨 것은 다른 도적에 대비하려 한 것이지 감히 (대왕의) 덕을 배반하려 한 것은 아닙니다"라고 말했다.

析父謂子革: "吾子, 楚國之望也。今與王言如響, 國其若之何？"(『左傳』 昭公 12년)

석보가 자혁에게 말하기를 "당신은 우리 초나라의 명망 있는 사람으로서 지금 왕과 말씀하시는 것을 보니 마치 산울림같이 (맞장구만 치고 계시니) 도대체 나라 꼴이 어찌 되겠습니까？"라고 하였다.

上惡之, 與布相望見, 隃謂布: "何苦而反？"(『漢書』 黥布傳)

왕은 이를 미워하여 멀리서 경포를 바라보며 소리질러 말했다. "무엇 때문에 구태여 모반했는가？"

太后出宮人以賜諸王, 各五人, 竇姬與在行中。竇姬家在淸河, 欲趙, 近家, 請其主遣宦者吏: "必置我籍趙之伍中."(『史記』 外戚世家)

(呂)태후가 궁인을 내어 제왕에게 사여를 했는데 각각 다섯 명씩을 사여하였다. (이때) 두희도 이 궁인 중에 끼여 있었다. 두희는 집안이 청하지역이었기 때문에 집안이 가깝게 있는 조나라에 가고 싶어 이 일을 주무하는 환관에게 "내 명단을 반드시 조나라의 대열에 넣어주십시오"라고 청하였다.

王武子語君夫: "我射不如卿, 今指賭卿牛, 以千萬對之."(『世說新語』 卷下, 汰侈 第30)

왕무자가 (王)군부에게 "내 활솜씨는 당신만 못하지만 당신의 소를 건다면 천만번이라도 당신을 상대할 수 있소"라고 말했다.

이외에 특수한 현상으로 주어 뒤에 '曰'을 사용하지 않을 뿐만 아니라, 문장 가운데에는 다른 전달동사가 없으면서 그 뒤에 오히려 직접인용문이 있는 경우가 있다. 예를 들어보자.

范文子喜直言, 武子擊之以杖: "夫直議者不爲人所容, 無所容則危身, 非徒危身, 又將危父。"(『韓非子』外儲說 左下)
　범문자가 직언을 좋아하자 (그의 아버지) 무자는 몽둥이로 그를 때리면서 "직언을 좋아하는 사람은 남들로부터 포용되지 못하는데 포용되지 못하면 자신의 몸이 위태로워지며 단지 자신만이 위태로워지는 것이 아니라 장차 아버지까지 위태로워진다"라고 말했다.

陵便衣獨步出營, 止左右: "毋隨我, 丈夫一取單于耳！"(『漢書』李陵傳)
　(李)릉은 갑옷을 벗고 홀로 군영을 걸어나오면서 측근들을 제지하고서 "나를 따라오지 마라. 내가 혼자 선우를 잡을 것이다！"라고 말했다.

　이렇듯 문장 중의 인용부호는 소홀하게 처리되기 쉬우니, 앞뒤 문장을 반복해서 검토해야만 비로소 찾아낼 수 있다.

　② 인용부호는 약칭·관용어·서술어 및 강조하는 단어에 표시한다. 예를 들어보자.

九月, 諸呂 呂產等欲爲亂, 以危劉氏, 大臣共誅之, 謀召立代王, 事在"呂后語"中。(『史記』孝文本紀)
　9월에 여러 여씨와 여산 등이 반란을 일으키고자 하면서 유씨를 위태롭게 하니 대신들이 함께 그들을 죽이고, 의논하여 대왕(代王)을 불러 황제로 옹립시켰으니, 그 일은 여후에 관한 서술(여태후본기) 중에 씌어 있다.

觀其體制, 乃似『孔子家語』、臨川『世說』, 可謂"畫虎不成反類犬"也。(『史通』卷1)
　그 체제로 보아『공자가어』, 임천『세설』과 비슷하나, "호랑이를 그리려다 이루지 못한 채 오히려 개와 비슷하게 그렸다"라고 할 만하다.

太初元年, 歲名"焉逢攝提格", 月名"畢聚", 日得甲子, 夜半朔旦冬至。(『史記』曆書 第四)

태초 원년, 그 해 이름은 '언봉섭제격'이고, 달 이름은 '필취'이며, 날은 갑자일로 한밤중이 (음력) 십일월 초하루에 드는 동지, 즉 삭단동지가 된다.

曰: "賊仁者謂之'賊'。 賊義者謂之'殘'。 殘賊之人謂之'一夫'。"(『孟子』 梁惠王 下)

"인을 해치는 자를 '흉포하다'고 하고, 의를 해치는 자를 '잔악하다'고 합니다. 흉포하고 잔악한 인간을 '한 사나이'라고 합니다"라고 말했다.

古者蒼頡之作書也, 自環者謂之'私', 背私謂之'公'。(『韓非子』 五蠹)

옛날에 창힐이 문자를 만들 때 자기를 위하는 것은 '사'라고 했고 사에 등진 것은 '공'이라 했다.

'呂后語'는 『여태후본기』의 약칭이다. '畫虎不成反類犬'은 관용어이다. '焉逢攝提格'·'畢聚'는 서술어이다. '賊'·'殘'·'一夫'·'私'·'公'은 모두 강조하는 단어이다. 만약 이러한 단어에 인용부호를 붙이지 않으면 독자들의 주의를 끌기가 쉽지 않을 뿐만 아니라, 때로는 오해를 불러일으킬 수도 있다. 예를 들어보자.

＊禮之貌誠深矣, 堅白同異之察, 入焉而弱。[75]
[바른 해석: 예의 모양은 진실로 깊구나. 비록 '견백'·'동이'의 변론이 뛰어나다고 하더라도 (예의의 범주에 들어가면) 자연히 약하고 쓸모없게 된다.]

---

75) 『史記』 禮書, 中華書局 1959, 1173면.

'견백'·'동이'는 전국시대 공손룡(公孫龍)과 혜시(惠施) 등 궤변가들이 제
시한 '離堅白'·'合同異' 등 전문적인 토론 주제로서 인용부호를 붙이지 않으
면 독자가 일반 단어로 오해하기 쉽다.

* 布性決易, 所爲無常, 順每諫曰: "將軍擧動, 不肯詳思, 忽有得失, 動輒言
誤, 誤豈可數乎！"[76]
여포의 성격은 쉽게 바뀌고 하는 행동이 항상 일정하지 않아 순이 매번
간할 때마다 "장군께서는 거동하실 때에 기꺼이 자세한 생각을 하지 않으시
고 득과 실을 가볍게 여기며 행동이 종종 말과 틀리는데 그 불일치를 어찌
헤아릴 수 있겠습니까！"라고 하였다. [바른 해석: 득과 실을 가볍게 여기
며 행동하고 나서 '잘못했구나！'라고 종종 말하는데 그 잘못을 어찌 이루
다 셀 수 있겠습니까！"라고 하였다.]

순은 고순(高順)으로 여포의 부장이다. 여기서 고순이 여포가 '動輒言誤'
하다고 비판한 것은 여포가 행동하고 나서 걸핏하면 '(내가) 잘못했구나'라
고 말한다는 뜻으로, '言誤'가 틀린 말을 하는 것으로 잘못 이해하는 것을
피하기 위해서는 '誤'자에 인용부호를 하는 것이 좋을 것이다. 계속해서 『사
기』『한서』 중의 유경전(劉敬傳)에 나오는 서로 다른 두 종류의 표점을 비
교해보자.

于是上曰: "本言都秦地者婁敬, '婁'者乃'劉'也。" 賜姓劉氏, 拜爲郎中, 號爲
奉春君。(『史記』)
이에 고조는 "애초에 진의 지역에다 도읍을 하라고 말한 사람은 누경이
다. '루(婁)'는 바로 '류(劉)'와 발음이 비슷하다"라고 하였다. 유씨라는 성
을 내리고 낭중으로 임명했으며 호로 봉춘군을 주었다.

---

76) 『資治通鑑』, 中華書局 1956, 1998~99면.

＊……本言都秦地者婁敬, 婁者劉也…… (『漢書』)

……애초에 진의 지역에다 도읍을 하라고 말한 사람은 누경이다. 루(婁)
는 류(劉)이다.

『사기』 표점본에는 '劉'‧'婁'에 인용부호를 붙여 주의를 끌고 있는데 이것
은 인용부호를 하지 않은 『한서』에 비해 의미가 훨씬 분명해진다.

2. 인용부호의 誤用

인용부호의 용법은 비교적 간단하지만 고서를 표점할 때 인용부호를 사용
해야 하는가 마는가, 그리고 인용부호를 어디서부터 어디까지 해야 하는가
등등은 확정하기 어려운 경우도 있다. 이것은 고인(古人)들이 책을 짓고 입
론을 세우기 위해 문장을 만들면서 인용뿐만 아니라 심지어 잡다하게 베끼
는 일까지도 꺼려하지 않았기 때문이다. 따라서 직접인용문‧간접인용문과
서술문이 자주 함께 뒤섞여 있다. 심지어 어떤 저자는 다른 사람의 문장을
자신의 문장으로 구성해 자신의 글과 하나로 하여 출처를 명확하게 달지 않
기도 한다. 문장을 쓸 때 때로는 편의대로 출전을 조작하기도 한다. 이러한
경우에는 고서에 표점을 할 때 많은 어려움을 갖는다. 표점할 때에는 종종
여러 번 앞뒤 문장을 연관지어 살펴보거나 원문과 대조 검토해야 비로소 어
디에 인용부호를 사용해야 하는가를 확정할 수 있다. 그러나 어떤 때에는
진지한 퇴고를 거친 뒤라도 잘못을 면하기 어려워 인용부호를 해야하는 곳
에 인용부호를 하지 않거나 인용부호가 필요 없는 곳에 오히려 인용부호를
하기도 한다. 그래서 인용문이 원래보다 늘어나거나 혹은 인용문이 줄어들
거나 인용문이 단절되거나 하는 등등의 경우가 생긴다.

(1) 인용부호를 해야 할 곳에 인용부호를 하지 않은 경우

앞에서도 언급했듯이, 직접인용문 앞에 '왈(曰)'‧'언(言)'‧'운(云)' 등의
전달동사가 없기 때문에 표점자는 그냥 무심코 넘어가 인용부호가 필요한
곳에 인용부호를 하지 않는 경우가 종종 있다. 예를 들어보자.

＊或謂太子, 子辭, 君必辨焉。[77] (『左傳』僖公 4년)

어느 사람이 태자에게 이르자, 태자는 말씀을 드리니 군주는 반드시 분별 있게 되었다. [바른 해석: 어떤 사람이 태자에게 "당신이 왕께 변명을 하십시오. (그러면) 군주께서 반드시 (잘) 판단하실 것입니다"라고 하였다.]

'謂太子'는 간접인용문으로 "태자에게 말하다"라는 뜻이다. 따라서 '太子' 뒤의 쉼표는 콜론으로 바뀌어야 하며 '子辭, 君必辨焉'은 직접인용문이므로 인용부호를 해야 한다.

＊造父方耨, 得有子父乘車過者, 馬驚而不行, 其子下車牽馬, 父子推車請造父助我推車, 造父因收器輟而寄載之, 援其子之乘, 乃始檢轡持筴, 未之用也而馬轡驚矣。[78] (『韓非子』外儲說 右下)

조보가 밭에서 풀을 매고 있을 때, 아버지와 아들이 수레를 타고 지나가고 있었다. (그런데) 말이 (어쩐지) 놀라서 나아가지 않자 아들이 수레에서 내려와 (앞에서) 말을 끌고 아버지는 (뒤에서) 수레를 밀었다. (그래도 나아가지 아니하므로) 부자가 조보에게 청하여 수레를 밀어달라고 했었다. 조보는 농구를 치우고 풀매기를 멈춘 뒤 수레에 편승하여 두 부자를 수레에 태우고, 곧 고삐를 잡고 채를 쥐었을 뿐 아직 그것을 쓰지 않았는데 말이 달리기 시작하였다.

'父子推車請造父' 가운데 전달동사는 '請'으로 이것은 간접인용문이다. '助我推車'의 표현은 일인칭이므로 부자(父子)가 한 말임에 틀림없다. 정확한 표점은 다음과 같아야 한다.

……父子推車請造父: "助我推車。"……

---

77) 韓席籌, 『左傳分國集注』, 江蘇人民出版社 1963, 250면.

78) 『韓非子集釋』 下册, 上海人民出版社 1974, 782면.

아버지와 아들이 수레를 밀면서 조보에게 "우리들을 도와 수레를 밀어주십시오"라고 하였다.

때로는 인용문과 서술문이 한 곳에서 서로 뒤섞이고 인용문 앞에도 전달동사가 없는 경우 더욱 오해를 일으키기 쉽다. 예를 들어보자.

＊晉師從齊師，入自丘輿，擊馬陘。齊侯使賓媚人賂，以紀甗、玉磬與地；不可，則聽客之所爲。賓媚人致賂，晉人不可，曰："必以蕭同叔子爲質，而使齊之封內盡東其畝。"[79](『左傳』成公 2년)

진나라 군사는 제나라 군사를 추격하여 구여(丘輿)로부터 제나라 국토 안으로 쳐들어가 마형을 공격했다. 제나라 제후는 빈미인으로 하여 기(紀)나라에서 얻은 시루와 옥으로 만든 경쇠, 그리고 토지를 증여물로 주어 (화해하려 했다. 그러나) 그렇게 할 수 없었으므로 객(客:진군)이 하자는 대로 받아들였다. 빈미인이 증여물을 바치자, 진나라 사람은 안된다고 하면서 "반드시 소나라 군주 동숙의 따님을 인질로 삼고 제나라 영토 내의 전답의 두덩은 모두 동쪽을 향하게 하시오"라고 말했다.

이것은 '제진안지전(齊晉鞍之戰)'을 기록한 것이다. 진나라 군사가 제나라 군사를 쫓아 제나라를 공격하고 있다. '齊侯使賓媚人賂，以紀甗、玉磬與地'는 서술문이다. '不可，則聽客之所爲'는 인용문으로 사자(使者)인 빈미인(賓媚人)에게 재삼 부탁하는 말로 "그들이 강화(講和)에 동의하지 않으면 그들이 하는 바가 무엇이든지 간에 따르라"라는 뜻이다. 이 대화 앞에 전달동사가 없어 표점자는 서술문으로 오해하게 된다. 정확한 표점은 다음과 같아야 한다.

……齊侯使賓媚人賂，以紀甗、玉磬與地："不可，則聽客之所爲。"……
……제나라 제후는 빈미인으로 하여 기(紀)나라에서 얻은 시루와 옥으로

---

79) 『左傳選』, 中華書局 『中國史學名著選』本, 126면.

만든 경쇠, 그리고 토지를 증여물로 주어 (화해하게 하면서), "(진군측이) 안된다고 하면 객(晉軍)이 하자는 대로 받아들이라"고 했다.……

　인용부호 안의 인용문은 사람들이 그냥 넘어가기 쉬워 작은따옴표가 종종 빠지곤 한다. 예를 들어보자.

　＊<u>韓厥</u>執繫馬前, 再拜稽首, 奉觴加璧以進, 曰: "寡君使群臣爲魯衞請, 曰無 令輿師陷入君地. 下臣不幸, 屬當戎行, 無所逃隱, 且懼奔辟而忝兩君. 臣辱戎 士, 敢告不敏, 攝官承乏."[80](『左傳』成公 2년)

　한궐은 말의 고삐를 잡고 (제나라 군주의 전차를 끄는 말의) 앞으로 가 두번 절하고, 머리를 땅 위에 조아리고 술잔과 구슬을 받들어 올리면서 말 했다. "우리 군주께서 우리를 보내시어 노나라와 위나라를 위해서 (제나라 의 군사가 물러갈 것을) 청하게 하시고 말씀하시기를 '(우리 진나라의) 군 대가 (제나라) 군주님 땅에 들어가지는 말라'라고 하셨습니다. (그런데) 보 잘것없는 제가 공교롭게도 당신의 군사를 만나서 도망치거나 숨을 곳도 없 게 되었고, 또 달아나 피했다가는 진(晉)·제(齊) 양국 군주님을 욕되게 할 까 두려웠습니다. 신을 한 사람의 병사로 삼으시면 감히 아뢰옵건대 불민한 이 몸은 맡은 바 임무에 충실하겠습니다."

　'無令輿師陷入君地'는 한궐이 진후의 말을 전달한 것으로 이 구절에는 작 은따옴표를 해야 한다.

　＊<u>澮</u>上書自理曰: "……皓衆叛親離, 匹夫獨坐, 雀鼠貪生, 苟乞一活耳; 而<u>江</u> <u>北</u>諸軍不知虛實. 不早縛取, 自爲小誤. 臣至便得, 更見怨恚, 并云守賊百日, 而令他人得之. 臣愚以爲事君之道, 苟利社稷, 死生以之. 若其顧嫌疑以避咎 責, 此是人臣不忠之利, 實非明主社稷之福也!"[81]

---

80)『古代漢語』上冊, 第一分冊, 中華書局, 33면.

81)『資治通鑑』, 中華書局 1956, 2570～2571면.

준(濬)은 상주하여 자신의 입장을 밝히면서 "……호(皓)는 (자신의) 무리가 반란을 일으켜 친척들도 떠나갔는데 필부(匹夫) 혼자 앉아서 참새나 쥐가 살아가듯 구차스럽게 삶을 구걸하고 있었습니다. 양자강 이북의 제군(諸軍)은 그 허실을 알지 못하고, 서둘러 잡지 못한 것은 작은 잘못이라고 생각합니다. 제가 여기에 이르러 곧 잡아들였는데도 원망을 듣게 되었으며, 아울러 '100일 동안 도적을 지켰으나 다른 사람으로 하여금 이를 얻게 했다'는 말까지 들었습니다. 신은 부족하지만 임금을 섬기는 도가 진실로 사직을 이롭게 하는 것이라면 목숨을 걸어야 하는 것으로 생각합니다. 만약 미심쩍음을 알고서도 허물을 피하려 한다면 이것은 충성되지 못한 신하에게 이로운 것이며 실로 현명한 군주와 사직에는 복이 되지 않습니다"라고 말했다.

호(皓)는 오(吳)나라 말기 황제 손호(孫皓)이다. 진(晉)나라 장군 왕준(王濬)·왕혼(王渾)이 오나라를 멸하고서 공을 다투었는데 왕혼이 왕준에게 "조칙을 어기고 군주의 명령을 따르지 않는다고 하는 죄상(罪狀)을 허위로 꾸몄다"라고 알렸다. 이 기사는 왕준의 답변 중 일부분이다. 그는 항복받은 경과를 설명하면서 왕혼에게 "江北諸軍不知虛實, 不早縛取"를 비판하였다. 아울러 '幷云' 뒤에 콜론을 해야 하며 "守賊百日, 而令他人得之!"는 왕혼의 말을 인용한 것이므로 작은따옴표를 붙여야 한다.

(2) 인용부호가 필요 없는 곳에 인용부호를 한 경우

고서에 나와 있는 '왈(曰)'·'운(云)'·'어(語)' 등의 전달동사가 때로는 현대 중국어의 '불리다'·'평가하다'·'알려주다' 등의 의미에 해당하는 경우가 있다. 이 경우 전달동사 뒤에 반드시 인용문이 있는 것은 아니다. 이때는 콜론도 인용부호도 사용해서는 안된다. 그러나 어떤 표점자는 자세하게 살피지 않고 이런 전달동사만 보고서 콜론·인용부호를 사용하여 오해를 일으킨다. 예를 들어보자.

* 孫權圍合肥, 久不下。權率輕騎欲身往突敵, ……曹操遣將軍張喜將兵解圍, 久而未至。揚州別駕楚國蔣濟密白刺史, 僞得喜書, 云步騎四萬已到雩婁,

遣主簿迎喜。三部使齎書語城中守將："一部得入城，二部爲權兵所得。"權信
之，遽燒圍走。[82]

손권은 합비를 포위했으나 오랫동안 함락되지 않았다. 손권은 날랜 병사
를 이끌고 몸소 적을 공격하려고 했다. …… 조조는 장군 장희(張喜)를 보내
병사를 이끌고 가서 포위를 풀게 했으나 오래되어도 도착하지 않았다. 양주
별가 초국 장제(蔣濟)는 몰래 자사에 아뢰어 희(喜)의 편지를 허위로 만들
었는데, 그것은 '보병과 기병 4만이 이미 우루(雩婁)에 도착해 있으니 주부
(主簿)를 보내 희를 영접하라'는 것이었다. 세 방면으로 파견된 밀사가 편
지를 휴대하고서 성의 수장들에게 말했다. "(편지) 한 통은 성에 들어왔고
(나머지) 두 통은 손권의 군사가 획득한 바 되었다."[바른 해석: 세 방면으
로 파견된 밀사가 편지를 휴대하고서 성안의 수장(守將)들에게 알리도록 했
는데, 편지 한 통은 제대로 성에 들어왔으나 나머지 두 통은 손권의 병사에
게 빼앗겼다.] 손권은 그것을 믿고서 황급히 포위를 풀고 달아났다.

　원래 표점을 보면, '守將' 뒤에 콜론과 인용부호를 하여 '一部得入城，二
部爲權兵所得'은 편지의 내용이 되어 이 기사가 언급하고 있는 것을 명확하
게 알지 못하게 되었다. 이 기사의 후반 몇 구절의 뜻은 다음과 같다. 장제
(蔣濟)는 장희(張喜)의 편지를 허위로 만들어서 이미 많은 군사가 우루(雩
婁)에 왔다고 알리고 성안의 주부(主簿)로 하여금 그를 접대해야 한다고 말
했다. '三部使齎書語城中守將'은 세 쪽으로 파견된 밀사가 가짜 편지를 휴대
하고서 성안의 수장(守將)들에게 알린다는 뜻이다. '一部得入城，二部爲權
兵所得'은 서술문으로 의미는 편지가 하나는 성안으로 전달되었고 두 개는
손권의 병사가 구득했다라는 것이다. 따라서 '守將' 뒤의 콜론은 쉼표로 바
꾸어야 하며 아울러 그 뒤의 인용부호는 지워야 한다.

　*陛下旣已察之于大臣，願無忘之于左右，左右忠正遠慮，未必賢于大臣，至
于便辟取合，或能工之。今外所言，輒云"中書雖使恭愼，不敢外交。"但有此

82)『資治通鑑』，中華書局 1956，2097~98면.

名, 猶惑世俗, ……[83]

폐하께서 대신에 대해서 이미 살피시고 좌우(중서)에 대해서도 다시 살피시기 바랍니다. 좌우가 충정(忠正)하고 깊이 고려함에 있어서는 반드시 대신보다 현명하지 못하지만, 아첨으로 영합하는 데에서는 대신보다 능할 수 있습니다. 지금 밖에서 말하는 바로는 "중서(中書)는 비록 공손하며 신중하지만 바깥사람들과 교제하지 않는다"고 합니다. 단지 이름만 갖고 있으니 오히려 세상을 어지럽게 합니다.

이것은 상세(蔣濟)가 위 밍셰(魏明帝)에게 상소한 글 중의 한 내목이나. 중서(中書)는 황제의 좌우에 있어서 권세를 가지고 있었다. 첫 문장의 '左右'는 바로 중서를 가리킨다. '輒云中書'는 한 구절이기에 '書' 뒤에 마침표를 해야 한다. '云'은 '평가하다'라는 뜻으로 "중서가 어떠어떠하다라고 두루 평가한다"라는 것을 나타내므로 '云'자 뒤에는 인용문이 없어야 한다. 후반 구절은 중서인(中書人)은 조심하고 근신하면서 외부와 교제하지 않더라도 단지 중서(中書)라는 직함만 가지고도 사람들의 의혹을 면하기 어렵다는 뜻이다. 만약 표점자가 '云'자 뒤에 인용부호를 하면 '中書雖使恭愼, 不敢外交'가 '今外所言'한 내용이 되니 그 착오가 분명해진다. 정확한 표점은 다음과 같아야 한다.

……輒云中書。雖使恭愼, 不敢外交。但有此名, 猶惑世俗。

때때로 중서(中書)를 평가합니다. 비록 공손하며 신중하고 외부와 교제하지 않더라도 단지 이름만을 갖고 있는 것만으로 오히려 세상을 어지럽게 합니다.

(3) 인용문이 앞쪽으로 늘어난 경우

앞에서도 언급했듯이 고서에 있는 직접인용어 앞에는 종종 간접인용어가 있다. (그래서) 표점할 때 간접인용어는 어디까지이며 직접인용어는 어디에

---

83) 『資治通鑑』, 中華書局 1956, 2342면.

서 시작하는가에 주의해야 한다. 그렇지 않을 경우 간접인용어가 인용부호 안에 포함되는 잘못을 저지를 수 있다. 예를 들어보자.

*春, 伊邪莫演罷歸, 自言: "欲降; 卽不受我, 我自殺, 終不敢還歸。"[84]

봄철에, 이사막연(伊邪莫演)은 조공을 마치고 되돌아갈 때에 스스로에게 말했다. "귀순하고자 한다. [바른 해석: 스스로 귀순하고자 한다고 말했다.] 나를 받아주지 않는다면 나는 자살하여 끝내 돌아가지 않겠다."

이사막연(伊邪莫演)은 흉노 선우가 파견하여 조공하러 온 사람이다. '自言欲降'은 간접인용문이고 '卽不受我'이하의 구절은 직접인용문이다. 따라서 '自言' 뒤의 콜론은 지워야 하고, '欲降' 뒤의 세미콜론은 바꿔야 한다. 인용부호는 '卽不受我'에서부터 시작해야 한다.

*權先作兩函, 欲以盛祖及蘇飛首。權爲諸將置酒, 甘寧下席叩頭, 血涕交流, 爲權言: "飛疇昔舊恩, 寧不值飛, 固已損骸于溝壑, 不得致命于麾下。今飛罪當夷戮, 特以將軍乞其首領。"[85]

권(權)은 먼저 상자 두 개를 만들어 조(祖) 및 소비(蘇飛)의 머리를 담고자 했다. 권은 여러 장군을 위해 주연을 베풀었는데 감녕(甘寧)이 자리에서 내려와 머리를 조아리며 피눈물을 흘리며 권에게 말했다. "비는 지난날 (저에게) 은혜를 베풀어주었습니다. [바른 해석: ……피눈물을 흘리며 비가 지난날 은혜를 베풀어준 것을 손권에게 말했다. "저는……] 저는 비의 도움이 없었더라면 진실로 이미 뼈가 도랑과 골짜기에서 썩었을 것이니 (당신의) 휘하에서 목숨을 바칠 수도 없었을 것입니다. 지금 비의 죄는 능지처참에 해당되지만 다만 장군께서는 그 목숨만은 살려주시기를 바랍니다"라고 말했다.

권(權)은 손권(孫權)이고 조(祖)는 황조(黃祖)이다. 소비와 감녕은 원래

---

84) 『資治通鑑』, 中華書局 1956, 971면.
85) 『資治通鑑』, 中華書局 1956, 2078면.

황조의 부장(部將)이었다. 후에 감녕이 도망쳐 손권에게 갔다. 이것은 감녕이 소비를 위해 인정(人情)을 구하는 기사이다. '爲權言飛疇昔舊恩'은 간접인용문으로 '言'자 뒤의 콜론은 없애고 '恩'자 뒤의 쉼표는 콜론으로 바꾸어야 한다. 인용부호는 '寧不値飛'에서부터 시작해야 한다.

* 基馳驛遺司馬昭書, 說 "由等可疑之狀, 且當清澄, 未宜便擧重兵深入應之。"[86]

기(基)가 급히 역마로써 사마소(司馬昭)에게 글을 보내어 "유(由) 등은 (여전히) 의심스러운 점이 있습니다. [바른 해석: 유 등이 의심스러운 점이 있음을 말했다. "분명해지기를……] 분명해지기를 기다려야지 아직 많은 병사를 들여서 깊이 들어가 그를 응접할 일은 아닙니다"라고 말했다.

기(基)는 왕기(王基)라는 사람으로 위(魏)나라 장군이고 유(由)는 등유(鄧由)로 오(吳)나라 장군이다. '說由等可疑之狀'은 간접인용문이므로 인용문은 '且當清澄'에서부터 시작한다.

* 又詔: "齊三服官、諸官, 織綺繡難成 、 害女紅之物, 皆止, 無作輸。"[87]

또 조서를 내렸다. "제(齊) 지역의 삼복관(三服官) 및 제직관(諸織官) 등은 비단 짜는 데 있어 [바른 해석: 또 제 지역의 삼복관에게 조서를 내렸다. "여러가지 관에 바치는 직물 중에서] 만들기 어렵거나 여공을 해치는 물건은 모두 만들지 말라. (이미 만든 물건은) 운송하지 말라……"

'又詔齊三服官'은 간접인용문이므로 '又詔' 뒤의 콜론은 없애서 인용문이 '諸官織綺繡難成'에서부터 시작해야 한다. '服官' 뒤의 모점은 콜론으로 고쳐야 한다. '官織'은 붙여서 읽어야 진공(進貢)하는 물품을 가리키는 것이 되고 '官'자 뒤의 쉼표는 없애야 한다.

---

86) 『資治通鑑』, 中華書局 1956, 2457면.

87) 『資治通鑑』, 中華書局 1956, 1060면.

⑷ 인용문이 불충분한 경우

앞에서도 서술했듯이 직접인용문은 모두 인용부호 안에 두어야 하며 일부분만 인용부호 안에 있고, 다른 일부분은 인용부호 밖에 있어서는 안된다. 그럴 경우 전체 인용문을 다 포괄하지 못하는 경우가 발생하게 된다. 예를 들어보자.

＊晉侯聞之而後喜可知也，曰: "莫余毒也已。" 蔿呂臣實爲令尹，奉己而已，不在民矣。(『左傳』僖公 28년)

진후가 그것을 듣고 난 뒤에 기뻐했다는 것은 알 수 있다. (진나라 문공은) "나를 해칠 자가 없어졌구나"라고 말했다. 위여신은 실로 (초나라의) 영윤이 되었지만 자기 몸만을 위할 뿐 백성에 마음을 두지 않는 자였다. [바른 해석: ……없어졌구나. 위여신은 실로 (초나라의) 영윤이 되지만 자기 몸만을 위할 뿐 백성에 마음을 두지 않는 자다"라고 말했다.]

진초 성복전(晉楚城濮戰)에서 진후는 자신의 강적(强敵)인 자옥(子玉)이 자살했다는 소식을 듣고서 기뻐하며 이러한 말을 했던 것이다. 그런데 그 어기를 살펴보면, '蔿呂臣' 뒤의 세 구절도 진후가 한 말로서 서술문이 아니다. 마지막 몇 구절은 자옥의 후임자로 위여신이 영윤이 되었지만 백성을 위해 이익을 도모하지 않고 자신만을 위하기 때문에 근심할 것이 못된다는 것을 의미한다. 이 구절들도 인용부호 안에 넣어야 한다.

＊諸葛亮與兄瑾書……又云 "頃大水暴出，赤崖以南，橋閣悉壞。" 時趙子龍與鄧伯苗一戍赤崖屯田，一戍赤崖口，但得緣崖與伯苗相聞而已。後亮死于五丈原，魏延先退而焚之，卽是道也。[89]

제갈량이 형 근(瑾)에게 편지를 보내 "근자에 물이 크게 범람해서 적애(赤崖) 이남의 잔도(棧道)가 모두 끊어졌습니다"라고 말했다. 이때 조자룡

---

89) 『資治通鑑』, 中華書局 1956, 胡注引『水經注』, 2243면.

과 등백묘가 각각 적애(赤崖)의 둔전(屯田)과 적애구(赤崖口)를 지키고 있
었는데 단지 낭떠러지에 서서 서로 이야기를 주고받을 수 있을 따름이었다.
[바른 해석:⋯⋯끊어졌습니다⋯⋯ 있을 따름이었습니다"라 했다.] 후에 제
갈량이 오장원(五丈原)에서 죽자 위연(魏延)은 먼저 퇴각하면서 그것을 불
태웠는데 바로 이 길이었다.

  이것은『수경주(水經注)』[90]에서 인용한 단락이다. 이 표점에 따르면 인용
부호 안에 있는 것은 제갈량이 형에게 보낸 편지의 원문에 있는 것이고 인
용부호 밖에 있는 것은『수경주』 작사가 기록한 것이 된다. 그러나 구절
'緣崖與伯苗相聞'에 따르면 이것이 제갈량의 편지에 원래 있는 구절임을 알
수 있다. 그 이유는 다음과 같다. 첫째, '子龍'‧'伯苗'는 조운(趙雲)‧등지
(鄧芝)의 자(字)로서, 이름을 부르지 않고 자를 칭하는 것은 고인들이 다른
사람을 존중할 때 쓰는 일반적인 표현이기 때문이다. 둘째 '赤崖'와 '赤崖口'
사이의 거리는 멀지 않았지만 당시 '大水暴出, 赤崖以南, 橋閣悉壞'되었으므
로 낭떠러지를 통해 서로 소식을 주고받을 수밖에 없었기 때문이다. 여기로
보아 나중 인용부호는 '而已' 다음에 위치해야 한다.

  (5) 인용해야 할 부분이 뒤로 늘어난 경우

  직접인용문 뒤에 서술문이 있는 경우가 종종 있다. 그래서 직접인용문이
어디에서 끝나며 서술문은 어디에서 시작하는가 주의해야 한다. 그렇지 않
을 경우 서술문을 인용부호 안에 잘못 포함시킬 수도 있다. 예를 들어보자.

  * 綦毋張喪車, 從韓厥曰: "請寓乘, 從左右." 皆肘之, 使立于後.[91] (『左傳』
成公 2년)
  기무장이 전차를 잃고 한궐의 전차를 따라와서 "같이 타겠습니다. 왼편이
나 오른편에 서겠습니다"라고 말했다. (한궐은) 그때마다 팔꿈치로 밀어

---

90) 北魏 酈道元 撰.『水經』을 기초로 하천을 따라 해당 지역의 고적 명승이나
   전설을 언급한 인문지리서이다.
91) 王伯祥,『春秋左傳讀本』, 中華書局 1957, 250~251면.

(자신의) 뒤편에 세웠다.

　이것은 제진안지전(齊晉鞍之戰) 가운데 나오는 기사이다. 기무장은 자신의 전차를 잃자 한궐에게 전차를 타게 해달라고 부탁하였다. 그가 한궐의 왼쪽이나 오른쪽으로 서려 하면 한궐이 팔꿈치로 그를 제지하고서 자신의 뒤에 서게 했다. '從左右'가 서술문임은 확실하다. 원래 표점을 따른다면 '從左右'는 기무장이 한 말이 되어 말의 뜻이 통하지 않게 된다. 또한 뒷문장인 '皆肘之'의 '皆'자는 앞문장의 '左右'에 호응하면서 한 말인데 본래의 뜻이 변하게 되어 의미가 불분명하게 되었다. 정확한 표점은 다음과 같다.

　綦毋張喪車, 從韓厥曰:"請寓乘。" 從左右。皆肘之, 使立于後。
　기무장이 전거를 잃고 한궐의 전차를 따라와서 "같이 타게 해주십시오"라고 하고서 (한궐의 전차에 올라타고) 왼편이나 오른편에 서려고 하였다. (한궐은) 그때마다 팔꿈치로 밀어 (자신의) 뒤에 세웠다.

　＊解姊子負解之勢, 與人飲, 使之嚼, 非其任, 强必灌之。人怒, 拔刀刺殺解姊子, 亡去。解姊怒曰:"以翁伯之義, 人殺吾子, 賊不得。棄其尸于道, 弗葬。" 欲以辱解。[92]
　해(解)의 누이의 아들이 해의 권세를 업고서 어떤 사람과 술을 마실 때 술을 강권하고서 그의 주량이 넘는데도 억지로 마시게 했다. 그 사람이 화가 나서 칼을 뽑아 해의 조카를 찔러 죽이고 도망쳤다. 해의 누이는 분개하며 "옹백(翁伯: 解)이 의로웠는데도 어떤 사람이 내 아들을 죽였으나 그 살해한 자를 (아직) 잡지 못했고 내 아들의 시체를 길에 내버리고 장사도 지내주지 않는다"라고 말하면서 해를 욕되게 하고자 했다. ［바른 해석: 해의 누이는 분개하며 "옹백이 의로웠는데도 어떤 사람이 내 아들을 죽였으나 그 살해한 자를 잡지 못했다"라고 말했다. 그 시체를 길에 그대로 두고 장례도 지내주지 않았다. (이는) 해를 욕되게 하고자 한 것이었다.］

---

　92) 陳中凡, 『漢魏六朝散文選』, 古典文學出版社 1956, 20면.

해(解)는 곽해(郭解)로 자는 옹백(翁伯)이다. 구절 '棄其尸于道'로 보아 이것이 서술어임을 알 수 있다. 앞문장에서 해의 누이가 한 대화 중에서 '人殺吾子'라는 표현은 일인칭의 어기이고, 뒷문장의 '解姊子'의 시신이라는 것을 가리키는 '其尸'라는 표현은 삼인칭의 어기이다. 여기에서 우리는 어기의 구별을 통하여 대화와 서술 사이의 차이를 구별할 수 있다. 그러므로 나중의 인용부호는 '賊不得' 뒤로 옮겨야 한다.

* 初, 匈奴好漢繪絮食物, 中行說曰: "匈奴人衆不能當漢之一郡, 然所以強者, 以衣食異, 無仰于漢也。今單于變俗好漢物, 漢物不過什二, 則匈奴盡歸于漢矣。其得漢繪絮, 以馳草棘中, 衣褲皆裂敝, 以示不如旃裘之完善也。得漢食物皆去之, 以示不如湩酪之便美也。" 於是說敎單于左右疏記, 以計課其人衆畜物。[93]

그전부터 흉노는 한(漢)나라의 비단과 솜옷·음식을 좋아하였다. 중항열(中行說)은 (선우에게) 말했다. "흉노의 인구는 한(漢)의 군(郡) 하나에도 미치지 못하지만 한나라보다 강한 것은 옷과 음식을 달리하고 그 공급을 한에 의존하지 않았기 때문입니다. 이제 선우께서 풍속을 고쳐 한의 물품을 좋아하게 되면 한의 물품이 열 가운데 둘만 되더라도 흉노는 한에 귀속하게 됩니다. 한의 비단과 솜옷을 얻어 풀과 가시가 있는 곳에서 말을 달리면 윗도리와 아랫도리가 모두 찢어지고 해질 것입니다. (이렇게 볼 때) 한의 의복이 흉노의 튼튼한 가죽옷에 미치지 못함을 보여주어야 하며 한의 음식과 물자를 얻어도 모두 버려 동락(湩酪)과 같은 맛이 없음을 보여주어야 합니다." [바른 해석: "이제 선우(單于)께서 풍속을 고쳐 한의 물품을 좋아하게 되면 한의 물품은 열 가운데 둘만 되더라도 흉노가 한에 귀속하게 됩니다." 한의 비단과 이 솜옷을 얻어 풀과 가시가 있는 곳에서 말을 달리면 윗도리와 아랫도리가 모두 찢어지고 해졌다. (이리하여) 한의 의복이 흉노의 튼튼한 가죽옷에 미치지 못함을 보여주었고 한의 음식과 물자를 얻어도 모두 버

---

93) 『史記』 匈奴列傳, 中華書局 1959, 2899면.

려 동락(湩酪)과 같은 맛이 없음을 보여주었다.] 이에 열은 선우의 측근에게 기록하는 방법을 가르쳐 인구와 가축을 조사하도록 했다.

중항열은 한(漢) 문제(文帝) 시기의 환관으로 후에 흉노(匈奴)에 투항한 사람이다. 원래 표점에 따르면 중항열이 한 말은 '以示不如湩酪之便美也'에서 끝이 난다. 그러나 '其得漢繪絮'로 보아 이 구절에서부터 마지막 구절까지 모두 서술문으로, 작자가 중항열 및 흉노인이 대화한 뒤에 취한 행동을 기술했음을 알 수 있다. 왜냐하면 '其'는 이 문장에서 삼인칭 대명사로서 중항열 및 흉노인을 대신하고 있기 때문이다. 『사기』에 나오는 이 대목에서 나중 인용부호는 '則匈奴盡歸于漢矣' 뒤로 옮겨야 함을 알 수 있다.

＊湯前爲騎都尉王莽上書言: "父早死, 獨不封, 母明君共養皇太后, 尤勞苦, 宜封竟爲新都侯。"[94]
탕(湯)은 이전에 기도위(騎都尉) 왕망(王莽)을 위해 상주하여 "아버지가 일찍 돌아가셨는데도 홀로 제후로 봉해지지 못했으며 어머니 명군(明君)은 황태후를 공양하여 더욱 노고가 많으니 마땅히 신도후(新都侯)로 봉해야 합니다"라고 청하였다. [바른 해석: ―― 노고가 많으니 마땅히 책봉되어야 합니다"라고 말하였다. 결국 (왕망은) 신도후로 봉하여졌다.]

탕(湯)은 진탕(陳湯)이다. 상주한 내용은 '宜封'에서 끝나야 한다. '竟爲新都侯'는 서술문으로 상주가 만들어낸 결과를 설명하는 것이므로 인용부호 밖에 위치해야 한다.

＊册曰: "盛衰存亡, 與魏升降。北盡窮髮, 南極庸、岷, 西被崑嶺, 東至河曲, 王實征之, 以夾輔皇室。置將相、群卿、百官, 承制假授。建天子旌旗, 出入警蹕, 如漢初諸侯王故事。"[95]

94) 『漢書』陳湯傳, 中華書局 1962, 3025면.

95) 『資治通鑑』, 中華書局 1956, 3834면.

책문(册文)에서 말했다. "성쇠존망은 위나라와 함께 오르고 내린다. 북쪽으로 궁발(窮髮)지역까지 이르노니 남쪽으로는 용(庸)·민산 지역까지 다하고 서쪽으로는 곤륜산맥까지 미치고, 동쪽으로는 하곡(河曲)까지 이른 것은 (涼)왕이 실로 그것을 정벌함으로써 황실을 보좌하였기 때문이로다. 장상(將相)·군경(群卿)·백관(百官)을 두고 제도에 따라 임명하노니 천자의 깃발을 세우고 출입시에 길을 통제하여 한(漢)나라 초기 제후왕과 같이 하노라." [바른 해석: —— 보좌하였기 때문이로다." 장상·군경·백관을 두고 제도에 따라 임명하였고 천자의 깃발을 세우고 출입시에 길을 통제하여 한(漢)나라 초기 제후왕과 같이 했다.]

이 기사는 북위(北魏) 태무제(太武帝)가 저거몽손(沮渠蒙遜)을 양왕(涼王)으로 책립할 때의 책문(册文)이다. 고대 제왕들의 책문은 『상서』의 글귀를 모방하고자 하여 심오함과 우아함 그리고 장중함이 두드러진다. 육조(六朝) 이후에는 변려문(騈麗文)이 많이 사용되었다. 따라서 언어의 풍격, 문체의 특징을 통하여 책문과 서술을 구별할 수 있다. 원래 표점에 따르면 책문은 '故事'에서 끝이 난다. 앞뒤 문장을 대비하여 보면 '置將相'에서부터 '如漢初諸侯王故事'까지의 표현은 일반 역사서에서 서술된 언어임을 알 수 있다. 이 구절은 사가(史家)가 조명(詔命)에 대해 기술한 것으로 책서(册書)의 원문이 아니기 때문에 인용문에 끼워넣어서는 안된다. 인용부호는 '以夾輔皇室' 뒤에서 끝나야 한다.

＊告齊云: "僧辯陰圖篡逆, 故誅之。仍請稱臣于齊, 永爲藩國。"[96]
(진패선은) 제(齊)나라에 "승변이 몰래 왕위 찬탈을 기도하였기에 그를 죽였습니다. 여전히 제나라에 칭신하면서 영원히 번국(藩國)이 되기를 청합니다"라고 고하였다. [바른 해석: —— 죽였습니다"라고 고하였다. (그리고) 여전히 제나라에 칭신하면서 영원히 (제의) 번국이 될 것을 청하였다.]

---

96) 『資治通鑑』, 中華書局 1956, 5133면.

제(齊)는 북제(北齊)이고 승변(僧辯)은 왕승변(王僧辯)이다. 진패선(陳覇先)은 왕승변과 함께 후경(侯景)을 진압했는데 왕승변은 당시 북제에서 방랑하고 있었던 소연명(蕭淵明)을 영입하려 했고 진패선은 소방지(蕭方智:梁敬帝)를 옹립하려 했다. 진패선은 이미 왕승변을 살해하고서 양 경제의 명의로 북제에 알렸던 것이다. 직접인용문은 '故誅之'에서 끝난다. '仍請'에서 '于齊'까지는 인용문이 아님을 알 수 있다. 그 이유는 다음과 같다. 첫째, '仍請'은 원래 이전에 이미 칭신(稱臣)했고 현재에도 여전히 칭신함을 나타낸다. 이것은 역사서에서 자주 볼 수 있는 서술방식이다. 둘째, 칭신하는 '번국(藩國)'이 어떻게 종주국의 국명을 바로 부를 수 있는가? 따라서 나중 인용부호는 '之'자 뒤로 옮겨야 한다.

* 御史李時成言: "番以茶爲命。北狄若得, 借以制番, 番必從狄, 貽患匪細。部議給百餘篦, 而勿許其市易。……"97)

어사 이시성(李時成)은 말하였다. "번(番)은 차로 생계를 이어갑니다. 북적(北狄)이 (차를) 손에 넣는다면 (차를) 빌려 번을 제어하고 번은 반드시 적을 따를 것이니, (우리에게) 미치는 근심이 적지 않을 것입니다. (해당) 부서에서는 (번에게) 백여 비를 주도록 의논하였지만 시장을 열어 교역하는 것은 허락하지 않아야 합니다……"[바른 해석: ── 적지 않을 것입니다." (해당) 부서는 (번에게) 백여 비를 주도록 의논하였지만 시장을 열어 교역하는 것은 허락하지 않았다.]

구절 '部議給百餘篦'를 보면 서술어임을 알 수 있다. '部議' 이하의 구절은 이시성(李時成)이 건의를 한 뒤 결정한 사항이다. 인용부호가 '貽患匪細' 뒤에서 끝나야 한다.

(6) 인용문이 중간에서 끊어진 경우

고서에 나오는 인용문의 전달동사는 대화나 인용문의 중단을 언제나 나타

---

97) 『明史』 食貨志 四, 中華書局 1974, 1953면.

내는 것은 아니다. 때로는 화제의 전환이나 다른 사람의 관점을 전달하기도 한다. 이런 경우를 만났을 때 자세하게 앞뒤 문장을 살펴야 하며 전달동사만 보고서 인용문을 끊고 그 뒤에 다른 인용부호를 덧붙여서는 안된다. 그렇게 하면 문장의 흐름이 끊어져 오해가 생길 수도 있다. 예를 들어보자.

＊春, 正月, 帝召司馬懿于長安, 使將兵四萬討遼東。……帝謂懿曰: "公孫淵將何計以待君？" 對曰: "淵棄城豫走, 上計也; 據遼東拒大軍, 其次也; 坐守襄平, 此成禽耳。" 帝曰: "然則三者何出？" 對曰: "唯明智能審量彼我, 乃豫有所割棄, 此既非淵所及。" 又謂: "今往孤遠, 不能支久; 必先據遼水, 後守襄平也。"[98]

봄 정월에 황제께서 사마의(司馬懿)를 장안(長安)으로 불러 장병(將兵) 4만으로 요동(遼東)을 정벌하게 했다…… 황제께서 의(懿)에게 일러서 "공손연(公孫淵)은 어떤 계략으로 그대를 대응하겠는가？"라고 물었다. 대답하여 "연(淵)이 성을 버리고 미리 도망가는 것이 상책입니다. 요동을 근거로 하여 대군을 막는 것은 다음 계책입니다. 양평(襄平)을 지키는 것은 (가장 나쁜 계책으로) 사로잡힐 따름입니다"라고 말했다. 황제께서 "그렇다면 (공손연이) 세 가지 계책 중 어느 것을 선택할 것인가？"라고 물었다. 대답하여 "오직 명석하고 지혜로운 사람만이 자신과 남을 헤아리므로 점령될 것을 예상하여 미리 포기하는 일은 결코 연이 하지 않을 것입니다"라고 말했다. 또 "지금 멀리 떠나와서 지구전을 할 수 없으므로 반드시 먼저 요수(遼水)에서 대항하다가 뒤에 양평을 방비할 것입니다"라고 말했다.

표점자는 '又謂' 두 자를 보고 인용문에서 제외하고 '謂'자 뒤에 콜론을 덧붙였다. 이렇게 되어 '今往孤遠, 不能支久'와 '必先據遼水, 後守襄平也'는 문장의 뜻이 통하지 않게 되었다. 실은 '又謂' 두 자는 인용문 안에 있어야만 하고 '又'와 앞 문장의 '旣'는 서로 대응하게 된다. '謂'자는 이 문장에서 '말하다'라는 뜻이 아니라 '생각하다'라는 의미로 사마의(司馬懿)가 공손연(公

---

98) 『資治通鑑』, 中華書局 1956, 2332면.

孫淵)이 어떠어떠하게 생각할 것인가를 예상하는 것이다. 정확한 표점은 다음과 같아야 한다.

……對曰: "唯明智能審量彼我, 乃豫有所割棄, 此旣非淵所及, 又謂今往孤遠, 不能支久, 必先據遼水, 後守襄平也。"……

……대답하여 말했다. "오직 명석하고 지혜로운 사람만이 서로를 헤아리니 점령될 것을 예상하여 포기하는 일은 결코 연(淵)이 하지 않을 것입니다. 또 (공손연은 저희들의 군대가) 지금 멀리 떠나와서 장기전을 할 수 없으므로 반드시 먼저 요수에서 대항하다가 이후에 양평을 방비하리라고 생각할 것입니다."

* 予與尹少稷同作密院編修官, 時陳魯公、史魏公爲左右相。一日, 過堂見魯公, 語少款, 少稷忽曰: "檣便難活相公面上人。"又云: "檣是右相薦, 右相面上人。"又云: "檣是相公鄕人, 處處爲人關防。"[99]

나는 윤소직과 함께 밀원편수관을 맡았는데 당시 진노공과 사위공은 각기 좌우승상이었다. 어느날 관청을 지나다가 노공을 보고서 인사말을 건네자, 소직은 탐탁치 않게 여기며 다음과 같이 말했다. "저는 상공과 면식있는 사람을 대하기가 어렵습니다" 또 "저는 우승상이 추천한 사람으로 우승상과 면식이 있습니다." 또한 "저는 상공과 동향인으로서 곳곳에서 사람들에게 배척받고 있습니다"라고 말했다.

'予'는 육유(陸遊)가 자칭(自稱)한 것이고, 색(檣)은 윤소직(尹少稷)의 이름이다. 상공은 진 노공(陳魯公)을 가리키고, 우상(右相)은 사위공(史魏公)을 지칭한다. 표점자는 '又云'이라는 두 자를 보고 인용문에서 제외해버렸다. 따라서 이 표점에 따르면 윤소직이 한 말을 명백하게 이해할 수 없게 된다. 실은 '又云'이 인용문 안에 있어야만 하고 윤소직이 다른 사람의 관점을 전달하는 용어가 된다. 정확한 표점은 다음과 같아야 한다.

---

99) 『老學庵筆記』, 中華書局 1979, 76면.

……少稷忽曰: "稷便難活。 相公面上人又云稷是右相薦, 右相面上人又云稷是相公鄉人。處處爲人關防。"

소직(少稷)은 탐탁치 않게 여기며 (다음과 같이) 말했다. "저는 입장이 곤란합니다. 상공과 면식이 있는 사람은 제가 우승상이 추천한 사람이라고 하고 우승상과 면식이 있는 사람은 제가 상공의 고향 사람이라고 합니다. 곳곳에서 사람들에게 배척받고 있습니다."

고서에 나오는 설문문(設問文)의 경우 때로는 문답 사이에 '曰'자 하나를 사이에 누고 두 사람의 대화처럼 되는 경우가 있다. 표점자는 그것을 인용부호에 포함시키지 않음으로써 인용문의 중단을 초래한다. 예를 들어보자.

＊漢王方食, 曰: "子房前！ 客有爲我計橈楚權者。"具以酈生語告, 曰: "于子房何如？"良曰: "誰爲陛下畫此計者？ 陛下事去矣。"漢王曰: "何哉？"張良對曰: "臣請藉前箸爲大王籌之。"曰: "昔者湯伐桀而封其后于杞者, 度能制桀之死命也。 今陛下能制項籍之死命乎？"曰: "未能也。""其不可一也。武王伐紂封其后于宋者, 度能得紂之頭也。 今陛下能得項籍之頭乎？" 曰: "未能也。""其不可二也。武王入殷, 表商容之閭, 釋箕子之拘, 封比干之墓。今陛下能封聖人之墓, 表賢者之閭, 式智者之門乎？" 曰: "未能也。""其不可三也。發鉅橋之粟, 散鹿臺之錢, 以賜貧窮。今陛下能散府庫以賜貧窮乎？"曰: "未能也。""其不可四矣。殷事已畢, 偃革爲軒, 倒置干戈, 覆以虎皮, 以示天下不復用兵。今陛下能偃武行文, 不復用兵乎？"曰: "未能也。""其不可五矣。休馬華山之陽, 示以無所爲。今陛下能休馬無所用乎？"曰: "未能也。""其不可六矣。放牛桃林之陰, 以示不復輸積, 今陛下能放牛不復輸積乎？"曰: "未能也。""其不可七矣。且天下游士, 離其親戚, 棄墳墓, 去故舊, 從陛下游者, 徒欲日夜望咫尺之地。今復六國, 立韓、魏、燕、趙、齊、楚之後, 天下游士各歸事其主, 從其親戚, 反其故舊墳墓, 陛下與誰取天下乎？ 其不可八矣。且夫楚唯無彊, 六國立者復橈而從之, 陛下焉得而臣之？ 誠用客之謀, 陛下事去矣。"漢王輟食吐哺, 罵曰: "豎儒, 幾敗而公事！"令趣銷印。[100]

한왕(漢王)이 식사를 하면서 "자방(子房)은 이리 들어오너라！ 내 빈객

중에 나를 위해 초(楚)의 권력을 약화시키는 계략을 가지고 있는 사람이 있다"라고 하였다. 역생(酈生)의 말을 모두 알려주고는 "그대는 어떻게 생각하는가?"라고 물었다. 장량(張良)은 "폐하를 위해 이 계략을 세운 자가 누구입니까? (이 계책대로라면) 폐하의 일은 이미 끝장난 것입니다"라고 대답했다. 한왕(漢王)은 "어떤 이유로 그러한가?"라고 물었다. 장량은 대답하여 "제가 앞의 젓가락을 빌려 대왕을 위해 계략을 셈하게 해주십시오"라고 말했다. "옛날에 탕(湯)임금께서 걸(桀)을 정벌하면서 그 후손을 기(杞)지역에 봉한 것은 걸(桀)의 목숨을 제어할 수 있음을 헤아렸기 때문입니다. 지금 폐하께서는 항적(項籍)의 목숨을 제어하실 수 있습니까?"라고 물었다. "아직 할 수 없다"라고 했다. "그것이 할 수 없는 첫번째입니다. 무왕(武王)이 주(紂)를 정벌하면서 그 왕후를 송(宋)지역에 봉한 것은 주의 머리를 얻을 수 있다고 헤아렸기 때문입니다. 지금 폐하께서는 항적의 머리를 얻을 수 있습니까?"라고 물었다. "아직 할 수 없다"라고 했다. "그것이 할 수 없는 두번째입니다. 무왕은 은(殷)으로 가서 상용(商容)의 여(閭)를 모범으로 삼고 기자(箕子)의 구속을 풀어주고 비간(比干)의 묘(墓)를 쌓았습니다. 지금 폐하께서 성인의 묘를 쌓고 현명한 사람의 여(閭)를 모범으로 삼고 지혜로운 사람의 문(門)에 격식을 차릴 수 있습니까?"라고 물었다. "아직 할 수 없다"라고 했다. "그것이 할 수 없는 세번째입니다. 거교(鉅橋)의 곡식을 내고 녹대(鹿臺)의 돈을 풀어 빈궁한 사람들에게 주었습니다. 지금 폐하께서는 궁정의 금고를 풀어 빈궁한 사람에게 나누어 줄 수 있습니까?"라고 물었다. "아직 할 수 없다"라고 했다. "그것이 할 수 없는 네번째입니다. 은을 정벌하는 일이 다 끝나 병기를 거두어 집처럼 쌓아두고 칼과 창은 엎어서 호랑이 가죽으로 덮어두어 천하에 다시는 병기를 사용하지 않음을 보여주었습니다. 지금 폐하께서는 무력을 놓아두고 문치를 행할 수 있습니까?"라고 물었다. "아직 할 수 없다"라고 했다. "그것이 할 수 없는 다섯번째입니다. 말을 화산(華山)의 남쪽에서 쉬게 하여 아무것도 하지 않

---

100) 이 글은 『史記』 留侯世家에 나오는 글이지만 필자는 이 인용문의 경우 출전을 밝히고 있지 않다.

음을 보여주었습니다. 지금 폐하께서는 말을 쉬게 하고서 아무것도 하지 않을 수 있습니까?"라고 물었다. "아직 할 수 없다"라고 했다. "그것이 할 수 없는 여섯째입니다. 도림(桃林)의 북쪽에 소를 풀어두어 다시는 (전쟁 물품을) 운반하여 쌓아두는 것이 없음을 보여주었습니다. 폐하께서는 소를 풀어두고 (전쟁 물품을) 운반하여 쌓아두지 않도록 하실 수 있습니까?"라고 물었다. "아직 할 수 없다"라고 했다. "그것이 할 수 없는 일곱째입니다. 또한 천하의 유사(游士) 가운데 친척 관계를 끊고 분묘를 버리고 고향을 떠나 폐하를 따르는 이들은 단지 밤낮으로 가까운 (고향)땅을 바라볼 뿐입니다. 지금 여섯 나라가 부흥하여 한(韓)·위(魏)·연(燕)·조(趙)·제(齊)·초(楚)가 섰는데 천하의 유사(游士)들은 각각 옛 종주를 섬겨 그 친척을 따르고 고향과 분묘로 돌아가고 있으니 폐하께서는 누구와 천하를 취할 수 있겠습니까? 그것이 할 수 없는 여덟째입니다. 또한 초가 비록 강하지 않지만 육국이 다시 약해서 초나라를 따른다면 폐하는 어찌 그 나라들을 신하로 만들 수 있겠습니까? 만약 빈객의 계략을 사용한다면 폐하의 일은 이미 끝장난 것입니다." 한왕은 급히 먹던 것을 그치고 입에 든 음식을 뱉으면서 "썩은 선비가 거의 공사(公事)를 망칠 뻔했구나!"라고 하고서 인새(印璽)를 빨리 지우도록 했다. [바른 해석: —— 제어하실 수 있습니까? 아직 할 수 없습니다. 이것이 할 수 없는 첫번째 이유입니다—— (이하 같음)]

이 표점에 따르면 '昔者' 이하의 문장은 장량(張良)과 유방(劉邦) 두 사람의 일문일답이 된다. 청대(淸代) 학자인 유월(兪樾)은 『고서의의거례(古書疑義擧例)』의 "한 사람의 말에 왈자(曰字)를 붙인 예"에서 이것은 "모두 자방(子房)의 자문자답이다"라고 지적했다. 전문(全文)의 어기를 살펴볼 때 유월의 생각은 정확한 것이다. 당시 장량은 말을 하면서 젓가락을 세고 있었고 한왕은 먹으면서 듣기만 했고 먹는 일을 그친 적이 없었다. 뒷문장 '輟食吐哺' 뒤에 이르러서야 한왕이 비로소 입을 열었다. 『한서(漢書)』 장량전(張良傳)의 이 대목도 장량 혼자서 모두 이야기한 것이다. 따라서 '昔者' 이하의 일곱 개의 '曰'자는 모두 인용부호 안에 포함해야 한다. 당연한 것이지만 이러한 종류의 문장에는 또 다른 표점법이 필요한데 제4장 3절 '전달동사 왈자(曰字) 앞뒤에서의 표점'에서 더욱 상세히 설명하겠다.

제 5 절 말늘임표·말줄임표·전명호·서명호

1. 말늘임표의 용법

말늘임표는 다음 내용에 주석의 의미를 갖는 부분을 나타내거나 의미의 비약과 중단을 표시한다. 고대에는 말늘임표가 없어 문자로 표시했다. 예를 들어보자.

天子方招文學儒者, 上曰: 吾欲云云。黯對曰: "陛下內多欲而外施仁義, 奈何欲效唐虞之治乎！"上默然, 怒, 變色而罷朝。(『史記』汲鄭列傳)

주상은 학문에 뛰어난 유학자를 초대하여 놓고, "나는 ……를 하고 싶소"라고 말했다. 급암은 이 말에 대답하기를 "폐하께서는 속으로는 욕심을 많이 가지고 계시면서 겉으로는 인의를 베풀고자 하십니다. 어찌하여 당(唐)·우(虞)의 치적을 배우려고 생각하지 아니하십니까！"라고 했다. 주상은 아무 말도 하지 않고, 노하여 안색이 변해가지고 조회를 중지시켰다.

'吾欲云云'은 한 무제가 입을 열어 '五欲'이란 말을 하자마자 급암이 서둘러 회답함을 나타낸 것이다. 사마천이 '云云'을 사용한 것은 무제의 말이 완전히 끝나지 않았음을 표시한다. 이 '운운'은 말늘임표에 해당하는 것이다.

말늘임표의 용법에는 다음과 같은 여러 종류가 있다.

① 문장 중의 주석과 삽입문은 한 쌍 혹은 하나의 말늘임표로 표시할 수 있다. 예를 들어보자.

紂之去武丁未久也, 其故家遺俗, 流風善政, 猶有存者; 又有微子、微仲、王子比干、箕子、膠鬲 —— 皆賢人也 —— 相與輔相之, 故久而後失之也。(『孟子』

公孫丑 上)

주는 무정 때로부터 얼마 떨어져 있지 않았으므로 그 옛집의 남아 있는 습속과 아름다운 기풍과 좋은 정치는 여전히 남아 있는 것이 있었고, 또 미자와 미중과 왕자 비간과 기자와 교격은 모두들 현능한 인물들이었는데 그들이 서로 도와주었기 때문에 오래 지탱하다가 잃게 된 것일세.

祁奚請老。晉侯問嗣焉, 稱解狐 —— 其仇也。(『左傳』襄公 3년)
기해가 은퇴를 청하자, 진후는 그 후임자를 물었다. 기해는 해호를 추천하였다. 그는 기해와는 원수지간이었다.

故北方之畏奚恤也, 其實畏王之甲兵也 —— 猶百獸之畏虎也。(『戰國策』楚策)
고로 북방에서는 해휼을 두려워했는데 실은 왕의 갑병(甲兵)을 두려워한 것으로 마치 동물이 호랑이를 두려워하는 것과 같았다.

② 말의 중단을 표시한다. 만약 갑자기 한쪽이 다른 쪽의 말을 끊으면 대화는 갑자기 멈추게 된다. 이때 의미의 미진한 부분은 말늘임표로써 표시된다. 예를 들어보자.

周公若曰:"拜手稽首, 告嗣天子王矣！"用咸戒于王曰:"王左右常伯、常任、準人、綴衣、虎賁 —— "周公曰:"嗚呼！休茲知恤, 鮮哉！"(『尙書』立政)
주공이 아뢰기를, "손은 이마에 대고 머리를 조아리어 천자의 자리를 이은 임금에게 고합니다." 또 여러 신하들이 왕에게 경계하여 말했다. "임금 좌우의 상백과 상임과 준인과 철의와 호분 들도." 주공이 말하기를 "오오！모두 훌륭한 분들이나 근심할 줄 아는 이는 드물 것입니다."

군신의 말이 '虎賁'에 이르러 아직 말이 끝맺지 않았으나 주공이 주체하지 못하여 탄식하며 그들의 말을 끊었다. '虎賁' 뒤에 사용된 말늘임표는 독자의 이해를 쉽게 한다.

(魏絳)曰：“戎，禽獸也。獲戎失華，毋乃不可乎？『夏訓』有之曰：‘有窮后羿’
—— ”公曰：“后羿何如？”對曰：“昔有夏氏之方衰也，后羿自鉏遷于窮石，因
夏民以代夏政。”(『左傳』 襄公 4년)

(위강이) 말하기를 “융은 짐승과 다를 바가 없습니다. 융을 얻고 중국을
잃어버리는 것은 안되는 것이 아니겠습니까？ 하훈에서 말하기를 ‘유궁 후
예는’라고 하자, 진후는 “후예는 어떤 인물이었나？”라고 물었으므로 위강
이 말하기를 “옛날 하나라가 약해졌을 때에 후예는 서국에서 궁석국으로 옮
겨와서 하나라의 백성들을 복종시켜서 하나라의 정권을 대신하였습니다”라
고 했다.

위강이 『하훈(夏訓)』의 기사를 반복하여 ‘有窮后羿’ 4자에 이르자 진 도공
(晉悼公)은 급히 후예의 사정을 알고 싶어 위강의 말이 완전히 끝나기를 기
다리지 못하고 질문을 던져 상대방의 말문을 막았다. 이때 ‘后羿’ 뒤에 말늘
임표를 가하면 독자는 명확히 상황을 이해할 수 있고 도공(悼公)이 처한 당
시의 급박한 상황이 명확히 드러날 것이다.

丁丑，崔杼立(景公)而相之，慶封爲左相。盟國人于大宮，曰：“所不與崔、
慶者—— ”晏子仰天嘆曰：“嬰所不惟忠于君利社稷者是與，有如上帝！”乃
歃。(『左傳』 襄公 25년)

정축일에 최서는 경공을 왕으로 세우고 자신은 재상이 되고 경봉으로 좌
상을 삼았다. 나라 사람들을 대궁에 모아놓고 맹세하기를 “우리 최씨와 경
씨의 편에 서지 않는 자는” 하고 말할 때에 안자도 하늘을 우러러 탄식하며
말하기를 “내가 만일 임금에게 충성하고 나라를 이롭게 하지 않을 수 있다
면 하늘이 내려다볼 것이다” 하고 삽혈했다.

최서(崔杼)는 제(齊)의 장공(莊公)을 죽이고 경공(景公)을 옹립했다. 맹
사(盟辭)가 완전히 끝마쳐지지 않았을 때 국군(國君)에 충성하던 안자(晏
子)가 하늘을 바라보며 탄식하면서 맹세를 중단시켰다. ‘慶者’ 뒤에 사용된
말늘임표는 명확하게 당시의 정황을 반영한다.

魯欲使愼子爲將軍。孟子曰: "不敎民而用之, 謂之殃民。殃民者, 不容於堯舜之世。一戰勝齊, 遂有南陽, 然且不可——"愼子勃然不悅曰: "此則滑釐所不識也!"(『孟子』告子 下)

노나라에서 신자에게 장군의 직을 주려고 하였다. 맹자께서 말씀하기시를 "백성들을 가르치지 않고서 전투에 동원해다 쓰는 것은 백성들을 재앙에 빠뜨리는 것이라 하오. 백성들을 재앙에 빠뜨리는 사람은 요순의 세상에는 용납되지 못하오. 한번 싸워서 제나라를 이겨 마침내 남양을 차지하게 된다손 치너라도 안뇌고." 신사는 발끈하고 기분 나빠하며 "그린 깃은 나 휠리는 모르는 것이오"라고 했다.

맹자의 '然且不可'라는 말은 아직 완전히 끝맺지 않았는데 신자가 갑자기 화를 내며 상대의 말을 단절시킨 것이다. '不可' 뒤에 말늘임표를 가하면 대화의 긴장된 분위기를 분명하게 표시할 수 있는 것이다.

③ 대화시 돌연 화제를 바꿀 때를 나타낸다. 예를 들어보자.

(陽貨)曰: "懷其寶而迷其邦, 可謂仁乎? 曰: 不可。—— 好從事而亟失時, 可謂知乎? 曰: 不可。—— 日月逝矣, 歲不我與。"(『論語』陽貨)

(양화가) 말하기를 "자기의 보배를 품안에다 감춰두고서 자기 나라를 어지럽게 하는 것을 인자하다고 말할 수 있는가? 그렇다고 할 수 없다. 정치에 종사하기 좋아하면서도 자주 그 기회를 잃는 것을 지혜롭다고 말할 수 있는가? 그렇다고 할 수 없다. 날과 달은 지나가고 세월은 우리와 함께 머물러 있어주지 않는다"고 하였다.

이것은 양화가 길에서 공자를 만나 한 말이다. 대화의 시작은 의문문으로 의미는 다음과 같다. "자기 스스로는 실속을 챙기면서 국가를 호도하는 것을 인애라 부를 수 있는가?" "그렇다고 할 수 없다." 이어 화제가 바뀌고 또 의문문이 있다. 그 의미는 "사람이 벼슬하는 것을 좋아하면서도 기회를 잃을 때 이것을 총명하다고 할 수 있는가?" "그렇다고 할 수 없다"이다. 또 이어 화제가 바뀌어 자문자답의 형식을 띠고 있다. 따라서 화제가 변화하는 부분에 말늘임표를 가하여 독자의 이해를 쉽게 할 수 있다.

　(鄭丘)緩曰: "自始合, 苟有險, 余必下推車。 子豈識之? ── 然子病矣。"
(『左傳』成公 2년)

　(정구)완은 말하기를 "접전이 시작되었을 때부터 길이 험한 곳이 있으면 나는 반드시 내려서 수레를 밀었으나, 당신이 어떻게 그것을 알 수 있었겠습니까? 그런데도 당신은 괴로움을 당하고 있습니다"라고 위로하였다.

　정구완(鄭丘緩)은 먼저 자신의 행동을 들어 해장(解張)을 격려했으나 이어서 화제를 바꾸어 해장에 대해 동정의 말을 건넸다.

2. 말늘임표를 사용할 곳과 사용하지 말아야 할 곳

　어떤 고서 표점본은 말늘임표를 사용하지 않았는데 예컨대 『사기』와 『자치통감』 표점본 등이 그런 경우이다. 그러나 우리는 이상의 예에서 말늘임표의 작용이 매우 크다는 사실을 알았다. 만약에 말늘임표를 마땅히 사용해야 할 부분에 사용하지 않는다면 문장의 구조와 의미에 변화가 생길 수 있을 것이다. 예를 들어보자.

　* 帝游宴東山, 以關、隴未平, 投杯震怒, 召魏收于前, 立爲詔書, 宣示遠近, 將事西行; 魏人震恐, 常爲度隴之計, 然實未行。[101]

　황제가 동산에서 연회를 베풀 때 관·농이 평정되지 않음을 알고 잔을 던지며 진노했다. 위수를 앞에 불러 조서를 쓰게 하여 모두에게 선포하며 장차 서쪽 정벌에 나서고자 하였다. 위나라 사람들은 두려워하였고 탁롱지계(度隴之計)는 실행되지 않았다.

---

101) 『資治通鑑』, 中華書局 1956, 5149면.

여기서의 황제는 북제 문선제 고양(高洋)이다. 이러한 표점에 따르면 '然實未行'한 것은 위인(魏人)의 '度隴之計'이다. 그러나 그 이후 문장을 보면 '未行'은 실은 북제 조서에 나타나는 '將事西行'으로 '然實未行'은 그 전문장에 이어진다. 중간의 '魏人震恐, 常爲度隴之計'는 삽입된 구절로 서위(西魏)의 반응인 것이다. 따라서 이 문장의 전후에 한 쌍의 말늘임표를 사용하여 분리시켜야 한다.

(중략) 立爲詔書, 宣示遠近, 將事西行 —— 魏人震恐, 常爲度隴之計 —— 然實未行。

조칙을 내려 모두에게 선포하여 장차 서쪽 정벌 —— 위나라 사람들은 이를 두려워해 탁롱지계를 썼다 —— 에 나선다고 했다. (그러나) 이것은 실행되지는 않았다.

3. 말줄임표의 용법

말줄임표는 글 가운데 생략된 부분을 표시하여 어기의 끊어짐과 이어짐・머뭇거림・더듬거림 등을 나타낸다. 예를 들어보자.

鄧艾口吃, 語稱 "艾……艾。" 晉文王戲之曰: "卿云 '艾……艾', 定是幾艾？" 對曰 "鳳兮, 鳳兮', 故時一鳳。"(『世說新語』)

등애는 말을 할 때마다 "애……애" 하며 더듬었다. 진 문왕이 그를 놀리며 말하기를 "경은 (말끝마다) 애애 하는데 도대체 몇번이나 되는가？" 대답하기를 "봉이여 봉이여 하여도 본래 하나의 봉일 뿐입니다"라 하였다.

현재의 고서 표점본은 대다수 말줄임표를 사용하지 않는다. 『사기』 점교후기(點校後記)는 다음과 같이 설명한다. "말줄임표[刪節號] 또한 사용하지 않았다. 만약 이후에 생략된 부분이 있으면 단지 그곳에서 마침표로 표점했다. 말줄임표를 사용하면 독자의 오해를 일으킬 소지가 있는데 이것이 『사기』 원문을 깎아 줄였다고 생각하게 하기 때문이다." 이 말이 이치에 맞지 않는다고는 할 수 없지만, 그러나 만약 말줄임표가 사용되어야 할 곳에서 사용되지 않는다면 그것도 독자의 오해를 일으킬 수 있다. 예를 들어보자.

　＊其後有人盜高廟坐前玉環，捕得，<u>文帝</u>怒，下廷尉治。<u>釋之</u>案律盜宗廟服御物者爲奏，奏當棄市。上大怒曰：“人之無道，乃盜先帝廟器，吾屬廷尉者，欲致之族，而君以法奏之，非吾所以共承宗廟意也。”<u>釋之</u>免冠頓首謝曰：“法如是足也。且罪等，然以逆順爲差。今盜宗廟器而族之，有如萬分之一，假令愚民取<u>長陵</u>一抔土，陛下何以加其法乎？”久之，<u>文帝</u>與太后言之，乃許廷尉當。[102]

　그 뒤 고조묘 안 대좌 앞의 옥환을 훔친 자가 있었는데, 그 범인이 붙잡혔다. 문제는 노하여 정위에게 넘겨 조사하도록 했다. 석지는 법에 따라 종묘에 차려놓은 물건을 훔친 죄를 적용하여, “기시의 형에 처해야 마땅할 줄 아옵니다”라고 주장했다. 주상은 크게 노하여 이렇게 말했다. “선제의 사당 기물을 훔쳤다니 사람이 무도해도 정도가 있는 법이요, 나는 정위에게 그 놈의 일족을 멸하기 바랐었소. 그런데 이제 법대로의 처벌을 주장하는 것은 내가 삼가 종묘에 봉사하려고 하는 본의에 어긋나오.”석지는 관을 벗고 머리를 땅에 닿도록 숙이면서 말했다. “법률로는 이 이상 더할 수가 없습니다. 그리고 죄는 같은 죄일지라도 순역의 정도에 차등을 두지 않으면 안됩니다. 종묘에 차려 둔 물건을 훔쳤다고 해서 범인의 일족을 멸한다면, 만약 어리석은 백성이 있어 장릉의 흙 한 줌이라도 훔친다면 폐하께서는 도대체 어떤 법을 적용하여 처벌하시겠습니까.”문제는 생각에 잠겼다가 태후와 의논한 후에 정위의 조치를 윤허했다.

　어떤 사람이 고묘 앞의 옥환을 훔쳤는데 정위 장석지는 한율(漢律)에 따라 그를 기시(棄市)하고자 했다. 그러나 한 문제는 매우 불만족스러워 멸족시키자고 했다. 이에 장석지는 변명을 하면서 위와 같은 말을 했던 것이다. 장릉은 한 고조의 능묘인데 장석지가 만약 어떤 사람이 장릉을 발굴한 경우를 상정하면서 말을 더듬고 ‘有如，萬分之一，假令’등 긍정하지 않음을

---

102)『史記』長釋之馮唐列傳，中華書局 1959, 2755면.

나타내는 몇개의 단어를 사용했다. 만약 이 중간에 몇개의 말줄임표를 사용
한다면 장석지의 황송해하는 심정을 좀더 분명하게 표명할 수 있을 것이다.
고대에는 말줄임표가 없었기 때문에 작자의 고심(苦心)을 이해하기 어렵다.
따라서 원대 사람 왕약허(王若虛)는 "'有如'나 '萬一'이나 '假令' 가운데 하나
면 충분한데 이와같이 번잡하여 거의 읽을 수 없다"[103]고 잘못 비판했다.
우리가 현재 사마천의 원래의 뜻에 근거해 말줄임표를 가하면 독자는 왕약
허와 같은 비판을 하지 않을 수 있을 것이다.

　*正月, 諸侯及將相相與共請尊<u>漢王</u>爲皇帝, <u>漢王</u>曰: "吾聞帝賢者有也, 空言
虛語, 非所守也, 吾不敢當帝位." 群臣皆曰: "大王起微細, 誅暴逆, 平定四
海, 有功者輒裂地而封爲王侯. 大王不尊號, 皆疑不信. 臣等以死守之." <u>漢王</u>
三讓, 不得已, 曰: "諸君必以爲便, 便國家." 甲午, 乃卽皇帝位氾水之陽.[104]
　정월에 제후 및 장상들이 모두 청하여 한왕을 황제로 옹립하려 하자 한왕
은 "내가 듣기에 황제란 현자가 되는 것이니 공언과 허언으로 그 지위를 지
킬 수 없어 나는 황제의 지위에 적당치 못하다"고 하였다. 군신은 모두 "대
왕께서는 미천한 신분에서 흥기하여 포악한 자와 반역한 자를 주살하고 천
하를 평정시켜 유공자에게 땅을 나누어 왕후로 봉하셨습니다. 이에 존호를
사용치 않으시면 모두 의심하여 불신할 것이니 신 등은 죽음으로써 이를 관
철시키고자 합니다"라고 하였다. 한왕이 세 차례 양보한 후에 부득이하여
말하기를 "그대들은 (이것이) 반드시 국가를 편하게 편하게 하는 것으로 여
기는구나"라고 하였다. 갑오일에 사수의 북쪽에서 황제위에 올랐다.

　양수달(楊樹達)은 『고서의의거례속보(古書疑義擧例續補)』에서 전현동(錢
玄同)의 주장에 근거하여 "위 문장은 '便便'을 거듭 말하고 있는데 '便國家'
의 뒤에는 본래 허락을 나타내는 말이 있어야 한다. 고조가 머뭇거리며 말
하지 않았는데 사관도 역시 정황에 따라 서술한 것이다"라고 해석했다. 만

---

103) 『南遺老集』 卷15, 『史記辨惑』 七.
104) 『史記』 高祖本紀, 中國書局 1959, 379면.

약 '便'자 뒤에 말줄임표를 가하고 '便國家' 뒤에 말늘임표를 가하면 유방이 흥분하여 말을 더듬는 것을 잘 나타낼 수 있을 뿐만 아니라, 유방이 사양의 말을 할 수 없기 때문에 사양하는 듯 머뭇거리는 태도를 취하고 있는 정황과 만족스러워하는 모습을 잘 나타낼 수 있다.

(중략)曰:"諸君必以爲便…… 便國家。——"甲午, 乃卽皇帝位汜水之陽。
"그대들이 (이렇게 하는 것이) 반드시 편하게……국가를 편하게 한다고 여기는구나."갑오에 사수의 북쪽에서 황제위에 올랐다.

＊ 及帝欲廢太子, 而立戚姬子如意爲太子, 大臣固爭之, 莫能得; 上以留侯策卽止。而周昌廷爭之彊, 上問其說, 昌爲人吃, 又盛怒, 曰:"臣口不能言, 然臣期期知其不可。陛下雖欲廢太子, 臣期期不奉詔。"上欣然而笑。[105]

고조가 태자를 폐하고 척희(戚姬)의 아들 여의(如意)를 세워 태자를 삼으려 하자, 대신들은 완강히 반대했으나 고조는 그 뜻을 바꾸려 하지 않았다. 결국 고조는 유후(留侯)의 계책으로 태자 폐위의 뜻을 바꾸고 말았지만, 당시 주창(周昌)은 조정에서 가장 강경하게 간했으므로 주상이 그의 의견을 묻자, 주창은 타고난 말더듬이에다가 화가 치밀어올랐기 때문에 더욱 말을 더듬었다. "저는 말을 제대로 할 수 없습니다. 그러나 저는 기필코 그것이 옳지 못하다고 생각합니다. 폐하께서는 태자를 폐하려고 하시는데 저는 기어코 그 명령에 따르지 않겠습니다."주상은 혼연히 웃었다.

'期'란 지극하다는 의미이다. 『정의』에는 "주창은 말을 더듬어 말할 때마다 '期期'라고 반복했다"라 하고 있다. 만약 '期'자 뒤에 말줄임표를 가하면 독자는 '기기'가 반복됐기 때문에 오해하지 않을 수 있고 주창의 순진한 모습이 눈앞에 있는 것같이 묘사될 것이다.

(중략)曰: "臣口不能言, 然臣期……期知其不可。 陛下雖欲廢太子, 臣期

---

105) 『史記』張丞相列傳, 中華書局 1959, 2677면.

……期不封詔。"上欣然而笑。

(다음과 같이) 말하였다. "신은 말을 제대로 할 수 없으나 신은 기 기필코 그것이 불가함을 압니다. 폐하가 태자를 폐하려고 하시면 신은 기 기어코 그 명을 받아들일 수 없습니다." 주상은 흔연히 웃었다.

4. 전명호

전명호(專名號)는 고유명사(인명·지명·연호)를 표시하는 부호이다. 예를 늘어보자.

西伯旣戡黎, 祖伊恐, 奔告于王。(『尙書』西伯戡黎)
서백이 이미 여(黎)나라를 쳐 이기자 조이(祖伊)는 두려워서 달려와 임금에게 고하였다.

二十九年, 始皇東游。至陽武博狼沙中, 爲盜所驚。(『史記』秦始皇本紀)
29년 시황은 동쪽을 순행하다가 양무현 박랑사(博狼沙)에 이르렀을 때 도적의 습격을 받았다.

建元元年冬十月, 詔丞相、御史、列侯、中二千石、二千石、諸侯相舉賢良方正直言極諫之士。(『漢書』武帝紀)
건원 원년 10월 승상·어사·열후·중이천석·이천석·제후에게 조를 내려 현량·방정과 직언·극간의 선비를 추천케 했다.

전명호의 용법은 알기 쉬우나 문제는 일반 단어와 고유명사의 혼동이다. 즉 어떤 때는 일반 단어를 고유명사로 오해할 경우가 있다. 예를 들어보자.

＊初, 莽之欲誘迎須卜當也, 大司馬嚴尤諫曰: "當在匈奴右部, 兵不侵邊, 單于動靜輒語中國, 此方面之大助也。于今迎當置長安槁街, 一胡人耳, 不如在匈奴有益。"莽不聽。旣得當, 欲遣尤與廉丹擊匈奴, 皆賜姓徵氏, 號二徵將軍,

令誅單于輿而立當代之。出車城西橫厩，未發。尤素有智略，非莽攻伐四夷，數諫不從; 及當出，廷議，尤固言 "匈奴可且以爲後，先憂山東盜賊。" 莽大怒，策免尤。[106]

과거에 왕망(王莽)이 수복당(須卜當)을 유인하고자 하였다. 대사마 엄우(嚴尤)는 다음과 같이 간했다. "당은 흉노의 우부에 있어 병을 일으켜 변방을 침탈하지 않고 오히려 선우(單于)의 동정을 중국에 자주 알려주니 이 방면에 있어 큰 도움이었습니다. 이제 당을 맞이하여 장안고가(長安藁街)를 설치하면 당은 일개 호인에 불과하여 흉노에(그대로) 있는 유익함만 못합니다." 그러나 왕망은 듣지 않았고 당을 얻자 엄우와 염단(廉丹)을 파견해 흉노를 격파하고자 했다. 징씨(徵氏)를 사성(賜姓)하여 이징장군으로 칭하고 선우여를 주살하고 당을 선우로 세우라고 명했다. 성의 서쪽에서 출병하여 마구간을 지나지는 않았다. 엄우는 본디 지략이 뛰어나 왕망의 사이(四夷) 공격을 비난하면서 수 차례에 걸쳐 간언하였으나 (왕망이) 따르지 않았다. 당이 출발할 때 [바른 해석: 장차 출병에 이르러] 조정회의에서 엄우는 "흉노의 일은 뒤로 미룰 수 있으니 먼저 산동의 도적을 근심해야 합니다"라고 주장했다. 왕망이 대로하여 엄우를 파면시켰다.

이 표점에서 '當'은 대부분 '須卜當'을 가리킨다. '當出' 중의 '當'에 전명호를 하면 독자는 '수복당이 출격했다'고 이해하게 될 것이다. 그러나 이 단락은 엄우(嚴尤)와 염단(廉丹)을 파견해 흉노를 치는 것이지 수복당을 직접 파견했음을 의미하지는 않는다. 따라서 여기서의 '當'은 인명이 아니라 일반 단어 즉 '將(장차)'의 의미이다. '當出'은 곧 '將出'인 것이다. 따라서 이 '當'자 밑의 전명호는 없애야 한다.

*五月，魏徙靑、齊民于平城，置升城、歷城、民望于桑乾，立平齊郡以居之; 自餘悉爲奴婢，分賜百官。

5월 위(魏)는 청(靑)과 제(齊)의 민을 평성으로 옮기고 승성(升城)·역성

---

106) 『資治通鑑』, 中華書局 1956, 1219면.

(歷城)·민망(民望)을 상건에 설치하고 평제군(平齊郡)을 세워 거주케 했다. 또한 나머지는 [바른 해석:승성·역성을 설치하고 명망귀족은 상건에 평제군을 세워 거주케 했고 그외의 사람들은] 모두 노비로 삼아 백관에게 나누어 주었다.

이 표점에서 '民望' 밑의 전명호에 따르면 이것은 지명이 된다. 그렇다면 '置升城、歷城、民望于桑乾'은 해석이 잘 안되니 어떻게 이 세 성이 상건에 세워질 수 있겠는가? 또한 '自餘'도 제대로 해석되지 않는다. 사실 '民望'은 보통명사로 명망귀속을 가리키고 '자여'는 명망귀족 이외의 사람을 가리킨다. 따라서 '民望' 앞의 모점과 그 밑의 밑줄은 없애야 한다.

고서의 서법에는 인명이 첫번째 출현했을 때 일반적으로 봉호(封號:혹은 관직), 적관(籍貫:혹 郡望)을 덧붙였기 때문에 전명호의 시작과 끝을 표점할 때 주의해야 한다. 그렇지 않으면 봉호·적관·성명이 서로 혼동된다. 예를 들어보자.

  *田胡王乞基部落最强，二苑之人，多其舊衆。[108]
전호왕 걸기(乞基)의 부락은 [바른 해석:전호 왕걸기의 부락은] 최강이며 이원(二苑)의 사람 대부분은 오래 전부터 따르던 무리였다.

호삼성(胡三省)은 "전호(田胡)는 호의 일종이다"라고 주석을 달았다. '田胡'는 하나의 명칭이고 '王乞基'도 명칭이라 할 수 있다. 왕걸기라는 이름은 『통감』에 여러 번 출현하는바 "왕걸기는 궤(軌)에게 말했다", "양궤(楊軌)·왕걸기는 나에게 귀복했다"[109] 등의 기록이 있다. 이는 그가 '전호의 왕'이 아니라는 사실을 입증하는 것으로 '王'은 아마 그의 한족식(漢族式)의 성(姓)일 것이다.

  *城陷，生執洪。紹盛帷幔，大會諸將見洪。謂曰："臧洪何相負若是！ 今日

108) 『資治通鑑』，中華書局 1956, 3456면.
109) 『資治通鑑』，中華書局 1956, 3479면.

服未？"洪據地瞋目曰："諸袁事漢，四世五公，可謂受恩。今王室衰弱，無扶翼之意，而欲因際會。觖望非冀，多殺忠良，以立奸威。洪親見將軍呼張陳留爲兄，則洪府君亦宜爲弟，而不能同心戮力，爲國除害，坐擁兵衆，觀人屠滅。惜洪力劣，不能推刃爲天下報仇，何謂服乎？"[110]

성이 함락되고 홍(洪)을 사로잡았다. 소(紹)는 휘장을 치고 여러 장수들을 모아놓고 홍을 보게 했다. 소가 말하기를 "그대여！ 어찌 이와같이 등지게 되었는가？ 오늘은 복종하지 않겠는가？"라고 물으니 홍은 땅에 의지하여 눈을 부릅뜨며 다음과 같이 말했다. "원씨(袁氏)는 한왕조를 섬겨 사대에 걸쳐 다섯 명의 재상을 배출하였으니 그 은혜를 받아왔다고 할 수 있다. 그러나 금일 왕실이 쇠퇴하자 (왕실을) 회복할 뜻은 없고 오히려 기회만을 엿보려고 한다. 바라지 말 것을 바라서 충신을 죽이고 자신의 간악한 위세를 세웠다. 장군이 장진류(張陳留)를 형이라고 부르는 것을 보니 그렇다면 홍부군[바른 해석: 나의 부군] 또한 아우가 되는 셈이다. (그러나) 협력하여 나라를 위해 해악을 끼치는 무리를 제거하지 못하고 그저 좌시하며 군사만 끌어안고 사람들이 도살되는 것을 보고 있을 뿐이다. 나의 힘이 약해 칼을 뽑아 천하의 원수를 제거하지 못하는 것이 애석한데, 어찌 복종하라는 말인가？"

여기서 소(紹)는 원소(袁紹)이고 장진류(張陳留)는 진류(陳留) 태수 장막(張邈)으로 장초(張超)의 형이다. 부군(府君)은 태수에 대한 경칭으로 여기서는 이미 해를 입은 광릉(廣陵) 태수 장초를 가리킨다. 이 표점에 따르면 '洪府君' 밑에 전명호를 해서 홍씨 성을 가진 태수로 만들었다. 이것은 분명히 원래의 뜻에 맞지 않는다. 사실 '洪'은 장홍(臧洪)의 자칭이고 '府君'은 장홍이 장초를 가리키는 말이다. 이는 중평 말(中平末)에 장홍이 일찍이 장초의 관리였기 때문에 그러하다. 따라서 '府君' 밑의 전명호는 없애야 한다. '洪府君'의 의미는 '나의 부군' 즉 장초를 가리킨다.

---

110) 『後漢書』臧洪傳，中華書局 1965，1891면.

＊撫從弟<u>宣伯子朗</u>。[111]

종제 선백(宣伯)의 아들 낭[바른 해석: 선백의 동생 子朗]을 위무했다.

＊(崔振)長子<u>宣伯</u>, 早喪。 子勁, 字仲括。 驃騎參軍。 <u>宣伯弟子朗</u>, 美容貌, 涉獵經史。[112]

(최진의) 장자 선백(宣伯)은 일찍 죽었다. 아들 경은 자가 중괄(仲括)이 며 표기참군이다. 선백의 제자(弟子) 낭[바른 해석: 선백의 동생 子朗]은 용 모가 수려하고 경(經)과 사(史)를 두루 섭렵했다.

'宣伯子朗'이라는 표점에 따르면 '朗'은 선백의 아들이 되고 '宣伯弟子朗'에 따르면 '朗'은 선백의 동생이 되니 이것은 어떻게 된 일인가? 『북사(北史)』 최정전(崔挺傳)을 살펴보면 최진은 '자랑을 낳았다'라는 기록이 있어 선백과 자랑 모두가 최진의 아들임을 알 수 있다. 그들은 형제였던 것이다. 따라서 '子朗' 밑에 전명호를 해야 한다.

＊己丑秋, <u>孟訪</u>一親舊, 出示古物數種, 皆所未見。[113]

기축년 가을 맹방의 한 친구가 여러 종류의 고물을 보여주었는데 모두 처 음 보는 것이었다.

'孟訪' 밑의 전명호는 그것을 지명으로 오해한 것이다. 사실 '秋孟'은 하나 의 어구로 즉 '孟秋'를 가리킨다. 따라서 정확한 표점은 다음과 같다.

己丑秋孟, 訪一親舊, 出示古物數種, 皆所未見。

기축년 초가을 한 친구를 방문했을 때 (그가) 여러 종류의 고물을 보여주 었는데 모두 보지 못했던 것이다.

---

111) 『魏書』崔挺傳, 中華書局 1974, 1271면.

112) 위의 책, 1272면.

113) 『游宦紀聞』, 中華書局 1981, 59면.

*<u>任城王</u> 澄命統軍<u>黨法宗</u>、<u>傅堅眼</u>、<u>太原王</u> 神念等分兵寇<u>東關</u>、<u>大峴</u>、<u>淮陵</u>、<u>九山</u>, <u>高祖珍</u>將三千騎爲遊軍, <u>澄</u>以大軍繼其後。[114]

임성왕(任城王) 징(澄)은 통군 당법종·부견안·태원왕 신념[바른 해석: 태원의 왕신념] 등에게 군사를 나누어 동관·대현·회릉·구산을 약탈하도록 명령했다. 고조진은 장수 3천기를 유군으로 삼았고 징은 대군으로 그 뒤를 이었다.

이 표점에 따르면 '太原王'은 '神念'의 봉호가 된다. 그러나 '太原'은 '王神念'의 군망(郡望)으로 왕신념은 당시 꽤 유명한 인물이었다. 『통감(通鑑)』의 서술방식에 따르면 고문망족이 첫번째 등장하면 그의 군망을 썼다. 따라서 '太原' '王神念'은 서로 구별해 전명호를 해야 한다.

이밖에 고유명사를 일반 단어로 오해한 경우가 있다. 예를 들어보자.

*<u>欒布</u>破<u>齊</u>還, 幷兵引水灌<u>趙城</u>; 城壞, <u>王遂</u>自殺。[115]

난포(欒布)가 제를 치고 돌아오는 길에 병사를 아울러 물을 대어 조성(趙城)을 공격하니 성은 파괴되고 조왕은 결국 자살했다.[바른 해석: 조왕 수는 자살했다.]

난포(欒布)는 한의 장군이다. 칠국(七國)의 난 때 경제는 난포를 파견해 제(齊)를 공격하게 했다. 이 문장 가운데 '遂'자는 일반 단어가 아니라 조왕(趙王)의 명칭이다. 유수(劉遂)는 한 고조의 손자로 반란에 참가하였다가 전쟁에서 패하자 자살했던 것이다. 『한서』 권38 고오왕전(高五王傳)을 참고하면 된다. 『통감』 520면에는 조왕 수의 이름이 있는데 "조왕 수는 병을 일으켜 서쪽 경계에 주둔했다(趙王遂發兵住其西)"가 바로 그것이다. '遂'는 고서 가운데 자주 보이는 부사 '결국'에 해당되기 때문에 그것이 고유명사임을 알지 못했던 것이다. 따라서 이 문장의 '遂'자에는 전명호를 해야 한다.

---

114) 『資治通鑑』, 中華書局 1956, 4532면.

115) 위의 책 528면.

＊撫夷將軍高尙謂牧曰: "昔潘太常督兵五萬, 然後討五溪夷。 是時劉氏連和, 諸夷率化。 今旣無往日之援, 而郭純已據遷陵, 而明府欲以三千兵深入, 尙未見 其利也。"116)

무이장군 고상이 목에게 말했다. "과거에 반태상이 5만의 군사를 이끌고 그런 뒤에 오계이를 토벌했다. 이때 유씨가 연합하여 화목하게 하니 오랑캐 들이 교화되었다. 오늘날은 그전과 같은 원조도 없는데 곽순은 이미 천릉에 주둔해 있고 그대는 3천 명의 군사로 치려고 하니 아직 [바른 해석: 나 고상 은] 그 유리함을 보지 못한다"고 했다.

목(牧)은 종리목(鐘離牧)으로 오나라 무릉(武陵)의 태수이다. '尙未見其 利也'에서의 '尙'은 고상(高尙)이 그 이름을 자칭한 것이다. '尙'에는 고서에 서 자주 보이는 부사 '아직'의 뜻이 있기 때문에 그것이 고유명사임을 잊었 던 것이다. '尙' 밑에는 전명호를 해야 한다. 인명을 판별하는 것은 고서 표 점시 항상 겪는 문제로 본서 제3장 3절에서 심도 있게 분석할 예정이다.

5. 서명호

서명호는 서명·편명을 표시하는 부호이다. 예를 들어보자.

『周志』有之: "勇則害上, 不登于明堂。"(『左傳』文公 2년)
『주지(周志)』에 "힘이 좀 있다고 해서 윗사람을 죽이는 자는 명당에 오르 지 못한다"고 한 말이 있다.

請觀于周樂。 使工爲之歌「周南」、「召南」。(『左傳』襄公 29년)
(그는) 주나라 천자의 음악을 들려달라고 하므로 악공들에게 『주남』과 「소남」을 연주하게 하였다.

---

116) 위의 책, 2476면.

子所雅言, 『詩』、『書』, 執禮, 皆雅言也。(『論語』 述而)
공자가 항상 말하는 것은 『시』・『서』와 예를 지키는 것, 이 모두이다.

孔子懼, 作『春秋』。『春秋』, 天子之事也。是故孔子曰: "知我者其惟『春秋』
乎! 罪我者其惟『春秋』乎!"(『孟子』 滕文公 下)
공자께서 두려워하시고 『춘추』를 저작하셨다. 『춘추』는 천자의 일을 다룬
것이다. 그렇기 때문에 공자께서는 "나를 이해하는 것도 오직 『춘추』를 통
해서일 것이고 나를 죄주는 것도 오직 『춘추』를 통해서일 것이다"라고 말씀
하신 것이다.

서명호는 일반적으로 착오를 일으키기 쉽지 않지만 어떤 때에는 단어와
구절이 서명・편명과 비슷해 잘못하여 서명호를 하는 경우가 있다. 예를 들
어보자.

*此喪制者, 文帝自率己意創而爲之, 非有取于『周禮』也。[117]
이 상제는 문제 자신이 만들어 실행한 것으로 『주례』에서 [바른 해석: 주
나라의 예에서] 취한 것이 아니다.

『주례』는 상례를 다루지 않고 있기 때문에 여기서는 '周禮'는 주대의 예를
가리키지 서명이 아니다. 서명호를 없애고 '周' 밑에 밑줄을 그어야 한다.

*伯父「送先人下第歸蜀」詩云: 人稀野店休安枕, 路入靈關穩跨驢。安節將去,
爲誦此句, 因以爲韻, 作小詩十四首送之。[118]
백부의 「송선인하제귀촉」이란 시에서는 다음과 같이 읊었다. [바른 해석:
백부는 나의 아버지가 과거에 낙방하여 촉으로 돌아갈 때 배웅하면서 다음
과 같은 시를 읊었다.] "인적이 드물어 노점은 한가히 쉬고 있고 길이 영관
으로 접어들어 편안히 노새를 탔다." 나는 안절이 떠나갈 때 이 구절을 노

---

117) 『資治通鑑』, 中華書局 1956, 509면.
118) 『蘇軾詩集』, 中華書局 1982, 1098면.

래하고 운을 맞추어 소시 14수를 지어 (그를) 보냈다.

  백부는 작자의 큰아버지인 소환(蘇渙)을, 선인(先人)은 작자의 부친인 소
순(蘇洵)을 가리킨다. 안절(安節)이 틀림없이 소환의 둘째아들 불의(不疑)
의 아들로 그는 사천에서부터 와서 시험에 응시한 후 황주(黃州)에 도착해
소식(蘇軾)을 보고자 했다. 이 단락에서 이들 개인간의 관계를 명확히 하면
백부 뒤에 서명호를 할 수 없음을 알 수 있는데, 이것은 형이 살아 있는 동
생을 선인(先人)이라 할 수 없기 때문이다.
  또한 어떤 경우에는 서명호를 사용해야 할 부분에 그것을 사용하지 않는
때도 있다. 예를 들어보자.

  * 記曰三公無官, 言有其人, 然後充之, 舜之於堯, 伊尹於湯, 周公, 召公於
周是也。[119]
  기록에는[바른 해석:『記』에는] 삼공은 관직이 아니라고 했다. 적합한 인
물이 있어야 그 자리에 임명한다는 뜻이다. 요임금에게는 순, 탕임금에게는
이윤, 주의 주공·소공이 이들이다.

  '記'란 본래 일반 전적을 지칭하는 말이다. 여기서의 '記'는 공영달의 "과
거부터 이 '記'가 있었다"라는 해석에 의하면 『문왕세자(文王世子)』(『예기』
의 편명)를 지은 사람이 인용한 서명의 특별한 명칭이다. 따라서 서명호를
표시해야 한다.

---

119) 『漢書』 百官公卿表 上, 中華書局 1962, 722면.

제3장 고서 표점의 전제로서의 고서 이해

　표점하기 전에 먼저 전문(全文)을 통독해서 원문을 올바르게 이해하고자 해야 한다. 분석 없이 그냥 받아들이거나 이해하지도 못한 채 표점을 해서는 안된다. 표점할 때에는 쉬운 것을 먼저 하고 어려운 것을 나중에 하는 방식을 취하거나, 순서에 따라 점차 진행시키는 방식을 취한다. 해석하기 어려운 부분과 마주치면 먼저 점찍을 수 있는 부분부터 끊어주고 나서 앞뒤 문장과의 관련 속에서 어려운 부분을 해결한다. 문장끼리는 모두 서로 연계되어 있다. 한 문장은 전편(全篇)의 글과 서로 관계를 맺으며 한 편은 책 전체와 서로 연관되어 있다. 한 문장의 해석이 곤란할 때는 종종 한 편을 다 읽고 나면 이해되기도 한다. 어느 한 편에서 의심 가는 부분이 생겼다가도 책을 다 읽고 나서는 의심나던 문제가 순차적으로 해결되기도 한다. 즉 고서에 정확히 표점하는 과정은 또한 고서를 제대로 이해하는 과정이라고 생각할 수 있다. 만약 문장에 잘못 표점을 한다면 그것은 진정으로 이해하지 못했음을 말해준다. 그러므로 고서를 읽고 바로 이해하는 것이 고서에 표점하는 전제가 된다고 말하는 것이다.

　고서를 제대로 이해한다는 것은 그 상황의 복잡성 때문에 결코 쉽지 않다. 어떤 때는 이 방면의 전문가조차 힘든 감을 느낀다. 근대의 저명한 학자 왕국유(王國維)는 일찍이 매우 솔직하게 다른 사람에게 자신의 경험을 말한 적이 있다. 그는 『상서(尙書)』를 읽고 10분의 5를 이해하지 못했고, 『시경(詩經)』의 경우 10분의 1 내지 2를 이해하지 못했다[1]는 것이다. 우리가 고서에 표점할 경우 만약 이해 곤란한 부분에 직면하면 열심히 연구하고 옛 주석을 참고하고 관계 자료와 공구서를 찾아보고서 정확히 이해할 수 있

---

1) 『觀堂集林』 卷2 「與友人論詩書中成語書」 참조.

어야 하며 가벼운 마음으로 소홀히 해서는 안된다. 고서를 읽을 때 마주치
는 곤란한 점으로는 주로 두 가지를 들 수 있다. 그 하나는 고대 중국어 자
체(문자·어휘·어법 등을 모두 포괄해서)의 문제이고 다른 하나는 고서의
내용상의 문제이다. 고대 중국어 어법과 고서 표점의 관계는 가장 밀접하
다. 이 책에서는 이것을 제4장의 전장(全章)에 걸쳐 분석을 하고 있다. 이
장에서는 단지 문자·어휘 및 고대의 문화에 관한 지식 등 고서 표점과 관
계 있는 문제만을 분별하여 설명하고자 한다.

제1절 글자를 알고 뜻을 판별함

고서에 표점하는 것은 글자를 알고 그 뜻을 판별하는 것에서부터 시작된
다. 이른바 글자를 안다고 하는 것은 고서를 읽을 때 그 글자 하나하나를
이해한다는 것이다. 소위 뜻을 판별한다는 것은 앞뒤의 문장과 결합해서 각
각의 글자가 문장 내에서 가지는 정확한 속뜻을 이해하는 것이다. 한자는
표의문자(表意文字)로서 단음 하나하나가 각각 고립적이라는 특징이 있다.
즉 각각의 글자는 한 음절을 대표하면서 그 글자마다의 모양·독음과 의미
를 가진다. 역사적인 이유로 해서 한자의 여러 문제는 비교적 복잡하다. 글
자의 음으로 말하자면 한 글자가 여러 음으로 발음되는 현상이 존재하고 옛
음과 현재의 음이 차이가 있다. 글자의 형태로 말하자면 고금자(古今字)·
이체자(異體字)·가차자(假借字)·번간자(繁簡字) 등의 구별이 있다. 글자
의 뜻으로 말하면 한 글자가 여러 의미를 가지는 현상이 매우 보편적이다.
본의(本義)·인신의(引申義: 원래의 글자의 의미가 전화하여 다른 의미로 쓰
임)·고의(古義)·금의(今義)·가차의(假借義) 등의 구분이 있다. 같은 글
자라고 하더라도 문장에 따라서는 다른 독음, 다른 모양, 다른 품은 뜻을
가질 수 있다. 많은 글자가 앞뒤 문장과 결합되어야만 그것의 정확한 뜻을
확정할 수 있다. 고서, 특히 선진(先秦) 양한(兩漢) 시대의 고서는 상당 부
분 옛 글자와 옛 의미를 담고 있다. 만약 문자학과 어휘학과 관련된 지식을
가지지 못해 옛사람들이 사용한 글자의 용례를 이해하지 못한다면 문장을

잘못 끊기 쉽다.

한자는 표의문자이므로 자형(字形)의 구조는 보통 이 글자의 본래의 의미 내지는 본래 의미가 속한 의미의 범주를 표시해준다. 그러므로 글자를 알기 위해서는 한자(漢字) 형태의 구조를 분석함으로써 글자의 본뜻을 이해해야 한다. 이렇게 하는 것이 고서를 정확히 표점하는 데 도움이 될 뿐만 아니라 고서에 표점할 때 착오를 바로잡을 수 있다. 『삼국지(三國志)』의 「위서(魏書)」 화타전(華佗傳) 중의 한 문단에 대해 일반적으로 다음과 같이 표점한 다.

　＊(佗)復與兩錢散。成得藥去。五六歲, 親中人有病如成者, 謂成曰: "卿今强健, 我欲死, 何忍無急去藥, 以待不祥？先持貸我, 我差, 爲卿從華佗更索。" 成與之, 已故到譙, 適値佗見收, 匆匆不忍從求。後十八歲, 成病竟發, 無藥可服, 以至于死。

　(화타는) 다시 두 돈의 가루약을 주었다. 성은 약을 얻어서 돌아갔는데 오륙 년이 지나 [바른 해석: 성은 약을 얻었다. 오륙 년을 보관했는데] 아는 사람 중에 성과 같은 병에 걸린 사람이 있었다. 그가 성에게 말했다. "당신은 이제 건강해졌는데 나는 죽게 되었소. 어찌 차마 병이 급하지도 않은데 약을 보관하면서 상서롭지 못한 일(병의 재발)을 대비하려 하시오? 먼저 내게 빌려주셔서 내가 차도가 있게 되면 당신을 위해서 화타를 찾아가 다시 약을 구해 오겠습니다." 성은 약을 주었다. 그 후에 초 땅에 갔을 때 공교롭게도 화타는 체포되었다. 내심 두렵고 당황하여 쫓아갔으나 (약을) 구하지는 못했다. 18년 후에 성의 병이 과연 다시 재발했는데 그 약을 복용할 수 없었으므로 죽고 말았다.

성(成)은 삼국시대 군리(軍吏)였던 이성(李成)이다. 그는 기침병에 걸렸는데 화타(華佗)가 그를 치료한 후 다시 두 돈의 가루약을 주었다. 여기에서 표점자가 '成得藥去' 뒤에 마침표로 끊은 것은 '去'자의 본뜻을 이해하지

---

　2) 『三國志』 魏書 華佗傳, 中華書局 1959, 803면.

못했기 때문이다. '去'자는 형태 구조로 보건대 회의문자(會意文字)다. 소전체(小篆體)로는 '去'로 쓰이는데 아랫부분은 용기 모양이고 윗부분은 뚜껑을 닮았다. 용기에는 물건을 담고 그 위에 뚜껑을 닫으므로 이는 '저장'의 의미를 나타낸다. '去'는 보관한다는 뜻으로 이것은 선진·양한의 고서 가운데 여러 차례 보인다. 『좌전』소공(昭公) 19년에는 "及老, 托於紀鄣, 紡焉以度而去之.(노년이 되어 紀鄣에 기거했는데 천 끈으로 (성벽의 높이를) 잰 뒤에 숨겨두었다)"라는 기록이 있고, 『한서(漢書)』소무전(蘇武傳)과 진준전(陳遵傳)에는 각각 다음과 같은 기록이 있다. "武旣至海上, 廩食不至, 掘野鼠去草實而食之."(武는 이미 호수가에 이르렀는데 양식이 도착하지 않으므로 들쥐의 굴을 파서 저장되어 있는 풀열매를 먹었다.) "(遵) 性善書, 與人尺牘, 主皆藏去以爲榮."((遵은) 본디 글을 잘 썼는데 남들에게 서찰을 써주면 주인들이 모두 보관하며 영예로 여겼다.) 안사고(顔師古)는 "去는 보관한다는 말이다"라고 주를 달았고 『삼국지』「위서」화타전에 대해 배송지(裴松之)의 주(注)는 "고어에서는 보관하는 것을 去라고 했다"라고 설명하고 있다. 동시에 원래 표점에 의하면 '去'자는 앞에 붙어서 문장을 이루고 '五六歲'는 다음 문장의 부사어가 되어 오륙 년 이후의 의미로 되었다. 그러나 고어의 용례에 비추어 볼 때, 시간 명사가 부사가 되어 몇년 이후를 나타내는 경우에는 일반적으로 그 몇년 앞에 '後'자를 써준다. 즉 그 뒷문장에서의 '後十八歲'와 같이 해준다. 그런데 '五六歲' 앞에는 '後'자가 없으므로 그것이 뒷문장의 부사어가 아니라 앞문장의 보어임을 알 수 있다. 따라서 '去'자는 뒷문장에 붙여 읽어야 한다. '去五六歲'는 '오륙 년간 보관했다'는 뜻이다. 뒷문장의 '去'자도 역시 보관한다는 말이다. '何忍無急去藥'은 바로 앞문장의 '去五六歲'와 서로 호응하고 있다.

　표점을 하는 과정에서는 문장의 한 글자 한 글자에 주의해서 각각의 글자의 의미와 용법을 파악해야 한다. 이렇게 해야만 실수를 줄이거나 없앨 수 있다. 만약 한 글자라도 소홀히 취급하면 어떤 때에는 문장을 잘못 끊을 수 있다. 『좌전』양공(襄公) 25년의 기록에 대해 어떤 사람이 다음과 같이 문장을 끊었다.

＊晉侯濟自泮。會于夷儀。伐齊以報朝歌之役。齊人以莊公說。使隰鉏請成。慶封如師。男女以班賂。晉侯以宗器樂器。自六正五吏三十帥三軍之大夫百官之正長師旅及處守者皆有賂。

진후는 반수(泮水)를 건너가서 이의(夷儀)에서 회합을 가진 뒤 제나라를 공격했는데 조가(朝歌)에서의 전투를 설욕하려는 것이었다. 제나라 사람들은 장공을 죽인 까닭을 설명하고 습서를 보내어 화평을 청하고 경봉을 진나라 군대로 파견하였다. 그는 남녀 노예는 배열시켜 보냈고, 진후는 종묘의 제기와 악기를 보냈다. 육정, 오리, 삼십 명의 사수(師帥), 삼군대부, 각 부문을 주관하는 관원, 사려의 속관과 유수관원 모두 예물을 바쳤다.

진대(晉代)의 두예(杜預)는 『좌전』에 주를 달 때, '賂'자 뒤에서 주(注)로 끊어서 '男女以班賂'를 '모두 남녀를 선물로 주었다'로 해석했다. 이러한 문장 끊기와 해석은 정확한 것이 아니다. 첫째 이러한 문장 끊기와 해석은 '班'자의 의미와 작용을 소홀히 본 것이다. '班'은 회의문자로 가운데는 칼 모양이고, 양측은 두 개의 구슬꿰미다. 『설문(說文)』에서는 "班은 옥을 자르는 것이다"라고 해석하였다. '班'의 본래 뜻은 옥을 나누는 것으로 여기에서 의미가 파생되어 나눈다는 뜻이 되었다. 그래서 '男女以班'의 뜻은 남자와 여자로 나누어 배열한다는 것이다. 이것은 『좌전』 애공(哀公) 원년의 '蔡人男女以辨'과 문장 형식과 서로 비슷하다. '辨'과 '班'은 동원자(同源字)이다. 『이아(爾雅)』에서는 "辨은 구별하는 것이다"라고 하였다. 두번째로 '賂'자는 형성문자(形聲文字)다. 『설문』에서 "賂는 주는 것이다. 의미를 나타내는 부수로 '貝'자를 붙였고 '各'으로 소리난다"라고 설명하였다. '賂'자의 본뜻은 재물을 다른 사람에게 보내주는 것이고 그 품사는 동사이다. 두예가 문장 끊은 것에 따르면 '賂'자가 앞에 붙어버려서 다음 문장인 '晉侯以宗器樂器'를 해석할 방법이 없게 되었다. '賂'자는 뒤에 붙여야 하며 그래야 '賂晉侯以宗器樂器'의 뜻이 종기와 악기를 진후에게 주었다는 것으로 문장의 의미가 통하게 된다. 이것과 다음 문장의 '六正五吏' 등의 사람들은 '皆有賂'의 어기와 서로 연관되어 있다. 동시에 이 한 문장은 다음 글의 "陳侯使司馬桓子賂以宗器"의 문장 형식과 완전히 일치한다. 『좌전』에서의 이 단락은

'班'자 뒤에서 문장을 끊어주어야 함을 알 수 있다. 정확한 표점은 다음과
같다.

晉侯濟自泮。會于夷儀，伐齊以報朝歌之役。齊人以莊公說，使隰鉏請成，慶
封如師。男女以班。賂晉侯以宗器、樂器。自六正、五吏、三十帥、三軍之大
夫、百官之正長師旅及處守者皆有賂.

진후는 반수를 건너가서 이의에서 회합을 가진 뒤 제나라를 공격했는데
조가에서의 전투를 설욕하려는 것이었다. 제나라 사람들은 장공을 죽인 까
닭을 설명하고 습서를 보내어 화평을 청하고 경봉을 진나라 군내로 파견하
였다. 그는 남녀 노예를 나누어 배열시켰다. 그리고는 제나라는 종묘의 제
기·악기를 진후에게 보냈다. 육경, 오리, 삼십 명의 사수(師師), 삼군대
부, 각 부문을 주관하는 관원, 사려의 속관과 유수관원 모두 예물을 바쳤
다.

고서에 표점할 때 또한 주의해야 할 것이 고자(古字)와 금자(今字)이다.
고자와 금자는 역사적 시기를 달리하면서도 같은 뜻을 나타내는 두 개의 각
기 다른 형태의 동음자(同音字)를 말한다. 고자는 초기의 글자고 금자는 뒤
에 생겨난 글자이다. 그것은 문자가 가지를 치고 말뜻이 분화하는 등의 이
유로 해서 생겨난다. 고서에 표점을 할 때, 만약 고금자(古今字)에 주의하
지 않으면 종종 문장을 잘못 끊게 된다.『순자(荀子)』「유효편(儒效篇)」중
의 한 구절의 예를 보면, 당(唐)나라의 양경(楊倞)은 다음과 같이 문장을
끊었다.

＊法後王一制度隆禮義而殺詩書。其言行已有大法矣。然而明不能齊。法敎之
所不及。聞見之所未至。則知不能類也.

후왕을 본받아 제도를 통일하고 예의를 번성케 한다고 하면서 시와 서의
정신을 말살한다. 그 말과 행동은 이미 최고의 법도에 부합한다. 그러나 그
의 명철함도 (언어와 행실을) 일치시키지 못한다. 법도와 가르침으로도 미
치지 못하는 바이고, 보고 듣는 것으로도 다다르지 못하게 되니, 그의 지혜

로도 유추까지는 할 수 없다.

양경은 '齊'자 뒤에서 끊고 다음과 같이 말했다. "비록 큰 체제가 갖추어
졌다 할지라도 그 보는 바의 명철함으로는 말과 행실을 일치시켜 조그만 차
이도 없게 하지는 못하는 법이다." 그는 '齊'의 본뜻을 '가지런히 한다'는 데
서 시작해서 '統一'의 뜻으로까지 확대시켰다. 이러한 해석과 구두로는 풀
수 없는 두 가지 문제가 있다. 첫째는 보는 바가 이미 '명철하다면', 왜 도
리어 언행을 통일시킬 수 없는가? 둘째로 '則'은 이 문장 안에서 조건 관계
를 표시하는 접속사이며 '즉'이라는 뜻이다. 왜 '법도와 가르침으로도 미치
지 못하고' '보고 듣는 것으로도 다다르지 못해야' '그의 지혜로도 유추할 수
없다'는 말인가? 유월(俞樾)은 다음과 같이 지적했다. "이것은 양경이 잘
못 해석한 것이다. 齊는 濟(성취하다)의 뜻으로 풀어야 하고 '然而' 이하의
열여덟 자는 한 문장으로 해석해야 한다. 법도와 가르침에 관해서 보고 들
은 부분에 있어서는 다를 수 있기 때문에 밝게 앎으로써 그 수준에 도달할
수 있지만 그 법도와 가르침에 대해 보거나 듣지 못한 부분은 성취할 수 없
음을 말한 것이다."[3] 유월의 해석과 문장 끊기가 정확한 것이다. '齊'는 '濟'
의 옛 글자이다. '齊'자 뒤의 어구는 그것의 목적어이므로 끊어서는 안된다.
정확한 표점은 다음과 같아야 한다.

法後王一制度隆禮義而殺詩書, 其言行已有大法矣, 然而明不能齊法教之所不
及聞見之所未至, 則知不能類也.

후왕을 본받아 제도를 통일하고 예의를 번성케 한다고 하면서 시와 서의
정신을 말살한다. 그 말과 행동은 이미 최고의 법도에 부합한다고 하지만,
그의 명철함으로도 (여전히) 법제에서 규정하지 않은 문제와 (자신의) 견문
이 미치지 못하는 사물에 대해서는 해결할 수 없으므로 그의 지식으로도 아
직 유추까지는 할 수 없다.

---

3) 楊樹達, 『古書句讀釋例』, 中華書局 1954, 30면.

고음(古音)의 통가(通假)란 고대 중국어의 문자로 표현한 언어 중에서 같은 음 혹은 비슷한 음을 가진 글자를 통용(通用)하거나 가차(假借)하는 것을 말한다. 고대, 특히 선진 양한 시대의 서적에서 자주 보이는 현상이다. 고음의 통용과 가차에 대해 밝지 못하고는 고서를 이해하고 표점하는 것이 매우 어렵다. 청대 학자 유월은 다음과 같이 말했다. "고인의 책을 읽는다는 것은 결국 구두점을 바로 하고, 글자의 뜻을 헤아리고, 고문의 가차에 통달하는 것과 다름이 없다. 이 세 가지 중에서도 가차에 통달하는 것이 더욱 중요하다."[4] 고음의 가차에 통달하지 않으면 문장을 잘못 끊기 쉽다. 『한서』가의선(賈誼傳)에서의 한 단락을 어떤 사람이 다음과 같이 끊어놓았다.

*諸侯之地其削頗入漢者。爲徙其侯國及封其子孫也。所以數償之。

제후의 땅을 삭탈해서 한 조정에 귀속시킨 것이다. (이는) 그 제후국을 옮기거나 그 자손들에게 분봉하기 위한 것이다. 그 규모에 따라 보상해준다.

당대(唐代) 안사고는 '也'자를 어기사로 보고 그 뒤에서 문장을 끊었다. 이렇게 구두를 하면 앞문장이 잘 해석될 수 있을 듯하지만 '所以數償之'에 대한 해석이 곤란하다. 심동(沈彤)은 다음과 같이 말했다. "'也'자는 '他'자로 해야 한다. 이 부분의 뜻은 다음과 같다. 제후가 혹 죄로 인해 쫓겨나거나 그외에 봉토가 깎여 한 조정에 귀속된 것이 많았다. 따라서 혹 제후가 그 영토를 보존하여 국을 이루었어도 국이 작아서 그 자손들이 분봉받지 못하는 경우에는 그들을 위해 그 제후국을 옮겨주거나 그 자손을 다른 지역으로 옮겨주어 그 깎인 정도만큼을 보상해준다는 말이다. 안사고의 주가 틀렸다."[5] 원래는 '他'자가 본래 글자이고, '也'는 가차문자(假借文字)이다. 따라서 '也所'는 '他所'를 말하며 중간에서 끊을 수 없다. 정확한 표점은 다음과

---

4) 『兪曲圓書札』上曾滌生書.

5) 『古書句讀釋例』, 中華書局 1954, 106면.

같다.

諸侯之地其削頗入漢者，爲徙其侯國及封其子孫也所以數償之。

제후의 땅 가운데 삭탈해서 한 조정에 귀속시킨 토지가 자못 많았다. 제후국을 옮기거나 그 자손들을 다른 곳에 분봉하기 위해서 그것을 그 깎인 규모만큼 보상해주었다.

『회남자(淮南子)』 본경훈(本經訓) 중에서 누군가가 아래와 같이 문장을 끊었다.

* 是故生無號。死無諡。實不聚而名不立。施者不德。受者不讓。德交歸焉而莫之充。忍也。

그러므로 살아서도 이름이 없고, 죽어서도 시호가 없다. 재물을 모으지도 않고 명성을 세우지도 않는다. 베푸는 자는 은덕을 베푼다고 생각하지 않고, 받는 자는 가식으로 사양하지도 않는다. (그러므로) 덕이 서로 베풀어짐이 이보다 더 넉넉한 것이 없으니 차마 하지 못한다는 것이다.

한대(漢代)의 고유(高誘)는 『회남자』에 주를 달 때 이와같이 끊었다. 더욱이 그는 "忍은 차마 하지 못한다는 뜻이다"라고 해석했다. 이러한 끊어주기와 해석은 잘못된 것이다. 왕염손(王念孫)은 말한다. "고씨는 아마 '忍也' 두 자를 문장으로 본 듯하다. 생각건대 '充忍' 두 자는 붙여 읽어야 한다. '忍'은 가득찬다는 '牣'자와 통한다. 대아 영대편(大雅靈臺篇)에서 '于牣魚躍'이란 구절이 있는데 『모전(毛傳)』에서는 '이 牣자는 가득하다는 뜻'이라고 하고 있다. 즉 덕이 상호 교류하여 이보다 충만한 것이 없다는 말이니 소위 가득찬 것은 빈 것과 같다. '忍'과 '牣'은 같은 음이라 통용된다." '忍'과 '牣'은 동음으로 통용하여 가차가 되며, '充忍'은 같은 뜻의 글자를 붙여 쓴 것으로 '충만하다'라는 뜻이다. 따라서 중간에 끊어서는 안된다. 정확한 표점은 아래와 같다.

是故生無號, 死無謚, 實不聚而名不立。施者不德, 受者不讓, 德交歸焉而莫之充忍也。

그러므로 살아서도 이름이 없고, 죽어서도 시호가 없다. 재물을 모으지도 않고 명성을 세우지도 않는다. 베푸는 자는 은덕을 베푼다고 생각하지 않고, 받는 자는 가식으로 사양하지도 않는다. (그러므로) 덕이 서로 베풀어짐이 이보다 더 넉넉한 것이 없다.

제2절 고대 중국어 어휘의 특징 파악

앞에서 서술한 바와 같이 중국어는 문자로 표시된 이래 이미 3천여 년의 역사를 지나면서 커다란 변화를 겪어왔다. 그중 우선 어휘의 변화가 가장 뚜렷하다. 현대 중국어와 비교해 보면 고대 중국어의 어휘는 상당히 다른 특징을 갖고 있다. 예를 들어 고서에는 단음절어가 다수를 차지하지만 복음절어도 비교적 일찍 나타났다. 게다가 한 단어가 여러가지 뜻을 가지는 경우가 보편적이며 같은 단어지만 과거의 뜻과 현재의 뜻 사이에 차이가 있기도 하다. 동시에 각 시대에는 그 시대 나름의 고유한 용법이 있었다. 따라서 고서에 표점할 때 이러한 특징을 제대로 파악하지 못하면 문장을 잘못 표점할 수 있다. 이하에서는 고대 중국어 어휘의 특징에 근거하여 고서에 표점하는 실제 상황의 구체적인 예를 제시하면서 상세히 분석하겠다.

고대 중국어에서는 단음절어를 위주로 한다. 한 글자는 종종 하나의 단어를 이룬다. 고서 표점시 상호 인접한 그러나 의미는 서로 다른 두 개의 단음절어를 복음절어 혹은 복합어로 취급하지 않도록 주의해야 한다. 그렇지 않으면 끊어야 할 곳을 끊지 않는 경우가 있을 수 있다. 예를 들어 『예기(禮記)』곡례 상(曲禮上)에서의 한 단락은 이전에는 다음과 같이 표점됐다.

＊夫唯禽獸無禮。故父子聚麀。是故聖人作爲禮以敎人。使人以有禮。知自別於禽獸。[6]

---

6) 『古書句讀釋例』, 中華書局 1954, 31면.

일반적으로 동물들에게는 예가 없다. 그러므로 아비와 자식이 암컷을 함께 하고 있는 것이다. 그런 고로 성인이 예를 만들어서 사람에게 가르치사 그들로 하여금 예를 갖추게 하셔서 그들 자신이 금수와 다른 것을 알게 하였다.

위에서는 '作'과 '爲'를 동의어(同義語)로 파악하여 연독했다. 이 문장 내의 두 글자는 같은 뜻인가? 이렇게 붙여서 읽어도 되는가? 이 두 글자는 모두 '한다'라는 의미가 있어 이러한 의미에서는 동의어이다. 그러나 '作'은 고대 중국어에서는 그 의미가 광범위한 동사였다. 그것의 원래 뜻은 '일어서다'의 의미이다. 『논어』선진(先進)편의 "舍瑟而作(25현금을 밀어내놓고 일어섰다)"에서 사용된 '作'이 그 본래의 뜻이다. 이것이 '일어서다'에서 더 나아가 '흥기하다' · '출현하다'의 의미로까지 발전한 것이다. 그 예를 들어보면 다음과 같다.

『周易』繫辭下傳: 神農氏沒, 黃帝堯舜氏作, 通其變, 使民不倦。
신농씨가 죽자 황제 · 요와 순이 나타나 옛 풍속을 변화시켜 백성의 불편을 덜어주었다.

『淮南子』氾論訓: 古者民澤處復穴, 冬日則不勝霜雪霧露, 夏日則不勝暑熱蟁蝱, 聖人乃作, 爲之築土構木以爲宮室, 上棟下宇以蔽風雨, 以避寒暑, 而百姓安之。
옛날에는 사람들이 소택이나 굴에서 거주하였는데 겨울에는 서리 · 눈 · 안개 · 이슬 등을 견디지 못했고 여름에는 고열 · 모기 · 등에에게 시달렸다. 이에 성인이 출현하여 그들을 위해 흙을 쌓고 나무를 이어 가옥을 지었다. 마룻대를 올리고 서까래를 얹어, 비바람을 막고 한서를 피하게 해주어서 백성들이 안주할 수 있었다.

이 두 문장에 있는 '作'은 '흥기하다' · '출현하다'의 의미이다. '爲'자는 본디 '하다'의 뜻으로 『예기』의 이 구절에서는 '만들다'라는 의미이다. 따라서

'作'과 '爲'는 이 문장에서 두 개의 단음절어이지 복음절어가 아닌 것이다. 다음으로 문장 형식을 가지고 분석해보면 "聖人乃作, 爲之築土構木以爲宮室"과 『예기』의 "是故聖人作, 爲禮以敎人"은 일치한다. 그러므로 '作'과 '爲'는 이 문장에서 붙여서는 안된다. 정확한 표점은 다음과 같아야 한다.

夫唯禽獸無禮, 故父子聚麀。是故聖人作, 爲禮以敎人, 使人以有禮, 知自別於禽獸。

일반적으로 동물들에게는 예가 없다. 그러므로 아비와 자식이 암컷을 함께 하고 있는 것이다. 그런 고로 성인이 나타나셔서 예를 만드사 사람들에게 가르치시고 그들로 하여금 예를 갖추게 하셔서 그들 자신이 금수와 다른 것을 알게 하였다.

『예기』 곡례 상편의 한 구절을 정현(鄭玄)은 주석을 하면서 다음과 같이 끊었다.

＊人生十年曰幼學。二十曰弱冠。三十曰壯有室。四十曰强而仕。五十曰艾服官政。六十曰耆指使。七十曰老而傳。八十九十曰耄。七年曰悼。悼與耄雖有罪, 不可刑焉。百年曰期頤。

인생 10세를 유학, 20세를 약관, 30세를 장유실, 40세를 강이사, 50세를 애복관정, 60세를 기지사, 70세를 노이전이라 했다. 8, 90세를 모(耄), 7세를 도(悼)라 했다. 도와 모는 비록 죄가 있어도 형벌을 가하지 않았다. 100세는 기이(期頤)라 했다.

주(注)에서는 "期는 要와 같고, 이는 養의 뜻이다. 의복과 음식의 맛을 알지 못하는 때니 효자라면 부양하는 도를 다해야만 할 것이다"라 하였다. 한대 이래 '약관(弱冠)' '기이(期頤)'는 붙여서 읽었다. 예를 들어 『한서』 권 100의 하서전(下敍傳)에서는 "賈生矯矯, 弱冠登朝"(賈生은 출중하여 약관에 벼슬길에 올랐다), 「고사만가행(古辭滿歌行)」에서는 "百年保此期頤"(백년을 살면 이를 기이라 했다)라고 했다. 그러나 사실 '幼'・'弱'・'壯'・'强'・'艾'・

'耆'·'老'·'耄'·'悼'·'期' 등은 나이를 지칭하는 말이고 '學'·'冠'·'有室'·'而仕'·'服官政'·'指使'·'而傳'·'頤' 등은 예(禮)에 대한 말이다. '幼'·'悼'는 곧 나이가 어린 것을, '弱'은 나이가 젊은 것을, '壯'은 나이가 장성한 것을, '强'은 나이가 차고 힘이 센 것을 말한다. '艾'·'耆'·'老'·'耄'·'期'는 노년의 각각의 단계를 가리킨다. '學'은 '학문을 시작함', '冠'은 '冠禮를 행하는 것', '有室'은 '장가 드는 것', '而仕'는 벼슬하는 것, '服官政'은 관직을 담당하는 것, '指使'는 남에게 일을 지시하는 것, '而傳'은 가업을 (자식에게) 전수하는 것, '頤'는 봉양을 받는 것을 지칭한다.

왕염손(王念孫)은 『광아소증(廣雅疏證)』권1 상에서 다음과 같이 말했다. "내 생각으로는 '期'는 끝이라는 뜻이다. 『시경』에서는 '思無期'(끝이 없도다)[7], '萬壽無期'(만수무강하시도다)라 했고, 『좌전』소공(昭公) 28년에 '貪婪無厭, 忿纇無期'(탐하여 만족함이 없어 화가 끝이 없이 치밀어오른다)라 한 것도 모두 끝이 없다는 뜻이다. 100살은 나이의 절정이므로 100살이 '期'가 된다. 또한 이때가 되면 모든 일에 있어 봉양을 받게 되므로 '頤'라고 한 것이다. 따라서 '期頤' 두 자는 연독해서는 안된다. 『사의(射義)』에 '旄期稱道不亂'(100살이 되면 칭도함에 어지러움이 없다)이라 했는데 이것이 그 한 예증이 된다. 주자는 '十年曰幼까지가 하나의 문장이고 學자는 그 글자 하나로 또 하나의 문장을 이룬다. 그 이하로 百年曰期까지 모두 이와 같다'고 했는데 이 설이 옳다." 그러므로 정확한 표점은 다음과 같아야 한다.

人生十年曰幼, 學。二十曰弱, 冠。三十曰壯, 有室。四十曰强, 而仕。五十曰艾, 服官政。六十曰耆, 指使。七十曰老, 而傳。八十九十曰耄。七年曰悼。悼與耄, 雖有罪, 不可刑焉。百年曰期, 頤。

사람이 태어나서 10세가 되면 유라고 한다. 이 때는 배우는 시기다. 20세는 약이라고 한다. 이 때에 관례한다. 30세는 장이라 하며 아내를 갖는다. 40세는 강이며 벼슬길에 오른다. 50세는 애라고 하며 관정(官政)에 복무한다. 60세는 기(耆)라 하고 이 때에는 남에게 지시하여 시킨다. 70세는 노라

---

7) '思'자에 대해 주자는 '생각'이라는 의미로 해석했지만 조사로 보는 것이 일반적이다.

고 하며 이 때가 되면 가업을 아들에게 전한다. 80세와 90세를 모라고 하며 7세의 어린이를 도라고 한다. 도와 모는 비록 죄가 있을지라도 형신(刑訊) 하지 않는다. 100세가 되면 기(期)라고 하는데 이 때가 되면 부양을 받게 된다.

고서를 잘못 읽은 부분은 와전되어 관습적으로 굳어져버리는 경우도 생긴다. 그리하여 잘못된 것에 익숙해져 잘못이라고 생각하지 않게 된다. 한대 이래 사람들은 '약관'을 하나의 명사로 파악하여 20세 전후의 남자를 약관이라고 칭했고 또 후에는 청년을 약관이라 하였다. 그 예는 다음과 같다.

『後漢書』胡廣傳: 終、賈揚聲, 亦在弱冠。
종(終)·고(賈)가 이름을 날렸는데 역시 약관 때였다.

『北齊書』 권45: 鴻勛弱冠與同郡盧文符幷爲州主簿。
홍훈(鴻勛)은 약관에 같은 군의 노문부(盧文符)와 함께 주 주부(州主簿) 가 되었다.

左思 「咏史詩」: 弱冠弄柔翰, 卓犖観群書。
약관에 붓을 놀렸네, 재기가 뛰어나 많은 책을 섭렵했지.

우리는 역대 문인의 글에 '약관'이란 글자를 항상 보아왔고 현대에 이르러서도 '약관'을 하나의 명사로 보고 있다. 『중화대자전』의 경우 다음과 같이 설명되어 있다. "20세를 약관이라 한다. 『예기』 곡례를 참조할 것." 또한 『현대한어사전』에서는 다음과 같이 말하고 있다. "고대에는 남자 20세에 관례(冠禮)를 거행하였다. 따라서 장년에 도달하지 않으면 약관이라 칭하였다. 후세에는 20세 전후의 남자를 광범하게 지칭한다." 이러한 예를 통해 고서를 잘못 끊어 읽을 경우 그것이 끼치는 영향이 얼마나 큰 것인지를 잘 알 수 있다.

고대 중국어가 단음절어를 위주로 한다고는 하지만 이것이 고대 중국어에 복음절어가 없다는 것을 의미하지는 않는다. 사실상 중국어에서 복음절어가 출현한 때는 비교적 빨랐다. 만약 고서의 복음절어에 대해 충분하게 인식하지 못한다면 잘못하여 끊지 말아야 할 곳을 끊게 될 것이다. 『좌전』 양공 24년조의 한 부분에 대해 공영달이 주석을 달면서 인용한 복건(服虔)의 구두를 보자.

＊齊侯歸。遇杞梁之妻于郊。使弔之。辭曰。殖之有罪。何辱命焉。若免于罪。猶有先人之敝廬在下。妾不得與郊弔。

　제나라 임금이 돌아오다가 기량(杞梁)의 부인을 교외에서 만났다. 제나라 임금이 사람을 시켜서 조상하였는데 그녀가 사양해서 말하기를 "제 남편에게 죄가 있다면 조상을 받을 수가 없고 만일 죄가 없다면 아직도 선대로부터 내려오는 초가집일망정 저 아래쪽에 있으니 첩은 교외에서 위로를 받을 수는 없습니다"라 하였다.

　여기서 식(殖)은 기량(杞梁)이며 제나라의 대부다. 제후(齊侯)를 쫓아 거(莒)나라를 공격할 때 전사했다. 제후는 그를 교외에서 조문하려다 기량의 처에게 거절당했다. 왜냐하면, 고례에 천한 자만이 교외에서 조문받는다고 규정했기 때문이다. 기량의 처의 말 중에는 잘못 끊어진 부분이 있다. '敝廬在下'를 연독하면 해석이 잘 안된다. '敝廬'는 누추한 집을 말하며, '在'는 있다는 의미로 '폐려재' 그 자체로 완전한 뜻이 되므로 '下'자를 덧붙일 필요가 없다. 춘추 시대에 남자는 자신을 낮추어 '下臣'이라 하였고 여자는 자신을 겸칭하여 '下妾'이라 하였다. 따라서 『좌전』에서의 '下'자는 뒷문장에 속하는 것으로 볼 수 있다. 『예기』 단궁 하(檀弓下)에서는 이 일에 관해 "則有先人之敝廬在"를 한 문장으로 기술하여 '在'자 뒤에 '下'자를 붙이지 않았다. 그러므로 정확한 표점은 다음과 같아야 한다. 정확한 표점은 다음과 같다.

　齊侯歸，遇杞梁之妻于郊，使弔之。辭曰："殖之有罪，何辱命焉？ 若免于罪，猶有先人之敝廬在，下妾不得與郊弔。"

제나라 임금이 돌아오다가 기량의 부인을 교외에서 만났다. 제나라 임금이 사람을 시켜서 조상하였는데 그녀가 사양해서 말하기를 "제 남편에게 죄가 있다면 조상을 받을 수가 없고 만일 죄가 없다면 누추하긴 하지만 아직도 선대로부터 내려오는 초가집이 있으니 첩은 교외에서 위로를 받을 수는 없습니다"라 하였다.

『좌전』 선공(宣公) 15년조의 한 구절을 다음과 같이 끊은 사람이 있다.

＊死而成命。臣之祿也。寡君有信臣。下臣獲考。死又何求。
죽어서라도 임금의 명령을 성취시킨다면 그것이야말로 저의 복이라고 하겠습니다. 과군(寡君)은 신의를 지키는 신하를 두게 되었으며 신은 사명을 다하게 되었으니 죽은들 또 무엇을 구하겠습니까?

초(楚)나라가 송(宋)나라를 치자 송나라는 진(晉)나라에게 구원을 요청했다. 진후는 해양(解揚)을 파견하여 송이 투항하지 말도록 했다. 그러나 도중에 해양은 정인(鄭人)에게 체포되어 초에 압송되었다. 초왕은 그를 후하게 대접하여 송을 투항시키도록 매수하려 했다. 해양은 이 기회를 이용하여 송나라에 진후의 말을 전했는데 초왕이 이를 알고 크게 노하여 그를 죽이려던 참이었다. 여기에 인용된 것은 해양이 초왕에 답한 말의 일부이다. 두예(杜預)는 『좌전』에 주석을 하면서 '考'자 다음에서 끊고 '考는 이룬다는 뜻이다'라고 해석했다. 그러나 사실 '考死'는 하나의 단어로 『상서』 홍범(洪範)의 '考終命'과 같이 죽음으로써 이룬다는 의미이다. 따라서 '死'자는 앞문장에 속해야 한다. 이렇게 해야 주어인 '寡君'과 '下臣', 서술어인 '有'와 '獲', 목적어인 '信臣'과 '考死'가 대구를 이루게 된다. 정확한 표점은 다음과 같다.

死而成命，臣之祿也。寡君有信臣，下臣獲考死。又何求？
죽어서라도 임금의 명령을 성취시킨다면 그것이야말로 저의 복이라고 하겠습니다. 과군(寡君)은 신의를 지키는 신하를 두게 되었으며 신은 죽음으로 명령을 다하게 되었으니 또 무엇을 구하겠습니까?

표점시 본래 하나로 결합된 다음절어를 어색하게 분해하는 것은 잘못 끊어진 문장에서 흔히 보이는 현상이다. 예를 들어보자.

*數家計之, 三百六十五度一周。天下有周度, 高有里數。[8]
천문역술가들의 계산에 따르면 365도가 일 주가 된다. 하늘 아래에는 주도가 있고 위로는 이수가 있다. [바른 해석: ……365도가 일 주천이 된다. 아래로는 주도가 있고 위로는 이수가 있다.]

'周天'은 하나의 단어로 관측자의 눈에 비친 천구상의 대원주를 가리킨다. 『예기』 월령(月令)을 공영달은 해석하여 "28개의 별자리와 별들은 모두 하늘을 왼쪽 방향으로 순환하는데 하룻밤, 하루낮이 일주천(一周天)을 이룬다"고 했다. 고대 중국인은 주천을 365.25로 나누었고 현대에는 360도로 나눈다. 그러므로 『논형』의 이 구절 중의 '天'자는 앞문장에 속해야 한다.

*會蜀人費合告怦反, 怦有與將帥書云: "事事往, 人口具。"[9]
[바른 해석:[10] 때마침 촉인 비합(費合)은 평(怦)이 반란을 일으켰다고 보고하였다. 평은 장수에게 써준 편지 가운데 "모든 일에 대해 찾아오는 사람들이 직접 보고한다"고 말한 바 있었다.]

평은 양조(梁朝) 익주직병참군(益州直兵參軍) 서평(徐怦)이다. 위의 표점에 따르면 '往'자 뒤에 쉼표를 함으로 해서 앞뒤 문장 모두 의미가 통하지 않게 되었다. 원래 '往人'은 하나의 단어로 현대 중국어로는 '來人'의 뜻이며 '口具'는 직접 보고한다는 뜻으로 '事事往人口具'가 한 문장이므로 '往' 뒤의

---

8) 『論衡』 談天篇, 中華書局 『諸子集成』本, 1954, 106면.
9) 『資治通鑑』, 中華書局 1956, 5085면.
10) 이와같이 잘못된 표점대로는 해석하기 곤란한 경우 잘못된 해석은 하지 않고 바로 된 표점에 의거한 해석만 하기로 한다.

쉼표는 없애야 한다.

　*寶寅時年十六， 徒步憔悴， 見者以爲掠賣生口。……壽陽多其義， 故皆受
慰唁; 唯不見夏侯一族, 以夏侯詳從梁王故也。[11]

　보인(寶寅)은 당시 16세였고 행색은 초췌하여 만나는 사람마다 그를 약탈
되어 판매된 노예로 여겼다. ……수양에는 의로움이 많기 때문에 모두가 위
로했다. [바른 해석: 수양에는 옛날부터 따랐던 속리가 많아 모두 위로해 주
었다.] 그러나 단지 하후 일족만은 만나지 않았는데 이는 하후상이 양왕을
쫓았기 때문이나.

　보인(寶寅)은 파양왕(鄱陽王) 소보인(蕭寶寅)이고 양왕(梁王)은 양 무제
(梁武帝)다. 양 무제가 왕위를 찬탈하기 전 제왕실(齊王室)의 여러 왕을 살
해하여 소보인은 수양(壽陽)으로 도주했다. 위의 표점에 따라 '義'자 뒤를
끊으면 이 문장은 해석이 되지 않는다. '壽陽'이 '그 의로움이 많다는' 것이
무슨 뜻인가? 원래 '義故'는 하나의 단어로 과거 자신에게 속했던 관리를
의미하므로 그 사이를 쉼표로 끊을 수 없다. '義'자 뒤의 쉼표는 '故'자 뒤로
옮겨야 한다.

　고대 중국어 가운데 한 단어가 여러 뜻을 가지는 예는 매우 보편적이다.
어떤 글자는 적게는 서너 가지, 많게는 십여 가지의 의미를 지닌다. 그러나
다의어(多義語)의 뜻이 비록 많아도 구체적인 한 문장에서 단지 하나의 뜻
만을 가질 수밖에 없다. 환언하자면, 다의어는 신축성과 구체성을 모두 갖
는다고 할 수 있다. 우리들은 고서에 표점할 때 반드시 문장 내의 사상과
내용을 밀접히 연관시켜야 하며 문장의 결합 관계를 분명히 파악하고 앞뒤
문장과의 관계를 살펴 각각의 문장 내에서 각 단어가 갖는 정확한 의미를
판별해야 한다. 또 이때 절대로 억측하거나 경솔하게 자신이 알고 있는 어
의로 해석해서는 안된다. 그렇게 되면 고서를 오해하거나 문장을 잘못 끊는
경우가 있을 수 있다. 예를 들면 다음과 같다.

_____

11) 『資治通鑑』, 中華書局 1956, 4516면.

＊己未, 或走馬過<u>汝陰王</u>之門, 衞士恐。有爲亂者奔入殺王, 而以疾聞, 上不罪而賞之。[12]

기미일에 어떤 자들이 말을 달려 여음왕(汝陰王)의 처소 앞을 지나가니 위사가 두려워했다. 난을 일으킨 자가 있어 난입하여 왕을 살해하고서 빨리 가서 (이 소식을) 알렸다. 그러나 주상은 오히려 죄를 묻지 않고 상을 내렸다.

여음왕(汝陰王)은 남조(南朝)의 송(宋)나라 마지막 황제 순제(順帝)가 폐위된 뒤에 받은 봉호(封號)다. 위사(衞士)는 제 고제(齊高帝)의 명을 받아 그를 지키는 자이다. 표점자는 '恐'을 '두려워하다'라는 의미로 파악하여 '恐' 뒤에 마침표를 했다. 이렇게 하면 '有爲亂者'는 두번째 문장의 주어가 되어 그들이 난입하여 왕을 살해하고서 빨리 가서 이 소식을 알린 것이 된다. 그런데도 제 고제(齊高帝)는 죄를 묻지 않았을 뿐만 아니라 도리어 상을 준 것이다. 이 표점대로라면 다음과 같은 의문이 생기지 않을 수 없다. 즉 난을 일으킨 자가 어째서 난입하여 왕을 살해하고서 빨리 가서 이 소식을 알렸으며, 또 그 자에게 제 고제가 왜 상을 주었는가? 실은 '恐'은 다의어로서 이 문장 가운데에서는 '두려워하다'의 의미가 아니라 '아마……일 것이라고 생각하다'라는 의미이다. 이 문장의 주어는 '衞士'이고 아마도 그가 '汝陰王에게 달려간' 사람 중에 반란자가 있어 이들이 여음왕을 납치해 반란을 일으킬 것이라고 생각해서 왕을 죽였던 것이다. 그리하여 제 고제의 깊은 근심을 제거한 것이니 벌하지 않고 상을 주었던 것이다. 그러므로 정확한 표점은 다음과 같다.

己未, 或走馬過<u>汝陰王</u>之門, 衞士恐有爲亂者, 奔入殺王而以疾聞。上不罪而賞之。

……위사가 아마도 난을 일으킬 자가 있을 것이라고 생각하고는 달려들어가 왕을 살해하고서 빨리 가서 (이 소식을) 알렸다. 주상은 오히려 죄를 묻

---

12) 『資治通鑑』, 中華書局 1956, 4229면.

지 않고 상을 내렸다.

『사기』 백이열전(伯夷列傳)에서의 한 구절을 당대(唐代) 사람 장수절(張守節)은 『사기정의(史記正義)』에서 다음과 같이 끊었다.

＊伯夷叔齊雖賢。得夫子而名益彰。顏淵雖篤學。附驥尾而行益顯。巖穴之士趣舍有時若此類。名湮滅而不稱。悲夫。

백이와 숙제는 현인이지만 공자의 붓으로 인하여 그 이름이 점차 드러났고 안연은 학문에 충실하였지만 기미(驥尾: 파리가 천리마의 꼬리에 붙어서 간다는 고사)에 붙음으로써 그 품행이 더욱 나타나게 되었던 것이다. 동굴에 숨어 사는 은자들에게는 출처진퇴에 때의 우(遇)와 불우(不遇)가 있는데 이는 이러한 유형과 같다. 이름이 사라져 높이 드러나지 못한 것은 슬픈 일이다.

장수절은 '類'자를 '屬類'로 해석하여 앞문장에 붙였다. '類'자는 선진 시기에는 확실히 '屬類'의 의미였다. 그러나 양한대(兩漢代)에는 '類'는 '대다수'의 의미로 부사가 되었다. 예를 들면 다음과 같다.

『史記』酷吏傳: 大抵吏之治, 類多成由等矣。
무릇 관리의 다스림은 대부분 영성(寧成)·주양유(周陽由)와 유사한 태도를 취하였다.

『漢書』賈誼傳: 夫移風易俗, 使天下回心而鄉道, 類非俗吏之所能爲也。
무릇 풍속의 변화는 천하의 사람을 개심시켜 도로 향하게 하니 이는 대부분 속리가 할 수 있는 바가 아니다.

'類'자는 위·진 시대에도 이러한 용법으로 사용되었는데 그 예는 다음과 같다.

曹丕「與吳質書」: 觀古今文人，類不獲細行，鮮能以名節自立。

고금의 문인을 살펴보면 대다수 소절(小節)을 애호하지 않고, 명절(名節)로서 자립할 수 있는 자도 드물었다.

그러므로 『사기』에서의 '類'자는 아래 문장에 속해 '湮滅'을 수식 한정하는 수식어가 되어야 한다. 이 문장의 뜻은 백이·숙제·안연 등이 세상에 이름을 날릴 수 있었던 것은 공자와 같은 뛰어난 인물이 높이 평가했기 때문에 가능했으며, 반면 권세를 가지지 못했던 보통 사람들의 경우에 있어서 대다수의 그들의 행위도 백이 등과 같이 고상한 자가 많았지만 모두 역사적 평가를 받지 못해 이름과 사적이 모두 연기처럼 사라졌으니 매우 비통한 일이라는 것이다. 정확한 표점은 다음과 같다.

伯夷、 叔齊雖賢， 得夫子而名益彰。 顏淵雖篤學， 附驥尾而行益顯。 巖穴之士， 趣舍有時若此， 類名堙滅而不稱， 悲夫！ (『索隱』: "蒼蠅附驥尾而致千里，以譬顏回因孔子而名彰也。")

……동굴 속에 숨어 사는 은자들도 출처진퇴에 있어서 때로는 이들과 다를 바가 없었지만 대다수의 사람의 이름이 사라져 높이 드러나지 못한 것은 슬픈 일이다. (『索隱』: 쇠파리가 기미에 붙어 천리를 간다는 고사가 있는데 이것으로 안회가 공자 때문에 이름을 날린 것을 비유한 것이다.)

＊於是楚軍夜擊坑秦卒二十餘萬人新安城南。

行， 略定秦地。 函谷關有兵守關， 不得入。 又聞沛公已破咸陽， 項羽大怒， 使當陽君等擊關。[13]

이때 초군은 밤을 이용하여 20여만 명이 넘는 진병을 신안성(新安城)의 남쪽에서 모두 학살하였다.

그들은 행군하여 진나라 땅을 평정했다. [바른 해석:그들은 바야흐로 진의 영토를 공략하며 계속 진군해 가고 있었다.] 그러나 함곡관(函谷關)에

---

13) 『史記』 項羽本紀, 『史記選注』, 人民文學出版社 1956, 65면.

이르자 일단의 병사가 그곳을 지키고 있어 그들은 관문을 통과할 수 없었다. 패공(沛公)이 이미 함양을 공파한 사실을 안 항우(項羽)는 크게 진노하였으며, 당양군(當陽君) 등을 시켜 함곡관을 공파하였다.

　표점자는 '行'자 뒤에 쉼표를 해서 '行'을 동사로 보아 '행진하다'·'행군하다'라는 의미로 파악했다. 그러나 이렇게 표점하면 앞뒤에 모순이 생긴다. '略定秦地'는 문장을 이루어 진의 땅이 점령됐음을 의미한다. 그러나 그 다음 문장에서는 함곡관에는 관을 지키는 병사가 있어 들어갈 수 없었고, 항우는 크게 노하여 낭양군 등을 시켜 관을 공격게 했나고 되어 있나. 따라서 당시 초군이 함곡관 밖에 있었음을 알 수 있다. 이러한 모순이 생겨난 원인은 이 '行'자에 있다. 행진하다라는 것이 분명 '行'의 일반적 뜻이지만, 고대의 '行'에는 '장차'·'멀지 않아'라는 부사의 의미가 있다. 예를 들어 조비의 「여오질서(與吳質書)」에는 '別來行復四年'(떠나온 지 멀지 않아 4년이 될 것이다)라고 되어 있다. 따라서 『사기』 중의 '行'자는 '장차'의 의미로 뒷문장에 속해야 한다.

　고서 표점시 단어의 과거와 현재의 의미 차이에 주의해야 한다. 왜냐하면 역사의 발전에 따라 어떤 단어는 의미가 변화하기 때문이다. 동일한 단어라도 서로 다른 시대에는 다른 의미를 가질 수 있다. 즉 옛날의 뜻과 당시의 뜻 사이에 차이가 발생한다. 고서 표점시 단어가 옛날의 뜻과 당시의 뜻이 서로 다른 것을 구별해야 하며 현재의 의미로 고서를 이해해서는 안된다. 만약 그런 경우라면 문장을 잘못 끊기 쉽다. 예를 들어보자.

　＊項籍少時, 學書不成, 去學劍, 又不成。[14]
　항적이 젊었을 때 책을 공부해도 성과가 없었고 가서 검을 배우니 또 성과가 없었다.

　위의 표점에 따르면 '去學劍'을 연독하여 표점자는 '去'를 '가다'라는 뜻으로 해석했다. 그러나 '去'의 옛날 뜻은 '버리다'이므로 앞 문장에 붙여야 한

14) 『史記』項羽本紀, 中華書局 1959, 295면.

다. 정확한 표점은 다음과 같다.

項籍少時, 學書不成, 去; 學劍, 又不成。
　항적은 소년 시절 글자를 배웠으나 제대로 익히지 못하자 그것을 포기했다. 검술을 배웠지만 그것도 제대로 숙달하지 못하였다.

　＊李當尙書鎭南梁, 境內有朝士莊産, 子孫僑寓其間, 而不肖者相效爲非。前牧以其各有階緣, 弗克禁止, 閭巷苦之。當嚴明有斷, 處分寬。織篾籠, 召其尤者, 詰其家世譜第, 在朝姻親。乃曰: "郎君藉如是地望, 作如此行止, 無乃辱于存亡乎? 今日所懲, 賢親眷聞之, 必賞老天, 勉旃。"遂命盛以竹籠, 沈于漢江。[15]

　상서 이당(李當)이 남량(南梁)을 진무할 때 경내에 중앙관리의 전장(田莊)이 있어 자손이 때때로 거기에 거처하며 그중 못된 자가 서로 본받아 비행을 일삼았다. 전에 관리는 서로 연줄이 있어 그것을 금지시키지 못해 백성이 고통스러워했다. 이당은 엄단할 것을 분명히 하고 관대히 처분하였다. 대그릇을 만들게 하고 [바른 해석: ……엄단할 것을 분명히 했다. 대그릇을 크게 만들게 분부하고] 이어 죄 있는 자를 불러 그의 집안 혈통과 내력에 대해 물으니 조정과 친인척 관계에 있었다. "그대가 이와같이 지역의 명망을 빙자하여 그런 식으로 굴면 살아 있는 친척과 죽은 조상에게 욕되지 않겠는가? 금일의 처벌을 현명한 친족이 살펴 듣는다면 이 늙은이에게 반드시 상을 내릴 것이며 깃발을 내릴 것이다"라고 말하고는 마침내 대그릇에 채워 한강에 빠뜨렸다.

　이것은 이당(李當)이 남량(南梁)에서 관리로 있을 때 남량 지역 내에 중앙관리의 전장 산업(田莊産業)이 있어 그들의 자제가 지방에서 온갖 나쁜 짓을 저질렀음을 나타낸다. 문장 가운데 "當嚴明有斷, 處分寬。織篾籠"의 표점은 잘못된 것이다. 이것은 '處分'을 오늘날의 뜻으로 이해한 것이다. 이렇

---

15) 『唐語林』政事 下, 古典文學出版社 1957, 43면.

게 표점하면 앞뒤 문장에 모순이 발생한다. 이미 이당이 엄명을 내렸는데 어찌 관대히 처분했다는 것인가? 사실 '處分'은 육조와 당나라 시대에는 '분부하다'란 의미로 오늘날의 '처분하다'라는 뜻이 아니다. 예를 들어보자.

劉禹錫「和令狐相公聞思帝鄕有感」: 滄海西頭舊丞相, 停杯處分不須吹。
창해 서쪽 끝의 구승상께서는 잔을 멈추고 사제향 불기를 그치게 했네.

楊萬里「晚興」: 處分新霜且留菊, 辟差寒日早開梅。
새 서리가 내려도 국화꽃은 여전하며 주운 날이 닥쳐와도 매화꽃은 일찍 부터 피어나지.

따라서 『당어림(唐語林)』에서의 이 구절의 의미는 이당이 커다란 대그릇을 만들게 하고 가장 나쁜 자를 불러 대그릇 안에 그들을 넣어 한강에 빠뜨렸다는 것이 된다. 그러므로 '處分寬織篾籠'은 연독해야 하며 '寬' 다음의 마침표는 없애야 한다.

고대 중국어 가운데 단어는 과거의 뜻과 현재의 뜻이 차이를 갖고 있을 뿐 아니라 서로 다른 시대에는 서로 다른 관용적 용법이 있다. 선진 시대와 한위 육조 시대의 상황이 서로 다르고 한위 육조 시대와 당송 시대의 상황도 각기 다르다. '行事'라는 단어의 경우 이것은 '지난날'의 의미인데 한나라 때에는 '行事'·'成事'·'故事'라고 해서 그 의미가 모두 같았다. 모두 그 다음 문장에 주목하게 하는 말이다. 『논형』 문공편(問孔篇)의 한 구절을 예로 들어보자.

成事: 季康子患盜。孔子對曰: 苟子之不欲, 雖賞之不竊。
지난날에 계강자는 도둑맞을 것을 걱정하였다. 공자가 이에 대해 "진실로 그대가 욕심이 없다면 상을 주어 시켜도 도둑질하지 않을 것이다"라고 말씀하셨다.

또 『논형』에는 다음과 같은 예도 있다.

行事: 雷擊殺人, 水火燒溺人, 墻屋壓塡人。

과거에 번개는 사람을 격살시키고 수화(水火)는 사람을 익사시키고 불태웠으며 담장과 집은 사람을 압살시켰다.

『한서』에는 '行事'와 '故事'라는 표현을 사용했다. 「위상전(魏相傳)」에 나오는 예를 들어보자.

又故事: 諸上書者皆爲二封, 署其一曰副, 領尙書者先發副封, 所言不善, 屏去不奏。

또 예전에는 모든 상서는 2통을 만들어 그 하나를 기재하기를 부(副)라고했다. 영상서자(領尙書者)가 먼저 부봉을 뜯어 살펴 내용이 좋지 않은 것은 버리고 상주하지 않았다.

『한기(漢紀)』는 '故事'를 '近事'로 썼다. '近事' 역시 '과거'라는 의미이다. 만약에 각 시대의 관용용법을 충분히 알지 못하면 잘못 표점할 것이다. 예를 들어보자.

＊昔齊桓公前有尊周之功, 後有滅項之罪, 君子以功覆過而爲之諱行事。貳師將軍李廣利損五萬之師。靡億萬之費, 經四年之勞, 而僅獲駿馬三十匹, 雖斬宛王毋鼓之首, 猶不足以復費, 其私罪惡甚多。孝武以爲萬里征伐, 不錄其過, 遂封拜兩侯、三卿、二千石百有餘人。[16]

일찍이 제 환공은 앞서 주(周)왕실을 받든 공(功)이 있었지만 이후에 항(項)나라를 멸하는 잘못을 범했던 바 있었습니다. (이것에 대해서 춘추를 지은) 군자는 공로 때문에 과실을 덮어주고 과거의 일을 회피해서 기록하지 않았습니다. [바른 해석: ……과실을 덮어주고 (환공의 이름을) 피휘해서 기록하지 않았습니다. 과거에] 이사장군 이광리(李廣利)는 5만의 군사를 잃고

---

16) 『漢書』陳湯傳, 中華書局 1962, 3017~3018면.

억만의 전비를 쓰고 4년간의 노력을 들였지만 겨우 준마 30필을 획득했습니다. 비록 완왕(宛王) 무고(毋鼓)의 머리를 베었다고는 해도 오히려 그 전비를 보상하기에 부족하니 그 개인의 죄악이 심히 컸습니다. (그러나) 효무제는 만리 정벌의 노고를 생각하여 그 허물을 따지지 않고 결국 두 명을 후로, 세 명을 경으로, 백여 인을 이천석의 지위에 봉해 주었습니다.

이것은 유향(劉向)이 행한 상소의 한 문장으로 감연수(甘延壽)와 진탕(陳湯)을 변호하는 글이다. 이와같은 표점은 아마 안사고(顔師古)의 주에 근거했을 것이다. 안사고는 '諱行事'를 연독하여 "行事란 '滅項之事'를 말한다"라고 해석했다. 그러나 유반(劉攽)은 다음과 같은 지적을 했다. "'諱行事'는 잘못 끊은 것이다. 행사란 지나간 과거의 사실을 말할 때 사용하던 관용 표현이다. 한대에는 '行事'라는 말은 '成事(과거에)'와 동일한 뜻이었다." 왕염손(王念孫)도 "行事 이 두 자는 전체적으로 봐서 뒷문장에 붙는 말이니 유반이 다음 문장에 붙여 구두한 것이 옳다"고 했다.[17] 따라서 『한서』의 이 구절은 '諱'자 뒤에 마침표를 하고 '行事' 뒤에는 쉼표나 콜론을 해야 한다.

또 다른 예로 '少小'는 한위 시대에는 '소년 시절'을 가리킨다. 예를 들어 조식(曹植)은 「백마편(白馬篇)」에서 "少小去鄕邑, 揚聲沙漠垂。"(소년 시절에 고향을 떠나 사막 끝까지 이름을 날렸다)라고 했다. 어떤 표점자는 이러한 관용용법을 이해하지 못해 문장을 잘못 끊었다. 예를 들면 다음과 같다.

　＊ 今往僕少小。所著辭賦一通。相與夫街談巷說。必有可采。擊轅之歌。有應風雅。匹夫之思。未易輕棄也。[18]

　＊ 今往僕少小所著辭賦一通。相與夫街談巷說。必有可采。擊轅之歌。有應風雅。匹夫之思。未易輕棄也。[19]

이 두 종류의 표점 가운데 하나는 '少小'・'一通' 뒤를 끊었고 또 하나는

---

17) 『古書句讀釋例』, 中華書局 1954, 15면.

18) 曹植, 「與楊修書」, 『文選』, 商務印書館 1959, 929면.

19) 曹植, 「與楊修書」, 『文選』, 中華書局 1977, 594면.

'一通' 뒤를 끊었는데 모두 문장의 의미가 통하지 않는다. 이 문장 중의 '往'은 보낸다는 의미이고 '少小'는 소년 시절, '一通'은 편지 한 통, '與'는 준다의 뜻이다. 첫번째 문장의 의미는 현재 내가 소년 시절에 지은 한 편을 너에게 보낸다는 것이다. 표점자는 이와같은 단어의 관용용법을 제대로 이해하지 못했기 때문에 구두를 잘못하였던 것이다. 정확한 표점은 다음과 같다.

今往僕少小所著辭賦一通相與。 夫街談巷說， 必有可采； 擊轅之歌， 有應風雅。匹夫之思。未易輕棄也。

지금 내가 소년 시절에 지은 시문 한편을 보낸다. 무릇 길거리의 이야기도 반드시 채택할 만한 것이 있다. 수레를 치며 부르는 노래에도 풍류가 있고 필부의 생각도 가벼이 버릴 수 없는 것이다.

또한 예를 들어 '一得'이란 말이 고대에는 '한가지를 얻는다(깨닫다)'는 의미를 포함한다. 『사기』 회음후열전(淮陰侯列傳)에는 "愚者千慮， 必有一得。"(어리석은 자라도 천번을 생각하면 그중에 반드시 한가지는 얻을 것이 있다)라고 되어 있다. 한편 '一得'은 관용용법이기도 하다. 이 때의 '一'은 '일단 …라면'이라는 가정의 의미를 포함하며 항상 동사 앞에서 동사와 함께 고정어를 이룬다. 예를 들어 '一失'·'一得'이 있는데『좌전』성공(成公) 2년조에 나오는 문장의 경우를 보자. "蔡、許之君， 一失其位， 不得列於諸侯。"(채·허의 군주는 일단 그 지위를 잃자 제후의 대열에 낄 수 없었다.) '一失'은 '일단 잃으면'이라는 의미이고, '一得'은 '일단 얻으면'이라는 뜻이다. 고대 중국어의 관용어구를 제대로 파악하지 못하면 그릇된 표점을 하게 된다. 예를 들어보자.

 * 若能翻然淸尙， 解佩損簪； 則吾於玆山， 莊可辦一。 得把臂入林， 挂巾垂枝， 携酒登巘， 舒席平山， 道素志， 論舊款， 訪丹法， 語玄書， 斯亦樂矣， 何必富貴乎？[20]

---

20)『北齊書』文宛傳， 中華書局 1972, 606면.

이것은 조홍훈(祖鴻勛)이 관직을 떠나 귀향한 이후 양휴(陽休)에게 보내는 편지 가운데 한 구절로 양휴의 사직을 권고하는 내용이다. 이 편지는 변려체의 문장으로 되어 있다. 표점자는 '山'·'一'자 뒤에 쉼표를 했는데 '則吾於玆山'은 말이 통하지만 '莊可辦一'은 해석되지 않으며 아래 문장의 '得'자도 해석할 수 없다. 사실 '山莊'은 하나의 단어이고 '一得'은 관용어구이므로 연독해야 한다. '一得把臂入林'과 앞문장의 '若能翻然淸尙'은 서로 대응하며 둘 다 여섯 자로 이루어져서 모두 가정의 의미를 내포한다. 그러므로 정확한 표점은 다음과 같다.

  若能翻然淸尙, 解佩損簪, 則吾於玆, 山莊可辦; 一得把臂入林, 挂巾垂枝
……

  만약 불현듯이 (관직을 그만두고) 맑고 고아해지고 싶어 관대(官帶)를 풀고 머리비녀를 뽑으실 수 있다면 저는 여기에 산장을 준비할 수 있으리이다. 문득 한번 팔짱을 끼고 숲에 들어가 수건을 걸고 나뭇가지를 드리우고 술병을 든 채 산봉우리에 올라서는 평평한 곳에 자리를 깔지요. 그리고 소박한 뜻을 이야기하고, 옛 정에 관해 말하며, 단법(丹法)에 대해 문의하고, 현서(玄書)에 관해 논한다면 이 또한 즐거우리니 구태여 부귀를 추구할 필요가 있겠습니까?

  이상의 예에서 고서 표점시에는 고대 중국어의 어휘를 반드시 숙지해야 하고 고대 중국어 어휘의 특징을 파악해야 함을 알 수 있다. 이는 명대 학자 양신(楊愼)이 한 "무릇 어느 한 시대의 책을 보려면 반드시 그 시대의 언어에 정통해야 한다"[21]라는 말과 같은 맥락이다.

제 3 절 인명 판별의 중요성

  역사서 가운데 인명은 매우 자주 보인다. 고서에 표점하는 데 인명과 보

---

21) 『俗言』卷1.

통명사를 구분하는 것은 중요한 의미가 있다. 유명 인물의 칭호·성명은 일반적으로 잘못 표점하는 경우가 별로 없지만, 알지 못하는 인물의 이름은 어떤 때에는 일반 단어로 오해하기 쉽다. 고서 가운데 인명은 어떤 특징을 가지고 있는가? 어떻게 고서 가운데 인명을 식별할 수 있을까?

전기(傳記)의 제일 처음에는 일반적으로 인물의 이름을 소개하고 있다. 예를 들어보자.

賈誼, 洛陽人也, 年十八, 以能誦詩書屬文稱于郡中。(『漢書』賈誼傳)
가의(賈誼)는 낙양 사람으로 18세에 시(詩)와 서(書)를 잘 암송했고 글을 잘 지어 군(郡)에서 칭송받았다.

『사기』에는 인명 앞에 일반적으로 관직명이나 봉호(封號)를 붙인다. 예를 들어보자.

張廷尉釋之者, 堵陽人也, 字季。(『史記』張釋之傳)
정위 장석지는 자양 사람으로 자(字)는 계이다.

郎中令周文者, 名仁, 其先故任城人也。(『史記』萬石張叔列傳)
낭중령 주문은 이름이 인(仁)이고 그의 선조는 임성 사람이다.

武安侯田蚡者, 孝景后同母弟也, 生長陵。(『史記』武安侯傳)
무안후 전분(田蚡)은 효경후의 친동생이고 장릉에서 태어났다.

정위(廷尉)는 장석지의 관직이고 낭중령(郎中令)은 주문의 관직이다. 무안후(武安侯)는 전분의 봉호(封號)이다.

『자치통감(資治通鑑)』은 서술 방식에 있어 어떤 인물이 처음 나올 때에는 인명 앞에 본적이나 종족을 붙인다. 예를 들어보자.

臨菑人主父偃、嚴安, 無終人徐樂, 皆上書言事。(『資治通鑑』漢紀 10)

임치인 주보언(主父偃)·엄안(嚴安), 무종인 서락(徐樂)은 모두 상서하여 정사를 논했다.

魏秦州 屠各 王法智聚衆二千, 推秦州主簿呂苟兒爲主, 改元建明, 置百官, 攻逼州郡。(『資治通鑑』 梁紀 2)

위(魏)나라 진주의 도각족인 왕법지(王法智)는 무리 이천 명을 모으고 진주 주부 여구아(呂苟兒)를 추대하여 군주로 삼아 연호를 건명(建明)이라 고치고 백관을 두고서 (여러) 주현을 공격하여 괴롭혔다.

임치(臨菑)는 주보언과 엄안의 본적지의 명칭이고, 무종(無終)은 서락의 본적이다. 도각(屠各)은 왕법지의 종족명이다.

위진(魏晉) 시대 이후에는 인명 앞에 자주 군망(郡望)을 붙였다. 예를 들어보자.

豫章 雷次宗好學, 隱居廬山。(『資治通鑑』 宋紀 5)
예장 뇌차종(雷次宗)은 학문을 좋아했고 여산에 은거하였다.

예장(豫章)은 뇌차종의 군망이다. (위진 시대에서부터 隋唐 시대에 이르기까지 郡마다 명망 있는 가문을 郡望이라고 불렀다.)

고서의 인명은 항상 붙여 쓰이지만 인명 앞에 각각 관직이 붙는데 인명 사이에 끼인 관직이 앞에 속하는지 뒤에 속하는지를 때로는 분간하기 어렵다. 예를 들어보자.

＊欲楫還朝, 錫袞調吏部尙書。李日宣下獄, 遂掌部事。[22]
욕즙(欲楫)은 조정에서 물러나자 석곤(錫袞)이 이부상서로 옮겼다. 이왈선(李日宣)이 하옥되어 마침내 이부의 일을 담당하게 되었다.

욕즙은 임욕즙(林欲楫)으로 당시 예부상서를 맡고 있었다. 이 표점에 따

22) 『明史』 王錫袞傳, 中華書局 1974, 7151면.

르면 임욱즙이 조정에서 물러난 이후 왕석곤(王錫袞)이 이부상서로 뽑혀 그 관직을 담임한 것으로 되어 있다. 그러나 『명사(明史)』 칠경연포(七卿年表) 2를 살피면 왕석곤은 일찍이 이부상서를 맡은 적이 없다. 숭정 13년에 이부 상서를 담임한 사람은 이왈선이다. 15년 6월에 이왈선이 "하옥되고 군대로 보내졌다." 또 이 열전의 앞 문장에서 왕석곤은 숭정 "13년에 예부우시랑으로 발탁되었다. 다음해 봄에 상서인 임욱즙이 효릉(孝陵)을 관장하러 나가자 석곤이 우시랑으로 그 부서의 일을 담당하였다"라고 한다. 이로 보아 『명사』 왕석곤전에 나온 이 기사는 임욱즙이 조정을 물러난 이후에 왕석곤이 예부에서 이부로 뽑혔다는 뜻이다. 이부상서인 이왈선이 하옥된 이후 왕석곤이 이부시랑으로 이부 일을 담당하였다. 이렇기 때문에 '尙書' 두 자는 뒷문장과 연결하여 읽어야 한다. 정확한 표점은 다음과 같다.

欲楫還朝，錫袞調吏部。尙書李曰宣下獄，遂掌部事。

욱즙은 조정에서 물러나자 석곤이 이부에 뽑혔다. (이부)상서인 이왈선이 하옥되어 마침내 이부의 일을 관장하게 되었다.

＊嘉靖初，直經筵。進講范浚『心箴』，敷陳剴切。帝悅，乃自爲注釋，而鼎臣特受眷。累官詹事、給事中。劉世揚、李仁劾鼎臣汙佞。帝下世揚等獄，以鼎臣救，得薄譴，拜禮部右侍郎。[23]

가정초 임금에게 강론을 하게 되었다. 범준(范浚)의 『심잠』을 강론함에 있어 매우 적절하게 진술하였다. 황제도 기뻐하며 이내 스스로 주석을 하기도 했는데 정신(鼎臣)이 특별히 은총을 받았다. 관직이 첨사·급사중을 거쳤다. 유세양과 이인이 [바른 해석: 관직은 첨사를 거쳤다. 급사중인 劉世揚과 李仁이] 정신의 부정과 아첨을 탄핵하였다. 황제는 세양 등을 하옥시키자 정신이 변호하여 죄가 감면되었고 예부우시랑으로 임명되었다.

이 표점에 따르면 고정신(顧鼎臣)이 '첨사와 급사중의 관직을 거친 것'이

---

23) 『明史』 顧鼎臣傳，中華書局 1974, 5115면.

된다. 그러나 『명사』 권206 유세양전(劉世揚傳)을 살펴보면 유세양이 "이과 좌급사중(吏科左給事中)을 거쳐서 급사중으로 나아갔다. 같은 관직에 있는 이인과 함께 첨사 고정신의 부정과 아첨을 탄핵하면서 '또한 지금(의 벼슬) 은 첨사이지만 훗날에는 보신(輔臣)의 노릇을 할 것이다'"라고 되어 있다. 당시 고정신은 첨사직에 있었을 뿐이지 결코 급사중을 맡은 것은 아니며 급 사중을 맡은 사람은 유세양·이인임을 알 수 있다. 이렇기 때문에 '詹事' 뒤 의 모점은 마침표가 되어야 하며, '給事中' 뒤의 마침표는 없애야 한다.

주의해야 하는 것은 고서에서 인물을 소개할 때 전기의 첫머리에는 그 성 과 이름을 다 표기하지만 그 이하의 문장부터는 이름만 쓸 뿐 성은 표기하 지 않는다는 점이다. 예를 들어보자.

馮唐者, 其大父趙人。 父徙代。 漢興徙安陵。 唐以孝著, 爲中郎署長, 事文帝。 文帝輦過, 問唐曰:"父老何自爲郎？ 家安在？" 唐具以實對。(『史記』馮唐列傳)

풍당(馮唐)은 그의 할아버지가 조나라 사람이다. 아버지는 대(代)로 이주 해 살다가 한(漢)나라가 일어나자 안릉으로 옮겼다. 당은 효성이 뛰어나 중 랑서장이 되어 문제를 섬겼다. 문제가 수레를 타고 (중랑서에) 들렀을 때 당에게 "노인장은 어떻게 낭관(郎官)이 되었는가？ 집(고향)은 어디에 있는 가？"라고 물었다. 당은 (이에 대하여) 상세히 아뢰었다.

열전(列傳) 첫머리의 풍당(馮唐)은 성과 이름의 합칭(合稱)이다. 뒷문장 에서는 단지 이름 당(唐)만 사용했지 다시는 성과 이름을 같이 표기하지 않 았다. 이러한 특징에 주의하지 않으면 일반 단어를 성으로 오인할 수 있다. 예를 들어 『사기』 경포열전(黥布列傳)에 나오는 한 단락을 어떤 사람은 다 음과 같이 문장을 끊었다.

＊黥布者。 六人也。 姓英氏。 秦時爲布衣。 少年。 有客相之曰。 當刑而王。 及壯。 坐法。 黥布欣然笑曰。 人相我當刑而王。 幾是乎。
경포(黥布)는 육(六)의 사람으로 성은 영(英)이다. 진나라 시대에는 서민

이었다. 젊었을 때에 어느 사람이 그의 관상을 보며 "마땅히 형벌을 받은 뒤라야 왕이 될 것이다"라고 하였다. 장년이 되어 법에 저촉되자 경포는 기뻐하여 웃으면서 말했다. "어떤 사람이 나의 관상을 보고서 마땅히 형벌을 받은 뒤라야 왕이 될 것이다라고 하였는데 바로 이것을 말함인가?"

오여륜(吳汝綸)은 『사기독본(史記讀本)』에서 '坐法'을 문장으로, '黥'은 뒷문장에 속하는 것으로 보았다. 『사기』의 서술 방식에 의하면 열전 첫머리에 이미 '黥布'라고 성과 이름을 썼으므로 열전 가운데 일반적으로 그 이름만 사용하지 성과 이름을 합해서 다시 표기하지 않는다. 경포열전도 역시 예외가 아니다. 그 예를 보면 다음과 같은 것이 있다. "布已論輸麗山(포는 판결을 받고 여산으로 호송되었다.)", "布皆與其徒長豪傑交通(포는 그 무리〔죄수〕의 우두머리와 호걸들과 사귀었다.)", "布乃見番君(포는 이내 番陽縣令을 찾아가 만났다.)", "布乃引兵北擊秦左右校(포는 이에 군사를 이끌고 秦의 左校尉와 右校尉를 격파하였다.)" 따라서 '坐法' 뒤의 '黥'은 뒷문장에 속하는 것이 아니라 앞문장을 잇는 것임을 알 수 있다. '坐法黥'은 법을 어긴 뒤 묵형을 받았다는 뜻이다. 정확한 표점은 다음과 같다.

黥布者, 六人也。姓英氏。秦時爲布衣。少年, 有客相之曰: "當刑而王。" 及壯, 坐法黥。布欣然笑曰: "人相我當刑而王, 幾是乎?"

경포는 육의 사람으로 성은 영이다. 진나라 시대에는 서민이었다. 젊었을 때에 어느 사람이 그의 관상을 보며 "마땅히 형벌을 받은 뒤라야 왕이 될 것이다"라고 하였다. 장년이 되어 법에 저촉되어 묵형을 받고서 포는 기뻐하여 웃으면서 말했다. "어떤 사람이 나의 관상을 보고서 마땅히 형벌을 받은 뒤라야 왕이 될 것이다라고 하였는데 바로 이것을 말함인가?"

고서 가운데에는 다음과 같은 관습이 있는데, 대화·편지 혹은 자술(自述)에서 이름으로 자신을 칭하여 겸손을 나타낸다. 남을 칭할 때에는 그 사람의 자(字)를 사용하여 존경을 표시한다. 예를 들어보자.

平原君怪之, 曰: "勝所以待諸君者未嘗敢失禮, 而去者何多也？"(『史記』平
原君列傳)

평원군은 이상히 여겨 "내가 식객(제군)들을 대접함에 있어 일찍이 예를
잃지 않았다고 생각되는데 떠나버리는 사람이 많으니 어찌된 일이오？"라고
물었다.

良乃稱曰: "家世相韓, 及韓滅, 不愛萬金之資, 爲韓報仇彊秦, 天下震動。
今以三寸舌爲帝者師, 封萬戶, 位列侯, 此布衣之極, 于良足矣。願棄人間事,
欲從赤松子游矣。"(『漢書』張良傳)

양(良)이 이내 "(저의) 가문은 대대로 한나라에서 재상직을 맡았는데 한
나라가 멸망하자 만금의 재물을 아끼지 않고서 한나라를 위해 원수인 강적
진나라에 보복하여 천하를 진동시켰습니다. 지금 세치의 혀로써 황제의 스
승이 되어 만호(萬戶)씩이나 봉을 받아 열후의 자리에 올랐으니 이것은 서
민이 (할 수 있는) 최상의 것으로 저에게는 충분합니다. 원컨대 속세의 일
을 버리고 적송자의 즐거움을 좇으려고 합니다"라고 말했다.

問于愈者多矣, 念生之言不志乎利, 聊相爲言之。愈白。(韓愈「答李翊書」)

저에게 물어보는 자가 많은데, 생각건대 이익 당신의 말은 이로움에 뜻을
두지 않고 있으니 서로 함께 이것을 이야기해 봅시다. 저 유(愈)가 아룁니
다.

승(勝)은 평원군의 자칭이고, 양(良)은 장량의 지칭이며, 유(愈)는 한유
의 자칭이다.

此正少卿所親見, 僕行事豈不然邪？(司馬遷「報任安書」)

이것은 실로 소경(少卿)께서도 직접 보신 것으로서 저의 지난 일이 어찌
그렇지 않겠습니까？

昨日蒙教, 竊以爲與君實游處相好之日久, 而議事每不合, 所操之術多異故

也。(王安石「答司馬諫議書」)

지난날 가르침을 입어 가만히 마음속으로 생각해보니 군실(君實)과 알고 지내며 즐거워한 날이 오래되었는데도 정사를 의논함에 있어 매번 일치하지 않으니 뜻을 이루는 수단이 다르기 때문인 것 같습니다.

'少卿'은 임안(任安)의 자(字)이고, '君實'은 사마광(司馬光)의 자이다.

이상의 예에서 인명과 보통명사는 일정한 구별이 있으며 그것은 일반적으로 앞문장에서 교대로 나타나며, 뒷문장에서 종종 중복하여 나타남을 알 수 있다. 고서의 내용이 복잡한 경우에는 초학자들은 인명을 일반 단어로 쉽게 오인할 뿐만 아니라 어떤 때에는 전문가조차 착오를 일으키기도 한다. 예를 들면 『한서』 외척전(外戚傳) 하 가운데 나오는 한 단락을 안사고(顔師古)가 주(注)를 달 때에 다음과 같이 구를 끊었다.

* 明年春。 遣大司徒宮大司空豐左將軍建右將軍甄邯光祿大夫歆奉乘輿法駕。迎皇后于安漢公第宮。豐歆授皇后璽紱。登車稱警蹕。便時上林延壽門。入未央宮前殿。

다음해 봄철에 대사도 궁(宮), 대사공 풍(豐), 좌장군 건(建), 우장군 견한(甄邯), 광록대부 흠(歆)을 파견하여 황제가 타는 수레를 받들어 안한공의 제궁(第宮)에서 황후를 맞이하도록 했다. 풍·흠은 황후에게 인수를 바치고서 수레에 올라타 길을 비키라고 외쳤고 상림연수문에서 날을 잡아 미앙궁의 전전(前殿)으로 들어갔다.

안사고는 '第宮' 두 자를 붙여 읽었다. 주(注)를 달아 "원래 왕망의 집인데 황후가 여기에 있으므로 궁(宮)이라고 불렀다"라고 했다. 그는 '宮'을 일반 단어라고 보았다. 그러나 앞문장과 관련하여 보면 '宮'은 앞문장에서 말한 바 있는 대사도 마궁(馬宮)이고 '豐'은 대사공 견풍(甄豐)을 가리키며, '歆'은 광록대부 유흠(劉歆)을 가리킨다. '宮'은 뒷문장에 속하는 구절이 되어야 함을 알 수 있다. 정확한 표점은 다음과 같아야 한다.

明年春, 遣大司徒宮、大司空豐、左將軍建、右將軍甄邯、光祿大夫歆奉乘輿法駕, 迎皇后于安漢公第。宮、豐、歆授皇后璽紱, 登車稱警蹕, 便時上林延壽門, 入未央宮前殿。

다음해 봄철에 대사도 궁, 대사공 풍, 좌장군 건, 우장군 견한, 광록대부 흠을 파견하여 황제가 타는 수레를 받들어 안한공의 집에서 황후를 맞이하도록 했다. 궁·풍·흠은 황후에게 인수를 바치고서 수레에 올라타 길을 비키라고 외쳤고 상림연수문에서 날을 잡아 미앙궁의 전전(前殿)으로 들어갔다.

양웅(揚雄)의 『법언(法言)』 문신편(問神篇) 가운데 나오는 한 단락을 어떤 사람은 다음과 같이 표점을 했다.

*育而不苗者。吾家之童。烏乎。九齡而與我玄文。

길렀으나 싹도 피지도 못한 것이 내 집 아이니 슬프구나. [바른 해석: 내 집의 아이 烏로다.] (그 아이는) 나이 아홉에 (이미) 나에게 현문(玄文)을 가르쳐주었다.

송대(宋代) 원문(袁文)은 『옹유한평(瓮牖閑評)』에서 이렇게 문장을 끊었다. 그는 "자운(子雲)은 그의 아이가 어려서 일찍 죽은 것을 탄식하였다. 그러므로 '烏乎'라고 하였으니 곧 '嗚呼'이다"라고 해석하였다. 그는 '童'과 '烏'를 나누어서 모두 일반 단어로 보았다. 그러나 송대(宋代) 요관(姚寬)의 『서계총화(西溪叢話)』에는 다음과 같이 기재되어 있다. "내가 정고비(鄭固碑)를 보니 '사내아이로 양오(揚烏)와 같은 재능을 가졌으나 나이 일곱에 요절했다'라고 한다. 또 소경부(蘇傾賦)에는 '동오는 어찌하여 그 수를 다하여 장성하지 못했는가?'라는 내용이 있다. 이때 자운이 죽은 지 얼마 되지 않았으므로 그를 가리키는 것이 틀림없다. 여기에서 '동오'는 자운 아들의 어릴 때 이름임을 알 수 있다." 장주(張澍)는 『촉전(蜀典)』 권2에서 다음과 같이 말한다. "『문사전(文士傳)』에 한(漢)의 환린(桓驎)이 손님에게 시(詩)로 답하면서 '저 양오(揚烏)는 세상에서 현명하다고 이름이 났다'고 했다.

그 손님이 환린에게 시를 보이며 또한 '양오는 아홉 살이다'라고 답하였다. (이러므로) 이것을 어찌 감탄사로 해석할 수 있겠느냐?" 양수달(楊樹達)은 『고서구두석례(古書句讀釋例)』에서 "유향(劉向)의 『별록(別錄)』을 인용한 『태평어람(太平御覽)』 권385에 의하면 '양신(揚信)은 자가 자오(子烏)로 양웅(揚雄)의 둘째아들이다'라고 되어 있다. 오(烏)가 양웅의 아들의 자임은 털끝만큼도 의심할 수 없다"[24]라고 하였다. 이렇기 때문에 '烏乎' 두 자는 앞문장에 속해야 한다.

    * 是月，丹徒知縣胡孟，通縣丞郭伯高，以事當就逮，耆民數十人詣闕訟其撫民有方。上特命釋之。[25]

이번 달에 단도의 지현인 호맹(胡孟), 통현의 승(丞)인 곽백고(郭伯高)가 (어떤) 일에 연루되어 체포당하게 되자 나이 많은 백성 수십 명이 궁궐로 가서 그가 백성을 위무함에 (올바른) 원칙이 있어 (잘 다스렸다고) 아뢰었다. 황제께서 특명을 내려 그를 풀어주도록 하였다.

원래 표점을 따르면 단도지현의 이름은 '胡孟'이고, 곽백고는 '通縣丞'이 된다. 그러나 『명실록』 태조실록 권174를 살피면, 18년 7월에 "을축(乙丑)일 진강 단도지현(鎭江丹徒知縣)인 호맹통, 현승(縣丞)인 곽백고가 어떤 일에 연좌되어 체포당하게 되자 늙은이 위동(韋棟) 등 수십 명이 궁궐로 가서 그가 백성을 다스리는 데 원칙이 있었으므로 벌을 주지 말고 풀어주어야 한다고 상소를 올렸다. 황제께서 특명을 내려 그를 풀어주도록 했다. 사신을 파견하여 가서 술로써 위로하고 조칙을 내려 '생각건대 단도의 부로(父老)들이 궁궐에 와서 지현 호맹통, 현승 곽백고를 모두 풀어주어야 한다고 했는데 내 이를 듣고 놀랐다'"라고 되어 있다. 이로 보아 단도의 지현이 호맹이 아니라 호맹통이며, 곽백고는 단도의 현승이지 통현의 현승이 아님을 알 수 있다. 여기에서 통현은 표점을 잘못해서 근거없이 첨가된 것이다. 정확

---

  24) 『古書句讀釋例』, 中華書局 1954, 32면.

  25) 『明通鑑』, 中華書局 1959, 438면.

한 표점은 다음과 같아야 한다.

是月，丹徒知縣胡孟通、縣丞郭伯高以事當就逮，……

이번 달에 단도의 지현인 호맹통, 현승인 곽백고가 일에 연루되어 체포당하게 되자……

＊時莒州日照知縣馬亮考滿，以長于督運，山西汾州平遙主簿成樂能，恢辦商稅，皆注上考。[26]

때마침 거주 일조의 지현인 마량은 임기를 다 채웠고 조운행정을 잘 하였으며, 산서 분수 평요의 수부 성낙능은 상세를 충분하게 거두어들였으며 [바른 해석: 성락은 상세를 많이 거두어들여] 모두 상고(上考: 벼슬아치의 최고 성적)라고 기록되었다.

이 표점에 따르면 평요 주부(平遙主簿)는 성낙능(成樂能)이다. 그러나 『명실록』 태조실록 권106을 살펴보면, 홍무 9년 6월, "경술일에 산서 분주 평요현의 주부인 성락은 관직의 기한이 다 차서 조정에 오니 임관한 해당 주에서 그의 고과를 올려서 '상세를 많이 거두어들이는 능력이 있다'라고 하였는데 이부에서는 이를 알고 있었다"라고 되어 있다. 이에 따라서 평요 주부는 '成樂'임을 알 수 있다. '能'은 일반 단어로 아래의 전명호는 없애야 하며 '能'의 뒤의 쉼표는 '樂' 뒤로 옮겨야 한다.

이상의 예를 통하여 인명 판별은 그 책의 앞뒤 문장을 반복하여 살펴보는 것 외에 관련 자료에 대한 조사도 필요하며 결코 경솔하게 다루어서는 안된다는 것을 알 수 있다.

제 4 절　고대문화에 대한 지식의 필요성

고서를 표점할 때의 어려움은 고대 중국어 자체에만 있는 것이 아니라 언

---

26) 『明通鑑』, 中華書局 1959, 338면.

어가 반영하고 있는 내용에도 있다. 송대 학자 정초(鄭樵)는 "고인의 말을 잘 이해하기 어려운 것은 글의 이치가 이해하기 어려워서가 아니라 실제로 책이 담고 있는 구체적인 사실을 이해하기가 어렵기 때문이다"[27]라고 말했다. 시대의 변천으로 인해 고대인들이 모두 알고 있는 사실도 후세에 이르면 심지어 전문가조차도 잘 알지 못하게 된다. 바로 청대의 학자 대진(戴震)이 "옛날에는 아녀자들도 들어서 바로 이해할 수 있었던 것을 그후에 경학의 대가들이 서로 전수하고 연구해도 여전히 의문점이 남아 있게 되었다. 이것은 시대의 변천이 그렇게 만든 것이다"[28]라고 한 것과 같다. 고서를 정확히 표점하기 위해서 반드시 고대의 문화에 대한 지식을 이해해야만 하는데 특히 고대의 천문·지리·제도와 문물·풍속·습관 등에 대한 지식이 필요하다. 대진은 "일찍이 천문에 통하지 않으면 (『尚書』의) 「요전(堯典)」을 읽을 수 없고, 지리에 통하지 않으면 「우공(禹貢)」을 읽을 수 없다"[29]고 했다. 그것은 이러한 지식을 결여하면 곧 특정한 용어를 이해하는 데 지장이 있기 때문이다. 예를 들어보자.

* 史記天官書云。牽牛爲犧牲。其北河鼓。河鼓大星。上將左右。左右將。[30]
* 史記天官書云: "牽牛爲犧牲, 其北河鼓。 河鼓大星上將左右。" 左右將, ……[31]

이러한 두 표점에는 모두 문제가 있다. '上將左右'와 '河鼓大星上將左右' 모두 해석할 방법이 없다. '犧牲'은 제사에서 사용하는 우양(牛羊)을 가리킨다. '河鼓'는 하고삼성(河鼓三星)을 가리키니 바로 민간에서 말하는 편담성(扁擔星)이다. 당나라 장수절(張守節)의 『사기정의(史記正義)』에는 이에 대해 자세히 주석을 하고 있다. 즉 "하고삼성은 견우성의 북쪽에 있고 군대의

27) 『通志』, 藝文略一
28) 「爾雅文字考序」, 『戴東原集』 卷3.
29) 「與是仲明論學書」, 『戴東原集』 卷9.
30) 商務印書館 『萬有文庫』 『苕溪漁隱叢話』 後集 卷7, 461면.
31) 『苕溪漁隱叢話』 後集, 人民文學出版社 1962, 48면.

북을 관장한다. 대개 천자에게는 삼장군(三將軍)이 있으니 중앙의 큰 별은
대장군, 그 남쪽의 왼쪽 별은 좌장군, 그 북쪽의 오른쪽 별은 우장군이다.
(그리하여 이들이) 관문과 교량을 방비하여 난을 막는 것이다." 『사기』 원
문의 뜻은 다음과 같다. 견우성은 제사에서 사용하는 제물을 대표한다. 그
북쪽에 하고성이 있다. 하고성에는 세 별이 있는데 그중 큰 별은 상장(上
將)을 대표하고 좌우의 두 별은 좌장군(左將軍)과 우장군(右將軍)을 대표한
다. 이상의 해석을 통해 볼 때 '左右將' 세 글자는 인용문 안으로 들어가야
만 한다. 정확한 표점은 아래와 같다.

『史記』 天官書云: "牽牛爲犧牲, 其北河鼓。 河鼓大星, 上將; 左右, 左右
將。"
『사기』 천관서(天官書)에 다음과 같이 기록되어 있다. "견우성은 제사의
제물을 상징하며 그 북쪽에는 하고성이 있다. 하고의 큰 별은 상장군을, 좌
우의 별은 각각 좌우장군을 나타낸다."

*少微四星在太微西南, 北列白衣處士之位。[32]
소미사성은 태미성의 서남쪽에 있고 북쪽으로 백의처사(白衣處士)의 자리
에 늘어선다. [바른 해석: 소미사성은 태미성의 서쪽에 있고 남북으로 백의
처사의 자리에 늘어선다.]

이 표점에 따르면 '少微四星'의 위치는 '太微西南' 방향이다. 그러나 『사
기』 천관서에서 사마정(司馬貞)의 『색은(索隱)』에 인용한 「춘추합성도(春秋
合誠圖)」에 따르면 '소미성은 처사위(處士位)'라고 하였다. 또 『천관점(天官
占)』을 인용하여 "소미는 일명 처사성이라 한다"고 했다. 장수절(張守節)의
『사기정의(史記正義)』에는 "소미사성은 태미성의 서쪽에 있고 남북으로 늘
어서 있다. 첫번째 별은 처사(處士), 두번째 별은 의사(議士), 세번째 별은
박사(博士), 네번째 별은 대부(大夫)이다"라고 하였다. 『진서(晉書)』 천문

---

32) 『魏書』 術藝傳, 中華書局 1974, 1948면.

지(天文志)에는 "소미사성은 태미성의 서쪽에 있고 사대부의 지위로 일명 처사라 한다"고 하였다. 그러므로 『위서(魏書)』 술예전(術藝傳) 중의 이 '南'자는 뒷부분에 속하여 문장을 이룬다. '南'자 뒤의 쉼표는 '西'자 뒤로 옮겨야 한다.

*四七二十八宿, ……柳星、張, 周國 洛陽、三河; 翼、軫、楚國 荊州。[33]
   사칠의 이십팔수는 ……유성·장성은 [바른 해석: 유성·칠성·장성은] 주땅의 낙양과 삼하에 해당하고 익성과 진성은 초땅의 형주에 해당한다.

   이러한 표점에 따르면 '柳星'이 하나의 별이름으로 되어 있다. 『사기』 천관서(天官書)의 기록에 따르면 "유(柳)·칠성(七星)·장(張)은 삼하(三河)이고 익(翼)·진(軫)은 형주"라고 하였다. 따라서 이십팔수 중에서 주나라 혹은 삼하 지역에 속하는 것이며 '柳'·'七星'·'張'은 세 별자리임을 알 수 있다. 『수서(隋書)』 천문 중(天文中)에는 또 유8성(柳八星)·칠성7성(七星七星)·장6성(張六星)이라 하였다. 그러므로『위서』의 이 구절에서의 '星'은 당연히 칠성(七星)을 가리켜서 말한 것이므로 '柳' 다음에 모점을 해야 한다.
   이상의 몇몇 문장은 고대 천문지식을 언급한 것으로 표점이 용이하지는 않지만 『사기』와 장수절의 『사기정의』 및 기타 관계된 자료를 살펴보기만 한다면 정확히 표점할 수 있을 것이다.

   * 庚申, 福昌知院張興鈞, 州守將哈剌魯, 許州右丞謝李, 陳州知院楊崇, 皆遣人詣大軍降。[34]
   경신일에 복창(福昌)의 지원인 장흥균, 주의 수장인 합랄로, 허주의 우승인 사이, 진주의 지원인 양숭 모두가 사람을 보내어 대군에 항복하였다.

   이는 홍무(洪武) 원년 4월 중의 한 기사이다. 이때 명장 서달(徐達)·상

---

33) 『魏書』術藝傳, 中華書局 1974, 1947면.

34) 『明通鑑』, 中華書局 1959, 188면.

우춘(常遇春)은 대군을 거느리고서 하남을 진격하여 원나라 장수 코코테뮈르(庫庫特穆爾)와 형제인 토군테뮈르(托音特穆爾)가 차례로 패배하자 하남 각 주현의 원나라 수장이 공공연히 소문만 듣고서도 항복한 것이다. 이 표점에 따르면 복창(福昌)의 지원이 '張興釣'이라 하였고 '哈剌魯'는 복창의 '州守將'으로 되어 있다. 그러나 당시의 역사서를 살펴보면 복창·균주·허주·진주는 하남부와 개봉부에 속하는 네 지방으로 당시 모두 이 전쟁의 영향을 받고 있었다. '釣州'는 곧 이후의 우주(禹州: 지금의 禹縣)로 만력(萬曆) 시대 신종(神宗) 주익균(朱翊鈞)의 이름을 피휘하여 개명하였다. 균주라는 지명이 자수 보이지 않으므로 표점하는 사람이 살못하여 '釣'사를 앞문장에 붙여 '張興釣'으로 만들어 복창지원의 이름으로 하였다. 정확한 표점은 다음과 같아야 한다.

庚申, 福昌知院張興, 釣州守將哈剌魯, ……
경신일에 복창의 지원인 장흥과 균주의 수장인 합랄로는……

＊詔有司定稅額, 設茶司馬于秦洮、河雅諸州、自碉門、黎雅抵朶甘、烏斯藏行茶之地、凡五千餘里。[35]

유사에게 조칙을 내려 세액을 정하게 하고 진조와 하아 여러 주에 [바른 해석: 진·조·하·아 등 여러 주에] 다사마(茶司馬)를 두니 조문·여아에서 [바른 해석: 조문과 여와 아에서] 타감·오사장에 이르기까지 차를 운반하는 길이 모두 5천여 리이다.

여기서의 진(秦)·조(洮)·하(河)·아(雅)·여(黎)는 모두 단독의 주명(州名)이며 진조(秦洮)·하아(河雅)·여아(黎雅)가 아니다. 중간에 모점을 사용하여 끊어야만 한다.

＊命靖寧侯 葉昇等練兵于河南及臨鞏、甘凉、延慶等處。[36]

---

35) 『明通鑑』, 中華書局 1959, 289면.
36) 『明通鑑』, 中華書局 1959, 495면.

정녕후 섭승 등에게 명하여 하남 및 임공·감량·연경〔바른 해석: 임조·
공창·감숙·양주·연안·경양〕등지에서 병사를 훈련하게 하였다.

『명실록(明實錄)』태조실록(太祖實錄) 권216에 있는 이 조문의 원문을 살
펴보면 "명하여 정녕후(靖寧侯) 섭승(葉昇)은 하남위(河南衛)에서, 선녕후
(宣寧侯) 조태(曹泰)는 평량위(平凉衛)에서, 안륙후(安陸侯) 오걸(吳杰)과
지휘사(指揮使) 진의(陳義)는 민주위(岷州衛)에서, 부마 이견(李堅)은 공창
위(鞏昌衛)에서, 도독 왕신(汪信)은 임조위(臨洮衛)에서, 도독 송성(宋晟)
은 양주위(凉州衛)에서, 도독 유진(劉眞)은 감숙위(甘肅衛)에서, 지휘사 엄
린(嚴麟)은 경양위(慶陽衛)에서, 지휘 주명(朱銘)은 연안위(延安衛)에서,
서질(徐質)은 영하위(寧夏衛)에서 군마를 훈련하면서 하명을 기다리게 했
다"고 하였다. 이에 따르면 이 문장 속의 '臨(臨洮)·鞏(鞏昌)·甘(甘肅)·
凉(凉州)·延(延安)·慶(慶陽)'은 여섯 개의 지명이지 세 개의 지방이 아니
다. 중간에 모점을 사용하여 끊어야만 한다.

  *泰山聳左爲龍華山。聳右爲虎嵩。爲前案。淮南諸山。爲第二重案。[37]
  태산의 왼쪽에 높이 솟아 있는 것이 용화산이다. 오른쪽에 높이 솟아 있
는 것은 호숭이다. 앞에 있는 산이다. 회남의 여러 산은 두번째 겹으로 앞
에 솟아 있는 산이다.

  이러한 문장 끊기에 따르면 '龍華山'과 '虎嵩'이 명사로 쓰이게 되어 태산
의 별명이 되어버리니 정말 무슨 말인지 모르게 되었다. 실제로 태산(泰
山)·화산(華山)·숭산(嵩山)은 모두 오악(五嶽)에 속한다. 태산은 북경의
왼쪽에 있는 동악이므로 '聳左爲龍'이라 한 것이다. 화산은 서악으로 북경의
오른쪽에 있으므로 '聳右爲虎'라 한 것이다. 숭산은 중악이며 북경의 앞에
있으므로 '嵩爲前案'이라 한 것이다. 표점자가 이 지리상의 관계를 이해하지
못해 문장을 잘못 끊은 것이다. 정확한 표점은 다음과 같아야 한다.

---

37) 『聽雨叢談』, 中華書局 1959, 257면.

泰山聳左爲龍,　華山聳右爲虎,　嵩爲前案,　淮南諸山爲第二重案。

태산은 왼쪽에 솟아 있어 용과 같고, 화산은 오른쪽에 솟아 있어 호랑이 같고, 숭산은 앞에 솟아 있고, 회남의 여러 산은 (보다 앞에서) 두번째 겹 으로 솟아 있다.

*彗星復見西方。十六日、夏太后死。[38]

혜성이 다시 서방에서 나타났다. 16일에 [바른 해석: 혜성이 다시 서방에 나타난 지 16일 만에] 하태후가 죽었다.

하태후(夏太后)는 『정의(正義)』에 "자초(子楚)의 어머니이다"라고 하였 다. 이러한 표점에 따르면 '16일'은 하태후가 죽은 날이다. 그러나 중국 고 대에서 날짜 계산은 간지(干支)로 했다. 진시황본기(秦始皇本紀)에서도 모 든 날짜 계산은 간지를 사용했다. 예를 들어보자.

四年條: 十月庚寅, 蝗蟲從東方來, 蔽天。

10월 경인일에 메뚜기가 동쪽에서 와서 하늘을 덮었다.

九年條: 四月, 上宿雍。己酉, 王冠, 帶劍。

4월에 왕은 옹(雍)에서 기거하였다. 기유일(己酉)일에 왕이 관례를 치르 고 칼을 허리에 찼다.

三十七年十月癸丑, 始皇出游。……七月丙寅, 始皇崩于沙丘平臺。

37년 10월 계축일(癸丑日)에 시황(始皇)이 순행을 떠났다. ……7월 병인 일에 시황이 사구(沙丘)의 평대(平臺)에서 세상을 떠나고 말았다.

『사기』에서 숫자와 일(日)을 같이 붙여 쓰면 모두 며칠간인가를 말하는 것이지 몇월 며칠은 아니다. 예를 들면 다음과 같다.

---

38) 『史記會注考證』, 文學古籍刊行社 1954, 제2책, 6면.

高祖本紀: 漢果數挑楚軍, 楚軍不出, 使人辱之五六日, 大司馬怒, 度兵氾水。

한에서는 과연 초군(楚軍)에게 여러 번 도전하였으나 초군은 (성안에서) 나오지 않았다. 사람으로 하여금 그들을 욕하게 한 지 5, 6일이 지나서 대사마가 크게 노하여 병사들로 사수를 건너게 하였다.

孝文本紀: 已下, 服大紅十五日, 小紅十四日, 纖七日, 釋服。

이미 하관을 하고 나면 (굵은 삼베로 만든) 대홍복(大紅服)은 15일간, (가는 삼베로 만든) 소홍복(小紅服)은 14일, (아주 가는 삼베로 만든) 섬(纖)은 7일간 입고 (그 후에) 상복을 벗어야 한다.

숫자로써 날짜 계산하는 것은 대개 후한에서 시작하지만 역사서와 기타 정식 문헌 중에서는 일반적으로 간지를 사용하여 기록하였다. 이렇기 때문에 『사기』진시황본기(秦始皇本紀)의 이 기사에서 '十六日'은 앞부분에 붙여야 한다.

＊凡他官入院未除學士。謂之直院學士。俱闕他官。暫行文書。謂之權直。[39]

무릇 다른 관에서 들어와 학사로 임명되지 않으면 이를 일러 직원학사라 한다. 타관의 결원을 충원하여 임시로 문서를 담당하면 이를 권직이라 하였다.

송대 한림학사원에는 한림학사 등이 있어 칙령과 조서를 기초하는 일을 관장하였으며 다른 관이 한림학사원에 이르러 한림학사로 임명되지 못했을 때 직원(直學士院)이라 불렀다. 한림학사원에 결원이 생겨 다른 관이 와서 문서를 관장했을 때 '권직(翰林權直, 學士院直)'이라 불렀다. 이는 『문헌통고(文獻通考)』에서 말하는 "자격을 다 갖추지 않은 채 임명된 관료는 직원(直院)이고 임시직 관료는 권직(權直)이다[40]"라는 것이다. 표점자가 송대의

---

39) 『叢書集成』本 歷代職官表 卷23에 인용된 『山堂考索』.

40) 『文獻通考』卷11, 職官 8.

관제를 알지 못하여 문장을 잘못 끊은 것이다. 당시 한림학사에는 '直院學士'라는 직함이 없었으며, '俱闕他官'도 그 뜻이 통하지 않는다. 그러므로 정확한 표점은 다음과 같아야 한다.

凡他官入院, 未除學士, 謂之直院。學士俱闕, 他官暫行文書, 謂之權直。

무릇 다른 관직에 있던 사람이 한림원에 들어와 학사로 임명되지 못했을 때 직원이라 불렀고, 학사에 결원이 생겨 다른 관직에 있는 사람이 임시로 문서를 관장했을 때 권직이라고 불렀다.

 * 國朝百官致仕: 庶僚守本官, 以合遷一官回授, 任子、侍從, 仍轉一官; 宰執換東宮官。[41]

조정의 백관이 벼슬을 물러날 때 일반 관료는 원래 가진 관직에다 관직 하나를 올려서 되돌려주고 임자와 시종은 이에 다른 관직으로 전보해주며 재집은 동궁관으로 바꾸어준다.

이 기사는 송대 관료의 치사(致仕) 및 천관제도(遷官制度)를 기술한 것이다. 대우를 세 등급으로 나누는데 첫째 등급은 재집(宰執: 宰相과 副相)이고, 둘째 등급은 시종(侍從: 館閣學士 등을 가리킴), 셋째 등급은 서료(庶僚: 일반 관료)이다. 서료는 치사하여 퇴임할 때 원래 관 한 등급을 올려주어야 하지만, 당시에 올려주지 않고 자제에게 한 관직을 보상하는 것을 '회수임자(回授任子)'라 했다. 표점하는 사람이 임자(任子)의 의미를 알지 못하여 그것과 시종을 병렬시켰다. 실제 이것이 그렇게 생소한 단어는 아니다. 『사원(辭源)』이나 『사해(辭海)』에는 모두 자제가 부형의 문음(門蔭)으로 인해 관직을 얻는 것을 임자라 하며 '任'은 '보증하여 추천한다'는 뜻으로 해석하였다. 표점하는 사람이 조금만 세심하게 사전을 한번 살펴보았더라면 잘못 표점하지 않았을 것이다. 정확한 표점은 다음과 같아야 한다.

國朝百官致仕: 庶僚守本官, 以合遷一官回授任子; 侍從仍轉一官; 宰執換東

41) 『揮塵錄』, 中華書局, 上海編輯所 1961, 14면.

宮官.

  조정의 백관이 벼슬을 물러날 때에는 다음과 같이 한다. 일반 관료의 경
우에는 원래의 관직에다 한 등급을 올려주어 그 자식에게 하나의 관직을 보
상해주며, 시종의 경우에는 다른 관직으로 전보해주고, 재집의 경우에는 동
궁관으로 대체해준다.

  *故有所覽, 輒省記通籍。後俸去書來, 落落大滿。[42]
  그러므로 본 것이 있으면 바로 통적에다 적어두었다. 이후에 봉록을 받아
책을 살 수 있게 되자 매우 기뻐하였다.

  성기(省記)는 기억한다는 것이다. '輒省記'의 뜻은 살핀 내용을 머리 속에
둔다는 것이다. '通籍'에서 적(籍)이란 2자(二尺) 길이의 죽편으로 그 위에
다 성명·연령·신분 등을 기록하여 궁문에 걸어두면서 출입시에 조사하기
위한 것이다. 그러므로 '通籍'은 문적(門籍)에 이름을 적어두어 궁문에 출입
할 수 있게 되었음을 말하는 것이다. 『한서』위상전(魏相傳)에는 다음과 같
은 예가 있다. "光夫人顯及諸女, 皆通籍長信宮。"(光의 부인 현 및 그 딸들
이 모두 장신궁에 통적하였다.) 당송 시대 이후 진사(進士)나 혹은 초임관
(初任官)을 통적이라 불렀는데 조정에 이미 명적(名籍)이 있다는 뜻이다.
두보(杜甫)의 「야우(夜雨)」란 시에는 "通籍恨多病, 爲郞忝薄游。"(한많은 벼
슬살이에 병도 많아라, 직책은 郞官이나 초라하게 유랑하네)라 하였다. 표
점자가 고대의 이러한 제도를 알지 못함으로 해서 '通籍'이란 이 특정한 용
어가 가진 뜻을 이해하지 못하고 '輒省記通籍'을 연독하였기 때문에 문장을
해석할 수 없게 만들어버렸다. 정확한 표점은 아래와 같다.

  *故有所覽, 輒省記。通籍後, 俸去書來, 落落大滿。
  그러므로 본 것이 있으면 곧바로 기억해두었다. 벼슬길에 오른 다음에 봉
록으로 책을 구입할 수 있게 되었으므로 매우 기뻐하였다.

  42)「袁枚黃生借書說」,『小倉山房文集』卷22. 1961년 1월 23일과 30일의 人民日
     報 제4판 참조.

'通籍後, 俸去書來'는 통적한 이후에 봉록으로 책을 구입할 수 있었다는 것이다.

『좌전』은공 8년의 한 구절을 진(晉)의 두예(杜預)가 주석하면서 아래와 같이 문장을 끊었다.

＊諸侯以字。爲諡因以爲族。

위의 '諸侯以字'에 대해서 해석할 방도가 없다. 고대 중국어 중에 '以……爲'는 이 두 자를 같이 사용하며 '무엇으로써 무엇을 삼다'라는 뜻에 해당한다. 그러므로 '爲諡'는 앞문장에 붙여야 한다. 당시의 제도에 근거해서 보면 제후의 아들은 공자(公子)로, 공자의 자손은 공손(公孫)이라 칭했는데, 공손의 아들은 다시 공손이라 칭하지 않고 그 조부의 자(字)를 가지고 성씨로 정했다. '諸侯以字爲諡'는 제후가 자를 가지고 시호로 삼았다는 뜻이다. 그리고 '因以爲族'에서는 전치사 '以' 뒤에 목적어 '之'(시호를 지칭)가 생략되어 있으며 제후의 후손이 이것(시호)에 따라서 족성(族姓: 氏)으로 삼았다는 뜻이 된다. 정확한 표점은 다음과 같아야 한다.

諸侯以字爲諡, 因以爲族。
제후는 (조부의) 자를 시호로 삼고 이후에 그것을 성씨로 정했다.

＊樂成敬侯, 許延壽, 后父嘉所自出也。嘉繼大宗延壽, 于后爲叔祖。[43]
낙성경후인 허연수는 황후의 아버지인 허가(許嘉)의 생부이다. 허가가 큰아버지인 연수의 (양자가 되어 큰집의) 가계를 계승함으로써 황후에게 숙조(叔祖: 작은할아버지)가 되었다.

후(后)는 허황후(許皇后)이다. 위의 표점에 따르면 두 가지 의문점이 생긴다. 첫째 '嘉繼大宗延壽'의 뜻은 허가가 허연수의 집안의 대를 이어 후계

---

43) 『資治通鑑』, 中華書局 1956, 969면.

자가 되었다는 것이다. 그러나 이미 앞문장에서 허연수는 허가의 생부('所
出自')라고 바꾸어 말할 수 있는데 어찌 서로 모순되지 않는가? 둘째 '于后
爲叔祖'에서 누가 허황후의 작은할아버지인가? 이러한 표점에 따르면 허가
는 이 문장의 주어이니 도대체 허가가 허황후의 작은할아버지라고 할 수 있
겠는가? 그러나 앞문장에서 이미 허가는 허황후의 부친('后父嘉')이라고 되
어 있다. 표점자가 고대 제도에 밝지 않아 그들의 관계를 분명히 알지 못했
으므로 문장을 완전히 이해할 수 없는 결과가 되었다. 사실상 허연수는 허
가의 부친이고 허황후의 조부인데 허가가 허연수의 형을 계승하였으므로 허
연수는 곧 허가의 숙부가 되고 허황후의 숙조(叔祖)가 된다. 정확한 표점은
아래와 같아야 한다.

……嘉繼大宗, 延壽于后爲叔祖。

허가가 큰아버지의 (양자가 되어) 후사를 이었으므로 허연수는 황후에게
작은할아버지뻘이 되는 셈이다.

*『鄴侯家傳』曰: 韓相將入朝, 覲先公, 令人報 "比在闕庭已奏, 來則必能致
大梁入朝。今來, 所望善諭以致之。" 十二月, 劉玄佐果入朝。[44]

『업후가전』에서 말했다. 한상이 장차 입조하여 선공을 뵙고자 하여 사람
을 시켜 다음과 같이 알리게 하였다. "내가 이미 전에 궁궐에서 황제에게
아뢰어 (그대가) 올 때 반드시 대량을 데리고 입조할 것이라고 했었다. 이
제 오는 도중에 그를 잘 설득하여 데리고 오기를 바란다." 12월에 유현좌가
마침내 입조하였다.

「업후가전」은 이필(李泌)의 아들 이번(李繁)이 적은 것으로 필(泌)을 선
공(先公)이라 하였다. 한후(韓侯)는 한황(韓滉)이며 이 당시 양절(兩浙)의
절도사였다. '大梁'은 변주진장(汴州鎭將) 유현좌(劉玄佐)를 가리킨다. 한황
은 양절에서 장안으로 가서 황제에게 조회하려면 변주를 지나쳐야 했다. 위

---

44) 『資治通鑑』 胡注에 인용한 考異, 中華書局 1956, 7475면.

의 표점에 따르면 '韓侯將入朝'는 황제를 만나는 것이 아니라 선공을 만나는 것인데 이는 당시의 제도와 너무나도 맞지 않는다. 인용한 내용은 이필이 사람을 시켜 알린 말로서 그 내용은 다음과 같다. "내 이미 황제에게 아뢰어 네가 조회할 때 반드시 유현좌도 데리고 조회할 것이라 하였다. 지금 네가 오고자 하는 중이니 유현좌를 잘 설득하여 데리고 오길 바란다." 그러므로 한후가 장차 황제에게 입조하여 황제를 알현하고자 한 것이지 선공을 보고자 한 것이 아니다. 정확한 표점은 다음과 같아야 한다.

「鄴侯家傳」曰: 韓相將入朝覲, 先公令人報……

「업후가전」에서 다음과 같이 전한다. 한상이 장차 입조하려 하자 선공께서 사람을 시켜 다음과 같이 알리게 하였다. ……

고서(古書)에 표점하는 것은 시대 배경과 사상 내용과도 관계가 있다. 고서를 당시의 역사 조건 속에서 이해해야 고서의 사상 내용을 적절하게 파악하여 정확한 표점을 할 수 있다. 만일 당시의 시대 배경을 벗어난다면 단어만 좇아 말을 해석하여 문장에 표점을 잘못할 수도 있다. 예를 들어보자.

* 國已屈矣, 盜賊直須時耳, 然而獻計者曰 "毋動", 爲大耳。夫俗至大不敬也, 至亡等也, 至冒上也, 進計者猶曰 "毋爲", 可爲長太息者此也。[45]

나라의 권세는 이미 꺾이어졌고 도적은 이때를 기다려 일어나는 상황인데도 계책을 바치는 자들은 "천하가 태평하여 동요하지 않는다"고 하면서 큰소리치기를 좋아합니다. 무릇 풍속이 크게 불경하고 존비의 차례도 없어지고 임금을 범하는 지경에 이르렀는데도 계획을 내는 자들은 그래도 "무위로 다스려야 한다"고 하니 정말로 크게 탄식할 것은 바로 이것입니다.

이는 가의(賈誼)가 상소하여 정사를 아뢰는 말이다. 표점자는 '毋動'에 인용부호를 하고 쉼표를 사용하여 끊어놓았다. 이러한 표점은 안사고의 주석

---

45) 『漢書』 賈誼傳, 中華書局 1962, 2243면.

에 근거한 것이다. 그는 '毋動'에 대해서 "천하가 안정되어 동요하지 않는 것을 말한다"고 주석했고 '爲大耳'에 대해서는 여순(如淳)을 인용하여 "큰소리치기를 좋아하는 것"이라고 했다. 그러나 당시 시대 배경과 관련시켜 생각해볼 때, 주수창(周壽昌)이 "한 문제 때에는 황로를 숭상하여 청정으로 다스렸기 때문에 (국가가) 관여하지 않는 것을 중요하게 여긴다(毋動爲大)라고 한 것이니 굳이 끊어야 할 이유가 없다"[46]고 한 것이 옳다. 그러므로 정확한 표점은 아래와 같아야 한다.

國已屈矣, 盜賊直須時耳, 然而獻計者曰"無動爲大"耳。……
나라의 권세는 이미 꺾이었으며 도적은 때를 기다려 일어나는 상황인데도 계획을 바치는 자들은 "일을 벌이지 않는 것이야말로 제일 좋은 방책이다"라고 여길 따름입니다. ……

---

46) 『古書句讀釋例』, 中華書局 1954, 26면.

제 4 장   표점과 고대 중국어 어법과의 관계

고서를 표점하는 규칙은 고대 중국어 어법의 기초 위에서 표점해야 한다는 것이다. 어법이란 단어를 이용하여 문장을 만드는 법칙이다. 고대 중국어 어법과 현대 중국어 어법을 서로 비교해보면 그 나름내로의 공통점과 차이점이 있다. 고서를 표점할 경우 그 공통점과 차이점에 모두 주의해야 한다. 특히 고대 중국어 허사(虛詞)의 용법, 실사의 활용과 복합어의 작용, 문장 성분 사이의 관계, 문장 성분의 생략 등에 주의해야 하며 동시에 각종 문형도 숙달해야 한다. 그리하여 표점된 고서가 고대 중국어의 어법에 맞도록 노력해야 한다.

제 1 절   文言虛詞를 이용한 고서 표점

앞에서 지적한 대로 옛날 사람들은 단어를 이용하여 문장을 만드는 데 있어 허사를 이용하여 쉼 혹은 어기를 나타내는 것이 일반적이었다. 실제로 몇몇 허사는 표점의 작용을 하였다. 예를 들어 『사기』유후세가(留侯世家)에 "留侯張良者, 其先韓人也(유후인 장량은 그 선조가 한나라 사람이다)"에 서처럼 '者'는 문장 중의 쉼을 표시하며 현대의 쉼표의 작용을 하고 있다. '也'는 판단의 어기를 표시하며 마침표의 역할을 한다. 허사가 문장 중에서 쉼의 작용을 한다는 것은 후한(後漢) 시기 허신(許愼)의 『설문해자(說文解字)』중에서 이미 지적되었는데 "재(哉)는 문장의 중간에 쓴다." "의(矣)는 어구를 마칠 때 쓴다." "호(乎)는 어구의 어기가 남았을 때 쓴다." "혜(兮)는 어구를 잠시 생각하게 할 때 쓴다. (段玉裁 注: 어구가 여기에서 잠시 멈춘다는 뜻이다)" 몇몇 허사는 쉼을 표시하는 외에 또한 어기를 지니기도 한다. '호(乎)'·'여(歟)'·'야(耶)'처럼 의문 혹은 반어문의 어기를 표시하며 아울러 물음표의 기능도 함께 갖고 있다. '의(矣)'·'이(耳)'·'재(哉)'는 감탄을 표시하며 느낌표 기능도 함께 가진다.

　이미 제1장에서 지적한 바와 같이, 후세 사람들은 고서에 허사를 덧붙여 쉼을 나타내는데 실제적으로 이 허사들은 문장을 끊어주는 작용을 한다는 것을 알 수 있다. 또한 다음과 같은 실례로부터 어떤 허사들은 확실히 표점과 유사한 작용을 한다는 것을 확인할 수 있다. 『상서』 서백감려(西伯戡黎) 중에 "我生不有命在天。"이라는 의문문이 있다. 앞뒤의 문장을 살펴보면 반어문의 어기이고 그 뜻은 "우리의 생명은 하늘에 달려 있지 아니한가?"이다. 그러나 당시에는 표점부호가 없기 때문에 사람들이 이 문장을 진술문으로 오해할 소지가 있는데 그럴 경우 위 문장의 해석은 "우리의 목숨은 하늘에 달려 있지 않다"가 된다. 사마천은 『사기』 은본기(殷本紀)에서 이 문장을 옮겨 적을 때 사람들의 오해를 막으려고 특별히 '天'자 뒤에 '乎'자를 붙였다. 이것으로 반어문의 어기는 매우 분명해지고 사람들의 오해를 피할 수 있게 되었다. 이 '乎'자는 바로 물음표와 비슷한 기능을 한다.

　고서의 문장 첫머리에는 '蓋·夫·惟·奧·故·今夫·若夫·且夫·故夫' 등의 문두어기사(文頭語氣詞)가 있고 문장의 끝에는 '也·乎·焉·矣·耳·哉·耶(邪)·歟(與)' 등의 문말어기사(文末語氣詞)가 있다. 따라서 이러한 특징에 근거하여 문두어기사의 앞과 문말어기사의 뒤에서 문장을 끊을 수 있다. 예를 들어보자.

　小人也者, 疾爲誕而欲人之信己也。疾爲詐而欲人之親己也, 禽獸之行而欲人之善己也, 慮之難知也, 行之難安也, 持之難立也, 成則必不得其所好必遇其所惡焉。故君子者, 信矣, 而亦欲人之信己也, 忠矣, 而亦欲人之親己也, 修正治辨矣。(『荀子』 榮辱)

　소인은 허망한 것에 힘쓰면서도 다른 사람이 자기를 믿어주기를 바라고, 속이는 것을 힘쓰면서도 다른 사람이 자기와 친해주기를 바라며, 금수의 행동을 하면서도 다른 사람이 자기를 착하다고 하기를 바란다. (이런 사람들의) 생각하는 것은 깨닫기 어렵고, 행동하는 것은 성취하기 어려우며, 견지하는 주장도 성립하기 어려운 것이다. 이렇게 되니 좋아하는 것은 반드시 얻기 어렵고 싫어하는 것은 반드시 만나게 된다. 그러므로 군자는 자기자신이 믿음이 있으면서 다른 사람이 믿어주기를 바라고, 스스로 충실하면서 다른 사람과 친하기를 바라며, 수양을 바르게 하고 분별 있게 처리한다.

이 단락에서는 '也'가 8번, '矣'가 3번 나왔고, '也者'・'者'・'焉'・'故'가 각각 1번씩 쓰였다. 모든 문장에는 허사가 있어 표점할 때 단서를 제공한다.

주의할 것은 고대 중국어 중 허사의 실상이 비교적 복잡하다는 점이다. 어떤 허사들은 여러가지 서로 다른 품사의 성격을 함께 가지고 있어서 문상 중에서 서로 다른 자리에 위치할 수 있다. '乎'는 어기사가 될 수도 있고 전치사가 될 수도 있으므로, 문장 끝에 쓰일 수도 문장의 중간에 쓰일 수도 있다. '焉'은 대명사이자 또한 어기사이기도 하고, 겸의사(兼義詞: 두 글자의 뜻을 합친 글자; '于'와 '之'를 겸함)이기도 하다. 그러므로 문장 첫머리에 쓰일 수도 있고 문장의 끝에 쓰일 수도 있으며 또한 문장의 중간에 쓰일 수도 있다. '夫'는 문두조사이기도 하고 감탄사이기도 하며 또한 명사로 쓰이기도 하니 문장의 앞에 위치할 수도 있고 문장의 끝에 위치할 수도 있으며 문장의 가운데 올 수도 있다. '與'는 어기사이며 또한 접속사・전치사이고 동사이므로 문장의 끝과 중간에 올 수도 있다. 어떤 허사는 단지 하나의 품사로만 쓰이더라도 문장 중에서 다른 위치에 쓰일 수 있다. 예컨대 어기사 '也'처럼 문장의 중간에 쓰일 수도 있고 문장 끝에 쓰일 수도 있다.

허사의 용법과 그것의 문장 중에서의 위치를 분명히하는 것은 고서를 표점할 때 중요한 의의를 가진다. 아래에서는 표점과 밀접한 관계를 가진 몇몇 허사에 대해서 분석해보도록 하겠다.

1. '也'

'也'자의 문장 중에서의 위치와 작용을 이해하는 것은 고서를 표점하는 데 중요한 의미를 가진다. '야'는 문장 중에서의 위치를 기준으로 할 경우 두 가지의 '야'가 있는데, 하나는 문장을 끝맺는 '야'이고 다른 하나는 문장 가운데의 '야'이다. 그것의 역할 또한 서로 다르다.

(1) 문장을 끝맺는 '也'

문장을 끝맺는 '也'는 일반적으로 판단문(判斷文)의 문장 끝에서 판단을 돕는 데 쓰인다. 이것은 '야'의 기본적인 용법이다. 이 점은 앞에서 이미 지적한 바가 있다. 여기서 말하고자 하는 것은 이러한 기본 용법에서 도출해 낸 용법, 그리고 그것과 표점과의 관계이다.

첫째, '야'는 언제나 인과복문의 끝에 쓰이며, '야'의 뒤에는 마침표를 써야만 한다. 예를 들어보자.

桓公九合諸侯, 不以兵車, 管仲之力也。(『論語』憲問)
환공이 제후들을 규합하는 데 전차를 쓰지 않고 한 것은 관중의 힘이다.

置杯焉則膠, 水淺而舟大也。(『莊子』逍遙遊)
하나의 잔을 띄우면 가라앉고 만다. 물은 얕고 배는 크기 때문이다.

둘째, 말하는 사람이 전하는 사정의 진실성을 확실히 믿을 수 있다는 것을 나타낼 때, 또한 문장을 끝맺는 '야'를 쓴다. 문장 끝에는 마침표를 사용해야 한다. 예를 들어보자.

若潛師以來, 國可得也。(『左傳』僖公 32년)
만약 군대를 숨겨서 쳐들어온다면 (정)나라를 얻을 수 있을 것입니다.

三軍可奪帥也, 匹夫不可奪志也。(『論語』子罕)
삼군에서 그 장수를 빼앗을 수는 있을 것이나, 매우 천한 사람한테서 그 지조를 빼앗을 수는 없을 것이다.

셋째, 고대 중국어에서 명령적 기원문 중에서는 때때로 문장을 끝맺는 '야'를 쓴다. 문장 끝에는 마침표를 쓸 수도 있고 느낌표를 쓸 수도 있다.

예를 들어보자.

不及黃泉, 無相見也。(『左傳』隱公 元年)
황천에 가기 전에는 서로 보는 일이 없을 것이다.

以吾一日長乎爾, 毋吾以也。(『論語』先進)
내가 너희들보다 약간 나이가 많지만 나를 염두에 둘 것은 없다.

넷째, 감탄문 뒤에 때로 쓰이는 '야'는 문장을 끝맺는 '야'이다. 문장 끝에는 느낌표를 사용한다. 예를 들어보자.

慶父聞之, 曰: "嘻! 此奚斯之聲也!(『公羊傳』僖公 元年)
경보가 이를 듣고 "이것은 해사의 목소리로다!"라고 했다.

辛垣衍怏然不悅, 曰: "嘻! 亦太甚矣, 先生之言也!"(『戰國策』趙策)
신원연은 아주 불쾌하게 말했다. "한숨 쉬면서 선생은 무슨 말을 그렇게 하는 거요!"

다섯째, 의문문·반어문·선택의문문의 뒤에 '야'를 써서 문장을 끝맺을 수 있고 문장 끝에는 물음표를 쓴다.

孟嘗君怪之, 曰: "此誰也?"(『戰國策』齊策)
맹상군이 이상히 여겨 "이 자는 누구인가?"하고 물었다.

豈若匹夫匹婦之爲諒也?(『論語』憲問)
어찌 필부필부가 자자한 신의를 지키는 것과 같겠느냐?

其眞無馬邪? 其眞不知馬也?(韓愈「馬說」)
그 정말로 말이 없는 것이냐? 아니면 천리마를 제대로 식별하지 못하는 것이냐?

‘也’는 판단문·명령문·감탄문·의문문 등 다양한 문형의 문장 끝에 쓰일 수 있기 때문에 ‘야’의 뒤에 어떤 표점부호를 할 것인가는 자세히 분별할 필요가 있다. 주된 방법은 문장의 내용에 근거하여 그 어기를 이해하고 동시에 문장의 구조를 분석하는 것이다. 감탄문 중에는 일반적으로 감탄사가 있고 의문문과 반어문 중에는 일반적으로 의문대명사 혹은 의문부사가 있어서 이것들은 모두 쉽게 분별할 수 있다. 비교적 식별하기 어려운 것은 선택의문문이다. 사람들은 늘 선택의문문 ‘야’ 뒤의 물음표를 마침표로 잘못 표점한다. 예를 들어보자.

　＊使下愚之人，　涉耐罪之獄，　吏令以大辟之罪，　必冤而怨邪？　將服而自咎也。[1]
　만약 가장 어리석은 사람이 가벼운 벌을 받을 죄를 관리가 사형에 해당하는 죄로 다스린다면, 반드시 억울해하면서 원망할 것인가? 아니면 복종하여 스스로를 탓할 것인가?

　“必冤而怨邪？ 將服而自咎也？”는 선택의문문이다. 그 뜻은 “반드시 억울해하면서 원망을 품을 것인가? 아니면 복종하여 스스로를 탓할 것인가?”이므로 당연히 ‘야’ 뒤의 마침표를 물음표로 고쳐야 한다. 이러한 종류의 문장은 이미 제2장 3절에서 분석하였으므로 여기에서는 일일이 열거하지는 않겠다.

　(2) 문장 중간의 ‘也’

　문장 중간의 ‘也’는 문장을 끝내는 데 사용하는 것이 아니다. 따라서 ‘야’의 뒤에 마침표를 해서는 안된다. 이러한 ‘야’의 용법은 다음과 같은 몇가지가 있다.

---

1) 『論衡』 問孔篇, 中華書局 『諸子集成』本, 98면.

첫째, 단문에서 명사 혹은 명사절의 뒤에 씌어서 완만한 어기를 표시한
다. 이러한 '야'의 뒤에는 일반적으로 쉼표나 마침표를 하지 않는다. 예를
들어보자.

今也則亡。(『論語』雍也)
(안회라는 사람은) 지금은 없습니다.

今由與求也相夫子。(『論語』季氏)
이제 유(由)하고 구(求)는 그분을 노와주어야 한다.

둘째, '야'의 뒤에 곧이어 형용사 혹은 형용사성의 복합어가 이어질 경우
중간에 쉼표를 해서는 안된다. 예를 들어보자.

鳥之將死, 其鳴也哀。(『論語』泰伯)
새가 죽을 때는 그 우는 소리가 애처롭다.

且夫水之積也不厚, 則其負大舟也無力。(『莊子』逍遙游)
게다가 무릇 물이 깊지 않다면 큰배를 띄울 힘이 없을 것이다.

셋째, '야'는 비교적 복잡한 단어 혹은 절의 뒤에서 쉼을 표시하며 그 뒤
에는 쉼표를 사용할 수 있다. 예를 들어보자.

臣之壯也, 猶不如人; 今老矣, 無能爲也已。(『左傳』僖公 30년)
제가 젊었을 때에도 다른 사람보다 못하였습니다. 하물며 지금처럼 늙어
서야 무능할 뿐입니다.

左右以君賤之也, 食以草具。(『戰國策』齊策)
그런데 (맹상군이) 그 사람을 바보 취급을 하므로 시종들은 (풍훤에게)
최하등급인 야채식을 주었다.

且而與其從辟人之士也，豈若從辟世之士哉？(『論語』微子)

또 그대는 우리 같은 사람을 피하는 인물(공자)을 따라다니기보다는 세상을 피해 사는 인물을 따르는 게 어떻소?

이러한 예문을 통해 보건대 문장 중간의 '야' 뒤에서 어떤 것은 쉼표로 끊을 수 있지만 어떤 것은 끊을 수 없다. 그런데 지금까지 고서에 표점할 때에는 '야'의 문장에서의 실제 작용을 자세하게 살펴보지 않고 '야'자만 보이면 일률적으로 끊어버리는 것이 일반적인 경향이었다. 사실 끊지 말아야 할 부분에서 끊을 경우 원문의 뜻을 정확하게 이해하는 데 영향을 줄 수 있다. 『좌전』희공(僖公) 4년조 중의 한 대목은 일반적으로 다음과 같이 표점되어 있다.

＊春，齊侯以諸侯之師侵蔡，蔡潰，遂伐楚。楚子使與師言曰。"君處北海，寡人處南海，唯是風馬牛不相及也。不虞君之涉吾地也，何故？"[2]

봄에 제후가 제후들의 군대를 이끌고 채(蔡)나라를 쳤는데, 채나라는 무너지고 말았다. 그 길로 승세를 몰아 초(楚)나라를 치자 초자가 사신을 보내어 말했다. "귀군주께서는 북해에 계시고 저는 남해에 있어 서로 전혀 상관이 없는 사이입니다. 그런데 뜻밖에 귀군주께서 우리나라를 쳐들어오니 어찌된 일입니까?"

표점자는 최후 한 단락의 '야'자 뒤에서 쉼표로 끊어서 하나의 단문을 두 개의 절로 만들어버렸다. 육종달(陸宗達)은 『훈고간론(訓詁簡論)』에서 이렇게 문장을 끊는 것이 타당하지 않다고 지적하였다. 필자는 육종달의 의견에 동의한다. 그 이유는 첫째로, 어법 구조상으로 보더라도 '不'자는 부사로서 부사어가 되고 '虞'자는 동사로 서술어가 된다. '君之涉吾地'는 '虞'의 목적어가 아니며 이 문장의 부가성분이다. '야'자는 문장 중에서 어기를 연장함으로써 강조를 나타내며 쉼을 나타내지 않는다. '何故'는 '虞'의 목적어이며 서

---

2) 『左傳選』, 中華書局 『中國史學名著選』本, 28면.

술어와 목적어는 나누어지지 않는다는 원칙 때문에 '야'의 뒤를 쉼표로 끊을 수 없다. 둘째로, 어기로 보더라도 이 대화는 의문문이 아니고 책임을 추궁하는 질힐문(質詰文)이며 또한 엄격한 책임을 묻는 어기를 표현한다. 이 단락의 뜻은 다음과 같다. "초와 제는 거리가 너무나도 떨어져 있어서 설령 우마가 발정하여 도처에 미친 듯이 뛰어다닌다 하더라도 결코 당신네 변경에까지 뛰어다닐 수는 없소. 우리들은 당신네가 병사를 파병하여 (우리) 초나라를 치는 까닭을 도대체 모르겠소!" 이 외교적 언사는 강경하게 책임을 묻는 어기를 써서 말한 것으로 완곡한 문투는 아니다. 오직 '야' 뒤의 쉼표를 삭제해야만 확실한 감정적 색채를 명확히 표현할 수 있다.

2. '夫'

'夫'자의 용법과 위치는 다음과 같은 몇가지 경우가 있다.

첫째, 발어사로서 fú(2성)로 읽는다. '부'는 문장의 앞에서 논의를 제시하거나 어떤 일에 대해 판단함을 표시할 때에 사용된다. 예를 들어보자.

夫許, 大岳之胤也。(『左傳』 隱公 11년)
대저 허나라는 대악의 자손이다.

夫顓臾, 昔者先王以爲東蒙主, 且在邦域之中矣, 是社稷之臣也。何以伐爲？
(『論語』 季氏)
전유(顓臾)로 말하자면 옛날에 선왕이 그를 동몽산의 제주로 삼으셨고, 또 그의 봉지가 노나라의 역내에 있다. 그러니 그는 사직지신이다. 무슨 이유로 그를 정벌하려는 거냐？

둘째, 문말어기사로서 감탄을 표시한다. 예를 들어보자.

子在川上曰: "逝者如斯夫, 不舍晝夜！"(『論語』 子罕)
선생님께서 물가에서 "지나가는 것이 이와 같은 것이라, 밤낮없이 멎지 않는다!"라고 하였다.

今子有五石之瓠, 何不慮以爲大樽, 而浮乎江湖, 而憂其瓠落無所容, 則夫子
猶有蓬之心也夫!(『莊子』逍遙游)

지금 당신에게 다섯 섬들이 큰 박이 있다면 어찌하여 큰배로 삼아 강호에
띄워 둘 생각은 하지 않소? 그리고는 그것이 펑퍼짐하여 쓸 곳이 없음만을
걱정하고 있으니 선생께서는 트이지 못한 마음을 지닌 분이구려.

셋째, 명사로서 남자 혹은 장부를 가리키며 문장의 가운데 쓰인다. 예를
들어보자.

一夫不耕, 或受之饑。(賈誼「論積貯疏」)

장부 한 사람이 농사를 짓지 않는다면 누군가가 굶주리는 경우를 당하는
사람이 생길 수도 있다.

父與夫孰親?(『左傳』桓公 15년)

아버지와 남편 중 어느 분을 더 사랑하십니까?

네번째, 이것·저것 등과 같은 지시대명사로 문장의 앞 혹은 가운데에 쓰
인다. 예를 들어보자.

夫人不言, 言必有中。(『論語』先進)

그 사람은 말을 하지 않지만, 말을 하게 되면 반드시 문제의 핵심을 찌른
다.

小子何莫學夫詩?(『論語』陽貨)

너희들은 왜 시를 배우지 않느냐?

乃歌夫 "長鋏歸來" 者也。(『戰國策』齊策)

"칼자루여 돌아갈까" 하고 노래부른 그 사나이입니다.

 문장 가운데에 쓰이는 '부'는 일반적으로 실사이어서 판별하기가 어렵지 않다. 그러나 두 문장의 사이에 끼인 허사 '부'는 앞문장과 연결되어야 하는지, 그렇지 않으면 뒤에 속해야 하는지 때로는 정확히 판단하기가 어렵다. 『좌전』 양공(襄公) 3년조의 두 단락을 어떤 이는 다음과 같이 표점을 하였다.

 ＊建一官而三物成, 能擧善也夫。唯善, 故能擧其類。[3]
 하나의 관직을 임명하는 데 세 가지의 일을 이루었으니 훌륭한 인물을 잘 천거하였구나! 오직 훌륭하기 때문에 [바른 해석: 훌륭한 인물을 잘 천거하였다. 자기 자신이 훌륭하기 때문에] 자기와 같이 훌륭한 인물을 잘 천거한 것이다.

 표점자는 '부'를 앞문장과 연결시켜 문장을 만들었다. 고대 중국어에서 '也夫' 두 글자는 언제나 문장 끝에 연결되어 감탄을 표시하지만, 이 문장에서 '夫'는 뒷문장에 속하여야 한다. 첫째, 앞문장의 뜻은 하나의 관직을 세움으로써 세 가지 일이 이루어졌으며 이는 그가 유능한 사람을 잘 추천한 때문이다라는 것이다. 이는 판단의 형식을 써서 인과관계를 표시하는 복문으로 감탄의 의미는 조금도 없으므로 '也'자에서 문장을 끝내야 한다. 둘째, 고서 중에서 '夫唯'는 늘 함께 문장 앞머리에서 쓰이며 '故' 혹은 '是以'와 서로 호응한다. 예를 들면 다음과 같다. "夫唯不盈, 故能蔽不新成(오로지 자만하지 않은 까닭에 옛것을 버리고 새로워질 수 있는 것이다)"(『老子』), "夫唯禽獸無禮, 故父子聚麀(저 금수에게는 예가 없으므로 아비와 자식이 암컷을 함께 하고 있는 것이다)"(『禮記』 曲禮 上) 『좌전』의 예문과 이 두 문장의 형식은 완전히 일치한다. '夫'가 뒷문장에 속해야 한다는 것을 알 수 있다.
 다른 한편 어떤 '夫'는 본래 앞문장에 이어져야 하는데 표점자는 오히려

---

3) 王伯祥, 『春秋左傳讀本』, 中華書局 1957, 319면.

뒷문장과 연결하는 경우가 있다. 예를 들어보자.

  *"唐棣之華, 偏其反而。豈不爾思？ 室是遠而。" 子曰："未之思也, 夫何遠
之有？"4)(『論語』子罕)

  "산앵두나무의 꽃은 여기저기 피어 있네. 어찌 그대를 생각하지 않겠소마
는 그대의 집이 멀리 떨어져 있소이다"라는 노래가 있는데 (이와 관련해서)
선생님께서 말씀하시기를 "그를 생각하지 않는 것이다. 그대여 먼 데가 어
디 있겠는가？"[바른 해석:"그를 생각하지 않는 것이구나！ (진정으로 생각
한다면) 먼데가 어디 있겠는가？"]5)

  이 예문 중의 '夫'가 왜 앞으로 이어져 문장을 이루어야 하는가？ 첫째로
'未之思也夫'는 분명히 감탄어기를 띠는데 그 뜻은 "그대는 생각하지 않는
것이구나！"이다. 고서에서 『시경』의 단어와 문장을 풀이할 때 문장의 끝에
'也夫'를 많이 이용하였다. 예를 들어보자.

  "『詩』曰：'彼己之子, 不稱其服。' 子臧之服, 不稱也夫！"(『左傳』僖公 24년)
  "『시경』에서도 이르기를 '저 소인들이 맞지 않는 옷을 입었구나'고 하였는
데, 자장의 옷도 그와 같았다！"

  "『詩』曰：'愷悌君子, 遐不作人。' 求善也夫！"(『左傳』成公 8년)
  "『시경』에서 이르기를 '화락한 군자는 선인을 일으켜 쓴다'라고 하였으니,
이것은 선을 구하는 것인저！"

  "『詩』云：'樂只君子, 邦家之基。' 有德也夫！ '上帝臨女, 無貳爾心。' 有令名也

---

4) 『論語譯註』, 中華書局 1958, 103면.
5) 이 구절에 대한 차주환의 번역은 "선생님께서 말씀하시기를 '그를 생각하지
   않는 것이다. (진정으로 생각한다면) 먼데가 어디 있겠는가？'"라고 되어 있어
   감탄의 뜻이 없으나, 여기서는 저자의 원뜻을 살려 "그를 생각하지 않는 것이
   구나！"라고 감탄의 뜻으로 바꾸었다.

夫 ! (『左傳』襄公 24년)

"시경에서도 이르기를 '화락한 군자는 나라의 기초이다'라고 하였는데, 이것이야말로 훌륭한 덕을 말하는 것이 아니런가 ! 또한 '하늘이 그대 위에 있으니 두 마음을 갖지 말라'고 한 것은 훌륭한 명예를 두고 한 말이런지 ! "

『논어』 자한편(子罕篇)의 이 예문과 『좌전』 중의 세 가지의 문형은 완전히 일치하니, '也夫'는 붙여 써야만 한다. 둘째로 앞에서 말한 것처럼 '夫'는 발어사를 이루어 제시하려는 의논 혹은 어떤 사안에 대한 판단을 진행하는 것을 나타낸다. '何遠之有'는 의논을 표시하는 것도 아니고 판단문도 아닌 반어문인데, 반어문에서는 '夫'가 문장 앞에 올 수 없다. 따라서 이러한 '夫'는 앞문장에 연결시켜야 한다.

3. '焉'

'焉'자의 용법과 위치에는 이하의 여러가지 경우가 있다.

첫째, 진술어기사가 되며 '了'·'啊'에 해당한다. 일반적으로 문미에 쓰이며 그 뒤에는 쉼표 혹은 마침표를 쓴다. 예를 들어보자.

子曰: "君子病無能焉, 不病人之不己知也。"(『論語』衛靈公)
군자는 자기가 재능없는 것을 고민하지 남이 자기를 알아주지 않는 것을 고민하지는 않는다.

擊之, 必大捷焉。(『左傳』僖公 32년)
이를 공격하면 반드시 크게 이길 것이다.

둘째, 의문어기사가 되며 '呢'·'嗎'에 해당한다. 일반적으로 문미에 쓰이며 문장을 마칠 때는 물음표를 쓴다. 예를 들어보자.

君何患焉？(『左傳』 隱公 元年)
임금님께서는 무엇을 근심하십니까？

旣富矣, 又何加焉？(『論語』 子路)
부유하여지면 또 무엇을 보태야 합니까？

王若隱其無罪而就死地, 則牛羊何擇焉？(『孟子』 梁惠王 上)
왕께서 만약에 그 소가 죄없이 사지에 나가는 것을 측은히 여기셨다면 소
와 양이 어찌 구별이 있겠습니까？

셋째, 대명사 혹은 겸의사(兼義詞: 이 경우 개사 '于'와 대명사 '之'의 뜻을
같이 가진다)에 해당한다. 일반적으로 동사 혹은 형용사의 뒤에 쓰이며 대
부분 문장의 끝에서 볼 수 있다. 문장을 마칠 때는 마침표를 쓴다. 예를 들
어보자.

故爲之說, 以俟夫觀人風者得焉。(柳宗元「捕蛇者說」)
그러므로 이 (捕蛇者)설을 만드니 무릇 사람의 풍속을 살피는 자(관리)가
(이를 듣고 잘못된 정치의 폐단을) 깨닫기 바란다.

制, 岩邑也, 虢叔死焉。(『左傳』 隱公 元年)
제라는 땅은 요해지(要害地)입니다. 옛날에 괵숙도 여기에서 죽었습니다.

三人行, 必有我師焉。(『論語』 述而)
세 사람이 같이 길을 가면 거기에는 반드시 내 스승이 있다.

過而能改, 善莫大焉。(『左傳』 宣公 2년)
잘못을 하고서도 능히 고칠 수 있다면 선한 행동 중에 이보다 큰일이 없
을 것이다.

넷째, 의문부사 혹은 의문대명사로 된다. 이는 '어떻게'·'어디서'에 해당한다. 일반적으로 문장의 앞에 쓰인다. 예를 들어보자.

未知生，焉知死？(『論語』先進)
아직 삶에 대해 모르는데 어찌 죽음을 알겠느냐?

如太形、王屋何？ 且焉置土石？(『列子』湯問)
태형과 왕옥 같은 산을 어떻게 한단 말씀입니까？ 그뿐만 아니라 흙과 돌들은 어디에 눈단 말입니까？

다섯째, 고서상에서 몇몇 '焉'은 문장의 중간에서 쓰여 앞문장을 뒤로 잇는 역할을 한다. '이에'·'즉'에 해당한다. 예를 들어보자.

命舟牧覆舟， 五覆五反， 乃告舟備具于天子， 天子焉始乘舟。(『呂氏春秋』季春紀)[6]
배를 관리하는 관리에게 명하여 배를 뒤집어엎게 하였다. 다섯 번 뒤집고 다섯 번 바로 하였다. 이에 천자에게 배를 타는 준비가 갖추어졌다고 고하니 천자가 이에 비로소 배에 올라탔다.

여섯째, 접미사가 되어 문장의 가운데서 쓰이며 작용은 '然'자와 같다.

我心憂傷， 怒焉如擣。(『詩經』小雅「小弁」)
내 마음의 시름이여！ 생각할수록 방망이로 치는 듯하네.

결론적으로 말해서 '焉'이 문장의 가운데에 쓰이는 경우는 비교적 적다. 문장 끝의 '焉'자 뒤에서 마침표를 쓸 것인지, 물음표를 쓸 것인지를 결정하

---

6) 『呂氏春秋』에는 이 기사가 "乃告舟備具于天子焉， 天子焉始乘舟"로 되어 있는데 비해 『淮南子』 時則訓에는 이 인용문과 똑같기 때문에, 이 기사는 『淮南子』 時則訓을 인용한 것으로 보인다.

기는 어렵지 않다. 진술문·묘사문(描寫文)의 뒤에는 마침표를 쓰며 의문문의 뒤에는 물음표를 쓴다. '焉'자로 문장이 끝나는 의문문에서는 일반적으로 모두 의문부사 혹은 의문대명사를 가지므로 분별이 어렵지 않다. 그런데 두 문장의 사이에 '언'이 끼여 있는 경우 앞문장으로 이어지는가, 그렇지 않으면 뒷문장에 속해야 하는가를 결정하는 것은 어렵다. 『좌전』 성공(成公) 10년조 중의 한 구절을 무억(武億)은 『경독고이(經讀考異)』 가운데에서 어떤 이가 다음과 같이 문장을 끊었다고 말했다.

　　＊ 公疾病。求醫于秦。秦伯使醫緩爲之。未至。公夢疾爲二豎子。曰。彼良醫也。懼傷我焉。逃之。其一曰。居肓之上。膏之下。若我何。
　　(그 이후) 진후(晉侯)의 병이 위독해졌으므로 의원을 진(秦)나라에 구하자 진백(秦伯)이 의원 완(緩)을 보냈다. 그가 아직 진(晉)나라에 도착하기 전에 진후는 또 꿈을 꾸었는데, 병이 두 동자로 되어 나타나서 다음과 같이 말했다. "그 사람은 고명한 의원이다. 우리를 해칠까 두렵다. 달아나자." 그 하나가 말하기를 "횡격막(橫隔膜)의 위, 심장의 아래에 있으면 우리를 어떻게 하겠는가?"라고 하였다.

　　문장을 끊은 자는 '焉'자를 어기사로 파악하여 앞문장에 연결시켰다. '懼傷我焉'은 그 뜻이 통할 수 있는 것처럼 보이지만 뒷문장은 통하지 않는다. 첫째, '曰'자 이하에서부터 한 단락의 대화인데 '逃之'가 단독으로 문장을 이루고 있다. 이는 '二豎子'가 하는 말인지 그렇지 않으면 서술어인지 어의가 명확하지 않다. 둘째, 뒷문장 대화의 내용을 보면 '居肓之上。膏之下。若我何?'는 앞문장에서 제기한 물음에 대한 대답이다. 그러므로 '焉'자는 뒤에 속하는 '逃之'와 함께 의문문을 만들어야 하니 결국 이 '焉'은 어기사가 아니고 의문대명사인 것이다. 그 뜻은 "어디로 도망할 수 있겠는가?"이다. 정확한 표점은 다음과 같아야 한다.

　　公疾病, 求醫于秦。秦伯使醫緩爲之。未至, 公夢疾爲二豎子, 曰: "彼良醫也。懼傷我, 焉逃之?"其一曰: "居肓之上, 膏之下, 若我何?"

(그 이후) 진후(晉侯)의 병이 위독해졌으므로 의원을 진(秦)나라에 구하자 진백(秦伯)이 의원 완(緩)을 보냈다. 그가 아직 진(晉)나라에 도착하기 전에 진후는 또 꿈을 꾸었는데, 병이 두 동자로 되어 나타나서 말하기를 "그 사람은 고명한 의원이다. 우리를 해칠까 두렵다. 어디로 달아날 수 있을까?"라고 하자 나머지 하나가 말하기를 "횡격막(橫隔膜)의 위, 심장의 아래에 있으면 우리를 어떻게 하겠는가?"라고 하였다.

『좌전』소공 3년조 중의 한 단락은 두예(杜預)가 주를 달 때 다음과 같이 문장을 낳었다.

＊小邾穆公來朝。季武子欲卑之。穆叔曰。不可。曹滕二邾實不忘我好。敬以逆之。猶懼其貳。又卑一睦焉。逆群好也。其如舊而加敬焉。志曰。能敬無災。又曰。敬逆來者。天所福也。季孫從之。

소주(小邾)의 목공(穆公)이 노나라에 내조하였다. 계무자(季武子)가 이를 제후의 예로써 접대하지 않으려 하니, 목숙(穆叔)이 말하였다. "그것은 안 됩니다. 조나라·등나라와 두 주나라는 실로 우리나라와 우호를 잊지 않고 있는 나라들입니다. 우리가 친절하고 공경스럽게 이들을 맞이하여도 오히려 두 마음을 품지 않을까 두려운데 이제 소주를 천대하였습니다. 우호를 잊지 않고 있는 다른 나라들을 맞이하여 전과 다름없이 공경해야 합니다. 옛글에 이르기를 '공경하면 재앙이 없다'고 하였고 또 '오는 사람을 공경으로 맞이하면 하늘이 복을 내린다'고 하였습니다." 계손은 이 말에 따랐다.

문장을 끊은 자가 '又卑一睦焉'을 이어서 읽었는데 이는 '焉'을 어기사로 이해했기 때문이다. 이렇게 문장을 구두하면 앞뒤 문장 모두가 통할 수 없게 된다. 우리들이 '언'이 앞에 이어지는지 그렇지 않으면 뒤에 속하는지 알기 위해서는 주로 앞뒤 문장이 어떤 종류의 문장에 속하는지를 살펴보아야 한다. 이 단락 중에서 '猶……焉……'은 서로 호응한다. 이 단락의 의미는 "친절하고 공경스럽게 이들을 맞이하여도 오히려 두 마음을 품지 않을까 두려운데 이제 소주를 천대한다면 우호를 잊지 않고 있는 다른 나라들을 어떻

게 맞이하겠습니까"이다. 명확히 이 '언'은 의문부사이며 뒷문장에 속해야
된다. 정확한 표점은 다음과 같아야 한다.

　小邾穆公來朝, 季武子欲卑之。穆叔曰: "不可。曹、滕二邾實不忘我好, 敬
以逆之, 猶懼其貳, 又卑一睦, 焉逆群好也? 其如舊而加敬焉。『志』曰: '能敬
無災.' 又曰: '敬逆來者, 天所福也。'" 季孫從之。

　소주의 목공이 노나라에 내조하였다. 계무자가 이를 제후의 예로써 접대
하지 않으려 하니, 목숙이 말하였다. "그것은 안됩니다. 조나라·등나라와
두 주나라는 실로 우리나라와 우호를 잊지 않고 있는 나라들입니다. 우리가
친절하고 공경스럽게 이들을 맞이하여도 오히려 두 마음을 품지 않을까 두
려운데 이제 소주를 천대한다면 우호를 잊지 않고 있는 다른 나라들을 어떻
게 맞이하겠습니까? 전과 다름없이 공경해야 합니다. 옛글에 이르기를 '공
경하면 재앙이 없다'고 하였고 또 '오는 사람을 공경으로 맞이하면 하늘이
복을 내린다'고 하였습니다." 계손은 이 말에 따랐다.

4. '乎'

　'乎'자의 용법과 위치에 관해서는 이하 몇가지 경우가 있다.
　첫째, 의문어기사가 되어 의문문·선택의문문·반어문의 문미에 쓰이며
'호'의 뒤에는 물음표를 쓴다. 예를 들어보자.

　子路問曰: "子見夫子乎?"(『論語』微子)
　자로가 "영감님께서는 우리 선생님을 보셨는지요?"라고 물어보았다.

　孟子曰: "敬叔父乎? 敬弟乎?"(『孟子』告子)
　맹자께서 말씀하시기를 "숙부를 공경하느냐? 동생을 공경하느냐?"

　豈先賤而後尊貴者乎?(『戰國策』齊策)
　어찌 천한 것을 먼저 하고 존귀함을 나중으로 하겠습니까?

둘째, 기원문·감탄문의 뒤에 쓰이며 '호'자 뒤에는 느낌표를 쓴다. 예를
들어보자.

卜者知其指意, 曰: "足下事皆成, 有功。然足下卜之鬼乎！"(『史記』陳涉世
家)
점쟁이는 그 뜻을 알고 대답하였다. "그대들이 하는 일은 다 이루어지고
큰 공도 세울 것이다. 그러나 왜 귀신에게는 도움을 청하지 않는가！"

善哉。技蓋至此乎。(『莊子』養生主)
아아, 훌륭하다. 재주가 이런 지경에까지 이를 수가 있는가？

셋째, 개사가 되어 문장의 가운데에 쓰이며 '호' 뒤를 표점하여 끊을 수
없다. 예를 들어보자.

鷄鳴狗吠相聞而達乎四境。(『孟子』公孫丑 上)
닭이 울고 개가 짖는 소리를 들으면서 사방의 국경 지대에까지 가게 되었
다.

君子博學而日參省乎己。(『荀子』勸學)
군자는 널리 배우며 매일 자기에 대하여 생각하고 살핀다.

넷째, 접미어가 되며 문장의 가운데에서 쓰이고 작용은 '然'과 같다. 예를
들어보자.

子曰: "巍巍乎, 舜、禹之有天下也, 而不與焉。"(『論語』泰伯)
선생님께서 "위대하도다！ 순과 우는 천하를 차지하고서도 그것에 집착하
지 아니하였으니"라 하였다.

문미의 '乎' 뒤에는 물음표를 쓸 것인지, 느낌표를 쓸 것인지를 결정하는 것은 어렵지 않다. 어려운 것은 문장 가운데의 '호'와 문장의 끝에 '호'가 있을 경우, 그 구별이 쉽지 않다. 예를 들어 『순자』 비십이자(非十二子) 중의 한 구절을 어떤 이는 다음과 같이 끊었다.

＊無置錐之地。而王公不能與之爭名。在一大夫之位。則一君不能獨畜。一國不能獨容。 成名況乎。 諸侯莫不願以爲臣。 是聖人之不得勢者也。 仲尼子弓是也。

송곳 꽂을 땅도 갖고 있지 않지만, 왕공들이 그와 명망을 다투지 못하며, 일개 대부의 벼슬에 있다 해도 한 임금으로서는 홀로 그를 잡아두지 못하며 한 나라로써 홀로 그를 받아들이지 못할 것이니 명성을 이루는 것이야 말할 나위가 있겠는가? 제후들이 신하가 되고자 할 것임이 틀림없다. 이것이 성인으로서 형세를 얻지 못한 것이니 공자와 자궁(子弓)이 이런 사람이다.

양경(楊倞)은 '成名況乎'로 끊어 '諸侯莫不願以爲臣'을 한 문장으로 하였다. 이는 '乎'자를 어기사로 이해한 것이다. 양경은 또 다른 구두법을 제시하였다. 즉 '成名'에서 끊어 '況乎諸侯莫不願以爲臣'을 한 문장으로 하였다. 이 두 가지의 구두는 모두가 잘못된 것이다. 유월(兪樾)은 다음과 같이 지적하였다. "양경의 두 가지 구두로는 뜻이 통하지 않는다. 모두가 잘못되었다. 이는 당연히 '成名況乎諸侯'를 한 문장으로 해야 한다. '成'과 '盛'은 통하여 '成名'은 '盛名'과 같다. '況'은 사여한다는 뜻이다. 성명을 제후에게 하사하는 말이다." 손이양(孫詒讓)은 다음과 같이 말하였다. "유월의 주장이 옳지만 '況'을 '賜'로 이해하는 것은 잘못된 것이다. '況'은 '皇'과 서로 통한다. 『시주송열문모전(詩周頌列文毛傳)』에 이르기를 황(皇)은 미(美)라 했고 『대대례소변편(大戴禮小辯篇)』에 이르기를 "治政之樂, 皇於四海"라 했는데, 여기에 말한 '況乎諸侯'와 '皇於四海'와는 뜻이 서로 같음을 이른 것이다"[7]고 하였다. 따라서 『순자』의 이 문장 중에서의 '乎'는 어기사가 아니고 개사이

---

7) 『古書句讀釋例』, 中華書局 1954, 57면.

며 '于'에 해당한다. '況'은 '皇'의 가차자(假借字)이고 미(美)의 뜻이다. '成
名況乎諸侯'는 곧 "명성이 제후에 비해 훌륭하다"이다. 정확한 표점은 다음
과 같아야 한다.

　無置錐之地，而王公不能與之爭名；在一大夫之位，則一君不能獨畜，一國不
能獨容；成名況乎諸侯，莫不願以爲臣。是聖人之不得勢者也。仲尼、子弓是也。
　……명성이 제후에 비해 훌륭하므로 (군주 가운데) 그를 신하로 삼으려
하지 않는 자가 없었다……

5. '而'

　접속사 '而'의 작용은 형용사와 동사, 동사의 성질을 갖는 복합어 및 문장
등을 연결시켜 두 가지 성질 혹은 두 가지 행위의 관련을 표시한다. 순접에
쓰일 수 있으며 또한 역접에도 쓰일 수 있다. '而'의 이러한 두 가지 작용은
표점에 큰 영향을 미친다.
　첫째, 순접은 서로 인접하는 두 가지 내용이 뜻에 있어 일정한 유사성이
있고 밀접한 관계가 있으며 중간에 전환이 없음을 나타낸다. 이러한 경우에
는 '이' 앞에 쉼표로 끊을 수 없다. 예를 들어보자.

　子溫而厲，威而不猛，恭而安。(『論語』述而)
　선생님께서는 온순하시면서도 엄숙하시고 위엄이 있으시면서도 사납지는
않으시고 공손하시면서도 안정하셨다.

　是故質的張而弓矢至焉，林木茂而斧斤至焉，樹成蔭而衆鳥息焉，醯酸蚋聚。
(『荀子』勸學)
　그렇기 때문에 과녁을 펼쳐놓으면 화살이 날아오게 되고 나무숲이 무성하
면 도끼가 쓰여지게 되고 나무가 그늘을 이루면 새떼들이 와서 쉬게 되고
식초가 시어지면 바구미가 모여들게 된다.

둘째, 역접은 서로 인접하는 두 내용이 뜻에서 서로 상반되거나 혹은 조화를 이루지 못할 때, 인과관계에 있지 않을 때, 어의가 연관되지 않고 전환이 있을 때를 말한다. '而'를 역접의 문장에서 쓸 때 '이' 앞에서 끊어주어야 한다. 예를 들어보자.

人不知, 而不慍, 不亦君子乎? (『論語』學而)
남이 자기의 실력을 알아주지 아니하여도 노여워하지 않는 것은 또한 군자답지 아니하냐.

舟已行矣, 而劍不行, 求劍若此, 不亦惑乎? (『呂氏春秋』察今)
배는 이미 지나갔지만 칼은 그 자리에 그대로 있을 텐데도 이와같이 칼을 찾고 있었으니 또한 어리석지 아니한가?

凡醫咸言背及胸臟之間, 不可妄針, 針之不可過四分, 而阿針背入一二寸, 巨闕胸臟乃五六寸, 而病皆療。(『後漢書』方術列傳)
보통 의사들은 등과 흉장 사이에는 함부로 침을 놓을 수 없으며 침의 길이는 네 푼을 넘어서는 안된다고 모두 이야기한다. 그러나 번아(樊阿)의 침은 등에서 한두 치를 들어갔고 크게 흉장을 뚫었는데 오륙 치나 되었다. 그러나 병자는 모두 나았다.

'而'를 사용하여 단어·복합어·문장 등을 순접시킬 때 문장을 끊는다면 연관시킬 수 없게 되고 어떤 때에는 심지어 문장의 의미와 구조의 변화를 야기하기도 한다. 예를 들어보자.

＊曹操一擧而降張魯, 定漢中, 不因此勢以圖巴、蜀, 而留夏侯淵、張郃屯守, 身遽北還, 此非其智不逮, 而力不足也, 必將內有憂逼故耳。[8]
조조는 단숨에 장로를 항복시키고 한중을 평정했으나 이 기세로 파촉을

---

8) 『資治通鑑』, 中華書局 1956, 2152면.

도모하지는 못하여 하후연과 장합을 남겨두어 지키게 하고 자신은 북쪽으로 돌아갔습니다. 이는 지혜가 미치지 못해서가 아니라 힘이 부족해서이니[바른 해석: 지혜가 미치지 못하고 힘이 부족해서가 아니라] 내부에 우환이 생길까 보아서입니다.

이는 법정(法正)이 유비(劉備)에게 한 대화의 내용이다. 앞의 '而'는 역접으로 쓰였기 때문에 그 앞에 쉼표로 끊어 뜻이 분명해졌다. 그러나 뒤의 '而'는 순접으로 쓰였는데 그 앞에서 쉼표로 끊어 결과적으로 구조와 뜻의 변화를 불러일으켰다. "지혜가 미치지 못하다"와 "힘이 부족하다"는 병렬관계로서 함께 '非'의 제한을 받는다. 이는 곧 '非'가 갖는 부정의 의미가 계속해서 '不足也'까지 미치고 있으며 뜻은 조조의 대군이 북방으로 돌아간 것은 "지혜가 미치지 못하거나 힘이 부족해서가 아니다"는 것이다. 그러나 '而'의 앞에서 끊게 되면 '力不足'은 긍정의 이유를 뜻하게 된다. 이같은 표점에 의거하여 이해할 경우 조조가 북방으로 돌아간 이유는 지혜가 미치지 못하기 때문이 아니라, 힘이 부족하기 때문이다. 이는 분명히 원문의 뜻에 부합되지 않는다. 왜냐하면 뒷문장에 이미 조조가 북으로 돌아간 것은 장차 "안으로 우환이 닥칠 것"이라는 이유임을 설명하고 있기 때문이다. 그러므로 '逮' 뒤의 쉼표는 지워야만 한다.

'而'를 역접으로 사용한 문장 안에서 만일 '이'의 앞에서 끊지 않을 경우 문장의 구조와 뜻에 변화가 생길 수 있다. 『좌전』 성공(成公) 2년조 중의 한 단락을 예로 들면 대개 다음과 같이 표점하고 있다.

＊丑父寢于轏中, 蛇出于其下, 以肱擊之, 傷而匿之, 故不能推車而及。[9](『左傳』 成公 2년)

추보(丑父)가 그 전날 밤에 수레 안에서 잠을 자고 있을 때 뱀이 수레 아래에서 나오는 것을 팔꿈치로 쳐서 (뱀을) 상처 입히고 숨겼다. [바른 해석: 치다가 상처를 입었으나 이 사실을 숨기고 있었다.] 그러므로 수레를 밀

---

9) 『左傳選』, 中華書局 『中國史學名著選』本, 124면.

수 없었으나(진군이) 추격해 왔다.

　육종달(陸宗達) 선생은 『훈고간론(訓詁簡論)』 중에서 '傷而匿之'를 붙여 읽는 것이 적절치 않음을 지적하였다. 필자는 육선생의 의견에 동의한다. 첫째, 내용상에서 볼 때 앞의 세 구절은 추보(丑父)가 상처를 입은 경과를 서술하고 있는데 '傷'은 이 과정의 결과이다. 따라서 '傷'은 앞 세 구절의 결속어이기에 앞문장에 속하여야 하며 뒤에 속해서는 안된다. 즉 '傷' 뒤에서 문장을 끊어야만 한다. '匿之'는 상처를 입은 후의 새로운 상황이므로 별도로 한 문장을 이루어야만 한다. 둘째, 구조상 '傷'과 '匿'은 병렬관계가 아니다. '而'는 역접이고 순접이 아니며 '그러나'의 뜻을 내포하고 있다. '之'는 부상을 당한 사건을 가리킨다. '匿之'는 곧 이 사건을 숨기는 것이다. 만일 원래의 표점에 비추어 이해하자면 '之'는 '傷'과 '匿'의 공통목적어가 되며 이것은 분명히 원래의 뜻에 부합되지 않는다. 그러므로 '而'의 앞에는 마침표를 해서 끊어야 한다.

　＊是以有道之君牧夷、狄也, 惟以待之有備, 御之有常, 雖稽顙執贄而邊城不弛固守, 强暴爲寇而兵甲不加遠征, 期令境內獲安, 疆場不侵而已。[10]
　그러므로 덕이 있는 군주는 이(夷)·적(狄)을 다스리는 데 있어 오직 그들을 상대함에 언제나 준비함이 있고 그들을 통어하는 데 항상됨이 있습니다. 머리를 조아리고 예물을 바치면 변방을 지키는 일을 느슨하게 하지 않고, 그들이 포악하여 도적이 된다면 군대를 일으켜서 정벌하지 않습니다. 그리하여 경내의 평안함과 변방이 침범되지 않음을 기대할 따름입니다.

　이는 서진(西晉)의 태자 세마(太子洗馬)인 강통(江統)이 지은 『사융론(徙戎論)』 중의 한 단락이다. 원래의 표점에 의할 경우 두 개의 '而' 앞에서 끊지 않아 문장이 앞뒤로 순접 혹은 병렬관계를 이루고 있다. 이러한 표점에 의거하여 이해하게 되면 앞뒤 문장에 모순이 발생하게 된다. "머리를 조아

---

　10) 『資治通鑑』, 中華書局 1956, 2624면.

리고 예물을 바쳤는데" 어째서 "변방의 수비를 굳게 지켜야 하는가?" 또한 "포악하여 도적이 되는데" 어째서 "군대를 일으켜 정벌하지 않는가?" 원래 '雖'와 '而'는 서로 호응하여 전환관계를 표시하는 것으로서 그 뜻은 "그들을 상대함에 언제나 준비함이 있고 그들을 통어하는 데 항상됨이 있기 때문에" 비록 대외적으로 "머리를 조아리고 예물을 바친다"고 하지만 변방의 성은 여전히 "굳게 지켜야" 하며 비록 "포악하여 도적이 된다"고 해도 "군대를 동원하여 정벌하지 않는다"는 것이다. 만일 두 개의 '而' 앞에서 쉼표를 해서 끊는다면 독자들은 오해하지 않게 될 것이다. 정확한 표점은 다음과 같아야 한다.

……惟以待之有備, 御之有常, 雖稽顙執贄, 而邊城不弛固守, 强暴爲寇, 而兵甲不加遠征,……

　(비록 그들이 머리를 조아리고 예물을 바치더라도) 변방을 지키는 일을 느슨하게 하지 않고, 그들이 포악하여 도적이 된다고 해도 군대를 일으켜서 정벌하지 않습니다.

　＊吾不才, 夙夜累息, 常恐虧先后之法, 有毛髮之罪吾不釋, 言之不舍晝夜而親屬犯之不止, 治喪起墳, 又不時覺, 是吾言之不立而耳目之塞也。[11]

　나는 재주가 없어 밤낮으로 조마조마하고 언제나 선왕의 법을 어그러뜨리지 않을까 걱정하였다. 비록 터럭만큼의 죄가 있다고 해도 내가 그냥두지 않을 것이다. 밤낮으로 말하였고 [바른 해석: 말했는데도] 친속들의 범법하는 것이 그치지 않으니 초상을 치르고 무덤을 만들게 되어도 또한 제때에 깨닫지 못한다. 이는 내 말이 받아들여지지 않고 귀와 눈이 막혔기 때문이다.

　후한(後漢)의 장제(章帝)는 여러 외삼촌들에게 봉작(封爵)을 내리려 하였으나 태후(太后)는 반대를 표시하였다. 위의 글은 태후의 조서 중의 한 단락이다. '言之不舍晝夜'는 그녀가 친척들에 대하여 부단히 충고하려 함을 말

---

　11) 『資治通鑑』, 中華書局 1956, 1478면.

해 준다. '而親屬犯之不止'에서의 '而'는 전환관계를 나타내며 '그러나'의 뜻
을 내포하고 있다. 그러므로 '而' 앞에 쉼표로 문장을 끊어야 한다.

　*王舍欲奔荊州, 王應曰: "不如江州。" 舍曰: "大將軍平素與江州云何而欲歸
之？"[12]

　왕함(王舍)이 형주로 가고자 하니 왕응(王應)은 "강주로 가는 것만 못합
니다"라고 했다. 왕함은 "대장군은 평소에 강주의 왕빈과 어떤 얘기를 주고
받아서 거기로 가고자 했는가？ [바른 해석：강주의 왕빈(王彬)과 어떤 얘기
를 (이전에) 했다고 그곳으로 가고자 하는가？]"

　대장군은 왕돈(王敦)을 가리키며 왕함(王舍)은 왕돈의 형이고 왕응(王應)
은 왕함의 아들로서 왕돈의 후사가 되었다. 형주(荊州)는 왕서(王舒)를 가
리키며 강주(江州)는 왕빈(王彬)을 가리키는데 모두 왕돈의 사촌 형제들이
다. 왕서는 평소 왕돈에 의탁하고 있었으나 왕빈은 그러하지 않았다. 왕돈
이 죽은 뒤 왕함은 왕서에게 의탁하려 했으나 왕응은 부친의 견해에 찬성하
지 않고 왕빈에게 의탁하는 것만 못함을 말하자 왕함은 비로소 이 말을 하
였던 것이다. "대장군은 평소에 왕빈과 어떤 점을 얘기하였던가？"의 뜻은
왕돈이 평상시 왕빈과의 관계가 어떠하였던가라는 것으로 언외(言外)의 뜻
은 그들의 사이가 좋지 않았음을 보여준다. '而欲歸之'의 '而'는 역접이고 순
접이 아니며 '도리어'에 해당하는 뜻을 내포한다. 그러므로 '而' 앞에 쉼표를
써서 문장을 끊으면 독자들은 전환의 의미를 쉽게 이해할 것이다. 이후의
사실은 왕응의 견해가 정확했음을 증명한다. 그 당시 왕함은 아들의 만류를
뿌리치고 형주의 왕서에게로 갔고 결국 살해당했다.

　6. '以'

　고서에서 '以'의 용법은 비교적 많이 보이는데 표점과 밀접한 관계가 있는
것으로 다음 두 가지가 있다.

12) 『資治通鑑』, 中華書局 1956, 2929면.

첫째, '以'가 접속사로 단어 혹은 복합어로 순접할 때 '以' 앞에서 끊을 수 없다.

　余折以御, 左輪朱殷。(『左傳』成公 2년)
나는 (화살을) 꺾어버린 채 말을 몰았습니다. 전차의 왼쪽 바퀴는 검붉게 피로 물들었습니다.

　'折以御'에서의 '以'는 '而'와 같은 뜻이며 그 뜻은 화살을 부러뜨리고 계속 마차를 몬다는 것이다. '以' 앞에서 끊을 수 없다.

　其爲人也, 發憤忘食, 樂以忘憂, 不知老之將至云爾。(『論語』述而)
(너는 왜) '그분의 사람됨이 발분하면 식사를 잊고 그러한 것을 즐거워하여 근심을 잊어 늙음이 닥쳐오리라는 것조차 모르고 계십니다'라고 말하지 않았느냐?

　'樂以忘憂'는 곧 '樂而忘憂'로서 '以' 앞에서 끊을 수 없다.
　둘째, '以'가 전치사로서 주어가 없거나 혹은 주어가 생략된 문장에서 쓰이는 경우로 '以' 앞에서 문장을 끊어야 한다. 예를 들어보자.

　期三百有六旬六日, 以閏月定四時成歲。(『尙書』堯典)
기는 삼백이요 또 육순이요 또 육일이니 윤월로써 사시를 정하고 세를 이룬다.

　南方有鳥焉, 名曰蒙鳩, 以羽爲巢, 而編之以髮, 繫之葦苕。(『荀子』勸學)
남방에 새가 있는데 그 이름을 몽구(蒙鳩)라고 한다. 새깃으로 둥우리를 만들고 머리털로 그것을 짜가지고는 갈대 이삭에다 그것을 매어놓는다.

　결론적으로 '以' 앞에서 문장을 끊을 것인가, 끊지 않는가는 진지하게 고려해보아야 한다. 단어 혹은 복합어를 순접시키는 '以' 앞에서 문장을 끊는다면 문장의 구조와 뜻이 변할 수 있다. 예를 들면 『예기』악기편(樂記篇) 중의 한 단락을 어떤 사람은 다음과 같이 문장을 끊었다.

＊ 是故治世之音安。 以樂其政和。 亂世之音怨。 以怒其政乖。 亡國之音哀。 以思其民困。

따라서 평화로운 시대의 음악은 평안하다. 음악으로서 그 정치를 평화롭게 한다. 난세의 음악은 원한을 보인다. 노여움으로써 그 정치는 인심을 잃게 된다. 망국의 음악은 슬프다. 근심으로써 그 백성을 고난스럽게 한다.

이 단락의 문장을 끊는 것에 대해서는 당대(唐代)에서부터 서로 다른 여러가지의 방법이 있었다. 『경전석문(經典釋文)』에서는 다음과 같이 말했다. "뇌씨(雷氏)의 구두법은 앞문장은 '安'까지로 하여 문장을 나누고, '樂'은 악(岳)으로 발음하고 두 자가 문장을 이룬다. 최씨(崔氏)의 구두법은 앞문장은 뇌씨의 구두법에 따르지만 뒷문장은 '以樂其政和'로 총괄해서 한 문장을 이루는 것으로 보았다. 뒤의 '亂世'·'亡國'은 각기 이를 모방하였다." 뇌씨와 최씨의 구두법은 모두 잘못된 것이다. 최씨의 구두법에 따라 문장을 끊으면 '以'는 단지 전치사임을 알 수 있다. 구조적으로 분석해보면 '樂'·'怒'·'思'는 동사술어가 되고 '其政'·'其民'은 목적어가 되어 '和'·'乖'·'困'은 속하게 될 곳이 없게 된다. 중국어에는 이같은 문법구조는 없기에 '以樂'·'以怒'·'以思'는 앞부분에 속해야 한다. 뇌씨의 구두법과 최씨의 구두법이 잘못된 것은 동사와 형용사를 순접시키는 접속사 '以'를 전치사로 잘못 보았기 때문이다. 사실은 이 '以'와 '而'는 용법은 서로 같다. '安以樂'은 곧 '安而樂'이고 '怨以怒'는 곧 '怨而怒'이며, 곧 '哀以思'는 '哀而思'이다. 뒷문장의 '其政'·'其民'은 주어이고 '和'·'乖'·'困'은 모두 형용사로서 술어이다. 정확한 표점은 다음과 같아야 한다.

是故治世之音安以樂, 其政和; 亂世之音怨以怒, 其政乖; 亡國之音哀以思, 其民困。

따라서 평화로운 세상의 음악이 즐거운 기분을 나타내는 것은 정치가 평화롭기 때문이며, 난세의 음악이 원한이나 분노의 감정을 나타내는 것은 정치가 인심에 어긋나기 때문이고, 망국의 음악이 슬프고 시름에 잠기는 것은 백성이 고난을 당하고 있기 때문이다.

그밖에 만일 전치사를 만든 '以' 앞에서 문장을 끊지 않으면 때로는 문장의 구조와 뜻이 변할 수 있다. 예를 들어보자.

  * 上命沈慶之爲三烽于桑里, 若克外城, 擧一烽, 克內城, 擧兩烽, 擒劉誕, 擧三烽; 璽書督趣, 前後相繼。慶之焚其東門, 塞壍, 造攻道, 立行樓, 土山幷諸攻具, 値久雨, 不得攻城。上使御史中丞庾徽之奏免慶之官, 詔勿問以激之。[13]

임금이 심경지(沈慶之)에게 상리에서 세 번 봉화를 올리라고 명했다. 만약 외성을 치면 한번 봉화를 올리고 다시 내성을 얻으면 두번째 봉화를 올리고 유탄(劉誕)을 사로잡으면 세번째 봉화를 올리도록 했다. 조서로 독려함이 앞뒤가 서로 이어지게 했다. 경지가 그 동문을 불태우고 공격의 길을 만들었다. 행루를 세우고 토산(土山) 등 여러 공격도구를 만들었으나 오랫동안 비가 내려 성을 공격할 수 없었다. 임금은 어사중승 유휘지(庾徽之)에게 경지의 관을 면하는 상주를 올리게 하였으나 조서로는 (그 책임을) 묻지 않음으로써 그를 자극했다. [바른 해석:조서로 (그 책임을) 묻지 말라고 하여 (두 가지 일로써) 그를 자극했다.]

상(上)은 남조(南朝) 송(宋)의 효무제(孝武帝)이다. 이 표점에 따르면 '詔勿問以激之'를 연독하여 '以'는 '詔勿問'과 '激'을 연결하는 접속사로 되었다. 그러나 앞문장의 뜻을 살펴면 '以激之'는 앞의 '奏免'과 '勿問'의 두 가지 일을 이은 것이다. '以'는 접속사가 아니고 전치사이다. '以'의 앞에는 '上'이 생략되어 있고 '以'의 뒤에는 목적어 '之'(앞의 두 가지 사건을 대신하는 것을 가리킨다)가 생략되어 있다. '激'은 동사로서 술어이다. '激' 뒤의 '之'는 '慶之'를 대신하며 목적어이다. 그 뜻은 임금이 '어사 유휘지를 시켜 경지의

13)『資治通鑑』, 中華書局 1956, 4047면.

관직을 주면케 하고 그 책임을 묻지 말라는 조서를 내림'으로써 경지를 자극하였다는 것이다. '以激之'는 하나의 구절임을 알 수 있어 전치사 '以' 앞에는 쉼표를 하여야 할 것이다.

　＊且吉士賢人　猶不妄徙其家以寧鄉邑，　使無恐懼之心，　況乃帝王萬國之主，行止動靜，豈可輕脫哉。[14]

　또한 착한 선비, 현인 들도 함부로 그 집을 옮겨 향읍을 편안하게 하지 않고 [바른 해석: 함부로 그 집을 옮기지 않음으로써 향읍을 평안하게 하고] 두려워하는 마음이 없도록 합니다. 하물며 제왕은 만국의 군주로서 행동거지를 어찌 가벼이 할 수 있겠습니까?

　이 글은 사공(司空) 진군(陳群)이 위 명제(魏明帝)에게 간언한 말의 한 단락이다. 이 표점에 따르면 '猶不妄徙其家以寧鄉邑'은 붙여서 읽어 '以'는 동사 '徙'와 '寧'을 연결하는 접속사를 이룬다. 부사 '不'의 부정은 '鄉邑'에까지 걸린다. 그러나 앞뒤 문장을 살펴볼 때 '不'의 부정은 단지 '其家'까지만 걸려야 한다. '以'는 전치사이고 '以'자 앞의 주어 '吉士賢人'은 그 앞구절의 주어로서 생략되어 있고 '以' 뒤에는 목적어 '之'('不忘徙其家'의 일을 지칭함)가 생략되어 있다. '以'와 '使'는 호응하여 하나의 절을 이룬다. 따라서 전치사 '以' 앞에는 쉼표를 써서 끊어야 한다.

　　7. '與'

　'與'의 고서 중에서의 용법은 많이 보이는데 표점과 비교적 밀접한 관계를 가지는 것은 다음 몇가지가 있다.

　첫째로, '與'는 접속사로 명사 혹은 명사구를 연결하며, 접속사 '여'의 앞뒤에서는 끊을 수 없다. 예를 들어보자.

　晉人歸楚公子穀臣與連尹襄老之尸于楚。(『左傳』成公 3년)

---

14) 『資治通鑑』, 中華書局 1956, 2276면.

진(晉)나라 사람들은 필의 싸움에서 인질로 삼았던 초나라의 공자 곡신(穀臣)과 연윤(連尹)인 양로(襄老)의 시체를 초나라에 돌려보냈다.

彼與彼年相若也, 道相似也。(韓愈「師說」)
그와는 나이는 서로 같고 도(道)도 서로가 비슷하다.

둘째로 '與'는 전치사로 주어가 없거나 혹은 주어가 생략된 문장에 쓰이는데 '여'의 앞에서 문장을 끊어야 한다. 예를 들어보자.

齊侯陳諸侯之師, 與屈完乘而觀之。(『左傳』僖公 4년)
제후가 제후들의 군대를 정렬시킨 뒤 굴완(屈完)과 함께 한 수레에 타고 사열하였다.

爲人謀而不忠乎? 與朋友交而不信乎?(『論語』學而)
남을 위해 의견을 제시하여 주는 데 있어 전력을 다하지 않았는지? 벗들과 사귀는 데 있어 신용 없이 굴지 않았는지?

셋째, '與'는 동사로서 술어를 이루며 주어가 없거나, 주어 또는 목적어가 생략된 문장에서 쓰인다. '여'의 앞뒤는 끊어야 한다. 예를 들어보자.

公始常欲奇此女, 與貴人。沛令善公, 求之不與, 何自妄許與劉季?(『史記』高祖本紀)
여공께서 딸을 기특하게 여겨 귀한 사람에게 주려고 하였습니다. 패령은 공과 친한데도 딸을 달라고 했으나 주지 않으셨는데 어찌 망령되이 유방(劉邦)에게 주려 하십니까?

여공(呂公)은 딸을 유방(劉邦)에게 주려 하자 여온(呂媼)이 화를 내며 이와 같은 말을 하였다. '與貴人'에서의 '與'는 동사로 술어가 되어 '주다'의 뜻을 지닌다. '與' 앞의 주어는 그 앞문장의 주어를 이어받아 생략되었으므로

'與' 앞에서 끊어야 한다. '求之不與'에서의 동사 '與' 뒤에는 목적어 '沛令'이
생략되었으므로 '與'의 뒤에서 끊어야 한다.

넷째, '與'는 의문어기사로서 문장의 끝에 쓰이고 '與'의 뒤에는 물음표를
사용한다. 예를 들어보자.

是魯孔丘與? (『論語』微子)
그가 노나라의 공구(孔丘)요?

管仲以其君覇, 晏子以其君顯, 管仲、晏子猶不足爲與? (『孟子』公孫丑 上)
관중은 자기 임금을 패로 칭하게 해주었고 안자는 자기 임금을 유명하게
해주었습니다. 관중과 안자는 그래도 할 만하지 못합니까?

결론적으로 접속사 '與'의 앞뒤에는 표점을 하여 끊을 수 없으나, 주어가
없는 문장에서 전치사 '與'와 동사 '與'의 앞은 표점을 하여 끊어줄 수도 있
다. 목적어가 생략된 동사 '與'와 어기사 '與'의 뒤에 표점을 하여 끊어야 한
다. 만일 '與'의 구체적인 문장 내에서의 정확한 의미와 성질을 분명히 하지
않으면 문장에 잘못 표점할 수가 있다. 예를 들어보자.

*使盡之, 而爲之簞食, 與肉, 置堵橐以與之。[15]
(조선자는) 그에게 (남은 음식을) 다 먹게 하고 따로 그 어머니를 위해
밥을 넣고 고기를 주어 [바른 해석: 밥과 고기를] 대바구니에 담고 이를 자
루에 넣어 주었다.

이 문장의 주어 선자(宣子)는 앞을 이어 생략되었고 '之'는 영첩(靈輒)을
대신하여 가리킨다. 원래의 표점에 따르면 '與肉'의 앞에서 표점을 하게 되
는데, 구조상으로 볼 때 '與'는 동사이고 술어를 이루며 '주다'의 뜻을 지니
며 '肉'은 그것의 목적어를 이룬다. 이러한 표점에 의하면 앞의 '與肉'과 뒤
의 '以與之'는 뜻이 중복되어 원래의 뜻에 전혀 부합되지 않는다. 사실 앞의

15) 王伯祥, 『春秋左傳讀本』, 中華書局 1957, 201면.

'與'는 접속사로서 '簞食'와 '肉'을 연결하며 '그리고'라는 뜻으로 '與'의 앞에는 쉼표를 해서는 안된다.

＊周有泉府之官, 收不售與欲得, 卽『易』所謂 "理財正辭, 禁民爲非"者也。[16]
주나라에는 천부(泉府)의 관이 있어서 팔리지 않는 것과 사려는 것을 거두어들였습니다. [바른 해석: 팔리지 않는 것을 거두어 사려는 자에게 주었습니다.] 즉 『주역』에서 말하는 "재화를 올바르게 분배하고 만사를 바르게 하며 민이 잘못하는 것을 금한다"라는 것입니다.

이는 국사공(國師公)인 유수(劉秀)가 왕망(王莽)에게 한 말이다. 이 표점에 따르면 '收不售與欲得'은 연독하여 '與'는 접속사가 된다. 따라서 '不售'와 '欲得' 두 개의 복합어는 연결되어 연합복합어를 구성하며 동사 '收'의 목적어를 이룬다. 그러나 '不售'와 '欲得'을 거둔다는 것이 무슨 뜻인지 명확하지 않다. 호삼성(胡三省)의 주는 안사고(顔師古)의 말을 인용하고 있는데 다음과 같다. "팔려고 내놓았으나 팔리지 않는 것을 관에서 거두어들이고 물건이 없으나 사려고 하는 자가 있으면 관에서 방출한다." 원래 이것은 두 개의 문장이다. '收不售'는 관청에서 사람들이 팔려고 내놓았으나 팔리지 않는 것을 거두어들이는 것을 의미한다. '與欲得'의 뜻은 관청에서 사람들이 사려고 하는 물건을 판다는 것이다. 이 '與'는 접속사가 아니라 동사이며 '주다'의 뜻을 지니는데 '與' 앞의 주어인 '官'이 생략되었으므로 '與'의 앞에 쉼표를 써야만 한다.

『예기』 단궁(檀弓) 상의 한 단락에 대하여 어떤 사람은 다음과 같이 문장을 끊었다.

＊孔子之喪。有自燕來觀者。舍于子夏氏。子夏曰。聖人之葬人與人之葬聖人也。子何觀焉。
공자의 상(喪)에 연나라에서 와서 보는 사람이 있어서 자하씨(子夏氏)의

---

16) 『資治通鑑』, 中華書局 1956, 1181면.

집에 머무르고 있었다. 자하가 말하기를 성인이 사람을 장사하는 것이나 사람이 성인을 장사하는 것이나 같은 것인데 그대는 무엇을 보려 하십니까?

정현(鄭玄)은 ‘聖人之葬人’ 이하의 열두 자를 한 문장으로 보았다. 주석에서는 ‘與’는 ‘及’이라고 말하고 있다. 그는 ‘與’를 접속사로 보았다. 이같이 문장을 끊고 또 주석에 근거하여 이 자하(子夏)의 말을 풀이하면 그 뜻은 “성인이 보통 사람을 장사하는 것이나 보통 사람이 성인을 장사하는 것이나 같은 것인데 그대는 무엇을 보려 하십니까?”이다. 그러나 앞문장에서 이미 ‘孔子之喪’을 이야기했는데 자하는 어떻게 그에게 “보통 사람을 장례지낸다”고 말할 수 있는가? 이같은 문장의 끊기와 주석은 잘못된 것임을 알 수 있다. 공영달은 소(疏)를 쓸 때 왕숙(王肅)의 말을 다음과 같이 인용하였다. “‘聖人葬人與’는 앞문장에 속한다. 성인이 보통 사람을 장례지낸다고 하면 서민들은 달리 배울 만한 것이 있을 것이어서 참관하러 올 것이다. 만약 보통 사람이 성인을 장례지낸다면 다른 장례와 무엇이 달라 그대가 참관하는가?” 여기서 ‘與’가 접속사가 아니고 어기사로 본 왕숙의 견해는 정확한 것이므로 ‘與’ 뒤에서 끊어야 한다. 정확한 표점은 다음과 같아야 한다.

孔子之喪, 有自燕來觀者, 舍于子夏氏。子夏曰: “聖人之葬人與? 人之葬聖人也。子何觀焉?”

공자의 상에 연나라에서 와서 보는 사람이 있어서 자하씨의 집에 머무르고 있었다. 자하가 말했다. “(이 장례가) 성인이 보통 사람을 장사하는 것이냐? (오히려) 보통 사람이 성인을 장사하는 것이다. 그대는 무엇 때문에 참관하느냐?”

8. ‘爲’

‘爲’자의 용법은 비교적 많은데 고서 표점과 밀접한 관계가 있는 것은 다음 두 가지이다.

첫째 용법은 전치사로 발음은 중국어로 wèi(4성)라고 하며 대체로 ‘~위하여' 혹은 '~때문에'라는 뜻을 지닌다. '爲'로 구성되는 개사구조(介詞構造)는 문장에서 일반적으로 부사어일 경우 표점할 때 그것과 중심이 되는 단어를 나눌 수 없다. 예를 들어보자.

及莊公卽位, 爲之請制。(『左傳』隱公 元年)
이윽고 장공이 즉위하게 되자 (강씨는 공숙단을) 제읍에 봉할 것을 요청했다.

庖丁爲文惠君解牛。(『莊子』養生主)
포정이 문혜군을 위해 소를 잡은 일이 있었다.

'爲之'는 동사 '請'의 부사어이므로 '之'의 뒤를 끊어서는 안된다. '爲文惠君'은 동사 '解'의 부사어이므로 '君'의 뒤에서 끊어서도 안된다.

둘째 용법은 동사로서 중국어로 wei(2성)라고 발음하고 '하다'의 뜻을 지닌다. 문장에서 서술어를 이루고 표점시에 '爲'의 목적어 뒤에서 끊는다. 예를 들어보자.

王使人爲冠。(『戰國策』齊策)
왕이 사람들로 하여금 관을 만들게 했다.

化而爲鳥, 其名爲鵬。(『莊子』逍遙游)
변하여 새가 되니 그 이름을 붕이라 한다.

결론적으로 말해서 '爲'는 전치사로서 부사어가 이루는 개사구조는 중심어와 나누어질 수 없다. '爲'가 동사인 경우에는 그 목적어 뒤에서 끊어줄 수 있다. 어떤 표점자는 이같은 특징에 주의하지 않아 문장을 잘못 끊는다. 예를 들어보자.

* 韓建移檄諸道, 令共輸資糧詣行在。李克用聞之, 嘆曰:"去歲從余言, 豈有

今日之患。"又曰:"韓建天下癡物, 爲賊臣, 弱帝室, 是不爲李茂貞所擒, 則爲
朱全忠所虜耳。"[17]

한건(韓建)이 여러 도에 격문을 보내 황제가 머무는 곳에 돈과 식량을 보
내도록 명했다. 이극용(李克用)이 이것을 듣고 탄식하여 말했다. "지난번
내 말에 따랐더라면 어찌 오늘과 같은 우환이 있었겠는가?" 또 말했다.
"한건은 천하의 어리석은 놈이다. 적신이 되어 [바른 해석: 적신을 위하여]
제실을 약하게 하니 이는 이무정(李茂貞)에게 사로잡히지 않으면 주전충(朱
全忠)에게 포로가 될 것이다. "

이극용(李克用)은 한건(韓建)의 제실(帝室)을 약화시키려 한 조치에 불만
을 가지고 이런 말을 하였다. 이 표점에 따르면 '臣'의 뒤를 쉼표로 끊어주
어 '爲賊臣'이 하나의 절을 이루며, 주어인 '韓建'이 앞문장을 받아 생략되었
고 '爲'는 동사로서 문장의 술어가 되고 '賊臣'은 보어가 되었다. 그러나 앞
뒤 문장을 보아 '李克用'이 가리키는 '賊臣'은 바로 지방에서 할거하던 '李茂
貞'과 '朱全忠'이다. 그러므로 '爲賊臣'은 동사술어 '弱'의 부사어임을 알 수
있다. '爲'는 이 문장에서는 전치사이기에 '臣'의 뒤에 쉼표를 해서는 안된
다.

9. '然'

고서 중의 '然'자의 용법은 비교적 많은데 표점과 밀접한 관계가 있는 것
은 다음 몇가지가 있다.

첫째로 '然'자는 접미어로서 다른 단어들과 형용사를 이루어 '~모양'을 표
시하는데, 부사어 혹은 술어의 역할을 하면서 문장의 가운데 혹은 끝에 쓰
인다. '然'자를 수반한 형용사가 부사어가 될 때 '然'자의 뒤에는 표점하여
끊을 수 없지만 서술어가 될 때 '然'자 뒤에서 끊을 수 있다. 예를 들어보
자.

---

17) 『資治通鑑』, 中華書局 1956, 8492면.

文王聞之, 喟然而嘆。(『戰國策』 趙策)
문왕이 이를 듣고 한숨을 쉬며 탄식하였다.

天油然作雲, 沛然下雨, 則苗浡然興之矣。(『孟子』 梁惠王 上)
하늘에 뭉게뭉게 구름이 일어나 짝하고 비가 내리면 싹이 뻗어오르게 됩
니다.

'喟然'·'油然'·'沛然'·'浡然'은 문장의 부사어로서 '然'자의 뒤에서 끊을
수 없다.

夫子憮然。(『論語』 微子)
선생님께서는 서글펐다.

土地平曠, 屋舍儼然。(陶淵明 『桃花源記』)
토지는 평탄하고 넓었으며 가옥은 정연하게 들어서 있었다.

'憮然'·'儼然'은 문장의 술어로서 '然'자의 뒤에서 표점하여 끊을 수 있다.
고서 중에서 이러한 '然'자는 어떤 경우에는 '若'과 호응하여 '若……然'의
문장형식을 구성하며 문장의 술어로서 비교·비유를 표시하는데 '~과 같다'
라는 뜻이다. 예를 들어보자.

其待之也, 若待諸侯然。(『禮記』 雜記篇)
부인의 응대는 남편인 제후와 동일하게 한다.

其視殺人, 若艾草菅然。(『漢書』 賈誼傳)
그가 사람을 죽이는 것을 보니 마치 풀대롱을 자르는 것과 같았다.

둘째, '然'자는 전환접속사(轉換接續詞)를 만들고 전환관계를 표시하는 문
장의 앞머리에 쓰이는데 '然'자의 앞에서 끊어주어야 한다.

吾不能早用子，今急而求子，是寡人之過也。然鄭亡，子亦有不利焉。(『左傳』
僖公 30년)

내 일찍 그대를 등용하지 못하고 이제 급히 그대를 구하는 것은 과인의
허물이다. 그러나 정나라가 망한다면 그대 역시 이로울 것이 없을 것이다.

'然'자는 전환의 복문 중에서 쓰이며 때때로 '雖'자와 호응하는데 그럴 경
우 '然'자는 전환의 구절의 앞머리에 위치하며 '然'의 앞에는 쉼표를 해야 한
다. 예를 들어보자.

今父老子弟雖患苦我，然百歲後期令父老子孫思我言。(『史記』滑稽列傳)

지금 부로와 자제들은 자기들을 괴롭히는 사람이라 하여 나를 싫어하고
있지만, 그러나 100년 뒤에 그 부로의 자손들이 내가 한 말을 생각하게 된
다면 그것으로 좋은 것이다.

고대 중국어에서 '然'과 '而', '然'과 '則', '雖'와 '然'은 언제나 붙여 쓰여
'然而'·'然則'·'雖然'과 같은 몇가지 형식을 이루었고 이러한 단어들은 앞을
받아 뒤에 연결하는 역할을 하므로 문장을 끊는 것에 의거하여 일반적으로
이들 단어의 앞에 표점하여 끊을 수 있다. 예를 들어보자.

夫環而攻之，必有得天時者矣，然而不勝者，是天時不如地利也。(『孟子』公孫
丑 上)

완전히 포위하고 공격하게 되면 반드시 천시(天時)를 얻은 점이 있게 마
련이다. 그렇고서도 이기지 못하는 것은 천시가 지리(地利)만은 못해서이
다.

是進亦憂，退亦憂。然則何時而樂耶？(范仲淹「岳陽樓記」)

(벼슬길에) 나아가서도 근심하고 물러나서도 근심하니 어느 때에 즐기겠
는가？

是以十九年而刀刃若新發於硎。雖然, 每至於族, 吾見其難爲, 怵然爲戒, 視
爲止, 行爲遲。(『莊子』養生主)

그래서 19년이 지나도 칼날은 새로 숫돌에 갈아놓은 것과 같은 것입니다.
비록 그렇다 하더라도 뼈와 살이 엉킨 곳을 만날 때마다 저도 어려움을 느끼
게 됩니다. 조심조심 경계를 하면서 눈은 그곳을 주목하고 동작을 늦춥니다.

단문의 중간에 쓰인 '然'자는 판별하기가 어렵지 않다. 문장 사이에 끼여
있는 '然'자는 때때로 앞에 연결되어야 할지 뒤에 속하여야 할지를 확정하기
가 어렵다. 예를 들어보자.

*至地而樓臺不壞, 非星明矣。且左丘明謂石爲星, 何以審之? 當時石霣〔通
隕〕輕, 然何以其從天墜也。[18]

땅에 떨어졌으나 누대가 파괴되지 않았으므로 별(隕자와 통한다)이 아닌
것은 명백하다. 그런데 좌구명(左丘明)이 돌을 가리켜 별이라고 했던 것은
무엇으로써 그것을 살폈기 때문인가? 그 당시 돌소리를 내면서 떨어졌기
때문이다. 그렇더라도 그것이 하늘에서부터 떨어졌는지는 어떻게 알 수 있
는가?

표점자는 '輕'자 뒤에서 쉼표로 끊어 '然'자는 뒷문장에 속하는 것으로 보
아 '然'자를 전환접속사로 이해하였다. 그러나 앞뒤 문장을 보면 마지막 구
절에는 전환의 의미가 없다. '何以其從天墜也'는 반어문이다. 그 뜻은 "무슨
근거로 운석이 하늘에서 떨어진다고 하는가?"이다. 앞문장의 '至地而樓臺
不壞'를 보아 '石霣輕然'은 붙여서 읽어야 하며 '輕然'은 돌이 떨어지는 모습
을 보충 설명하고 있다. 정확한 표점은 다음과 같아야 한다.

……當時石霣輕然, 何以其從天墜也?
……그 당시 우르르 돌소리를 내면서 떨어졌기 때문이다. 그것이 하늘에

18) 『論衡』說日篇, 中華書局 『諸子集成』本, 1954, 114면.

서 떨어졌는지 어떻게 알 수 있는가?

『맹자』 공손추 상에 나오는 한 단락에 대하여 청대의 인물인 무억(武億)은 다음과 같이 문장을 끊었다.

＊ 若是則弟子之惑滋甚。且以文王之德。百年而後崩。猶未洽于天下。武王周公繼之。然後大行。今言王若易。然則文王不足法與。
   그러하시다면 저의 의혹은 더 심해집니다. 문왕의 덕으로 100년을 산 후에 세상을 떠나면서도 여전히 그 덕이 천하에 흡족하게 펴지지 않았고 무왕과 주공이 그 사업을 계승해서 해나간 후에야 그 덕이 크게 펴지게 되었던 것입니다. 이제 왕자로 만드는 것은 말씀하시는 것이 그같이 쉽습니다. 그런즉 문왕은 본받을 것이 못됩니까?

   무억은 『경독고이(經讀考異)』에서 다음과 같이 말했다. "이 구두법에 따라 '易'자에서 문장을 끊어 '然'자를 뒷문장에 속하게 하면 "性善, 然則彼皆非與(이제 성은 선하다고 말씀하시는데 그렇다면 앞에 말한 사람들은 모두 옳지 않다는 것입니까?)"라고 말하는 것과 같게 되어 뜻 또한 통할 수가 있다."고서 중에서 '然則'이 붙여 쓰이는 것은 일반적이다. 뒷문장만을 볼 경우 '然則文王不足法與'는 문장이 되어 뜻은 통하게 된다. 그러나 이같이 문장을 끊으면 앞문장이 말하고자 하는 것이 통하지 않게 된다. '今言王若易'는 어떻게 이해되어야 하겠는가? 사실 앞에서도 언급했듯이 '若'과 '然'은 보통 붙여 쓰여 비교를 나타낸다. 이러한 문장 형식은 "無若宋人然！(송나라 사람이 한 것같이 하는 일이 없도록 하게！)", "木若以美然！(棺木이 너무 좋았던 것 같습니다！)", "予豈若是小丈夫然哉！(내가 어찌 그같은 쩨쩨한 사나이처럼 굴겠는가！)" 등처럼 『맹자』에서 매우 자주 보인다. 『맹자』 공손추 상에 나오는 이 단락에서 '若易然'은 붙여서 읽어야 한다. 정확한 표점은 다음과 같다.

   若是則弟子之惑滋甚，且以文王之德，百年而後崩，猶未洽于天下。武王、周公繼之, 然後大行。今言王若易然, 則文王不足法與?

　그러하시다면 저의 의혹은 더 심해집니다. 문왕의 덕으로 100년을 산 후에 세상을 떠나면서도 여전히 그 덕이 천하에 흡족하게 펴지지 않았고 무왕과 주공이 그 사업을 계승해서 해나간 후에야 그 덕이 크게 펴지게 되었던 것입니다. 이제 왕자로 만드는 것은 말씀하시는 것이 그같이 쉽다면 문왕은 본받을 것이 못됩니까?

　고서에 표점할 때 구조조사인 '所'와 '者'가 그 용법이 다르다는 점에 주의해야 한다. '所'자는 일반석으로 타동사의 앞에서 쓰여 넝사성의 '所'사 구조를 이룬다. '者'자는 실사의 뒤에 쓰여 명사성의 '者'자 구조를 이룬다. 이 두 단어는 모두 일정하게 지시하는 작용을 하지만 지시하는 대상은 다르다. '所'자는 동사와 결합하며 '所'자의 지시하는 대상은 동사가 나타내는 동작 혹은 행위가 미치는 사람이나 사물이다. '者'자는 동사와 결합하며 '者'자의 지시하는 내용은 동사가 나타내는 동작 혹은 행위의 주동자이다. '所見'의 뜻이 눈에 띄는 사람 혹은 물건이고 '見者'의 뜻이 보는 사람인 것처럼 '所'와 '者'의 용법의 차이점에 주의하지 않으면 문장을 잘못 표점할 수 있다. 예를 들어보자.

　＊問今是何世, 乃不知有漢, 無論魏晉。此人一一爲具言, 所聞皆嘆惋。[19]
　지금이 어느 세상이냐고 물었다. 이에 한(漢)이 있었다는 것은 물론 위진(魏晉)도 몰랐다. 이 사람(어부)이 일일이 말해주자 들은 사람들은 모두 탄식했다.

　표점자는 '所聞'을 '嘆惋'의 주어에 해당하는 것으로 보아 뒷문장에 붙였다. 이것은 잘못된 것임에 틀림없다. '所聞'에서의 '所'자는 '聞'의 대상을 가리키기 때문에 어부가 들어서 알게 된 것은 한(漢)과 위진(魏晉)의 상황이다. 그것이 '聞'이 이러한 행위의 주동자——어부가 말한 것을 들은 마을

---

19) 陶淵明, 「桃花源記」, 文學古籍刊行社, 1956年版 『古文觀止』.

사람──를 가리킬 수는 없다. 만일 촌(村)의 사람을 가리킨다면 단지 '聞者'라고 할 수 있을 뿐이며 '所聞'이라고는 할 수 없다. 정확한 표점은 다음과 같아야 한다.

……此人一一爲具言所聞, 皆嘆惋。
……이 사람(어부)이 일일이 들은 것을 말해주자 그들은 모두 탄식했다.

'所聞'은 동사 '言'의 목적어이다. '皆嘆惋'의 주어는 앞 문장의 주어인 '村中人'으로 생략되었다.

제 2 절 품사의 활용과 복합어에 대한 주의

중국어에서 한 단어는 각기 한 품사에 속하며 기본적으로는 고정된 것이다. 하지만 고문에서 일부 단어의 용법은 매우 융통성이 있어서 특정한 상황 하에서는 일시적으로 다른 품사로 사용될 수 있다. 이런 작용을 품사의 활용이라 한다. 일단 단어가 문장에서 활용되면 종종 원래의 뜻 대신에 새로운 뜻이 덧붙여지기도 한다. 만일 고서에서 쓰이는 단어의 이러한 특징을 이해하지 못하고서 활용되는 단어를 본래의 품사나 뜻에 따라 이해할 경우 문장을 잘못 끊을 수 있다. 『좌전』 장공(莊公) 10년조 중의 한 단락을 일반적으로는 다음과 같이 표점하고 있다.

＊劌曰: "未可。" 下視其轍, 登軾而望之, 曰: "可矣。" 遂逐齊師。[20]
조귀가 말하기를 "잠깐만 기다리십시오"라 하고 병거로부터 내려서 달아나고 있는 적의 수레바퀴 자국을 조사하고 수레 앞 횡목 위에 올라가 적을 바라보고 말하기를 "추격합시다"고 하여 드디어 제나라 군대를 추격하여 크게 이겼다.

───────────────
20) 『左傳選』, 中華書局 『中國史學名著選』本, 35면.

귀는 조귀(曹劌)를 가리키며 '軾'은 수레 앞 횡목(橫木)을 가리킨다. 이러한 표점에 비추어 보면 '登軾'을 연독하여 동빈(動賓: 동사＋목적어)구조가 되었다. 이는 '軾'을 명사로 이해한 것으로 뜻은 수레 앞 횡목 위로 올라간다는 것이다. 그러나 출토된 고대의 전차(戰車)를 볼 경우 식(軾)은 굵지 않은데 어떻게 사람들이 위에 올라설 수 있겠으며 위에 올라선 뒤에는 어떻게 서 있을 수 있겠는가? 앞문장의 '下'자를 보건대 이는 조귀가 수레를 오르고 내리는 것을 말하며 그러므로 뒷문장의 '登'은 수레 위로 올라간다는 뜻이지 땅에서 횡목 위로 올라간다는 것은 아니다. 문제점은 바로 '軾'에서 나오는데 '軾'은 본래는 명사이지만 이 문장에서는 섭속사의 앞에 놓여 동사와 같은 뜻으로 쓰였으며 수레 앞의 횡목에 의지한다는 뜻을 포함하고 있다. 이 문장에서 '軾'은 '登'의 목적어가 아니며 동사인 '望'에 붙여 사용되어 연속되는 동작을 표시한다. 정확한 표점은 다음과 같아야 한다.

……下，視其轍；登，軾而望之。……
내려서 달아나고 있는 적의 수레바퀴 자국을 조사하고 수레에 올라 횡목에 의지하여 적을 바라보고 (말하기를)

＊李晟行且收兵，亦自蒲津濟軍于東渭橋；其始有卒四千，晟善于撫御，與士卒同甘苦，人樂從之，旬月間至萬餘人。[21]
이성(李晟)이 가서 병사를 거두고 포진(蒲津)으로부터 동위교(東渭橋)로 군사를 건너게 했다. [바른 해석: 포진에서 건너가 동위교에 주둔하였다] 처음에는 병사 4천 명이 있었는데 이성이 잘 위무하고 통솔하여 사졸들과 기쁨과 괴로움을 함께 나누었으므로 사람들이 그를 따르기를 즐겨하니 한 달여 만에 (군사의 수가) 만여 명에 이르렀다.

이성은 당나라의 하북행영절도사(河北行營節度使)였던 인물이다. 위의 표점에 따르면 '濟軍'을 붙여 읽어서 '軍'은 '濟'의 목적어가 된다. 이러한 표점에 맞추어 이해를 하게 되면 군대는 포진으로부터 강을 건너 동위교에 도달

---

21) 『資治通鑑』, 中華書局 1956, 7372면.

한 것이 된다. 그러나 사실은 포진과 동위교는 거리도 가깝지 않을뿐더러 강을 건넌 일과 군대가 주둔한 것은 별개의 사건이다. 문제는 '軍'자에 있는데 '軍'은 원래 명사로 이 문장에서 개사구조인 '于東渭橋'의 수식을 받아 동사와 같은 용법으로 쓰여 군대를 주둔시킨다는 의미를 가진다. 그러므로 '濟'와 '軍'은 이어 읽을 수 없음을 알 수 있으며 중간에 쉼표를 해서 끊어야 한다.

『좌전』 소공(昭公) 13년에서의 한 문단을 누군가가 다음과 같이 표점하였다.

  ＊圍固城。克息舟城。而居之。
  고성을 포위하고 식주성을 빼앗아 [바른 해석: 식주를 빼앗아 이곳에 성을 쌓고] 근거지로 삼았다.

이 글은 월(越)의 대부(大夫)인 상수(常壽)가 반란을 일으켰을 때의 상황을 묘사한 것이다. 무억(武億)은 『경독고이(經讀考異)』에서 "나는 '城'자부터를 한 문장을 이루는 것으로 해석해야 한다고 생각한다"라고 말했다. 위와 같이 문장을 끊을 경우 '息舟城'이 하나의 단어가 된다. 그러나 청초의 학자 고염무의 고증에 의거하면 고성과 식주는 각기 두 성의 이름이다.[22] 그러므로 '城'자는 뒤에 붙어 문장을 이룸을 알 수 있다. 명사인 '城'은 접속사 '而'와 순접하여 동사로 활용되므로 '城而居之'는 '성을 쌓고 그 안에 머무른다'는 뜻이 된다. 문장을 끊은 자가 동사로 활용된 '城'을 일반명사로 이해했기 때문에 문장을 잘못 끊게 된 것이다.

『예기』 단궁(檀弓) 하편 중의 한 단락을 이전에는 다음과 같이 문장을 나누었다.

  ＊工尹商陽與陳棄疾追吳師。及之。陳棄疾謂工尹商陽曰。子手弓。而可手弓。
  초나라의 공윤 상양(商陽)이 진기질(陳棄疾)과 함께 패주하는 오나라의

---

22) 『左傳杜解補正』 上.

군사를 추격하였다. 오나라의 군사를 마악 따라 닿으려는 순간에 진기질이 상양에게 말하였다. "저 사람은 활쏘는 사람이니 활 잘 쏘는 사람이라 불릴 만하오."

공영달은 『예기』에 소(疏)를 하면서 위와 같이 문장을 나누었다. 그는 "'子'는 활쏘는 사람〔手弓之人〕이니 활을 잘 쏘는 사람을 말한다. '而可手弓' 이라는 말은 그가 활을 잘 쏘는 사람이라 불리기에 합당하다는 말이다"라고 해석하였다. 그는 '子'를 '활쏘는 사람'으로 해석하고 '而可手弓'을 붙여 읽음 으로써 "활을 잘 쏘는 사람이라 불리기에 합낭하다"라고 해석하었나. 그러 나 앞뒤 문장을 연관시켜 볼 경우 다음과 같은 사실을 발견할 수 있다. 즉 앞문장은 공윤(초나라의 관직명) 상양과 그의 수레 오른쪽의 진기질 두 사 람이 오나라의 군사를 추격한 것을 가리키지만 그 외에 또 한 사람의 '手弓 之人'이 있지는 않았다. '曰'자 뒤의 단락은 진기질이 상양에게 한 말이다. 공영달의 이같은 해석에 비추어 이해하는 것은 곤란하다. 사실 '子'는 진기 질이 상양에게 한 존칭이다. '手弓'은 두 개의 명사를 이어서 쓴 것으로 병 렬구조가 아니며(手와 弓이 둘이라는 것이 아님) 편정구조(偏正構造)도 아 닌(手의 弓이라는 것도 아님) 술빈(述賓: 서술어＋목적어)구조를 이루는 것 이다. 그 뜻은 '손에 활을 쥔다'는 것으로 앞의 명사 '手'는 서술어이고 동사 로 활용되며 뒤의 명사는 그것이 목적어가 된다. 그러므로 '子手弓而可'는 붙여 읽어야 하며 정확한 표점은 다음과 같아야 한다.

工尹商陽與陳棄疾追吳師，及之。陳棄疾謂工尹商陽曰：ᅟ"子手弓而可。"手 弓。

초나라의 공윤 상양이 신기질과 함께 패주하는 오나라의 군사를 추격하였 다. 오나라의 군사를 마악 따라 닿으려는 순간에 진기질이 상양에게 말하였 다. "당신께서는 활을 쥐고 쏘셔도 좋습니다."그가 손에 활을 쥐었다.

'子手弓而可'의 뜻은 "당신은 손에 활을 쥐셔도 좋습니다"이다. '手弓'은 공윤인 상양이 활을 손에 쥔 것을 말한다.

*五月丁亥, 次于參合東, 幸大寧。[23]
5월 정해일에 참합(參合)의 동쪽에서 머물러 대녕(大寧)으로 순행하였다.
[바른 해석: 참합에 머물렀다가 동쪽을 향해 대녕으로 순행하였다.]

표점자는 '東'자를 앞문장에 붙였는데 이는 '東'을 일반 방위명사로 이해한
것이다. '參合'은 참합피(參合陂)이며 평성 부근에 위치하였고, 탁발규(拓跋
珪)와 탁발사(拓跋嗣)가 자주 들르는 곳이다. (『위서』 43, 50, 63면 참조) 이러
한 표점에 비추어 보면 이번에는 도대체 그가 참합의 동쪽에서 며칠이나 머
물렀다는 것인지 이해할 수가 없게 된다. 본래 이 방위명사 '東'자가 이 문
장에서는 부사어로 활용이 되므로 뒷문장에 붙어서 동사인 '幸'자를 한정하
여 수식한다. '동행대녕'은 동쪽을 향해 대녕으로 순행한다는 것이다.

고대 중국어에서 복합어가 비교적 일찍 나타난 것은 중국어의 조어법과
복합어를 만드는 법이 문장을 만드는 방법과 기본적으로 같은 것이기 때문
이다. 이 때문에 복합어를 만드는 방식은 조어를 하는 것에서부터 문장의
작성에 이르는 통로로서 단어 만드는 법과 문장 만드는 법 사이의 교량 역
할을 한다. 표점을 할 경우에는 복합어의 작용을 중요시해야 하며 하나로
뭉쳐진 복합어를 분할시켜서는 안된다. 분할시키면 문장을 잘못 끊을 수도
있다. 예를 들면 『한서』 화식전(貨殖傳) 중의 한 단락에 안사고는 주석을
하면서 다음과 같이 문장을 끊었다.

*富人奢侈。而任氏折節爲力田畜。人爭取賤賈。任氏獨取貴。善富者數世。
부자는 사치한 법이지만 임씨는 교만을 버리고 몸소 힘써서 밭갈고 가축
을 길렀다. 사람들은 값싼 물건을 얻었지만 임씨는 홀로 비싼 것을 취했다.
선한 부자로서 여러 대를 지냈다.

안사고는 '任氏獨取貴'를 한 문장으로 보았는데 이런 경우 문제가 발생한

---

23) 『魏書』太宗紀, 中華書局 1974, 55면.

다. 임씨가 왜 '홀로 비싼 것을 구하려' 한 것인가? 이는 '善富者數世'와 어떤 관계인가? 앞문장을 볼 경우 '賈'는 '價'의 옛 글자이다. '賤賈'는 복합어다. '貴'는 비싸다는 뜻이며 '賤'과 상대되는 것이다. '善'은 좋다는 뜻으로 '貴善'은 복합어이고 값이 비싸고 물건이 좋다는 뜻이다. '善'자는 앞문장에 붙어야 함을 알 수 있다. 정확한 표점은 다음과 같아야 한다.

富人奢侈，而任氏折節爲力田畜。人爭取賤賈。任氏獨取貴善，富者數世。
　부자는 사치한 법이지만 임씨는 교만을 버리고 몸소 힘써서 밭갈고 가축을 실렀나. 사람들은 값싼 물건을 인있지만 임씨만 홀로 비싸고도 좋은 물건을 얻었다. 그리하여 부유함이 여러 대에 미쳤다.

　『사기』 항우본기(項羽本紀) 중의 한 단락을 어떤 사람은 다음과 같이 문장을 끊었다.

　＊項梁嘗有櫟陽逮。乃請蘄獄掾曹咎書。抵櫟陽獄掾司馬欣。以故事得已。
　항량(項梁)은 (모종의 사건으로) 역양(櫟陽)에서 체포되었다. 그는 기의 옥연 조구(曹咎)에게 편지를 써줄 것을 청했다. 그것이 역양의 옥연 사마흔(司馬欣)에게 도착함으로 해서 일이 해결되었다.

　『집해(集解)』는 응소(應劭)가 말한 것을 인용하여 말했다. "항량은 일찍이 일에 연좌되어 역양의 옥에 갇혔는데 기의 옥연인 조구(曹咎)가 편지를 써서 사마흔(司馬欣)에게 주었다. '抵'는 '歸'의 뜻이며, '已'는 '止'의 뜻이다라고 했다." 응소는 '書'를 편지를 쓰는 것으로 '抵'를 도달하는 것으로 이해하여 '書'자에서 문장을 나누었다. 왕선겸(王先謙)의 『보주(補注)』는 이를 따라 '書'자 뒤에 주석을 붙였다. 이처럼 '書'와 '抵'를 분할하였던 것이다. 사실은 '書抵'는 하나의 복합어이며 "편지를 써서 보내다"의 뜻을 지니므로 중간에서 끊을 수 없다. 정확한 표점은 다음과 같아야 한다.

項梁嘗有櫟陽逮，乃請蘄獄掾曹咎書抵櫟陽獄掾司馬欣，以故事得已。

항량은 (모종의 사건으로) 역양에서 체포되었다. 그러나 그는 기의 옥연 조구가 역양의 옥연 사마흔에게 부탁의 편지를 보내게 함으로 해서 일이 해결되었다.

＊人年及課則受田，老免；及身沒則還田。[24]

사람이 나이가 들어 과세 대상이 되면 수전(受田)하고 늙으면 면하게 해 준다. 그 당사자가 죽으면 환전조치한다. [바른 해석 : 나이가 많아서 부역을 면제받은 자와 젊어서 사망한 자는 모두 露田을 반환해야 한다.]

이는 유명한 북위(北魏)의 균전령(均田令) 가운데 한 조문이다. '老免' 뒤에서 끊어서 이 문장을 잘 해석할 수 없게 되었다. 수전을 면하는 것인지, 그렇지 않으면 부역을 면하는 것인지가 분명치 않다. 사실은 '老免及身沒'은 연합복합어이며 나이가 많아서 부역을 면제한 자와 젊어서 사망한 자를 가리키며 이 두 부류는 모두 노전(露田)을 반환해야 한다는 것이다. 그러므로 '老免' 뒤의 세미콜론을 지워야 한다.

＊日月相植，乃相陵掩。正當其交處則蝕；而旣不全當交道，則隨其相犯淺深而蝕。[25]

[바른 해석 : 해와 달은 서로 대치하여 서로를 침범하고 가린다. 상대의 위치를 완전히 덮는 것은 개기일(월)식이고, 상대의 자리를 완전히 덮지 않은 것은 그것들이 서로 침범한 부분이 많고 적은 정도가 차이나는 부분일(월)식이다.]

이는 심괄(沈括)이 일식(日蝕)과 월식(月蝕)이 일어나는 원인을 분석한 것이다. '蝕'자 뒤에 세미콜론을 써서 '而旣不全當交道'는 해석을 할 수 없게 되었다. 사실은 '蝕而旣'는 복합어이며 완전히 가린다는 뜻이다. 그러므로 '蝕'자 뒤의 세미콜론을 지워야 하며 '旣'자 뒤에 쉼표를 해야 한다.

---

24)『資治通鑑』, 中華書局 1956, 4268면.

25)『新校正夢溪筆談』, 中華書局 1957, 84면.

『예기』유행편(儒行篇) 중의 한 단락을 어떤 이는 다음과 같이 문장을 끊었다.

＊儒有內稱不辟親。外舉不辟怨。程功積事。推賢而進。達之不望其報。君得其志。苟利國家。不求富貴。其舉賢援能有如此者。

선비는 안에서 내칭(內稱)함에 친족이라 해서 피하지 않으며 밖에서 천거함에 원한이 있다 하여 피하지 않는다. 공(功)을 요량하고 그 사업의 실적을 보아 어진이를 추천하여 나아간다. 이것에 통달해도 그 보답을 바라지 않으며 임금이 그 뜻을 얻어 신실로 국가를 이롭게 하였다 해도 부귀를 구하지 않으니, 그 어짐을 천거하고 능함을 이끄는 데 이와 같다.

육덕명(陸德明)은 『경전석문(經典釋文)』에서 "황간(皇侃)은 '達之'를 뒷문장에 붙였다"라고 말했다. 이같이 표점하게 되면 '達之不望其報'는 말이 통하지 않게 된다. 사실은 '進達'은 복합어이며 고서에서의 '達'자는 보통 다른 동사와 함께 복합어를 이루었는데 문달(聞達: 입신출세함)·상달(上達: 진보함, 숙달함)·통달(通達) 등이 그 예이다. 이 문장의 '進達之'는 사역의 뜻 즉, '使之進達'의 의미로 "현자를 추천하고 그를 임용될 수 있게 하는" 것이므로 '達之'는 앞문장에 붙여야 한다. 정확한 표점은 다음과 같아야 한다.

儒有內稱不辟親，外舉不辟怨，程功積事，推賢而進達之，不望其報。君得其志，苟利國家，不求富貴。其舉賢援能有如此者。

선비는 안에서 내칭(內稱)함에 친족이라 해서 피하지 않으며 밖에서 천거함에 원한이 있다 하여 피하지 않는다. 공을 요량하고 그 사업의 실적을 보아 어진이를 추천하여 그를 임용케 했다. (그러나) 그 보답은 바라지 않으며 임금이 그 뜻을 얻어 진실로 국가를 이롭게 하였다 해도 부귀를 구하지 않으니, 그 어짐을 천거하고 능함을 이끄는 것이 이와 같다.

＊時人始而驚。中而笑。且排先生益堅。終而翕然隨以定。[26]

---

26) 『韓昌黎集』, 商務印書館 國學基本叢書簡編本(一), 2면.

당시 사람들은 처음에는 놀랐고 나중에는 비웃었다. 또한 선생께서 더욱 (자신의 주장을) 견지하시는 것에 대해 배척했다. 그러나 마침내 모두 화합하여 따라서 (선생의 주장대로) 확정되었다.

이는 이한(李漢)이 쓴 「한창려집서(韓昌黎集序)」 중의 한 단락이다. 이처럼 표점을 하게 되면 앞뒤 문장에 모순이 생기게 된다. 당시 사람들이 '선생이 더욱 (자신의 주장을) 견지하시는 것에 대해 배척했다'면 어째서 '마침내 모두 화합하여 따라서 (선생의 주장대로) 확정된' 것인가? 본래 '笑且排'는 복합어이고 '비웃고 배척한다'는 뜻이므로 중간에서 끊을 수 없다. 정확한 표점은 다음과 같아야 한다.

時人始而驚, 中而笑且排, 先生益堅, 終而翕然隨以定。
당시 사람들은 처음에는 놀랐고 나중에는 비웃고 배척했으나 선생은 더욱 자신의 견해를 견지했다. 마침내 모두 화합하여 따라서 (선생의 주장대로) 확정되었다.

"선생은 더욱 자신의 견해를 견지"하였기 때문에 당시 사람들이 "마침내 모두 화합하여 따라서 (선생의 주장대로) 확정"되었던 것이다.

＊晝居外次, 晨門曰: "有九疑生持一刺來謁, 立西階以須。" 生危冠方袂, 淺拱舒拜, 且前致詞稱。贄其文, 頗涉獵前言。[27](『送魯周儒趙擧詩幷引』)
낮에 바깥채에 거처했었는데 문지기가 말하기를 "구의생(九疑生)이라는 분이 명함을 가지고 오셔서 뵙고자 하여 서쪽 계단에 서서 기다리십니다"라 했다. 그는 관을 바로 하고 옷소매를 단정히 하여 가볍게 손을 모으고 의젓하게 배례했다. 또 앞에다 글을 내어놓고 칭하기를 "그 문장을 바칩니다"라고 했다. 그 문장에는 옛 고사가 많았다.

이 단락은 한 서생(書生)이 유우석(劉禹錫)을 뵙기를 구하여 스스로의 문

―――――――――
27) 『劉禹錫集』, 上海人民出版社 1975, 377면.

장을 유우석이 봐주기를 청한 것에 대해 말하고 있다. 표점자는 '稱'자 뒤에서 문장을 나누었는데 그렇다면 '致詞稱'은 어떤 뜻인가? 왜 문장을 보내어 "贄其文'이라 칭했을까? 본래 '稱贄'는 복합어이며 빈객이 처음 뵐 때 보내는 예물을 말한다. 여기에서는 자신의 문장을 보낸 것을 가리키며 그 다음으로는 그의 문장이 고사를 많이 인용하고 있음을 말한다. 표점자는 '稱贄'의 뜻을 이해하지 못했기 때문에 그것을 끊어버렸다. 정확한 표점은 다음과 같아야 한다.

……且前致詞稱贄，其文頗涉獵前言。

또 앞에다 글을 내어 처음 뵙는 예물로 바쳤다. 그 문장에는 옛 고사가 많았다.

고서에서 몇몇 복합어를 분할해서 사용하는 경우 그 중간에 다른 성분을 삽입하곤 하지만 그 관계는 매우 밀접하므로 표점을 할 때 그것을 쉼표로 끊어서는 안된다. 만약 끊는다면 뜻에 변화가 생길 수 있다. 예를 들어보자.

＊丞相歡以河氷薄，不得赴救，撤浮橋而退，儀同代人薛孤延爲殿，一日斫十五刀，折，乃得免。[28]

승상 환(歡)이 황하의 얼음이 엷어서 가서 (두태를) 구하지 못하고 부교를 철거하여 퇴각할 때, 의동인 대땅 사람 설고연(薛孤延)이 후군이 되어 하루에 15척의 거룻배를 부수어, 모두 부수었다. [바른 해석: 하루에 15척 정도의 거룻배를 잘라버리고서] 비로소 (적의 위협에서) 벗어나게 되었다.

이는 양 무제(梁武帝) 대동(大同) 3년의 동위(東魏)와 서위(西魏) 사이의 전쟁을 기록한 것이다. 환(歡)은 동위의 승상인 고환(高歡)을 가리킨다. 위의 표점에 의하면 '刀'자 뒤를 쉼표로 끊어 '斫'과 '折'은 연동식 복합서술어

---

28) 『資治通鑑』，中華書局 1956，4876면.

가 된다. 이러한 표점에 의거하여 이해할 경우 하루에 열다섯 척씩 거룻배를 부수어버려서 결국 모두 부수었다는 것이 된다. 이것은 독자들로 하여금 다음과 같은 의혹을 불러일으킨다. 어째서 열다섯 척씩 거룻배를 쪼개어 없애는가? 본래 '斫折'은 하나의 복합어이며 '끊어버리다'란 뜻이다. 지금 그것을 분리시켜서 가운데에 '十五刀'를 덧붙여 하나의 복합어를 만든 것이다. 그 뜻은 하나씩 하나씩 하루에 열다섯 척의 거룻배를 부수었다는 것이다. 그러므로『통감』의 이 대목은 '刀'자 뒤에 쉼표가 있어서는 안된다.

  *昔袁紹作逆, 連兵官渡時, 衆寡糧單, 圖欲還許。[29]

  예전에 원소(袁紹)가 반기를 들었고, (그리고 나서) 군사를 거느리고 관도에서 대치할 때 [바른 해석: 예전에 원소가 반기를 들고 군사를 거느리고 관도에서 대치했을 때] (조조의 군사는) 수가 적고 양식이 부족하여 허창으로 돌아가고자 하였다.

  '昔時'는 한 구절인데 그것을 나누고 가운데에 '袁紹作逆連兵官渡'를 삽입하여 한 덩어리를 이루었으므로 '逆'자 뒤에는 쉼표를 붙이지 말아야 한다.

제 3 절   傳達動詞 '曰'자 앞뒤에서의 표점

  '曰'자는 가장 자주 보이는 전달동사이다. 일반적으로 그것의 앞뒤에는 모두 표점이 있으므로 고서에 표점을 하는 기준이 될 수 있다. '曰'자의 앞에 만약 주어가 있으면 주어의 앞에서 끊어준다. 만약 주어를 생략했다면 바로 '曰'자 앞에서 끊어준다. '曰'자 뒤에는 앞문장에서 말했던 '-라고 불린다' 등으로 해석해야 하는 경우──예를 들면 '曰討有罪(유죄를 성토한 것이라고 한다)', '曰莊姜(장강이라 부른다)'──를 제외하고는 일반적으로 모두 끊어주어야 한다.

---

  29) 『後漢書』荀彧傳, 中華書局 1965, 2287면.

1. '曰' 앞에서의 표점

'曰'자 앞에 표점을 할 것인가 말 것인가, 또는 쉼표를 할 것인가 마침표를 할 것인가에 따라 문장의 구조와 의미는 어느 정도 영향을 받는다. 구체적으로 말하면 다음 몇가지 경우를 들 수 있다.

첫째, '曰'자 앞에 주어가 있을 때에는 '曰'자 앞에서 끊을 수 없고, 주어 혹은 그 외의 문장성분 앞에서 끊어준다. 예를 들어보자.

大叔又收貳以爲己邑，至于廩延。子封曰："可矣。厚將得衆。"公曰："不義不昵，厚將崩。"(『左傳』隱公 元年)

태숙(大叔)은 또한 두 읍을 거두어서 자기의 고을로 삼았으며 늠연(廩延)이란 곳까지 (세력이) 미쳤다. 자봉(子封)이 말하기를 "아직은 괜찮지만 (그가 더 많은 영토를) 얻으면 백성의 신망을 얻게 됩니다."장공은 말했다. "(그는 군주에게) 불의했고 (형에게) 친애하지 못했으니 영토가 넓어도 자멸할 것이다."

첫번째 '曰'자 앞에 주어 '子封'이 있고, 두번째 '曰'자 앞에는 주어 '公'이 있다. 그러므로 모두 주어 앞에서 끊었다.

後期年，齊王謂孟嘗君曰："寡人不敢以先王之臣爲臣！"孟嘗君就國于薛。(『戰國策』齊策)

그후 일년이 지나서 제왕(齊王)은 맹상군(孟嘗君)에게 말했다. "과인이 선왕의 신하를 부릴 수는 없지 않소！"(하는 수 없이) 맹상군은 설(薛) 땅으로 돌아갔다.

'謂……曰'은 고서에서 늘 보이는 형식이다. 현대 중국어의 '對……說(……에게 말하다)'에 해당한다. 이런 유의 문장을 접하면, '謂'자의 주어 앞에서 끊는다.

둘째, '曰'자 앞의 주어가 앞에서 계속되어 생략되어 '曰'자 뒤의 문장과 그 앞의 문장이 하나의 복문을 이루면 '曰'자 앞에 쉼표를 한다. 예를 들어 보자.

公聞其期, 曰: "可矣！" (『左傳』 隱公 元年)

장공이 그 시일(태숙이 쳐들어온다는 시기)에 대해 듣고는 말했다. "(이 제는 쳐부수는 것이) 마땅하다."

'曰'의 주어인 '公'은 앞문장을 이어 생략되었고 인용부호 속의 말은 그가 말한 것이다. '曰'자 뒤의 문장과 앞의 문장이 하나의 복문을 이루었으므로 '曰'자 앞에 쉼표를 했다.

宮之奇以其族行, 曰: "虞不臘矣。在此行也, 晉不更舉矣。" (『左傳』 僖公 5년)

궁지기(宮之奇)는 그의 일족을 데리고 떠나면서 말했다. "우나라는 이번 섣달을 넘기지 못할 것이다. 이번 출전에서 진나라는 (우나라를 치고 나서는 군사를) 더는 일으키지 않을 것이다."

'曰' 앞의 주어 '宮之奇'는 앞문장을 받아 생략되고 두 문장이 하나의 복문을 이루어 '曰'자 앞에는 쉼표를 썼다.

셋째, '曰'자 앞에 생략한 주어가 바로 앞문장의 주어가 아니고 종종 서로 멀리 떨어진 곳에 있기도 한다. '曰'자 뒤의 문장은 독립적으로 문장을 이룬다. 이때 '曰'자 앞에는 마침표를 해야 한다.

晉靈公不君。厚斂以雕墻。…… 將諫, 士季曰: "諫而不入, 則莫之繼也。會請先, 不入, 則子繼之。" 三進及溜, 而後視之。曰: "吾知所過矣, 將改之。" (『左傳』 宣公 2년)

진나라 영공(靈公)은 군덕이 없었다. 조세 징수를 많이 해서 궁전 벽을 치장했다…… 이를 간하려 하자 사계(士季)가 말했다. "상공께서 간해서 듣지 않으신다면 그것은 마지막이 됩니다. 먼저 제가 하게 해주십시오. 그래도 듣지 않으시면 그때 상공께서 이어서 간해 주십시오." (사계가) 세번 나아가 낙숫물 떨어진 곳(처마밑)에 이르러 그를 뵈었다. 영공이 말했다. "내가 잘못을 알았으니 고치도록 하겠네."

마지막의 한 '曰'자 앞에 생략된 주어는 윗문장의 주어 '士季'가 아니라 멀리 떨어진 곳에 있는 '晉靈公'이다. 만약 이 '曰'자 앞에 마침표로 끊지 않는다면 독자는 이 문장의 주어가 '士季'라고 오해할 수 있다.

2. '曰' 뒤의 표점

'曰'자 뒤에는 앞글에서 제시한 '曰莊姜' 등 이외에는 보통의 경우 표점을 찍어야 하는데 대부분 콜론을 하고 일부 경우에 쉼표를 사용한다. '曰'자 뒤에서 어떤 경우 콜론을 하는지는 앞에서 상세히 설명했으므로 여기서 다시 거듭해서 언급하지는 않겠다. 다음에서는 '曰'자 뒤에 쉼표를 하는 경우에 대해서만 구체적으로 분석하고자 한다. 어떤 때 '曰'자 뒤에 쉼표를 할 것인가?

첫째, 옛날 사람들이 한 사람의 말을 기록할 때, 어떤 때에는 시작 부분에서 단지 일부분만을 기록하다가 연이어 말한 사람이 누구인지 표명한 후에 그 말을 다 기록한다. 이러한 '某人曰'을 글 중간에 넣는 예문에 관해 청나라 이광지(李光地)와 모기령(毛奇齡)이 일찍이 지적한 바 있다. 이러한 문장에 표점을 할 경우, '曰'자 뒤에 쉼표를 하는 것이 적절하다. 예를 들어 보자.

"舜有臣五人而天下治。武王曰: '予有亂臣十人。'" 孔子曰, "才難, 不其然乎! 唐虞之際, 于斯爲盛, 有婦人焉, 九人而已。三分天下有其二, 以服事殷。周之德, 其可謂至德也已矣!"(『論語』泰伯)

"순(舜)은 신하 다섯 사람을 가졌는데, 천하가 잘 다스려졌다. 무왕은 '나는 유능한 신하 열 사람이 있다'고 하였다"고 하면서 공자께서 (계속) 말씀하셨다. "인재란 구하기 어렵다더니 과연 그렇구나. 당우 교체기에는 이 정도 인재로 태평성세를 이루었고 (무왕의 신하 중에는) 부인이 하나 들어 있으니 아홉 사람뿐이었다. (주나라는) 천하의 3분의 2를 차지하고서도 은나라에 복종하였으니 주나라의 덕은 그야말로 지극한 덕이라 하겠다."[30]

이광지(李光地)는『용촌어록(榕村語錄)』에서 말했다. "'舜有臣' 이하의 두 문장도 공자의 말이다." 이러한 관점은 정확한 것이다.『논어』가운데 앞서 일부분의 대화를 기록하다가 이어서 이 말이 공자의 말임을 지적한 후에 그 말을 마저 기록한다. 이러한 경우 '曰'자 뒤에 쉼표를 써서 앞뒤 문장이 모두 공자의 말임을 표시한다.

"子曰: '不在其位, 不謀其政.'"曾子曰, "君子思不出其位。"(『論語』憲問)
"선생님께서 말씀하시기를, '그 직위에 있는 것이 아니면 그 직무를 논의하지 않는 것이다'"고 하면서 증자께서 계속 말씀하셨다. "군자는 생각하는 것이 자기의 벼슬자리의 범위를 벗어나지 않는다."

모기령(毛奇齡)은『계구편(稽求篇)』에서 다음과 같이 말했다. "공자가 이미 직분의 엄격함을 말했기 때문에 증자는 공자가『역경』을 찬탄한 말을 인용해서 그 근거로 삼은 것이다." 모기령의 견해가 옳다. 윗글에서는 먼저 공자의 말을 인용한 뒤 계속해서 그 말이 증자가 한 것임을 가리키고 나서 마저 말을 다한 것이다. 이러한 예는『논어』에서 빈번하다.

"微子去之, 箕子爲之奴, 比干諫而死。"子曰, "殷有三仁焉。"(『論語』微子)
"미자(微子)는 그를 떠나가버렸고, 기자(箕子)는 그의 종노릇을 하였고, 비간(比干)은 간하다가 죽었다"고 하면서 공자께서는 계속 말씀하셨다. "은나라에는 인자한 사람이 셋 있었다."

"季氏富於周公, 而求也爲之聚斂而附益之。" 子曰, "非吾徒也, 小子鳴鼓而

---

30) 차주환의 번역에는 인용부호가 없으나, 저자의 원뜻을 살려 위와 같이 인용 부호를 넣어주었다. (이하 본 절에서 별다른 주가 없는 한 동일)

攻之可也。"(『論語』先進)

"계씨(季氏)는 주공보다 부유한데 염구(冉求)는 그를 위해 세금을 거둬 모아다가 재산을 더 늘려주었다"라고 하면서 선생님께서는 또 "그는 나의 제자가 아니다. 너희들이 북을 울리며 그를 성토해도 좋다"고 말씀하셨다.

"柴也愚, 參也魯, 師也辟, 由也喭。" 子曰, "回也其庶乎, 屢空。賜不受命, 而貨殖焉, 億則屢中。"(『論語』先進)

"고시는 어리석고, 증삼은 노둔하고, 자장은 형식적이고, 자로는 거칠다"고 하시면서 선생님께서 계속 말씀하였다. "회는 서의 노에 동달하였다고 하겠는데 끼니를 못 잇는 일이 많다. 자공은 운명을 받아들이지 않고 재산을 늘렸는데 그가 억측하는 것이 자주 적중한다."

두번째로 고서에서 한 사람의 말을 기록할 때, 화제를 마쳤거나 바꾼 것을 표시하기 위해 종종 중간에 '曰'자를 넣는다. 이러한 '曰'자가 따옴표 바깥에 있을 때, 독자의 오해를 막기 위해서는 그 뒤에 콜론을 해서는 안되고 쉼표를 해야 한다.

公瞿然失席曰:"是寡人之過也。"曰, "寡人嘗學斷斯獄矣！"(『禮記』檀弓)

장공이 깜짝 놀라 몸둘 바를 몰라 하며 말하였다. "이것은 과인의 죄로다. 과인이 일찍이 이러한 옥사를 처단하는 일을 배웠구나！"

두 인용부호 내의 문장은 장공 한 사람의 말이다. 중간에 '曰'자로 쉼과 어기의 변화를 간단히 표시하여 자연스럽게 계속 이어가는 의미로 이해된다. '曰' 뒤의 쉼표로 독자가 두 사람의 대화로 오해하는 것을 막아준다.

莊暴見孟子, 曰:"暴見於王, 王語暴以好樂, 暴未有以對也。"曰, "好樂何如？"(『孟子』梁惠王)

장포(莊暴)가 맹자를 뵙고 "제가 왕을 뵈었사온데, 왕께서 음악을 좋아하는 것을 가지고 저에게 말씀하셨으나 저는 대답할 길이 없었습니다" 하고 말하고, 이어 "음악을 좋아하면 어떻습니까?" 하고 말했다.

두 인용부호 내의 문장은 장포(莊暴) 한 사람의 말이다. 중간에 '曰'자로 장포가 화제를 바꿔서 맹자에게 가르침을 청했음을 표시해준다. 만약 '曰' 뒤에 콜론을 썼다면 독자들은 마지막 말이 맹자가 물은 것이라고 오해하기 쉬울 것이다. 이러한 '曰'도 인용부호의 범주 내에 속하는데 이것에 대해서는 제2장 제4절에서 이미 분석했다.

3. '曰'의 생략

유지기(劉知幾)의 『사통(史通)』 모의편(摸擬篇)에서는 다음과 같이 말한다. "『좌씨』와 『논어』에서는 사람간에 마주해서 대화하는 것을 서술할 때, 단어와 문장을 번거로이 반복하지 않으려고 연이어 읽어 '對曰'·'問曰' 등의 글자를 생략한다." 유월(俞樾)의 『고서의의거례(古書疑義擧例)』에서는 이렇게 말한다. "그러므로 두 사람이 문답하는 때에는 어기가 서로 이어지기 때문에 읽고 이해하기가 쉬우므로 '曰'자는 생략하고 쓰지 않는다." 예를 들어 보자.

晏平仲端委立于虎門之外, 四族召之, 無所往。其徒曰: "助陳、鮑乎?" 曰: "何善焉?" "助欒、高乎?" 曰: "庸愈乎?" "然則歸乎?" 曰: "君伐, 焉歸?"(『左傳』 昭公 10년)

안평중(晏平仲)은 호문의 바깥에서 단정하게 서 있었다. 네 씨족(난씨·고씨·진씨·포씨)이 모두 그를 (자기 편으로) 불렀으나 그는 어느 편으로도 가지 않았다. 그의 부하가 물었다. "진씨와 포씨를 도우실 것입니까?" 그가 대답했다. "그들이 무엇을 잘한 게 있느냐?" "그러면 난씨와 고씨를 도우려 하십니까?" 안평중은 대답했다. "그들이 (진씨와 포씨보다) 나은 게 있느냐?" "그러면 댁으로 돌아가시렵니까?" 안평중은 말했다. "임금이 공격받고 계신데 어찌 그냥 돌아가겠는가?"

안평중(晏平仲)의 부하가 먼저 물었는데 두번째 물음부터는 '曰'자를 생략했다. 안자의 답변에는 모두 '曰'자를 생략하지 않았다. 선진(先秦) 시대와 양한(兩漢) 시대의 고서에서 보건대 두 사람간의 대화를 기록하는 경우, 만약 문답이 한 번으로 끝나지 않을 때 첫번 물음에서는 대개 '曰'자를 써주고 두번째 물음부터는 대체로 물을 때의 '曰'자는 생략하고 단지 대답하는 때의 '曰'자만 남겨두는 예가 많다.

子貢問曰: "鄕人皆好之, 何如?"
子曰: "未可也。"
"鄕人皆惡之, 何如?"
子曰: "未可也。不如鄕人之善者好之, 其不善者惡之。"(『論語』子路)

자공이 "동네 사람들이 어떤 사람을 다 좋아한다면 어떻겠습니까?"하고 여쭈어보았다.
선생님께서, "그래서는 안된다"고 말씀하셨다.
"동네 사람들이 다 그를 미워한다면 어떻겠습니까?"하고 여쭈어보았다.
선생님께서 말씀하시기를, "그래서는 안된다. 동네 사람들 중의 선한 사람들은 그를 좋아하고, 나쁜 사람들은 그를 미워하느니만 못하다."

公孫丑曰: "樂正子强乎?"
曰: "否。"
"有知慮乎?"
曰: "否。"
"多聞識乎?"
曰: "否。"
"然則奚爲喜而不寐?"
曰: "其爲人也好善。"
"好善足乎?"
曰: "好善優於天下, 而況魯國乎?……"(『孟子』告子 下)

공손추가 "악정자는 굳셉니까?"하고 말씀드렸다.

맹자가 대답했다. "아니다."

"지려가 있습니까?"

"그렇지 않다."

"듣고 아는 것이 많습니까?"

"그렇지 않다."

"그렇다면 무엇 때문에 기뻐서 잠이 안 오십니까?"

"그의 사람됨이 선을 좋아한다."

"선을 좋아하는 것으로 충분합니까?"

"선을 좋아하면 온 천하에 뛰어나게 되는데, 하물며 노나라에서랴?……"

秦昭王問于左右曰: "今時韓、魏孰與始强?"

左右對曰: "弱于始也。"

"今之如耳、魏齊, 孰與曩之孟常、芒卯?"

對曰: "不及也。"(『韓非子』難三)

진 소왕이 좌우의 신하에게 물었다. "오늘날 한·위 두 나라가 그 초창기 때와 비교하여 어느 쪽이 강한가?"

좌우의 신하들이 대답했다. "처음 때보다 약해졌습니다."

"오늘날의 여이·위제는 과거의 맹상·망묘와 비교해서 어떠한가?"

신하들이 대답하여 아뢰었다. "여이·위제가 미치지 못합니다."

烏有先生問曰: "今日田樂乎?"

子虛曰: "樂。"

"獲多乎?"

曰: "少。"

"然則何樂?"

對曰: "僕樂王之欲誇僕以車騎之衆, 而僕對以雲夢之事也。"(『漢書』司馬相如傳)

오유선생이 물었다. "오늘 사냥은 즐거웠습니까?"

자허가 대답했다. "즐겁더군요."

"그래 많이 잡았습니까?"

자허는 대답했다. "조금밖에요."

"그러면 무엇이 즐거웠단 말입니까?"

자허가 답변했다. "왕께서 수레와 말의 많은 것을 가지고 제게 자랑하고자 하시기에 저는 초의 운몽이라는 곳의 이야기로 답했기에 즐거웠답니다."

표점할 때에 '曰'자가 생략되는 경우 두 사람간의 문답을 한 사람의 자문자답인 것처럼 표점하는 일이 없도록 주의해야 한다.

제 4 절 문장성분간의 관계에 대한 주의

고서 표점의 규칙을 설명하면서 한 문장의 각종 성분간의 관계는 비교적 밀접하여 함부로 끊어서는 안된다는 것을 지적한 바 있다. 주어와 술어간의 관계 및 기타 특수한 상황에서만 때때로 중간에 쉼표를 한다. 본절은 문장성분 사이에 쉼표나 기타 부호를 써서 끊을 수 없는 경우를 분석한다.

(1) 동사 술어와 목적어간의 관계는 매우 밀접하여 동사와 목적어 사이에는 표점하여 끊을 수가 없다. 끊는다면 원문의 원래의 의미를 정확하게 이해하는 데 영향을 주게 된다. 예를 들어보자.

＊昔淮南王安諫伐越曰: "天子之兵, 有征無戰。言其莫敢校也。如使越人蒙死以逆執事, 厮輿之卒, 有一不備而歸者, 雖得越王之首, 而猶爲大漢羞之。"[31]

[바른 해석: 전에 회남왕 안(淮南王安)이 월을 치는 것에 대해 간하면서 "천자의 군대는 정벌은 있되 전쟁은 없습니다. 감히 보복은 하지 않는다고 말합니다. 만일 월인들로 하여금 미천한 병졸들을 종사시켜 죽음을 무릅쓰고 대항하게 하여 미천한 병졸들이 한 사람이라도 온전하지 못하여 돌아오게

31) 『後漢書』烏桓鮮卑列傳, 中華書局 1965, 2992면.

된다면, 비록 월왕의 머리를 얻는다고 해도 오히려 우리 한(漢)제국의 수치
가 될 것입니다."]

　'執事' 뒤에서 쉼표로 끊을 경우 '厮輿之卒'이 독립적으로 문장을 이루지
못하므로 이 문장은 해석할 수가 없다. 사실 '執事'는 이 문장에서 종사(從
事)의 의미를 갖고 있는 타동사이고 '厮輿之卒'은 그 목적어로서 '執事' 뒤에
쉼표를 해서는 안된다.

　＊三十輻共一轂，當其無有，車之用。[32]
　30개의 바퀴살이 하나의 바퀴통에 모여 있다. 그 바퀴통 속에 (아무것도
없는) 빈 곳의 유무에 의해 수레의 쓸모가 (정해진다).

　청대 필원(畢沅)은 『주례(周禮)』 고공기(考工記) 윤인(輪人)의 "利轉者,
轂以無有爲用也(원활하게 움직인다는 것은 바퀴통이 그 빈 곳의 유무로써
소용이 된다는 뜻이다)"라는 정현(鄭玄)의 주석에 근거해서 『노자』의 이 부
분을 '有'자 뒤에서 끊어야 하는 것으로 보았다. 『노자교석(老子校釋)』의 표
점자는 필원의 견해를 따랐다. 그러나 사실 필원은 틀렸다. 양수달(楊樹達)
은 "'無有'는 문장이 되는데 '車之用'은 문장으로는 불완전하다. 필(畢)의 견
해는 가려서 선택해야 한다"라고 했다. 양수달의 견해는 옳다. '車之用'은
복합어로서 문장성분은 될 수 있으나 단독으로 문장을 이룰 수는 없다. 『논
어』 학이편의 "禮之用, 和爲貴(예의 운용에는 조화가 귀중한 것이다)"에서
'禮之用'은 결코 단독으로 문장을 이룰 수 없고 단지 '和爲貴'의 주어이다.)
『노자』의 이 문장에서 '車之用'은 동사 '有'의 목적어가 된다. '當其無, 有車
之用'은 하나의 조건복문으로서 '其'는 '轂'을 가리키고 '無'는 바퀴통 속의
빈 곳을 가리킨다. 의미는 "그것이 빈 곳이 있어야 비로소 수레의 기능을
하게 된다"는 것이다. 따라서 동사 '有'와 그 목적어를 분리해서는 안된다.
정확한 표점은 다음과 같다.

---

32) 『老子校釋』, 龍門聯合書局 1958, 27면.

三十輻共一轂; 當其無, 有車之用。

30개의 바퀴살이 하나의 바퀴통에 모여 있다. 그 바퀴통 속에 (아무것도 없는) 빈 곳이 있으므로 수레가 쓸모가 있게 된다.

『한서』 진탕전(陳湯傳) 중의 일부분에 안사고(顏師古)가 주석을 달 때 이 같이 끊었다.

* 且安不忘危。 盛必慮衰。 今國家素無文帝累年節儉富饒之畜。 又無武帝薦延。梟俊禽敵之臣。 獨有一陳湯耳。

또한 편안할 때에도 위급할 때를 잊지 않고, 성할 때에도 반드시 쇠미할 때를 생각합니다. 지금 국가에는 문제(文帝) 때와 같이 몇년간 절검하여 재산이 넉넉하게 축적된 것이 없고, 또한 무제(武帝) 때와 같은 등용함도 없습니다. 사납고 날랜 영웅으로 적을 사로잡은 신하는 오직 진탕(陳湯) 한 사람이 있을 따름입니다.

이것은 의랑(議郎) 경육(耿育)이 상서하여 진탕(陳湯)을 위해 변호한 글이다. 안사고는 '薦延' 뒤에 주를 하여 끊었다. 유반(劉攽)은 "梟俊禽敵之臣'은 당연히 '薦延'과 함께 하나의 문장이 되어야 앞문장과 어울리고 뒤에서 '獨有一陳湯耳'라고 하는 데 지장이 없다"라고 했다.[33] 그러나 '薦延'은 '推薦·延請(청하여 맞음)'의 의미로 타동사이고 '梟俊禽敵之臣'은 수식복합어로 '薦延'의 목적어가 된다. 동사 술어와 목적어 사이에는 표점하여 끊을 수가 없다. 정확한 표점은 다음과 같다.

且安不忘危, 盛必慮衰, 今國家素無文帝累年節儉富饒之畜, 又無武帝薦延梟俊禽敵之臣, 獨有一陳湯耳!

또한 편안한 때에도 위급할 때를 잊지 않고, 성할 때에도 반드시 쇠미할 때를 생각합니다. 지금 국가에는 문제 때와 같이 몇년간 절검하여 재산이

---

33) 『古書句讀釋例』, 中華書局 1954, 28면.

넉넉하게 축적된 것이 없고, 또한 무제 때와 같이 사납고 날랜 영웅으로 적을 사로잡은 신하를 등용한 적도 없으니, (그래도 있다면) 오직 진탕 한 사람이 있을 따름입니다.

앞에서 말한 바와 같이 계획을 나타내는 문장에서 '謀'자(혹은 '謀'와 같은 뜻의 글자) 뒤에 쉼표를 사용하느냐 하지 않느냐는 문장의 구조와 의미 사이에 커다란 관계가 있다. '謀'자 뒤에 쉼표를 하지 않으면 구조상으로 '謀'자가 뒷문장과 연결되어, 뒷문장과 술목구조(述目構造)를 만든다. 그리하여 의미상으로는 단지 미리 계획하는 것만을 표시하고 계획한 후에 행동으로 옮긴 것은 표시하지 않는다. '謀'자 뒤에 쉼표가 있으면 구조상으로는 이 문장은 '謀'자에서 멈추고 아래 문장은 하나의 다른 문장을 이룬다. 의미상으로는 앞문장은 계획(혹은 願望)을 표시하고 뒷문장은 계획 후의 행동 혹은 결과를 표시한다. 이와같이 단지 계획을 표시하는 문장에서 '謀'는 동사로서 술어가 되고 계획의 내용은 그 목적어가 된다. 따라서 '謀'자 뒤에는 표점하여 끊을 수가 없다. 만약 '謀'자 뒤에 표점하여 끊는다면 구조상으로는 동사 술어와 목적어를 끊는 것이고, 의미상으로는 계획하고 있는 일을 잘못 표점하여 이미 끝난 일로 만드는 것이 된다. 예를 들어보자.

＊王欲發國中兵, 恐其相、二千石不聽, 王乃與伍被謀, 先殺相、二千石。又欲令人衣求盜衣, 持羽檄從東方來, 呼曰: "南越兵入界！" 欲因以發兵。[34]

왕이 왕국 안의 군사를 동원하고자 했는데 재상과 이천석들이 듣지 않을 것을 두려워하여 오피(伍被)와 모의하여 먼저 재상과 이천석들을 죽였다. [바른 해석: 먼저 재상과 이천석들을 죽일 것을 모의하였다.] 또 사람을 시켜 병졸의 옷을 입히고 새의 깃을 꽂은 격문을 들고 동쪽에서 오면서 "남월의 군대가 국경을 넘었다！"고 외치게 하여 그것을 구실로 군사를 일으키려고 했다.

왕은 회남왕 유안(劉安)이다. 오피(伍被)는 회남왕이 신임하는 신하이다.

34)『資治通鑑』, 中華書局 1956, 625면.

유안과 오피는 은밀히 모의하여 회남국(淮南國)의 재상과 내사(內史)·중위 (中尉: 봉록이 모두 이천석)를 죽이려고 했으나, 뒷문장으로 보아 아직 실현 되지 않았다는 것을 알 수 있다. 이는 단지 미리 모의만 한 것을 설명하는 것이다. 따라서 '謀'자 뒤에는 쉼표를 해서 끊을 수가 없다.

　어떤 동사의 뒤에는 두 개의 목적어가 있고 간접목적어와 직접목적어 간 의 관계가 매우 밀접하여 중간에서 끊을 수가 없다. 끊는다면 문장의 구조 와 의미에 변화가 생길 수 있다. 예를 들어보자.

　＊ 可下諸州, 黨里之內, 推賢而長者, 敎其里人, 父慈、子孝、兄友、弟順、 夫和、妻柔。[35]

　여러 주에 영을 내려 마을에서 어질고 나이 많은 자를 뽑아 그 향리 사람 들에게 가르치도록 하라. 부는 자애롭고 자식은 효도하고 형은 우애롭고 아 우는 순종하며 남편은 온화하고 처는 부드럽다. [바른 해석: 그 향리 사람들 에게 부자·자효·형우·제순·부화·처유 등의 덕목을 가르치게 하라.]

　이것은 북위(北魏) 고조(高祖) 태화(太和) 11년 조서 중의 한 구절이다. 원 표점자는 '里人' 뒤를 쉼표로 끊었다. 따라서 '父慈·子孝·兄友·弟順· 夫和·妻柔'는 병렬복합어가 되어 독립적인 문장을 이룰 수가 없다. 사실 이 문장의 '敎'는 동사 술어이고, '其里人'은 '敎'의 대상으로서 간접목적어이 다. '父慈' 운운하는 것은 '敎'의 내용이고 직접목적어이다. 간접목적어와 직 접목적어의 관계는 매우 밀접하므로 중간에 쉼표를 해서는 안된다. '其里人' 뒤의 쉼표는 없애야 한다.

　＊ 敞亡後, 鍾貪其財物, 誣敞息子積等三人, 非兄之胤, 辭訴累歲, 人士嫉 之。[36]

　[바른 해석: 창(敞)이 죽은 후 종(鍾)이 그 재물을 탐내어 창의 아들 자적 (子積) 등 세 사람이 형의 자식이 아니라고 무고하였다. 송사가 몇해를 끌

35)『魏書』高祖紀, 中華書局 1974, 163면.
36)『魏書』崔玄伯傳, 中華書局 1974, 626면.

자 사람들은 그를 미워하였다.]

창은 최창(崔敞)이다. 종은 최종(崔鍾)으로 최창의 동생이다. 원 표점자처럼 '三人' 뒤에서 표점하여 끊어서는 '非兄之胤'은 독립적으로 문장을 이룰 수가 없어 해석이 되지 않는다. 구조상으로 분석해보면 이 문장은 이중목적문이다. '誣'는 동사 술어이고 '敞息子積等三人'은 '誣'의 대상으로 간접목적어이다. '非兄之胤'은 '誣'의 내용이고 직접목적어이다. 동사 '誣'에 걸리는 이 완전한 이중목적어는 그 구조를 가운데에서 나누어서는 안된다. '三人' 뒤의 쉼표는 없애야 한다.

앞뒤 문장 사이에 끼인 명사 혹은 명사성의 복합어는 뒷문장의 전치목적어를 만들 때 앞문장의 목적어로 쉽게 오인될 수 있다. 예를 들어 『좌전』 환공(桓公) 6년조 중의 한 구절을 육덕명(陸德明)은 다음과 같이 끊었다.

＊周人以諱事神名。終將諱之。
　　　　　　　△

이와같이 문장을 끊으면 '名'과 '神'은 복합어를 만들어 '事'의 목적어가 되고, 앞뒤 문장을 해석하기가 매우 어렵게 된다. 앞문장의 경우 '以諱事神'은 의미가 명확하다. '피휘(避諱)를 사용하여 귀신을 섬긴다'는 뜻이다. 왜 '神' 자 뒤에 '名'자를 더하는가? 뒷문장에서, '諱之'의 '之'는 무엇을 가리키는가가 불명확하다. 원래 '名'은 다음 문장의 전치목적어로서 앞에 두고 원래의 위치에는 '之'를 써서 다시 가리킨다. 의미는 '名은 죽은 다음에 피휘한다'는 것이다. 정확한 표점은 다음과 같다.

周人以諱事神；名，終將諱之。
주나라 사람들은 피휘를 함으로써 귀신을 섬겼다. 이름은, 죽고 난 후에는 부르기를 피하였다.

＊李氏子蟠、年十七、好古文六藝經傳、皆通習之。[37]
　　　　　　　　　　　　　　　　　△

---

37) 中華書局 四部備要,『古文辭類纂』卷2, 10면.

이씨의 아들 반(蟠)은 나이 열일곱에 고문과 육예경전을 좋아하여 모두 두루 익혔다.

이같이 끊은 것을 따르면, '六藝經傳'과 '古文'은 연합복합어를 만들어서 '好'의 목적어가 되고 앞뒤 문장은 모두 해석하기가 어렵게 된다. 앞문장은, 이씨의 아들 반(蟠)이 고문을 애호한다고 하는 것이니 이해가 된다. 그러나 그가 육예경전을 애호한다고 하면 꼭 그렇지는 않다. 왜냐하면 육예경전은 내용이 복잡하여 한 개인이 그중의 각 과목에 대하여 모두 흥미를 느낄 수는 없기 때문이다. 뒷문장의 '通習之'의 '之'는 무엇을 기리키는가? 고문을 가리키는가? 그것은 통습할 수가 없는 것이다. 육예경전을 가리키는가? 그것은 당시의 필독서로서 통습해야 할 것이었다. 그러나 위의 문장끊기에 의거하면 '六藝經傳'이 이미 '好'의 목적어가 되었는데 '通習'의 목적어가 될 수 있는가? 사실상 '六藝經傳'은 뒷문장의 목적어로서 그것을 앞에 두고 원래의 위치에는 '之'를 써서 다시 가리킨 것이다. 정확한 표점은 다음과 같다.

李氏子蟠, 年十七, 好古文。六藝經傳, 皆通習之。
이씨의 아들 반은 나이 열일곱이었는데 고문을 좋아하였다. 육예경전을 모두 두루 익혔다.

전치사와 목적어의 관계는 밀접하여 그 중간에 끊을 수가 없다. 끊는다면 구조와 의미가 변할 수 있다. 예를 들어보자.

* 毅與循戰于桑落洲, 毅兵大敗, 棄船以數百, 人步走, 餘衆皆爲循所虜, 所棄輜重山積。[38]
유의(劉毅)와 노순(盧循)이 상락주(桑落洲)에서 싸웠는데 의의 군대가 대패하여 배를 버린 것이 수백이고 사람들은 뛰어서 달아났다. [바른 해석: 배를 버리고 수백 명이 도보로 달아났다] 나머지는 모두 순에게 포로로 잡혔

[38] 『資治通鑑』, 中華書局 1956, 3632면.

고 버려진 군수품이 산같이 쌓였다.

의(毅)는 유의(劉毅)이다. 순(循)은 노순(盧循)이다. 원 표점자는 '棄船
以數百' 뒤에 쉼표를 써서 끊었고 '以數百'은 '棄船'의 수량을 나타낸다. 그
러나 고대 중국어에는 이러한 어법이 없으니 고대 중국어는 대략의 수를 일
반적으로 '以百數'라고 표현하지 '以數百'이라고 말하지는 않는다. 또한 이같
이 표점하면 '人步走'는 매우 낯설게 되고 '餘衆'의 '餘'는 이을 곳이 없다.
사실 '以數百人'은 전치사 구조로서 '步走'의 부사어가 되며 '數百人'은 또 전
치사 '以'의 목적어가 된다. 의미는 수백인의 무리가 도보로 도망간다는 것
이다. 따라서 '數百'의 뒤에 쉼표를 해서는 안된다.

(2) 앞에서 말한 바와 같이 연동식복합서술어(連動式複合敍述語) 사이에
'而'자를 써서 잇지 않을 경우 중간에 일반적으로 쉼표를 쓴다. 만약 연동식
복합서술어 사이에 '而'를 써서 잇는다면 서술어 사이에는 쉼표를 써서 끊을
수가 없다. 끊는다면 원문의 원래 의미를 정확히 이해하지 못하게 될 것이
다. 예를 들어보자.

*呂后默然。頃之, 諸呂有一人醉, 亡酒, 章追, 拔劍斬之, 而還報曰:"有亡
酒一人, 臣謹行法斬之。"太后左右皆大驚。[39]
    여후(呂后)는 아무 말이 없었다. 조금 지나 여러 여씨 중에 한 사람이 술
이 취해 술자리를 피해 달아났다. 장(章)은 쫓아가 칼을 뽑아 그를 베었다.
돌아와 보고하여 말하기를 [바른 해석: 그를 베고 돌아와 보고하여 말하기
를] "술자리를 피해 달아난 자가 있어 신이 삼가 법을 행해 그를 참했습니
다"라고 하였다. 태후의 측근들이 모두 크게 놀랐다.

장(章)은 주허후(朱虛侯) 유장(劉章)이다. 위의 표점에 따르면 '斬之' 뒤
에 쉼표를 하여 '還'자는 '報曰'의 부사어가 되니 이것은 당시의 분위기와 유
장의 우쭐대는 모습에 부합하지 않는다. 사실은 동사 '斬'과 '還'의 중간에

---

39) 『史記』齊悼惠王世家, 中華書局 1959, 2001면.

'而'를 써서 연결하여 연속동작을 표시한 것으로 '之'자 뒤에는 쉼표를 써서 끊으면 안된다.

어떤 연동식복합서술어들은 '而'를 써서 연접하지 않지만 만약 몇개의 술어가 동시에 부사어의 한정을 받거나 보어의 보충설명을 받을 때에는 복합서술어 사이에 쉼표를 써서 끊을 수 없다. 끊는다면 구조와 의미가 변하게 된다. 예를 들어보자.

＊癸酉, 詔沙門不得去寺, 浮遊民間, 行者仰以公文。[40]

계유일에 소칙을 내려 승려들이 사원을 떠나시 못하게 하고, 민간에 띠돌아다니게 하고 [바른 해석: 사원을 떠나 민간에 떠돌아다니지 못하게 하고] 불도(佛道)를 닦는 사람은 공문으로 받들어 따르게 했다.

이같은 표점에 따르면 '去寺' 뒤에서 쉼표로 끊어 앞뒤 문장에 모순이 발생한다. 이미 조서를 내려 승려가 사원을 떠나지 못하게 했는데 그들이 어떻게 '浮遊民間'할 수 있는가? 원래 '去……浮游……'는 연동식복합서술어로 동시에 부사 '不'의 한정을 받고 '不'자가 가진 부정(否定) 의미는 '民間'까지 이어진다. 현재 표점자는 '去寺' 뒤에 표점하여 끊어 '浮游民間'이 조서에서 허가한 것이 되어 상호 모순되는 현상을 낳게 되었다. 이 쉼표를 없애야만 독자가 원문의 뜻을 확실히 이해할 수 있다.

＊秦兵拔洛陽, 獲恭靖。恭靖見秦王興, 不拜, 曰："吾不爲羌賊臣！" 興囚之, 恭靖逃歸。自進﹑漢以北, 諸城多請降, 遂任于秦。[41]

진나라 군대는 낙양을 함락하고 공정(恭靖)을 사로잡았다. 공정은 진왕 흥(興)을 보고도 머리를 숙이지 않고 "나는 강적(羌賊)의 신하가 되지 않는다！"고 말하였다. 흥은 그를 옥에 가두었는데 공정은 달아나 돌아갔다. 회수·한수 이북으로부터 여러 성이 항복을 청하였고, 친속을 인질로 진에 보내왔다. [바른 해석: 진에 항복을 청하면서(친속을) 인질로 진에 보내왔

---

40) 『魏書』 高祖紀, 中華書局 1974, 137면.

41) 『資治通鑑』, 中華書局 1956, 3497면.

다.]

진(秦)은 전진(前秦)이다. 공정(恭靖)은 진(晉)의 하남태수(河南太守)이
다. '請降'은 투항을 청하는 것이다. 송임(送任)은 친속을 인질로 보내는 것
이다. 구조상으로 분석할 때 '請降送任'이란 복합서술어는 동시에 전치사구
조 '于秦'의 보충설명을 받는다. 따라서 '請降'은 쉼표를 써서 끊어서는 안된
다.

어떤 연동식복합서술어는 앞의 동사 뒤에 목적어가 있어 목적어와 동사를
끊지 않도록 주의해야 한다. 예를 들어보자.

＊李台叙言, 韓昭曰: "韓八座事業, 如拆袜線, 無一條長者。[42]

이태하(李台叙)가 말했다. 한소(韓昭)가 말하기를 [바른 해석: 이태하가
한소에게 일러 말하기를] "한팔좌(韓八座)는 일을 하는 데 있어 버선의 끈
을 풀어도 길지 않듯이 (천박한 재능만 있을 뿐) 하나라도 잘하는 것이 없
습니다"라고 하였다.

'言'자 뒤에 표점하여 끊어 인용부호 내의 말은 한소(韓昭)가 한 것이 된
다. 그러나 한소가 어떻게 자기를 '韓八座'라고 할 수 있으며 이같이 자기를
조롱할 수 있는가? 명백히 인용부호 내의 말은 이태하가 한 것이다. '言'은
의견을 논한다는 의미이고 '韓昭'는 '言'의 목적어이다. '言'과 '曰'은 연동식
복합서술어를 구성한다. '言'자 뒤에 쉼표를 쓰면 안된다.

＊王建曰: "繼密殘賊三輔, 以其降, 不忍殺。"復其姓名曰王萬弘, 不時召見。
諸將陵易之, 萬弘終日縱酒, 俳優輩亦加戲諧; 萬弘不勝憂憤, 醉投池水而卒。[43]

왕건(王建)은 "계밀(繼密)은 삼보(三輔)지역을 노략질했으나 항복했으므
로 차마 죽이지는 않는다"고 했다. 그 본래의 이름을 회복하여 왕만홍이라
하고 불시에 불러들였다. 여러 장수들이 그를 능멸하자 만홍은 종일 술에

42) 『蘇軾詩集』, 中華書局 1982, 1032면.

43) 『資治通鑑』, 中華書局 1956, 8581면.

빠졌고 광대 무리들마저 그를 희롱하고 꾸짖었다. 만홍은 울분을 참지 못하고 술에 취해 못에 몸을 던져 죽었다.

왕건(王建)은 사천절도사(四川節度使)이다. 계밀(繼密)은 이계밀(李繼密)로 산남서도절도사(山南西道節度使)이다. 위의 표점에 따르면 '召見' 뒤에서 끊어 앞뒤가 안 맞게 되었다. 주장(主將) 왕건은 불시에 왕만홍(王萬弘)을 부르고 여러 장수들은 또 그를 '陵蔑'한다. 만약 주장 왕건이 그를 잘 대했다면 장수들이 그를 능멸했을지라도 그가 자살에까지 이르지는 않았을 것이다. 사실은 왕건이 "불시에 제장을 불러 그를 능멸한 것"이고 바로 이 때문에 "광대 무리들까지 희롱하며 꾸짖은 것"이다. 이 문장의 주어 '王建'은 앞의 것을 받아 생략되었으며 '召見……陵易……'는 연동식복합서술어를 구성하고 '諸將'은 '召見'의 목적어로서 중간에 마침표를 해서 끊어서는 안되며 '之'자 뒤의 쉼표는 마침표로 고쳐야 한다. 정확한 표점은 다음과 같아야 한다.

……復其姓名曰王萬弘, 不時召見諸將陵易之。……
　그 본래의 이름 회복하여 왕만홍이라 하고, (건은) 아무 때나 여러 장수들을 불러들여 그를 능멸하였다.

⑶ 겸어식복합서술어(兼語式複合敍述語) 부분은 하나의 완전한 구조이므로 끊어서는 안된다. 만약 동사와 목적어 중간에 표점하여 끊는다면 구조와 의미가 변하게 된다. 예를 들어보자.

＊琛從兄奕爲秦尙書郞, 堅使典客, 館琛于奕舍。[44]
　침(琛)의 사촌형인 혁(奕)은 진의 상서랑이었는데, 견(堅)은 전객을 부렸고, 침을 혁의 집에 묵게 하였다. [바른 해석: 견은 전객으로 하여금 침을 혁의 집에 묵게 하였다.]

---

44) 『資治通鑑』, 中華書局 1956, 3220면.

견(堅)은 부견(苻堅)이다. 침(琛)은 연(燕)의 사신 양침(梁琛)이다. '典客' 뒤에서 끊음으로써 전체 문장의 구조를 파괴한다. '使典客館琛于奕舍'는 겸어식복합서술어로 '典客'은 '使'의 목적어이고, '館'의 주어로서 앞뒤 문맥상 분리할 수가 없다. '客'자 뒤의 쉼표는 없애야 한다.

고대 중국어 중에는 또한 연동식과 겸어식을 이어서 쓴 복합서술어가 있는데 술어간의 관계가 매우 밀접하여 그것들을 분리할 수가 없다. 이것을 나누면 문장구조와 의미가 변한다. 예를 들어보자.

＊<u>王敦</u>以下邳內史<u>王邃</u>都督<u>靑</u>、<u>徐</u>、<u>幽</u>、<u>平</u>四州諸軍事, 鎭<u>淮陰</u>; 衞將軍<u>王含</u>都督<u>沔南</u>諸軍事, 領<u>荊州</u>刺史; <u>武昌太守丹楊王諒</u>爲<u>交州</u>刺史。使諒收<u>交州</u>刺史<u>修湛</u>、<u>新昌太守梁碩</u>, 殺之。諒誘<u>湛</u>, 斬之。碩擧兵圍諒于<u>龍編</u>。[45]

왕돈(王敦)은 하비 내사 왕수(王邃)를 청·서·유·평 네 주의 도독제군사로서 회음에 주둔하게 했다. 위장군 왕함(王含)은 면남의 도독제군사로서 형주자사를 맡게 했다. 무창태수인 단양왕 양(諒)을 교주자사로 삼고 양으로 하여금 교주자사 수잠(修湛), 신창태수 양석(梁碩)을 잡게 하고 (왕돈은 그들을) 죽였다. [바른 해석: 양으로 하여금 교주자사 수잠, 신창태수 양석을 잡아서 죽이려 했다.] 양은 잠을 유인해서 참했다. 석은 병사를 일으켜 양을 용편에서 포위하였다.

'梁碩' 뒤에서 쉼표로 끊어 '使諒收交州刺史修湛新昌太守梁碩'과 '殺之'가 각각 하나의 절을 이룬다. 그것들의 주어 '王敦'은 앞문장의 주어를 이어 모두 생략되어 있다. 이러한 표점에 따라 이해한다면 '收'의 주어는 왕량(王諒)이고 '殺'의 주어는 '王敦'이다. 이것은 명백히 실제에 부합하지 않는다. 구조상으로 분석해보면, '諒'은 동사 '使'의 목적어이고 동시에 '收……殺……'이라는 연동식복합서술어의 주어이다. '使……收……殺……'은 연동식과 겸어식을 연용한 복합서술어를 구성하는데 이것은 하나의 완전한 문장으로 중간에 표점하여 끊을 수 없다. 동시에 뒷문장의 '殺之'는 단지 미리 계

---

45) 『資治通鑑』, 中華書局 1956, 2908면.

획하는 것이지 아직 실현된 것이 아니라는 것을 알 수 있다. '梁碩' 뒤에 쉼표를 함으로써 사람들에게 주는 인상은 "양석이 이미 피살되었다"는 것으로서 이것은 명백히 사실에 부합하지 않는 것이다. 따라서 반드시 이 쉼표는 없애야 한다.

⑷ 수식어와 중심어의 관계는 매우 밀접하여 그것의 중간을 끊을 수 없다. 끊을 경우 원문의 뜻을 정확히 이해하는 데 영향을 준다. 예를 들어보자.

    *幽州, 薊地西北隅, 有薊丘。[46]

유주(幽州)는 계지(薊地)의 서북쪽 모퉁이로서 (거기에) [바른 해석: 유주의 계지 서북쪽 모퉁이에] 계구(薊丘)가 있다.

'幽州' 뒤에서 쉼표로 끊어 독자가 그것을 문장의 주어로 이해할 수도 있다. 그러나 사실은 '幽州'는 '薊地'의 수식어로 유주의 계지라는 뜻이다. '幽州' 뒤에 쉼표를 해서는 안된다.

    *七公, 七星在招搖東, 接近貫索。[47]

[바른 해석: 칠공의 일곱 개의 별은 소요(招搖: 북두칠성의 일곱째 별)의 동쪽에 위치하여 관색에 가깝다.]

'七公' 뒤에서 쉼표로 끊어 문장을 해석할 수가 없다. 사실, '七公'은 별이름으로 칠공성(七公星)이다. '七星'은 일곱 개의 별이라는 뜻이다. '七公'은 '七星'의 수식어이므로 번역하면 '칠공의 일곱 개의 별'이 된다. 그래서 '七公' 뒤의 쉼표는 없어야 한다.

고서 가운데 중심어를 돌출·강조시키거나, 혹은 문장을 부드럽게 하기 위해 일반적으로 수식어를 중심어 뒤로 옮긴다. 후치수식어와 중심어의 관계는 매우 밀접하여 그 사이를 쉼표로 끊을 수 없다. 후치수식어의 뒤에는

---

46) 『史記』樂毅列傳, 『正義』, 中華書局 1959, 2432면.

47) 『魏書』術藝傳, 中華書局 1974, 1947면.

언제나 '者'가 놓이기 때문에 표점자는 종종 그것을 뒷문장의 주어로 오해한다. 예를 들어보자.

   * 又宜罷退宦官, 去其權重, 裁置常侍二人, 方直有德者省事左右; 小黃門五人, 才智閑雅者給事殿中。[48]

   또한 마땅히 환관을 물리치고 그 권한의 중함을 빼앗고, 상시 두 명을 가려 뽑아 그중에서 방직하고 유덕한 자가 좌우의 일을 보살피도록 하며, 소황문 다섯 명을 두고, 그중에서 재주와 지혜 있고 기품 있는 자가 궁중의 일을 맡게 해야 합니다. [바른 해석:두 명의 곧고 덕이 있는 자를 상시로 두어 좌우의 일을 맡아보게 하며, 다섯 명의 재주와 지혜 있고 기품 있는 자를 소황문으로 두어 궁중의 일을 맡게 해야 합니다.]

   이것은 후한(後漢) 이고(李固)의 대책 중 한 단락이다. 표점자가 '二人'·'五人' 뒤에서 끊어 '方直有德者'는 '省事左右'의 주어가 되고, '才智閑雅者'는 '給事殿中'의 주어가 되었고, 또한 '二人'·'五人' 뒤에 그중에서라는 뜻이 함축되어 있다. 실제로 원문에는 이러한 뜻이 없다. '二人方直有德者'는 '常侍'의 후치수식어이다. 이 구절은 두 명의 곧고 덕이 있는 상시를 둔다는 뜻이다. '五人才智閑雅者'는 '小黃門'의 후치수식어로 이 구절은 다섯 명의 재주와 지혜 있고 기품 있는 소황문을 둔다는 뜻이다. 따라서, '二人'·'五人' 뒤의 쉼표를 없애야 한다.

   * 阿從佗求方, 可服食益于人者。[49]
   아는 타로부터 처방을 구했는데 복용하여 인체에 효험을 볼 수 있는 것이었다. [바른 해석:아는 타로부터 복용해서 인체에 효험이 있는 처방책을 얻었다.]

   아(阿)는 번아(樊阿)로 화타(華佗)의 제자이다. 타는 화타이다. 방은 의

---

48) 『資治通鑑』, 中華書局 1956, 1668면.
49) 『醫古文』, 上海科學技術出版社 1978, 22면.

약처방으로 동사 '求'의 목적어이다. '可服食益于人者'는 명사 '方'의 후치수
식어이다. 이 문장은 번아가 화타에게서 복용하여 인체에 효험 있는 의료처
방책을 구했다는 뜻이다. 표점자는 중심어와 후치수식어 사이를 쉼표로 끊
어 어의가 통하지 않게 되었으므로 '方' 뒤의 쉼표는 없애야 한다.

(5) 부사어와 중심어의 관계는 매우 밀접하여 그 사이를 끊을 수 없다. 끊
는다면 문장의 구조와 뜻에 변화가 생긴다. 예를 들어보자.

＊春, 正月, 河南工乾歸復討彭利發, 至奴葵谷。利發棄衆南走, 乾歸遣振威
將軍乞伏公府追至淸水, 斬之, 收羌戶一萬三千, 以乞伏審虔爲河州刺史, 鎭槍
竿而還。[50]

춘 정월에 하남왕 건귀(乾歸)는 재차 팽리발(彭利發)을 토벌하여 노규곡
에 이르렀다. 이발은 무리를 버리고 남쪽으로 도망치자, 건귀는 진위장군
걸복공부(乞伏公府)를 파견하여 청수에 이르기까지 추격하도록 하여 그를
죽이고 강족(羌族)의 13,000호를 포획했으며 걸복심건(乞伏審虔)을 하주자
사로 삼고 (건귀는) 창한(槍竿)을 진무하고 (나서) 귀환했다. [바른 해석:
걸복심건을 하주자사로 삼아 창한을 진무하게 하고 (건귀는) 귀환했다.]

건귀(乾歸)는 걸복건귀(乞伏乾歸)이다. 위의 표점에 따르면 '刺史' 뒤에서
쉼표로 끊어 '以乞伏審虔爲河州刺史'와 '鎭槍竿而還'은 각각 하나의 절이 되
었다. 이것들의 주어 '乾歸'는 모두 앞문장의 주어를 받아 생략되었다. 이
표점에 따르면, 건귀는 이미 창한을 진무하고 또 돌아오니 어찌 모순이 아
니겠는가? 원래 '以乞伏審虔爲河州刺史'는 동사 '鎭'의 부사절로서 '刺史' 뒤
의 쉼표는 없애야 한다. 그래야 독자는 창한을 진무한 사람은 걸복심건이
고, 귀환한 사람은 걸복건귀임을 명백하게 알게 된다.

＊沛公至高陽傳舍, 使人召酈生。 酈生至, 入謁。 沛公方倨床, 使兩女子
洗足而見酈生。[51]

---

50) 『資治通鑑』, 中華書局 1956, 3648면.

패공(沛公)은 고양(高陽)의 전사(傳舍:오고가는 사람이 교대로 쉬는 곳)
에 이르러 사람을 시켜 역생(酈生)을 불러오게끔 했다. 역생이 와서 들어와
알현을 하였다. (그때) 패공은 침상에 막 걸터앉아, (고의로) 두 명의 여자
로 하여 발을 씻기게 하면서 역생을 보았다. [바른 해석:패공은 막 침상에
걸터앉아 두 명의 여자에서 발을 씻게 하고 있다가 (마침) 역생을 만나게
되었다.]

'床' 뒤에서 쉼표로 끊어 부사 '方'이 '床'까지만 한정하게 되어서 '使兩女
子洗足'과 '而見酈生'이 병렬관계가 된다. 그러므로 마치 역생을 만나기 위
해 고의로 여자들로 하여금 발을 씻기게 하려 한 것 같은 인상을 주는데,
원문에는 이러한 뜻이 분명히 없다. 원문은 유방이 마침 침상에 걸터앉아
두 명의 여자로 하여금 발을 씻기게 하고 있었던 것이며, 역생을 만나보기
위해 일부러 의관과 용모를 단정히 한 것은 아니다. 부사 '方'은 동사서술어
'倨'와 '使⋯⋯洗'의 부사어가 되어 '足'까지 한정한다. 따라서 '床' 뒤의 쉼표
는 '足' 뒤로 옮겨야 한다.

＊烏桓乘天下亂, 略有漢民十餘萬戶, 袁紹皆立其酋豪爲單于, 以家人子爲己
女, 妻焉。[52]
오환(烏桓)이 천하의 난리를 틈타 한(漢)의 10여만 호를 약취하니 원소
(袁紹)는 그 우두머리를 모두 선우(單于)로 세우고 집안 노복의 딸이었는데
자기의 양녀로 삼았던 자들을 그들에게 시집보냈다. [바른 해석:집안 노복
의 딸을 자신의 딸로 삼아서 그들에게 시집보냈다.]
'女' 뒤에서 쉼표로 끊어 사람들은 원소가 먼저 노복의 딸을 양녀로 삼았
고 그 뒤에 시집을 보냈다는 인상을 준다. 그러나 앞뒤 문장으로 보아 이것
은 한 사건이지 두 사건이 아니다. '以家人子爲己女'는 동사 '妻'[qì][53]의 부

---

51) 『資治通鑑』, 中華書局 1956, 288면.

52) 『資治通鑑』, 中華書局 1956, 2069면.

53) 妻는 명사의 의미 즉 '처·아내'의 의미로 사용될 때는 중국어로 qì(1성)로
    발음하지만 동사의 의미 즉 '시집을 보내다'라는 의미로 사용될 경우 qì(4성)

사어다. '女' 뒤의 쉼표는 없애야 한다. 그 뜻은 원소가 노복의 딸을 자신의 양녀로 삼아 선우에게 시집보냈다는 것이다.

  *袁氏無道, 所圖不軌, 且不救洪郡將, 洪于大義, 不得不死; 念諸君無事, 空與此禍, 可先城未敗, 將妻子出。[54]

  원씨(袁氏)는 덕이 없고 모반을 도모하며 또한 (장홍의) 군(郡)의 병사를 구원하지 않아 나는 대의를 위해 죽지 않으면 안된다. 제군(諸君: 吏士民)의 무사함을 빌며, 헛되이 이 재앙에 휘말리게 하니 [바른 해석: 제군들이 까닭 없이 헛되이 이 재앙과 함께 할까 염려되니] 넌서 성이 패하기 선에 아내와 자식을 데리고 가도록 하라.

  장홍(臧洪)은 동군을 수비하다가 식량이 다 없어지고 구원도 끊어지자 부하 장군과 군사와 백성에게 성을 버리고 떠나 도망하라고 하였다. '無事'는 무엇을 할 필요도, 할 만한 가치도 없다는 뜻으로 '空'(헛되이)과 함께 동사 '與'의 부사어가 되므로 중간에서 쉼표로 끊어서는 안된다.

  *長子敞, 字公世, 襲爵, 例降爲侯。自謁者僕射, 出爲平原相。[55]

  [바른 해석: 큰아들 창(敞)은 자가 공세(公世)로 작위를 세습받아 전례에 따라 후가 되었다. 알자복야(謁者僕射)로부터 나아가 평원상이 되었다.]

  창(敞)은 최창(崔敞)이다. 원 표점에 따르면 '僕射' 뒤에서 쉼표로 끊어 문장이 되지 못한다. '自謁者僕射'는 전치사 구조로서 이 문장에서는 동사 '出爲'의 부사어에 해당한다. 그러므로 '僕射' 뒤의 쉼표는 없애야 한다.

  로 발음한다.

  54) 『資治通鑑』, 中華書局 1956, 1976면.

  55) 『魏書』崔玄伯傳, 中華書局 1974, 626면.

(6) 보어와 중심어의 관계는 매우 밀접하여 중간에 끊을 수 없다. 끊을 경우 원문의 뜻에 대한 정확한 이해에 영향을 끼친다. 예를 들어보자.

＊韓土瘠祿薄,   弟建寧王 旭榴至,   以所受金冊質于宗室偕洗,   事聞,   廢爲庶
人。[56]

한(韓)나라의 토지는 척박하고 수입도 적어 아우 건녕왕(建寧王) 욱회(旭榴)에 이르러 하사받은 금책을 종실인 해일(偕洗)에게 저당을 잡혔다. [바른 해석: 아우 건녕왕 욱회가 하사받은 바 금책을 종실인 해일에게 저당잡히기에 이르렀다.] 이 일이 발각되자, (욱희는) 폐해져서 서인이 되었다.

개사구조 ‘以所受金冊質于宗室偕洗’은 동사 ‘至’의 보어로서 ‘至’ 뒤의 쉼표는 없어야 한다.

＊投一寸之針,   布一丸之艾,   于血脈之蹊,   篤病有瘳。[57]

일촌의 침을 꽂고, 한 덩어리의 쑥뜸을 놓아 혈맥의 좁은 길로부터 [바른 해석: 혈맥의 좁은 길에 침을 1촌 꽂고, 쑥뜸을 한번 놓는 것만으로도] 위중한 병을 치료한다.

구조상으로 분석하여 보면 ‘針’과 ‘艾’ 뒤를 쉼표로 끊을 필요가 없다. ‘投……布……’는 연동식복합서술어로서 동시에 개사구조 ‘于血脈之蹊’의 보충 설명을 받는다. ‘針’·‘艾’ 뒤의 쉼표는 없애야 한다.

(7) 앞뒤의 문장에 끼인 명사 혹은 명사구나 명사절이 때로는 앞문장의 목적어·보어인지 아니면 뒷문장의 주어·수식어인지 확정하기란 어렵다. 이러한 단어가 앞문장에 속하는지 뒷문장에 속하는지는 앞뒤의 문장을 거듭 살펴보아야 하며 조금이라도 부주의하면 표점을 잘못하는 수가 있다. 자주 보이는 실수로 다음 몇가지가 있다.

---

56) 『明史』 諸王傳三 韓王傳, 中華書局 1974, 3605면.
57) 『論衡』 順鼓篇, 中華書局 『諸子集成』本, 1954, 155면.

① 앞문장의 목적어를 뒷문장의 주어로 오해하는 경우다. 예를 들어보자.

* 及元叉之廢, 太后乃出昱爲濟陰內史。中山王 熙起兵于鄴, 叉遣黃門盧同詣
鄴刑熙, 并窮黨與。[58]

원차(元叉)가 폐위되자, 태후는 이에 욱(昱)을 제음내사로 삼았다. [바른
해석: 원차는 태후를 폐위하고, 이에 욱을 제음내사로 삼았다.] 중산왕 희
(熙)가 업(鄴) 땅에서 기병하자 원차는 황문 노동(盧同)을 업에 파견하여
희를 징벌하고 아울러 그 파벌들을 일망타진했다.

원차(元叉)는 북위(北魏)의 장군이고 태후는 위 숙종(魏肅宗)의 어머니이
다. 원 표점을 따르면 '廢' 뒤에 쉼표로 끊어 '元叉'는 피폐(被廢)의 대상이
되고 '太后'는 뒷문장의 주어가 된다. 이 경우 앞뒤 문장에 모순이 생긴다.
원차는 이미 관직이 박탈되었는데 그가 어떻게 황문인 노동을 업에 파견하
는 권한을 가질 수 있는가? 사실은, 이때는 원차는 관직이 박탈되지 않았
고 오히려 그의 권세가 가장 대단했던 시기였다. 『위서(魏書)』황후열전(皇
后列傳)에 "당시 태후는 세력을 얻어 청하왕(淸河王) 역(懌)을 가까이 총애
하면서 음란하게 정을 통하여 천하가 싫어했다. 영군(領軍) 원차(元叉), 장
추경(長秋卿) 유등(劉騰) 등이 숙종을 현양전(顯陽殿)에서 모셨고, 태후는
북궁(北宮)에 유폐시키고 금중(禁中)에서 역을 죽였다"라고 기재되어 있어
당시 피폐 대상이 태후임을 알 수 있다. '太后'는 '廢'의 목적어로서 앞문장
에 속해야 하며 '廢' 뒤의 쉼표를 '后' 뒤로 옮겨야 한다.

② 뒷문장의 주어를 앞문장의 목적어로 오해하는 경우다. 예를 들어 『좌
전』 장공(莊公) 12년에 나오는 한 단락에 대해 무억(武億)은 다음과 같이
끊었다.

* (宋人)亦請南宮萬于陳。以賂陳人。使婦人飮之酒。而以犀革裹之。

---

58) 『魏書』楊播傳, 中華書局 1974, 1292면.

송나라 사람이 진나라에 대하여 남궁만(南宮萬)을 돌려줄 것을 청했다. 그리하여 진나라 사람에게 뇌물을 썼다. (진나라에서는 이를 받아들여) 여자를 시켜 (남궁만에게) 술을 먹이게 하고 그를 물소 가죽자루에 싸서 (송나라에) 보냈다.

남궁만(南宮萬) 즉 남궁장만(南宮長萬)은 송나라의 반신(叛臣)으로 그 당시 진나라에 도망쳐 왔다. 무억(武億)은 『경독고이』에서 '陳人' 뒤에서 문장을 끊어 그는 '陳人'을 '賂'의 목적어가 된다고 보았다. 사실은, '以賂'는 앞문장에 속해야 한다. 앞문장은 송나라 사람이 진나라에 와서 남궁장만을 송환해줄 것을 요청하면서 선물을 보냈다는 뜻이다. '以'는 접속사로 '또한'이라는 뜻이다. '賂'의 고의(古義)는 재물을 보낸다는 것이므로 뒤에 꼭 목적어를 수반하지 않아도 된다. '陳人'은 앞문장의 목적어가 아니라 뒷문장의 주어이다. 뒷문장은 진나라 사람이 여인으로 하여금 남궁장만에게 술을 마시도록 권하게 하여 그가 술에 취한 후에 소가죽으로 그를 쌌다는 뜻이다. 정확한 표점은 다음과 같아야 한다.

亦請南宮萬于陳以賂。陳人使婦人飲之酒，而以犀革裹之。
송나라 사람이 진나라에 대하여 남궁만을 돌려줄 것을 청하며 뇌물을 썼다. 진나라 사람은 (이를 받아들여) 여자를 시켜 (남궁만에게) 술을 먹이게 하고 그를 물소 가죽자루에 싸서 (송나라에) 보냈다.

　＊上以襄陽外接關、河，欲廣其資力，乃罷江州軍府文武，悉配雍州；湘州入臺租稅，悉給襄陽。[59]
임금께서는 양양의 외접지역인 관·하 지역의 재원을 늘리고자 하여 강주군부의 문무관원을 없애어 모두 옹주에 배치하고, [바른 해석: 강주군부를 없애어 문무관원이 모두 옹주에 배치되고] 상주에서 조정으로 들어오는 조세는 모두 양양으로 지급하였다.

59) 『資治通鑑』, 中華書局 1956, 3936면.

상(上)은 남조(南朝)의 송 문제(宋文帝)이고 양양(襄陽)은 옹주(雍州)의 관할구역이다. 표점자는 '文武' 뒤에서 쉼표로 끊어 그것을 '罷'의 목적어로 보았다. 이 표점에 따르면, 이미 강주군부의 문무관원을 없앴는데 무엇을 가지고 모두 옹주에 배치시킨단 말인가? 사실은, '文武'는 앞문장의 목적어가 아니라 뒷문장의 주어이다. '文武' 뒤의 쉼표는 '軍府' 뒤로 옮겨야 한다.

③ 뒷문장의 주어를 앞문장의 보어로 오해하는 경우다. 예를 들어보자.

* 又武陵 蠻夷悉反, 寇掠江陵間, 荊州刺史劉度、南郡太守李肅幷奔走荊南, 皆沒。[60]

또한 무릉의 만이(蠻夷)가 모두 반란을 일으켜 강릉지역을 노략질하자 형주자사 유도(劉度), 남군태수 이숙(李肅)은 함께 형주 남쪽으로 도망가 모두 죽었다. [바른 해석: 형주자사 유도, 남군태수 이숙은 함께 도망쳐 형주 남쪽지역을 모두 잃었다.]

표점자는 '荊南' 뒤에 쉼표로 끊어 그것을 '奔走'의 보어로 보았다. 이 표점에 따르면 유도(劉度)와 이숙(李肅)이 함께 형주 남쪽으로 도망가 모두 죽은 것이 된다. 사실은 그들은 당시 함께 죽지 않았다. 『후한서』 남만전(南蠻傳)에는 다음과 같이 기재되어 있다. "겨울에 무릉(武陵)의 만족(蠻族) 6천여 명이 강릉을 노략하자, 형주자사 유도, 알자(謁者) 마목(馬睦), 남군태수 이숙 모두가 도망했다. 이숙의 주부(主簿)인 호상(胡爽)이 말을 붙잡고 간언을 하였다.…… 이숙은 마침내 호상을 죽이고 도망쳤다. 황제께서 그것을 듣고서 이숙을 정벌하여 기시(棄市)하여 죽이고, 도(度)·목(睦)은 사형죄에서 한 등급을 감하여 처벌하였다." 환제기(桓帝紀)에도 "연희 5년…… 시월에 무릉(武陵)의 만(蠻)이 반란을 일으켜 강릉을 침범하자, 남군태수 이숙은 손을 써보지도 않고 북쪽으로 도망쳐 기시(棄市)에 처해졌

---

60) 『後漢書』 馮緄傳, 中華書局 1965, 1281면.

다"는 기록이 있다. 이러한 기사는 이숙 등이 형주 남쪽으로 도망가지 않았음을 나타내는 것으로 '荊南'이 앞문장의 보어가 아니라 뒷문장의 주어임을 알 수 있다. '荊南'은 뒷문장에 속해야 한다. '荊南皆沒'은 형주 이남의 지역 모두를 지키지 못했다는 뜻이다. '荊南' 뒤의 쉼표는 '走' 뒤로 옮겨야 한다.

④ 뒷문장의 수식어를 앞문장의 보어로 오해하는 경우다. 예를 들어 『한서』혹리전(酷吏傳)에 나오는 한 단락에 대해 안사고(顏師古)는 주석을 할 때 다음과 같이 문장이 끊었다.

* 義縱自河內遷爲南陽太守。聞寧成家居南陽。及至關。寧成側行送迎。然縱氣盛。弗爲禮。至郡。遂桉寧氏。破碎其家。成坐有罪。及孔暴之屬皆奔亡南陽。吏民重足一迹。

의종은 하내에서 남양태수로 옮겼다. 영성의 집안이 남양에 있다는 말을 들었다. 그 관문에 이르자 영성이 정면을 피하고 한쪽으로 비켜서서 맞이하였으나 의종의 기세가 등등하여 (영성을) 예로써 대하지 않았다. 군(郡)에 이르자 마침내 영씨를 처리하여 그 집안을 멸절시키니 영성은 연좌되어 죄를 지게 되었다. 공(孔)·포(暴)의 가속들도 모두 남양으로 도망가고 관리와 백성들도 (그 일에 대해) 두려워했다.

안사고는 '奔亡南陽' 뒤에 주석을 해서 끊을 때 '南陽'이 '奔亡'의 보어라고 보았다. 그러나 이 문장끊기에는 해결할 방법이 없는 모순이 있다. '寧成' 등의 집안이 남양에 있는데 어떻게 또 남양으로 도망갈 수 있겠는가? '南陽'이 앞문장의 보어가 아니라 뒷문장의 수식어임을 알 수 있다. '南陽吏民'은 즉 '남양의 관리와 백성'이라는 것이다. 정확한 표점은 다음과 같아야 한다.

義縱自河內遷爲南陽太守, 聞寧成家居南陽, 及至關, 寧成側行送迎, 然縱氣盛, 弗爲禮。至郡, 遂桉寧氏, 破碎其家。成坐有罪, 及孔、暴之屬皆奔亡, 南陽吏民重足一迹。

……그는 군(郡)에 도착하자 마침내 영씨를 처리하여 그 집안을 멸절시키니 영성은 죄에 연루되었다. 공·포의 가속들도 모두 도망가니 남양의 관리와 백성들도 (그 일에 대해) 두려워했다.

⑤ 앞뒤 문장 사이에 끼여 시간을 표시하는 단어는 때때로 앞문장의 보어인지 뒷문장의 부사어인지를 확정하기 어렵다. 앞문장의 보어를 뒷문장의 부사어로 오해하는 실수를 자주 볼 수 있는데, 이것은 고금의 어법이 서로 달랐기 때문이다. 즉 현대 중국어에서는 시간을 나타내는 수식어는 일반적으로 동사의 앞에 놓여 부사어가 되지만, 고대 중국어에서는 오히려 동사 뒤에 놓여서 보어가 되기 때문이다. 예를 들어보자.

* 漢王卽帝位, 燕王 臧荼反, 商以將軍從擊荼, …… 還, 以將軍將太上皇衛一歲。十月, 以右丞相擊陳豨, 殘東垣。[61]

한왕이 제위에 오르자, 연왕 장도(臧荼)가 반란을 일으키니 상은 장군이 되어 한왕을 따라 종군하여 도를 격퇴하고서…… 귀환하여 장군으로서 태상황의 위병장으로 1년간을 보냈다. [바른 해석: 태상황의 위병장으로 1년 10개월 동안 지냈다.] 시월에는 우승상이 되어 진희를 격퇴하고 동환을 진압하였다.

'一歲' 뒤에 마침표로 문장을 끊어 '十月'이 뒷문장의 부사어가 되어서 '擊陳豨'의 시간을 나타낸다. 사실은 '一歲十月'은 1년 10개월이라는 뜻으로 '以將軍將太上皇衛'한 기간을 보충설명하는 것이다. 이 사건은 『사기』역상전(酈商傳)에 다음과 같은 유명한 기사가 실려 있다. "項羽已死, 漢王爲帝。其秋, 燕王臧荼反, 商以將軍從擊荼, ……還, 以將軍爲太上皇衛一歲七月。以右丞相擊陳豨, 殘東垣。(항우가 이미 죽고 한왕이 황제가 되었다. 그해 가을에 연왕 장도가 반란을 일으키자 상은 장군으로써 종군하여 도를 격퇴하고서 …귀환하여 장군으로써 1년 7개월 동안 태상왕의 위병장을 지냈다. 우승상으로써 진희를 격퇴하고 동환을 진압하였다.)" 여기에서 『사기』에서

---

61) 『漢書』酈商傳, 中華書局 1962, 2075면.

는 '一歲七月'이라고 했지만, 『한서』에서는 '一歲十月'이라고 한 점이 다르다. 그러나 이 둘 모두 앞문장의 보어로서의 역할을 한다는 점은 같다. 이와 같은 경우는 『사기』·『한서』에서 매우 자주 볼 수 있는 것이다. 따라서 '一歲' 뒤의 마침표는 없애고 '十月' 뒤의 쉼표는 마침표로 고쳐야 한다.

＊後陵復至北海上，語武：“區脫捕得雲中生口，言太守以下吏民皆白服，曰上崩。”武聞之，南向號哭，歐血，且夕臨。
數月，昭帝卽位。數年，匈奴與漢和親。[62]

후에 능(陵)이 다시 북해에 이르러서 소무(蘇武)에게 “우탈(區脫: 흉노가 그들의 국경에 만든 斥候用의 土室)에서 운중의 사람들을 사로잡으니 ‘태수 이하 관리와 백성들이 모두 상복을 입고 있었다고 하면서 임금께서 붕어하셨다’라고 말하였다”라고 전했다. 소무는 그것을 듣고 남쪽을 향해 호곡하는데 피도 토하면서 아침저녁으로 통곡하였다. 수개월이 지나 소제가 즉위하였다. 몇년이 지나서 흉노와 한은 화친을 맺었다.

이러한 표점에 따르면 ‘臨’자 뒤에 마침표를 사용함으로써 ‘數月’이 다른 단락이 시작하는 첫머리가 되어, ‘數月’이 ‘卽位’의 시간부사어로서 무제(武帝)가 죽은 뒤 몇개월 뒤에야 소제(昭帝)가 즉위했다는 뜻으로 이해된다. 이것은 역사사실과 너무나 동떨어진 것이다. 『한서』 무제기(武帝紀)에는 “丁卯，帝崩於五柞宮。”(정묘일에 황제께서 오작궁에서 붕어하셨다), 『한서』 소제기(昭帝紀)에는 “武帝崩。戊辰，太子卽皇帝位，謁高廟。”(무제가 붕어하셨다. 무진일에 태자께서 황제의 자리에 올라 고조의 사당을 찾아뵈었다)라고 기재되어 있다. 무제가 죽어서 소제가 즉위할 때까지 단 하루가 걸렸을 뿐 수개월이 아님을 알 수 있다. ‘數月’은 ‘臨’의 보어이다. 안사고는 “임(臨)은 곡(哭)이다”라고 주석을 달았다. 정확한 표점은 다음과 같아야 한다.

……臨數月。

62) 『漢書』蘇武傳，中華書局 1962, 2465～2466면.

昭帝卽位數年, 匈奴與漢和親。

수개월 동안 아침저녁으로 통곡하였다.

소제가 즉위한 지 몇년이 지나서 흉노와 한은 화친을 맺었다.

＊ 何以明之？ 子貢事孔子, 一年自謂過孔子, 二年自謂與孔子同, 三年自知不及孔子。[63]

어떻게 그것을 밝힐 수 있는가？ 자공이 공자를 섬겼는데 1년이 되자 스스로 공자보다 뛰어나다라고 했고, 2년이 되자 스스로 공자와 같다라고 했으며, 3년이 되자 스스로 공자에 이르지 못함을 알게 되었기 때문이다.

이 표점에 따르면 '一年'·'二年'·'三年'은 문장의 부사어가 된다. 사실은 이것들은 문장의 보어로서 동사서술어 '事'의 기간을 보충설명해 준다. 뒤의 두 구절에 '事'가 앞을 받아 생략되었다. 정확한 표점은 다음과 같아야 한다.

何以明之？ 子貢事孔子一年, 自謂過孔子; 二年, 自謂與孔子同; 三年, 自知不及孔子。

어떻게 그것을 밝힐 수 있는가？ 자공이 공자를 1년 동안 섬기고서 스스로 공자보다 뛰어나다라고 했고, 2년을 (섬긴 뒤) 스스로 공자와 같다라고 했으며, 3년째 섬기자 스스로 공자에 이르지 못함을 알게 되었기 때문이다.

'二年'이란 "공자를 2년 동안 섬기다"라는 것이고, '三年'이란 "공자를 3년 동안 섬기다"라는 것이다.

제 5 절 문장성분의 생략과 표점과의 관계

고대 중국어, 특히 상고 시기의 중국어에서는 각종 문장 성분을 모두 구

---

63) 『論衡』 講瑞篇, 中華書局 『諸子集成』本, 1954, 164면.

비한 문장은 자주 볼 수 없다. 어떤 문장은 원래 문장 성분이 불완전하고, 어떤 문장에서는 문장 성분이 앞의 것을 받거나 뒤로 이어져 생략되며, 주어의 생략은 더욱 보편적이다. 주어가 생략된 문장에서는 표점할 때 아래의 몇가지를 주의해야 한다.

첫째, 주어가 생략된 서술 부분 앞에는 반드시 표점을 할 필요가 있으며 그렇지 않으면 문장의 구조나 의미에 변화가 생길 수 있다. 예를 들어보자.

＊又, 蔣琬守漢中, 聞司馬懿南向不出兵, 乘虛以掎角之, 反委漢中, 還近成都。[64]

또, 장완(蔣琬)이 한중을 지키고 있었는데 사마의(司馬懿)가 남쪽으로 향하면서 군사를 내지 않았다는 것을 듣고 이 틈을 타서 (위나라의 후방을) 협공할 것이지 (이제 장완은) 도리어 한중을 포기하고 성도 근처로 돌아갔습니다. [바른 해석: 사마의가 남쪽으로 향한 것을 듣고 병사를 내어 이 틈을 타서 (위나라의 후방을) 협공하지 않고 (장완은) 도리어 한중을 포기하고 성도 근처로 돌아갔습니다.]

이 문자에서 '蔣琬'은 주어이고 '守'·'聞'은 서술어이다. '司馬懿南向不出兵'은 붙여 읽어서 하나의 주술복합어(主述複合語)가 되고 동사 '聞'의 목적어가 된다. 이 표점에 따르면 사마의가 한편으로 군대를 남진시키며 또 한편으로는 '군사를 내지 않는' 모순되는 현상이 생겨난다. 실은 '不出兵'한 것은 사마의가 아니고 장완이다. '不出兵'이 이미 하나의 절을 이루며 이 문장의 주어 '蔣琬'은 앞을 받아 생략하였으므로 '不出兵' 앞에는 쉼표를 사용하여 끊어야 한다.

＊帝初卽位, 業上書言王氏世權日久, 薛宣、張禹惑亂朝廷而薦朱博。[65]

황제가 즉위하자 업(業)이 글을 올려 왕씨의 누대에 걸친 권세가 더욱 오

---

64) 『資治通鑑』, 中華書局 1956, 2355면.

65) 『資治通鑑』, 中華書局 1956, 胡注 1079면.

래되었고, 설선(薛宣)·장우(張禹)는 조정을 어지럽히면서 주박(朱博)을 추천하였다고 하였다. [바른 해석: —— 조정을 어지럽히므로 (저 두업은) 주박을 추천합니다고 하였다.]

제(帝)는 한(漢)의 애제(哀帝)이다. 업(業)은 두업(杜業), 왕씨(王氏)는 왕망(王莽)이다. 원 표점에 따라 문장구조상 셋째 구절의 주어는 '薛宣·張禹'이며 서술어는 '惑亂…… 而薦……'이다. 이 표점에 따라 이해한다면 설선·장우는 조정을 어지럽혔을 뿐만 아니라 주박을 추천하기도 하였다. 그러나 『통감』 본문의 기록에 근거하면 "임금이 누업의 말을 받아늘여 수박을 불렀다. (주박은) 벼슬길에 올라 다시 광록대부가 되었다"고 되어 있다. 그러므로 주박을 천거한 것이 설선·장우가 아니라 두업임을 알 수 있다. 문제는 이 예문 속의 '薦朱博'의 주어인 '杜業'이 앞문장을 받아 생략된 것이다. 그러므로 '朝廷' 뒤에서 쉼표로 끊어서 '而薦朱博'이 하나의 절이 되도록 해야 한다. 이와같이 하면 독자가 오해를 하지 않게 된다.

둘째, 주어가 생략된 서술어 부분 앞에 마침표를 사용할 것인가, 쉼표를 사용할 것인가를 반드시 살펴보아야 할 것이다. 일반적으로 주어가 생략된 복문의 절 뒤에는 쉼표나 세미콜론을 사용하며 주어가 생략된 단문 뒤에는 마침표를 사용한다. 주어가 생략된 어떤 문장은 보기에는 마치 앞문장과 연결되어 하나의 복문에 속하는 듯하지만 사실은 주어가 다르므로 또다른 하나의 단문을 이룬다. 어떤 때에는 생략된 주어는 한두 문장의 간격을 두고 앞에 있거나 심지어 훨씬 더 앞에 있기도 한다. 만약 해당 문장만 살피고 앞뒤 문장과 연관시키지 않으면 생략된 주어를 쉽게 찾아내지 못한다. 표점할 때 앞문장의 마침표를 해야 할 곳에 잘못하여 쉼표를 사용하는 경우가 매우 많다. 예를 들어보자.

＊陳勝自立爲將軍, 吳廣爲都尉。攻大澤鄕, 收而攻蘄。蘄下, 乃令符離人葛嬰將兵徇蘄以東, 攻銍、酇、苦、柘、譙皆下之。[66]

---

66) 王伯祥, 『史記選』, 人民文學出版社 1957, 67면.

진승(陳勝)은 스스로 장군이 되고, 오광(吳廣)은 도위가 되었다. 그들은 대택향(大澤鄉)을 공격 접수하고, 기를 공격 함락시킨 후, 부리인(符離人) 갈영(葛嬰)을 시켜 군사를 거느리고 기 이동의 땅을 공략, 질·찬·고· 자·초를 공격하여 모두 항복시키게 하였다. [바른 해석: 기 이동의 땅을 공략하게 하였다. (진승이) 질·찬·고·자·초를 공격하자 모두 항복하였다.]

위의 표점에 따르면 '葛嬰將兵徇蘄以東' 뒤에 쉼표를 사용하여 문장구조상으로 보아 아래 글 '攻'의 주어가 '葛嬰'으로 되어 있다. 그러나 앞뒤 문장을 보면 이는 분명히 사실에 부합하지 않는다. 먼저 지리적으로 보아 기(蘄)는 숙현(宿縣)의 남쪽에 있는 데 비해 질(銍)은 숙현의 서남쪽에, 찬(酇)은 영성현의 서쪽에, 고(苦)는 녹읍(鹿邑) 동쪽에, 자(柘)는 하남의 자성 북쪽에, 초(譙)는 박현(亳縣)에 있다. 이들 지방은 기의 동쪽에 있지 않고 정반대로 기의 서쪽에 있다. 그 다음은 질 등의 땅을 공략하고 진(陳)에 도착한 이후 삼로(三老)와 호걸들이 그 앞에서 진섭을 장군이라 부르고 그를 왕으로 옹립하자 "그래서 진섭은 스스로 왕이 되고 장초(張楚)라는 국호를 사용하였다"고 하였다. 또 "갈영은 동성에 도착하자 양강을 초왕으로 세웠다. 그러나 그후 진섭이 이미 왕을 자칭하였다는 것을 들은 후, 양강(襄疆)을 살해하고 돌아와 보고하려고 하였다"라고 되어 있다. 진섭과 갈영이 결코 같이 있었던 것이 아니며 한 사람은 기의 서쪽에, 또 한 사람은 기의 동쪽에 있었음을 알 수 있다. 그러므로 '攻銍……'의 앞에 생략된 주어는 갈영이 아니라 진섭이다. 『사기』의 이 예문은 '以東' 이후의 쉼표를 마침표로 고쳐야만 문장 내용이 문장의 원뜻에 부합한다.

  *高季興亦以流言間郁于殷。殷不聽，乃遣使遣節度副使、知政事希聲書，盛稱郁功名，願爲兄弟。[67]
  고계흥(高季興)이 또 소문으로써 은(殷)에게 욱(郁)을 이간하였다. 은은

---

  67) 『資治通鑑』, 中華書局 1956, 9031면.

믿지 않고 이에 사신을 보내 절도부사·지정사인 희성(希聲)에게 글을 보내
게 하였으며 [바른 해석: 은이 믿지 않자 (고계홍은) 이에 절도부사·지정사
인 희성에게 글을 보내어] 더욱 욱의 공을 칭찬하고 형제가 되기를 원하였
다.

은(殷)은 마은(馬殷)으로 오대(五代)의 초나라 임금이다. 욱(郁)은 고욱
(高郁)으로 마은(馬殷)의 모신(謀臣)이다. 고계흥(高季興)은 마은에게 고욱
을 이간시키려다 이루지 못하자 또 마은의 아들인 마희성(馬希聲)에게 가서
그를 이간시켜 끝내는 마희성으로 하여금 고욱을 죽이게 한다. 표점자는
'間郁于殷' 이후에 마침표를 사용하여 이 문장의 구조가 여기에 이르러 끝났
음을 표시했다. '殷不聽' 이후에 쉼표를 사용하여 '殷'이 아래 각 절의 주어
로 되어 있다. 이 표점에 따르면 '殷'이 듣지 않았을 뿐만 아니라 '사신을
보내고', '글을 보내기'도 하였다. 이는 분명히 사실에 부합하지 않는다. '遣
使'·'遺書'의 주어는 고계홍이며 그것은 앞문장의 주어를 받아 생략된 것이
다. 그러므로 반드시 '聽'자 이후의 쉼표를 마침표로 고쳐야 한다.

＊許公他日有會，乃謂顧曰："足下何太談謗！"顧乃分疏，因指同席數人爲
證。顧無以對。[68]

허공이 다른 날 모임이 있었는데, 고에게 일러서 "그대는 왜 그리도 남을
헐뜯습니까?"라고 하자 고가 이에 변명을 하면서 같은 자리에 있던 몇 사
람을 가리켜서 증인으로 삼았다. 고가 대답할 수 없었다. [바른 해석: 고가
변명을 하였다. 이에 (허공이) 같이 있던 몇 사람을 가리켜서 증인으로 하
자 고가 대답할 수 없었다.]

'疏'자 다음에 쉼표를 사용하여 '顧乃分疏'와 '因指同席數人爲證'이 하나의
복문으로 되어 있음을 보여준다. 이러한 표점에 따라 이해한다면 고는 '변
명'했을 뿐만 아니라 자리를 같이한 몇 사람을 가리켜 '증인으로 삼은' 것이

---

68) 『北夢瑣言』，上海古籍出版社 1981, 95면.

다. 그러나 뒷문장에서 또 그가 '대답할 수 없었다'라고 하였으니 어찌 서로 모순되지 않는가? 원래 '指同席數人爲證'의 주어는 '顧'가 아니라 첫째 문장의 주어 '許公'으로 여기에서는 앞을 받아 생략된 것이다. 그러므로 반드시 '疏'자 다음의 쉼표를 마침표로 고쳐야만 하고 마침표의 양쪽이 두 개의 독립한 단문임을 보여주어야 한다.

고서 가운데 목적어의 생략은 주어에 비해 많지는 않다. 그러나 '辟'·'征'과 같은 어떤 타동사들은 관용적으로 목적어를 자주 생략한다. 『삼국지』위서 화타전(華佗傳)에는 "華佗, 字元化, 沛國譙人也。一名旉。游學徐土, 兼通數經。沛相陳珪舉孝廉, 太尉黃琬辟。皆不就。(화타는 자는 元化이며 沛國의 초 사람이다. 일명 부라 한다. 서 땅에서 배웠고 여러 경전에 통달하였다. 패의 相인 진규가 효렴으로 천거하였고 태위인 황완이 불렀지만 모두 가지 않았다)"고 하였다. '太尉黃琬辟'은 태위인 황완이 화타를 불렀다는 것인데 '辟' 이후의 목적어 '華佗'가 생략되어 있다. 만일 고서의 이러한 용례를 이해하지 못한다면 문장을 잘못 끊을 수 있다. 예를 들어보자.

＊權聞其名儒, 以禮征秉, 既到, 拜太子太傅。[69]

권이 그가 이름난 유자라는 것을 듣고 예로써 병(秉)을 초빙하였고 이미 도착하자 태자태부로 삼았다. [바른 해석: 명유라는 것을 듣고 예로써 초빙하였다. 병이 도착하자 태자태부로 삼았다.]

위의 문장에서 이미 '聞其名儒'라고 하였으니 고서의 관례에 따라 '征'자 이후의 목적어는 생략되었다. '秉'은 뒷문장의 주어이므로 뒷문장에 붙어야 한다.

고서 중에 '聞'자는 듣는다는 뜻으로 만일 들은 내용이 앞문장에서 이미 나왔으면 '聞'자 이후의 목적어는 언제나 생략된다. 『맹자』양혜왕 상편에는 "王之所大欲, 可得聞與？(왕께서 크게 바라시는 바를 들을 수 있겠는지요？)"라고 하였고, 이밀(李密)의 「진정표(陳情表)」에는 "猥以微賤, 當侍東

---

69) 『三國志』吳書 程秉傳, 中華書局 1959, 1248면.

宮, 非臣隕首所能上報。臣具以表聞, 辭不就職。(외람되게 비천한 신분이면서도 동궁을 모시게 되었으니 목숨을 바치더라도 보답할 수 없는 것입니다. 신은 이 표로써 모든 사실을 갖추어 알리고 사직하여 벼슬자리에 나아가지 않겠습니다)"라고 되어 있다. 이 두 문장 중의 '聞'의 목적어는 앞문장을 받아 생략하였다. 만일 고대 중국어의 이러한 특징에 주의하지 않는다면 문장을 잘못 끊을 수 있다. 예를 들어『전국책(戰國策)』진책(秦策) 중의 한 단락을 어떤 사람은 다음과 같이 문장을 끊었다.

  * 楚土大悅。宣言之于朝廷曰。不穀得商於之地方六百里。群臣聞見者畢賀。
陳軫後見。獨不賀。[70]

초왕이 크게 기뻐하였다. 조정에서 선언하여 "내가 사방 6백 리가 되는 상오(商於)의 땅을 얻게 되었다"라고 하였다. 이것을 들은 군신들은 모두 축하하였다. 진진(陳軫)이 이후에 알현하였는데 그만은 홀로 축하하지 않았다.

김정위(金正煒)는 『전국책보석(戰國策補釋)』에서 '群臣聞見者畢賀' 일곱 자를 붙여 읽었다. 양수달(楊樹達)은 "여기서 '聞'자는 끊어야 하는데 '聞'은 왕의 선포를 들었다는 것이고, '見者'란 여러 신하 중에서 왕을 알현한 사람이다. 문장의 뜻은 매우 분명하다. 생각건대 왕의 선포를 들은 여러 신하 가운데 왕을 알현한 자도 있고 왕을 알현하지 못한 자도 있으므로 특별히 '알현한 자들이 축하하였다'고 한 것이다"라고 지적하였다. 양(楊)의 주장은 확실히 옳은 것이다. '群臣聞'은 하나의 절이다. '群臣'은 주어이고 '聞'은 동사이며 '聞'자 뒤의 목적어는 생략하였으니 바로 왕의 선언이다. '見者'는 주어, '畢'은 부사어, '賀'는 동사이다. 그러므로 '聞'자 뒤는 반드시 끊어야만 한다. 정확한 표점은 다음과 같다.

楚王大悅, 宣言之于朝廷, 曰:"不穀得商於之地方六百里。"群臣聞, 見者畢

---

70)『古書句讀釋例』, 中華書局 1954, 12면.

賀。陳軫後見, 獨不賀。

초왕이 크게 기뻐하고 조정에 이 사실을 선포하여 "과인이 사방이 6백 리 되는 상오의 땅을 얻게 되었다"고 하였다. 여러 신하들이 이 사실을 들었고 (그중) 알현하는 자는 모두 축하하였다. 진진이 이후에 알현하였는데 그만 은 홀로 축하하지 않았다.

제 6 절   각종 문장형식을 숙지해야 할 필요성

고대 중국어에 자주 나타나는 문장형식을 잘 알게 되면 고서 표점시 많은 도움을 얻을 수 있다. 단문을 표점할 때 고대 중국어의 특별한 문장형식에 특히 주의해야 하는데, 예를 들면 판단문・피동문 및 관용적인 문장형식 등 의 경우에서 그러하다. 복문 표점시 앞뒤 문장을 연결한 접속사 사이의 관 계에 주의해야 한다. 예를 들어 이(以)와 고(故)는 항상 같이 사용되며 '왜 냐하면…… 때문에'의 뜻이 되므로 표점시 끊을 수 없는 것이다.

이와같은 구절에 대해 만약 주의하지 않으면 잘못 표점할 수 있다. 예를 들어 『좌전』양공(襄公) 2년조 가운데 한 구절을 다음과 같이 끊은 사람이 있었다.

  * 鄭成公疾。子駟請息肩于晉。公曰。楚君以鄭。故親集矢于其目。非異人 任。寡人也。若背之。是棄力與言。其誰昵我。免寡人。唯二三子。

정나라 성공(成公)이 병들자, 자사(子駟)가 (초나라를 버리고) 진나라를 섬겨서 군대를 쉬게 하기를 청하니, 성공이 말하기를 "초나라의 임금이 우 리 정나라로써, 그 때문에 (언릉의 싸움에서) 몸소 그 눈에 화살을 맞았는 데 그것은 다른 사람이 아닌 나 때문이다. 만약 이를 배반한다면 이는 남의 노고와 신의를 버리는 것이다. 그렇게 되면 그 누가 우리나라와 친하려 하 겠는가? 나로 하여금 배은망덕한 인간이 되지 않게 하는 것은 오직 그대들 의 손에 달려 있다"라고 하였다.

무억(武億)은 『경독고이』에서 "'鄭'자에 이르러 문장을 끊고 '故'자는 뒷문장에 붙여 읽는다"라고 했다. 그러나 이렇게 '以'와 '故'를 분리하면 이 문장은 제대로 해석될 수 없다. 정 성공의 말의 의미는 초나라의 왕이 정나라 때문에 그의 눈에 화살을 맞았다는 것이다. 그러므로 '楚君以鄭故'는 붙여야 한다. 정확한 표점은 다음과 같다.

鄭成公疾, 子駟請息肩于晉。公曰: "楚君以鄭故, 親集矢于其目。非異人任, 寡人也。若背之, 是棄力與言, 其誰昵我？免寡人, 唯二三子。"

정나라 성공이 병들자, 자사가 (조나라를 버리고) 진나라를 섬겨서 군대를 쉬게 하기를 청하니, 성공이 말하기를 "초나라의 임금이 우리 정나라 때문에 (언릉의 싸움에서) 몸소 그 눈에 화살을 맞았는데 그것은 다른 사람이 아닌 나 때문이다. 만약 이를 배반한다면 이는 남의 노고와 신의를 버리는 것이다. 그렇게 되면 그 누가 우리나라와 친하려 하겠는가? 나로 하여금 배은망덕한 인간이 되지 않게 하는 것은 오직 그대들의 손에 달려 있다"라고 하였다.

고서 표점시 또한 주의해야 할 것은 어느 시대에든지 그 나름의 관용적인 문장형식이 있다는 점과 심지어 작가들마다 그 자신의 습관적인 표현기법을 가진다는 사실이다. 예를 들면 앞의 '以……故' 형식과 같은 경우 『한서』에서는 '故'자를 생략하고 '封'자를 써서 '以……封'이란 문장형식을 만들어 '……때문에……에 봉해졌다'라는 의미로 사용된다. 예를 들어보자.

王商傳: 商父武, 武兄無故, 皆以宣帝舅封。無故爲平昌侯, 武爲樂昌侯。

상(商)의 아버지인 무(武), 무의 형인 무고(無故) 모두는 선제의 외삼촌이었으므로 책봉을 받아 무고는 평창후(平昌侯)가, 무는 악창후(樂昌侯)가 되었다.

史丹傳: 曾、玄皆以外屬舊恩封, 曾爲將陵侯, 玄, 平臺侯。

증 · 현은 모두 외가의 구은(舊恩)이 있었기 때문에 책봉되었는데 증은 장릉후에, 현은 평대후에 봉해졌다.

霍光傳: 遺詔封金日磾爲秺侯, 上官桀爲安陽侯, 光爲博陸侯, 皆以前捕反者功封。

유조로 김일제(金日磾)를 차후에, 상관걸(上官桀)을 안양후에, 광(光)을 박륙후에 봉했는데 그들 모두는 과거에 반란을 일으킨 자를 체포한 공 때문에 봉해진 것이다.

만약 『한서』에 나타난 이런 문장형식의 특징에 주의하지 않으면 표점시 잘못 문장을 끊을 수 있게 된다. 예를 들어 『한서』 소제기(昭帝紀)의 한 구절을 이전에 다음과 같이 끊은 사람이 있다.

＊ 二年春正月。大將軍光左將軍桀皆以前捕斬反虜重合侯馬通功。封光爲博陸侯。桀爲安陽侯。

2년 춘정월에 대장군 광(光), 좌장군 걸(傑) 모두는 전에 역적 중합후 마통(馬通)을 잡아 죽이는 공을 세웠다. (그래서) 광을 봉하여 박륙후로 하였고, 걸은 안양후가 되었다.

왕선겸(王先謙)의 『보주(補注)』는 ‘功’자에서 문장을 끊어 ‘以’와 ‘封’을 분리시켰는데 이것은 분명 적절하지 못한 것이다. 정확한 표점은 다음과 같아야 한다.

二年春正月, 大將軍光、 左將軍桀皆以前捕斬反虜重合侯 馬通功封, 光爲博陸侯, 桀爲安陽侯。

2년 춘정월에 대장군 광, 좌장군 걸 모두는 전에 역적 중합후 마통을 잡아 죽인 공 때문에 봉해져 광은 박륙후로 걸은 안양후로 되었다.

조건복문을 다시 예로 들어보자. 일반적으로 ‘則’자를 써서 연결하면 ‘즉’자 앞부분은 조건을, ‘則’자의 뒷부분은 결과를 나타낸다. 만약 표점시 이러한 특징에 주의하지 않는다면 문장을 잘못 끊을 수 있다. 예를 들어 위진 (魏晉) 시대에 누군가는 『논어』 위정편(爲政篇) 중의 한 단락을 다음과 같이 끊었다.

* 季康子問。使民敬。忠以勸。如之何。子曰。臨之以莊則敬。孝慈則忠。舉善而敎。不能則勸。

계강자(季康子)가 "백성들을 공경스러워지고 충성스러워지고 선행에 힘쓰게 만들려면 어떻게 합니까?" 하고 묻자, 공자께서 말씀하시기를 "국민에게 장중한 태도로 임하면 공경스러워지고, 효성 있고 자애스럽게 굴면 충성스러워지고, 선한 사람을 등용하여 가르치게 하십시오. (그러면) 불능자는 선행에 힘쓸 것입니다."

『삼국지』 서막전(徐邈傳)의 "'擧善而敎'는 공자가 훌륭하게 여기는 바이다"라는 구절에 따르면 '擧善而敎'는 의미가 통할 수 있다. 그러나 '不能則勸'은 그렇지 않다. 양수달은 "백성들이 선행에 힘쓰게 하려면 어떻게 해야 하는가를 계강자가 물었을 때 여기서의 백성은 불능자에 한정되는 것은 아니다"[71]라고 했다. '勸'은 노력한다는 의미이지만 도대체 공자가 불능자로 하여금 선행에 힘쓰게 하는 것만을 생각했겠는가? 이것은 분명히 원문의 의미와 다른 것이다. 또한 이러한 구두법은 이치와 문법에 맞지 않는다. 문장 구조상 공자의 말은 이중의 복문으로 구성되어 제일층은 병렬관계로 세 개의 병렬절을 포함한다. 제이층은 조건관계로 구절마다 '則'을 사용하여 연결했다. '則'의 앞부분은 조건을 후반부는 결과를 표시한다. 그러므로 세번째의 절 '擧善而敎不能'은 연독해야 한다. 정확한 표점은 다음과 같다.

季康子問: "使民敬、忠以勸, 如之何?" 子曰: "臨之以莊, 則敬; 孝慈, 則忠; 擧善而敎不能, 則勸。"

계강자가 "백성들을 공경스러워지고 충성스러워지고 선행에 힘쓰게 만들

---

71) 『古書句讀釋例』, 中華書局 1954, 42면.

려면 어떻게 합니까?"하고 묻자, 공자께서 말씀하시기를, "국민에게 장중한 태도로 임하면 공경스러워지고, 효성 있고 자애스럽게 굴면 충성스러워지고, 선한 사람을 등용하여 몸가짐을 바로하지 못하는 사람을 가르치면 선행에 힘쓰게 됩니다."

접속사가 있는 복문은 비교적 쉽게 이해할 수 있으나 곤란한 것은 접속사가 없는 복문이며 이때에는 신중한 분석이 필요하다. 예를 들어 조건 혹은 가정의 복문은 일반적으로 '則'자로 연결하지만 만약 조건절 혹은 가정절이 부정문이면 결과를 나타내는 절은 '則'자를 써서 연결하지 않는다. 예를 들어보자.

『論語』季氏: 今不取，後世必爲子孫憂。
지금 빼앗지 않으면 후세에 반드시 자손들의 걱정거리가 될 것입니다.

『莊子』胠篋: 聖人不死，大盜不止。
성인이 죽지 않으면 큰 도둑도 사라지지 않을 것이다.

만약에 표점자가 이러한 특징에 주의하지 않으면 착오를 일으킬 수 있다. 예를 들어 『예기』애공문편(哀公問篇)의 한 구절을 다음과 같이 끊은 사람이 있다.

＊公曰。寡人固不固。焉得聞此言也。
공이 말하기를 "과인이 고루하기 때문입니다. 어찌 이 말을 들을 수 있었겠습니까?"라 하였다.

노(魯)나라 애공(哀公)이 공자에게 예에 대해 물을 때 왕후(王侯)가 처를 얻으면서 반드시 대례복(大禮服)을 입고 한 사람의 여인을 맞이하는 것이 너무 응숭한 것이 아니냐고 하였다. 이때 공자는 낯빛을 바꾸며 설명해주었다. 노 애공은 다 듣고 난 후에 위와 같이 말을 했던 것이다. 정현(鄭玄)이

『예기』에 주석을 달면서 위와 같이 끊어 "'固不固'는 나의 고루함 때문이라는 말이다"라고 했다. 공영달은 더 나아가 다음과 같이 설명했다. "앞의 '固'는 고루하다의 의미이고 뒤의 '固'는 이유를 나타낸다. 그 의미는 자신이 고루하기 때문에 이런 말을 들었으며 근심하여 거듭 물었기 때문에 이런 말을 들었다고 한 것이다." 그러나 '固不固'가 어떻게 '鄙固故'(고루하기 때문이다)로 해석될 수 있는가? '不'자는 어떻게 설명할 것인가? 이러한 문장 끊기와 해석은 모두 잘못된 것이다.

한편 공영달이 인용한 왕숙(王肅)의 해석은 이러하다. "두 개의 '固'는 모두 고루하다는 뜻이다. '固'는 그 자신이 고루하다고 말한 것이고 뒤의 '固'는 고루하지 않았다면 묻지 않았을 것이고 묻지 않았으면 어떻게 이런 말을 들을 수 있었겠는가라고 말한 것이다." 이렇게 해석해야 앞뒤의 문맥이 통한다. 첫째, '寡人固'는 하나의 단문이다. 이것은 노나라 애공이 공자의 말을 듣고 난 이후에 스스로 겸연쩍어하는 말이다. 둘째, 뒤의 문장은 가정 복문이다. '不固'는 가정절임을 나타내는 것으로 '不'자에는 '만약 ……이 아니라면'의 의미가 포함되어 있고 '焉得聞此言也'는 결과를 나타내는 절이다. '焉'자 앞에 '則'자가 없고 마지막에 반어문의 형식을 사용했기 때문에 표점자가 이것이 가정복문임을 파악하기 쉽지 않았다. 정확한 표점은 다음과 같아야 한다.

公曰: "寡人固。不固，焉得聞此言也？"

공은 말했다. "과인은 고루합니다. 만약 고루하지 않았다면 어찌 이런 말을 들을 수 있었겠습니까？"

앞에서 설명한 바와 같이 고대 중국어에는 압축된 복문이 자주 보인다. 이러한 복문의 앞절은 종종 하나의 동사 혹은 형용사로 표시되는데 이들 단어는 표점시 앞문장의 서술어로 오인되기 매우 쉽다. 예를 들어보자.

＊田單令城中人食，必祭其先祖於庭，飛鳥皆翔舞而下城中。[72]

---

72) 『資治通鑑』，中華書局 1956, 139면.

전단(田單)은 성중 사람들에게 식사할 것을 명했고, 반드시 종묘 뜰에서 조상에 제사를 지낼 때면 새들이 모두 날아와 춤추며 성안에 내려앉았다. [바른 해석: 전단은 성안의 사람들에게 식사를 하게 되면 반드시 종묘 뜰에서 조상에게 제사를 지내라고 명하였다. (그렇게 하자) 새들이……]

전단(田單)은 제나라 임치(臨淄)의 하급관리이다. '食'자가 앞문장에 연결되면 전단이 성인(城人)에게 식사를 명했다는 것을 의미한다. 이것은 분명히 이치에 맞지 않는다. 밥먹는 것은 명령할 필요가 없기 때문이다. 원래 '食'자는 압축복문 내의 하나의 절이므로 뒷문장에 속해야 한다. 만일 식사를 하게 되면 반드시 정원에서 자기의 조상에 대해 제사를 지내라는 의미인 것이다.

  * 蘇茂將五校兵救周建於垂惠。 馬武爲茂、 建所敗, 奔過王覇營, 大呼求救。 覇曰: "賊兵盛出, 必兩敗, 努力而已!" 乃閉營堅守。[73]
  소무(蘇茂)는 오교의 병사를 이끌고 수혜에서 주건(周建)을 구했다. 마무(馬武)는 소무·주건에게 패하여 왕패(王覇)의 진영으로 도망해 들어가 크게 외치며 도움을 청했다. 패가 "적병이 무수히 밖으로 나오니 [바른 해석: ……적병의 수가 많으니 성밖으로 나가면] 반드시 둘 다 패할 것이므로 달리 노력해볼 것이다"라고 말하면서 성문을 닫고 굳게 지켰다.

이것은 한나라 광무제(光武帝) 건무(建武) 4년의 일이다. 마무·왕패는 모두 한의 장수이다. 위의 표점에 따르면 '出'자는 앞문장에 연결되어 인용문 내의 말이 해석되지 않는다. 즉 소무·주건의 군대는 본래 성외에 있었는데 어떻게 '무수히 밖으로 나올' 수 있었겠는가? '必兩敗'에서 '兩'이 가리키는 대상이 무엇인지도 어의가 불명확하여 이해하기 어렵게 한다. 원래 '出'자는 뒤에 이어진 압축복문 중의 한 절로 뒷문장에 속해야 하며 그 의미는 우리들이 출병하게 된다면 반드시 둘 다 패한다는 의미이다.

---

73) 『資治通鑑』, 中華書局 1956, 1322∼1323면.

  *上命御史大夫李承嘉、監察御史姚紹之案其事，又命楊再思、李嶠、韋巨源
參驗。仲之言三思罪狀，事連宮壼。再思、巨源陽寐不聽，嶠與紹之命反接送
獄。仲之還顧，言不已，紹之命櫬之，折其臂。仲之大呼曰："吾已負汝死，當
訟汝於天！"[74)]

  황제가 어사대부 이승가(李承嘉), 감찰어사 요소지(姚紹之)에게 명하여
그 사안을 처리하게 했고 또 양재사(楊再思)·이교(李嶠)·위거원(韋巨源)
에게 참고로 조사하도록 명했다. 중지(仲之)가 삼사(三思)의 죄상에 대해
말한 섯은 내실 내에까지 언루되는 것이있나. 재사·거원은 자는 척하며 들
으려 하지 않았고 이교와 요소지는 그의 두 손을 뒤로 묶어 투옥시키라고
했다. 중지가 여전히 뒤돌아보며 계속해서 말을 하자 소지는 그를 채찍질하
고 팔을 부러뜨리라고 명령했다. 중지가 큰소리로 "나는 이미 네게 배반당
해 죽었으니 [바른 해석: 내가 이미 네게 배반당하였으니, 이제 죽으면] 하
늘에 너의 죄상을 호소하겠다"고 하였다.

  상(上)은 당 중종(中宗) 이현(李顯)이고 중지는 장중지(張仲之)이다. 그
는 무삼사(武三思)에 반대하여 박해를 받았다. 인용문의 '死'자가 앞문장에
속해 문맥이 통하지 않게 되었다. 장중지가 분명 여전히 '소리를 지르고' 있
는데 어떻게 '이미 네게 죽음을 당하였다'고 할 수 있겠는가? '死'자는 뒷문
장에 연결되며 뒤의 압축복문 내의 하나의 절을 이룸이 분명하다. 그 뜻은
내가 만약 죽는다면 반드시 하늘에 너의 죄상을 알리겠다는 것이다.

---

74) 『資治通鑑』, 中華書局 1956, 6599면.

제5장 고서를 표점할 때 주의할 문제

제1절 고서 표점시 舊注 참고

중국의 비교적 중요한 고대서적은 이미 옛날 사람들이 대부분 주해를 달아놓았다. 오래된 고서를 읽는 경우에 있어, 특히 문자가 비교적 심오하고 이해하기 어려운 고서는, 만일 구주(舊注)를 참고하지 않으면 심지어는 근본적으로 책을 읽고 이해할 방법이 없을 수도 있다. 근대의 훈고학자 황간(黃侃)이 일찍이 말하기를 "내가 만일 주(注)와 소(疏) 등의 주석을 참고하지 않았다면 『주고(周誥)』에 대해 거의 붓을 대지 못했을 것이다"[1]라고 하였다.

역대의 주석가들은 번역과 마찬가지로 우리들을 위하여 고인의 언어를 해석하여 이것을 후세의 언어에 가깝도록 바꾼다. 비록 전해 내려오는 과정 중에 착오가 없을 수 없지만, 대부분은 믿을 만하기 때문에 그것을 꼭 이용해야만 한다. 대부분의 고서는 두 줄로 주석을 끼워넣는〔雙行夾注〕방법을 채용하고 있다. 대개 협주한 곳은 일반적으로 말뜻이 일단락되는 곳으로 한 구절 혹은 한 단락의 표지가 된다. 이 주석문 안에서는 본문 전체에 대해 일정한 해석을 덧붙이거나 혹은 글자에 대해 풀이를 하거나 한다. 이것은 문장 끊기의 아주 좋은 재료로 쓰일 수 있다. 따라서 구주를 연구하는 것은 고서 구두의 시비를 가리는 데 있어서 아주 중요한 것이다. 의미상으로 볼 때 협주는 그 자체로 일종의 구두(句讀)하는 역할을 한다.

예를 들면 『예기』 단궁(檀弓) 하편의 한 구절은 다음과 같이 주를 달았다.

---

1) 『中華文史論叢』第3輯, 1982, 220면

戰于郎(注: 郎, 魯近邑也。哀十一年, 齊國書帥師伐我。[2])

　(노나라와 제나라가) 낭(郎)에서 싸웠다. 〔주: 郎은 노의 (수도) 인근 읍이다. 애공 11년에 제나라의 국서가 군사를 거느리고 와서 우리를 쳤다.〕

　주해에 따르면 노나라 애공 11년에 제나라가 노나라를 공격하여 노나라와 제나라는 낭(郎)이라는 곳에서 전쟁을 했다는 것으로 이해된다. 이 구절의 주어는 생략되었으므로 '郎'자 뒤에는 마침표를 해야 한다.

　公叔禺人遇負杖入保者息 (注: 遇, 見也。見走辟齊師將入保罷倦加其杖頸上兩手據之休息者。保, 縣邑小城。禺人, 昭公之子。『春秋傳』曰公叔務人。○ 禺, 音遇, 又音務, 注同。辟, 音避。罷, 音皮。倦, 其卷反。頸, 吉領反。據, 音亦。)

　공숙우인(公叔禺人)은 백성들이 (몹시 피로하여) 두 손으로 지팡이에 의지하고 걸어서 성보에 들어와 휴식하고 있는 것을 보았다. 〔주: 遇는 본다는 것이다. 제나라 군사를 피하여 성보로 도망와서, 피로하여 머리를 떨구고 두 손으로 지팡이에 의지하여 휴식하고 있는 것을 본 것이다. 保는 현읍의 작은 성이다. 禺人은 소공의 아들이다. 『춘추전』에서는 공숙무인이라 하였다. 禺는 遇로 발음하고 또는 務로 발음한다. 注에서도 동일하다. 辟는 避로 발음한다. 罷는 皮로 발음한다. 倦은 其와 卷의 반절음이다. 頸은 吉과 領의 반절음이다. 據은 亦으로 발음한다.〕

　주해를 통해서 '公叔禺人'이 주어이고, '遇'가 서술어, '負杖入保者息'이 목적어임을 알 수 있다. 이것은 하나의 완전한 '주어―술어―목적어' 문장이다. '息'자 뒤에는 마침표를 해야 한다.

　曰使之雖病也 (注: 謂時絲役○絲本亦作徭, 音遙。)

---

2) 國書는 제나라 장수이다. 『左傳』 哀公 11년조에는 "11년 봄에 식의 싸움에 보복하기 위하여 제나라의 국서와 高無邳가 군대를 거느리고 우리를 쳤다"라는 구절이 있다.

말하기를 부역이 비록 고생스럽더라도 [주: 당시 요역을 말한다. ○繇는 본래 徭라고 쓴다. 발음은 遙로 한다.]

주의 해석은 '使'가 요역을 지칭하는 것으로 설명하고 있다. '使之雖病也'는 "백성이 요역에 복역하여 비록 노고가 매우 클지라도"라는 의미이다. 이 문장은 문의(文意)가 아직 끝나지 않았으므로 '也'자 뒤에는 쉼표를 써야 한다. '曰'자 뒤에는 콜론이나 인용부호를 써야 한다.

任之雖重也 (注: 謂時賦也。)
과세가 비록 과중하다 할지라도 [주: 당시 부세를 말한다.]

'任'은 부세를 가리킨다. 이 문장은 "백성이 부세를 납부하여 비록 부담이 매우 크더라도"라는 의미이다. 어의(語意)가 아직 끝나지 않았으므로 '也'자 뒤에는 쉼표를 해야 한다.

君子不能爲謀也士弗能死也不可 (注: 君子, 謂卿大夫也。魯政既惡, 復無謀臣, 士又不能死難, 禹人恥之。○弗能, 弗亦作不。爲, 于僞反。)
(국난을 당하여) 경대부(卿大夫)들은 아무런 계책을 세우지 못하고 사(士)는 목숨을 바치지 않으니, (이것은) 매우 옳지 못하다. [주: 군자는 경대부를 말한다. 노나라 정사가 이미 퇴폐하여 계책을 도모하는 신하가 더 이상 없고 士는 국난을 당하여 목숨을 바치지 않으니 우인이 이것을 부끄러워했다. ○弗能의 弗은 不이라고도 쓴다. 爲는 于와 僞의 반절음이다.]

주(注)의 해석은 우인(禹人)이 노나라 정치가 부패한 것을 깨닫고, 군자는 나라를 위해 계책을 도모하지 않고 사인(士人)은 나라를 위해 희생하려 하지 않는다는 것을 알았기 때문에 "이것은 매우 옳지 못하다"라고 말했다는 것이다. 두 개의 '也'자 뒤에는 쉼표를 해야 하고, '피'자 뒤에는 마침표를 해야 한다.

我則既言矣 (注: 欲敵齊師踐其言。)

나는 이미 (그들의 잘못을) 말하였다. [주: 제나라 군사와 싸워 자신의 말을 실천하고자 한 것이다.]

이 문장은 공숙우인의 결심을 표명한 것으로 어의가 완결되었다. '矣'자 뒤에는 마침표 또는 느낌표를 하고 인용부호를 해야 한다.

與其鄰重汪踦往皆死焉 (注: 奔敵死齊寇。鄰, 鄰里也。重, 皆當爲童。童, 未冠者之稱, 姓汪名踦。鄰或爲談春秋傳曰童汪踦。○重, 依注音童, 下同。汪, 烏黃反。踦, 魚綺反。冠, 古亂反。)

이웃에 사는 동자 왕기와 함께 (싸움터로) 가서 (싸우다가) 모두 전사하였다. [주: 적에게 달려가 제나라 원수들에게 죽었다. 鄰은 이웃이다. 重은 모두 童이 되어야 한다. 童은 관례를 치르지 않은 미성년자를 가리키며, 성은 왕이며 이름은 기이다. 鄰은 혹은 談이라고 한다. 『춘추전』에서는 동자 왕기라고 했다. ○重은 주에 의하면 발음이 童으로 아래 모두 이와 같다. 汪은 烏와 黃의 반절음이다. 踦는 魚와 綺의 반절음이다. 冠은 古와 亂의 반절음이다.]

공숙우인과 그의 이웃에 사는 동자 왕기가 제나라 군대와 싸우다가 나라를 위해 전사한 것을 설명하고 있다. '往'자 뒤에는 쉼표를, '焉'자 뒤에는 마침표를 해야 한다.

魯人欲勿殤重汪踦 (注: 見其死君事, 有士行, 欲以成人之喪治之。言魯人者死君事, 國爲斂葬。○行, 下孟反。)

노나라 사람들은 동자 왕기를 (미성년자의) 상으로 처리하지 않으려 하고 [주: 그가 임금의 일로 죽어, 士로서의 행동이 있다고 성인의 상장으로 그것을 처리하고자 하였다. 노나라 사람들이 (그가) 임금의 일로 죽었으므로 나라에서 장사지내려 하였다는 것이다. ○行은 下와 孟의 반절음이다.]

노나라 사람은 왕기를 동자의 상례로 처리하려고 생각하지 않아 성인의 상례를 준비한 것이다. '踦'자 뒤엔 쉼표를 써야 한다.

問于仲尼仲尼曰能執干戈以衞社稷能欲勿殤也不亦可乎 (注: 善之.〔疏〕戰于至可乎？ ○『正義』曰: 此節論童子死難之事. ○戰于郎. 哀十一年, 齊伐魯, 魯與齊師戰于郎. 郎者, 魯之近邑也. 案哀十一年, 魯人公叔禺人逢遇國人走辟齊師, 兩手負杖于頸, 走入城保, 困而止息. 禺人見而言曰: 國以徭役使此人雖復病困, 國以賦稅責任人民, 雖復煩重, 若上能竭心盡力憂恤在下, 則無以負愧. 今君子卿大夫不能爲謀, 士又不能致死, 是自全其身, 不愛民庶, 于理"不可". 旣嫌他不死欲自爲致死之事, 故云 "我則旣言矣". 旣已也云我則已言之矣, 乃踐其言, 于是與鄰之童子姓汪名踦往赴齊師而死焉. 依禮: 童子爲殤. 魯人見其死寇, 欲勿殤童汪踦, 意以爲疑, 問于仲尼. 仲尼報之云: "汪踦能執干戈以衞社稷." 勿, 猶"不"也. 雖欲不以爲殤, 不亦可乎？言其可爲不殤也.)

중니에게 묻자, 중니가 말했다. "창과 방패를 잡고 싸움터에 나가 사직을 수호하였으니 (미성년자의 죽음을 의미하는) 상으로 처리하지 않고자 함은 당연하지 않은가."〔주: (공자는) 이것을 옳다고 여긴 것이다.〔疏〕'戰于'에서 '可乎'까지를 말한다. ○『정의』에서 말하기를 이 절은 동자가 국난을 당하여 목숨을 바친 일을 논한 것이다. ○郎에서 싸웠다는 것은 애공 11년에 제나라가 노나라를 쳐서 노나라와 제나라가 낭에서 싸운 것이다. 郎은 노나라 근읍이다. 애공 11년에 노나라의 公叔禺人은 백성들이 제나라 군사를 피하여 도망와서, (몹시 피로하여) 두 손으로 지팡이에 의지하고 城保에 달려들어와 지쳐서 휴식하고 있는 것을 보았다. 우인은 (그것을) 보고 말하였다. 백성들이 나라의 요역으로 비록 견디기 어렵고 백성들에 대한 조세 부담이 비록 과중할지라도 만약 윗사람들이 마음과 힘을 다하여 아랫사람을 구휼하였더라면 부끄럽지 않았을 것이다. (그런데) 이제 卿大夫들은 아무런 묘책도 세우지 못하고 士는 국난을 당하여 목숨을 바치지 않고 오로지 자신만을 돌보고 백성을 사랑하지 않으니 (이것은) 도리상 옳지 않은 것이다. 우인은 스스로 국난에 목숨을 바치지 못한 것을 혐오하여 스스로 죽기를 무릅쓰는 일을 하고자 하였다. 그래서 "나는 이미 (그 잘못을) 말하였다"라고 말하였다. 그가 이미 말하였다라고 한 이상 이제 그 말을 실천하지 않으면 안되니 성은 왕이고 이름은 기인 이웃에 사는 童子와 함께 제나라 군사에게 달려가 (싸우다가 모두) 죽었다. 禮에 의하면 동자는 미성년자의 상례로 한다. 노나라 사람들은 그 일을 원수에게 죽은 것으로 보고, 동자 왕기를 미성년자의 상으로 처리하지 않으려고 하였으나 의심이 들어 공자에게 물었다. 공자는 그것을 듣고 말하기를 "왕기는 창과 방패를 잡고 (싸움터에 나가) 사직을 수호하였다"라고 하였다. 勿은 不과 같다. 미성년자의 상으로 하지 않더라도 역시 옳지 않겠는가라는 것은 미성년자의 상으로 하지 않아도 좋다고 말한 것이다.」

『예기』에 후한시대 정현(鄭玄)이 주를 달았다. ○ 이후는 당대(唐代)에 육덕명(陸德明)이 『경전석문(經典釋文)』에서 원문(原文)과 주문(注文)에 대한 음주(晉注)이다. 〔疏〕자 이하는 당대(唐代) 공영달(孔穎達)의 소〔疏〕이다. 소의 원문은 매우 긴데 여기서는 앞의 일부분만 인용하였다. 이 주와 소는 음에 대해서 주를 달았을 뿐만 아니라, 어의(語義)까지 해석하였다. 또한 문장을 글자 하나씩 해석해 나갔고 단락의 대의와 사상·내용을 분석하였다. 이것은 곧 문장을 끊어놓은 것과 마찬가지이므로 우리는 이것에 근거하여 표점을 할 수 있는 것이다.

戰于郞。公叔禺人遇負杖入保者息。曰："使之雖病也，任之雖重也，君子不能爲謀也，士弗能死也，不可。我則旣言矣！"與其鄰重汪踦往，皆死焉。魯人欲勿殤重汪踦，問于仲尼。仲尼曰："能執干戈，以衞社稷，雖欲勿殤也，不亦可乎？"

(노나라와 제나라가) 낭(郞)에서 싸웠다. (노나라의) 공숙우인(公叔禺人)은 백성들이 (몹시 피로하여) 지팡이에 의지하고 걸어서 성보(城保)에 들어와 휴식하고 있는 것을 보았다. 말하기를 "백성들의 부역이 비록 견디기 어려울지라도, 백성들에 대한 조세 부담이 비록 과중할지라도, (그런데) 이제 경대부(卿大夫)들은 아무런 묘책도 세우지 못하고 사(士)는 국난에 달려가 목숨을 바치지 않으니 (이것은) 옳지 못하다." 그리고 이어서 말하기를,

"나는 이미 (그 잘못을) 말했으니, (내 말을 실천해야 한다)"라고 하더니 이웃에 사는 동자(童子) 왕기(汪踦)와 함께 싸움터로 달려가서 싸우다가 모두 전사하였다. 노나라 사람들이 동자 왕기를 미성년자의 상으로 처리하지 않고 (한 사람의 士로서) 상장(喪葬)의 예를 하고자 하여 중니에게 물었다. 중니가 말하기를 "창과 방패를 잡고 싸움터에 나가 사직을 수호하였으니, (미성년자의) 상으로 처리하지 않더라도 또한 당연하지 않은가?"라고 하였다.

제 2 절 표점이 고대 음운에 부합해야 할 필요성

상고시대는 글을 쓰는 환경의 제약으로 말미암아 어떤 학설과 사실의 전달은 구전(口傳)에 주로 의존하였다. 음운(音韻)를 사용한 것은 암송하여 적기 편하게 하기 위해서였다. 선진(先秦) 양한(兩漢)의 고대 서적은 단지 시가(詩歌)에서뿐만 아니라 산문에서도 압운(押韻)을 사용하였다. 『주역』의 대부분은 압운이고, 『노자』도 거의 전부가 압운을 사용하였다. 기타 다른 서적도 종종 압운을 사용하고 있다. 예를 들어보자.

公入而賦: "大隧之中, 其樂也融融。"(冬部)[3](『左傳』隱公 元年)
(장)공이 들어가서 부를 지었는데 "큰 무덤길 속에서 그 즐거움이 흡족하도다"라고 하였다.

長鋏歸來乎, 食無魚! (魚部)(『戰國策』齊策)
칼자루여 돌아갈까. 고기 요리를 주지 않는구나!

鳳兮鳳兮, 何德之衰? 往者不可諫, 來者猶可追。(微部)(『論語』微子)
봉이여 봉이여, 그대의 덕은 어찌나 그리 쇠하였나요? 지나간 거야 말려

---

3) 이는 音韻의 분류 순서를 의미하며, 韻이 있는 부수를 말하는 것이다.

볼 수 없지만, 앞으로 닥쳐올 거야 그래도 따라갈 수 있을 게니.

雖有智慧, 不如乘勢。(月部)(『孟子』公孫丑 上)
지혜가 있다 하더라도 세에 편승하느니만 못하도다.

음운을 이해하면 운각(韻脚)에서 문장을 끊는다는 것을 알 수 있고 이것은 고서를 표점하는 데 아주 편리하다. 음운을 이해하지 못하면 표점할 때 착오를 일으킬 수 있다. 비록 이런 종류의 착오가 비교적 많이 보이지는 않는다고 하더라도 역시 주의하여야 한다. 예컨대 『사기』 회음후열전(淮陰侯列傳) 중 한 문장을 이렇게 표점한 사람이 있다.

＊夫功者難成而易敗, 時者難得而易失也; 時乎, 時不再來, 願足下詳察之。[4]
대체로 공이란 이루기 힘들고 실패하기 쉬우며, 때란 얻기 어렵고 잃기 쉽습니다. 이때입니다！ (이런) 때는 다시 오지 않을 것입니다. 원컨대 귀하께서는 이것을 성찰하십시오.

이것은 괴통(蒯通)이 한신(韓信)에게 한(漢) 왕조에 반역할 것을 설득하는 단락의 마지막 구절이다. 표점자는 ‘乎’자 뒤를 쉼표로 끊어서 ‘乎’자를 감탄사로 만들었다. 이렇게 표점하면 비록 뜻은 통하지만, 괴통이 한신에게 즉각적인 결단을 촉구하는 긴박한 어감을 완전히 표현할 수 없다. 고대에 있어 ‘時’와 ‘來’의 고음은 모두 ‘之’부에 속한다. ‘時乎時, 不再來’는 음운어이다. ‘乎’는 문장 중 어기를 강조한다. 이와같이 해야 문장이 통하고 괴통이 한신에게 반역을 권하는 표정과 어기 역시 분명하게 드러날 것이다.

＊趙王餓。乃歌曰。諸呂用事兮。劉氏微。迫脅王侯兮。强授我妃。我妃旣妬兮。誣我以惡。讒女亂國兮。上曾不寤。我無忠臣兮何故。棄國自快中野兮。蒼天與直。吁嗟不可悔兮。寧早自賊。(『漢書』高五王傳)

4) 中華書局, 『中華活葉文選』 合訂本(四), 1962, 289면.

조왕이 굶주리며 가사를 지어 읊조리며 말하기를 "여러 여씨(呂氏)들이 권력을 마음대로 휘두르니 유씨들은 미약하네, 왕과 제후들을 협박하여 강제로 내 왕비를 정하고 왕비는 시샘하여 나를 싫다고 무고하네, 참소하는 여인이 나라를 어지럽혀도 천자는 아직 깨닫지 못하네, 나에게는 충신도 없으니 어째서인가, 나라를 버리고 들판 가운데에서 스스로 즐거워하니 푸른 하늘이 곧음을 보여주리, 아아 뉘우쳐도 할 수 없으니 오히려 일찍 자결하리라!"

이것은 안사고가 『한서』에 주석을 하면서 문장을 끊은 것이다. 그는 '何故' 아래에 주를 붙여 '謂不能明白也'(이를 명백히 하는 것은 불가능함을 말한다)라고 하였다. '自賊' 아래에 또 주를 달아 '悔不早棄趙國, 而快意自殺于田野之中'(일찍 조나라를 버리지 못한 것을 뉘우치고 들판에서 자살할 것을 즐거워하였다)라고 하였다. 그의 생각은 대체로 '故'와 '惡'·'寤'의 압운으로 인식하고 있었기 때문에 이렇게 문장을 끊은 것이다. 사실 이것은 옳지 않다. 첫째, 이와같은 표점은 구조로 볼 때 여기서 '兮'자 뒤에는 모두 4개 글자 또는 3개 글자로 한 문장을 이루고 있는데 단지 '何故'만 2자로 이것은 가(歌)의 형식에 맞지 않는다. 둘째, 문의로 볼 때 '我無忠臣兮何故'는 연독하면 문장 뜻이 도저히 통하지 않는다. 셋째, '國'과 아래의 '直'·'賊'은 같은 직부(職部)에 속하고 따라서 압운 '國'자 뒤에서 문장을 끊어야 한다. '故'는 문장 중에 위치하여야 하며 압운이 될 수 없다. 정확한 표점은 다음과 같다.

趙王餓, 乃歌曰: "諸呂用事兮, **劉氏微**; 迫脅王侯兮, 强授我妃。我妃旣妬兮, 誣我以惡; 讒女亂國兮, 上曾不寤。我無忠臣兮, 何故棄國？ 自快中野兮, 蒼天與直！ 吁嗟不可悔兮, 寧早自賊！"

조왕이 굶주리며 가사를 지어 읊조리며 말하기를 "여러 여씨들이 권력을 마음대로 휘두르니 유씨들은 미약하네, 왕과 제후들을 협박하여 강제로 내 왕비를 정하고 왕비는 시샘하여 나를 싫다고 무고하네, 참소하는 여인이 나라를 어지럽혀도 임금은 아직 깨닫지 못하네, 나에게는 충신도 없구나 어째서 나라를 버리게 되었는가? 들판 가운데에서 스스로 즐거워하니 푸른 하늘이 곧음을 보여주리, 아아 뉘우쳐도 할 수 없으니 오히려 일찍 자결하리라!"

＊衞侯貞卜。其繇曰。如魚竀(chēng 稱)尾。衡流而方羊裔焉。大國滅之。將亡。闔門塞竇。乃自後逾。[5]

위(衞)나라 장공이 (꿈의 길흉에 대해) 점치게 하였다. 그 점사에 이르기를 "저 꼬리 붉은 물고기와 같이 거센 물결 속을 오르락내리락 방황하는구나. 대국이 이 나라를 쳐 없앨 것이다. 상자 망할 때에 문을 닫고 구녕을 막더라도 뒷담으로 넘어 나오리라"고 하였다.

이러한 문장 끊기는 대개 두예(杜預) 주(注)나 공영달(孔穎達) 소(疏)에 근거한 것이다. 두예와 공영달은 "衡流而方羊裔焉"을 한 문장으로 보았다. 공영달은 "요사(繇辭)의 예(例)가 반드시 모두 운이 있는 것은 아니다. 혹은 운이 있을 수도 있고 혹은 운이 없을 수도 있다. 특별히 정해진 기준은 없다"라고 인식하여 '竇'·'逾'자는 '將亡'과 음운을 이루지 않는다고 말했다. 이러한 문장 끊기는 타당하지 않다. 고염무·왕염손·무억 등도 모두 동의하지 않았다. 첫째 요사(卜筮의 詞)는 운문인데 구두가 비교적 잘 정리되어 있는 것이 이런 종류 문체의 특징이다. '竇'·'逾' 두 자는 비록 장망(將亡)과 압운을 이루지는 않지만 '羊'자와 '亡'자는 압운(古音 모두 陽部에 속함)이고 '竇'자와 '逾'자도 압운(고음 모두 侯部에 속함)이다. 이것은 운이 바뀐 것이며, "혹은 운이 있을 수도 있고 혹은 운이 없을 수도 있다"라고 말할 수는 없다. 둘째, 문장을 '焉'자 뒤에서 끊었는데, 이것은 '焉'자를 어기조사로 파악한 것으로 '裔'자의 해석을 '遠'으로 하는 것이다. 사실은 '裔'의 본래 뜻은 옷의 끝인데 이것이 확대되어 가장자리란 의미가 되었다. 『회남자(淮南子)』 원도편(原道篇)에 보면 "遊于江潯海裔"라는 말이 있는데 '海裔'란 해변이다. 고누무(顧累武)의 『좌전두해보정(左傳杜解補正)』 중에 "당연히 '裔焉大

<hr>

5) 『左傳』 哀公 17년, 世界書局銅版, 『四書五經』 下册, 542면에서 인용.

國'으로 문장이 되어야 한다. 대국의 근처에 있어 장차 멸망을 당하게 되었다는 말이다"는 기록이 있다. 이것이 옳다. '焉'은 이 문장 속에서 어기사가 아니라 겸의사(兼義詞)로 우지(于之)라는 의미이다. '喬'자는 겸의사 '焉'자 앞에서 활용하여 동사가 되어 '대국의 사이에 끼여'로 번역된다. 사실 위나라는 진(晉)·진(秦)·초(楚)·제(齊) 등 대국의 사이에 있었다. 따라서 정확한 표점은 다음과 같다.

衛侯貞卜, 其繇曰: "如魚竀尾, 衡流而方羊。 喬焉大國, 滅之將亡。 闔門塞竇, 乃自後逾。"(衛侯又占卜, 繇辭說: "象一條魚尾巴發紅, 穿過急流而猶豫彷徨。 介于大國之間, 敵兵來犯就將滅亡。 關門塞洞, 就越過後牆。)

위나라 장공이 (꿈의 길흉에 대해) 점치게 하였다. 그 점사에 이르기를 "저 꼬리 붉은 물고기와 같이 거센 물결 속을 오르락내리락 방황하는구나. 대국의 사이에 있어 (적들이) 이 나라를 쳐 없앨 것이니 장차 망할 것이다. (그때에는 적이 들어올) 문을 닫고 구멍을 막더라도 뒷담으로 넘어 나오리라"라고 하였다.[6]

   * 養氣自守, 適食則酒。 閉明塞聰, 愛精自保。 適輔服藥引導, 庶冀性命可延。 斯須不老, 既晚無還, 垂書示後。[7]

   기를 길러 스스로를 지키고 음식을 적당히 하고 술을 절제하여 눈을 닫고 귀를 막아 (외계와의 접촉을 끊어) 정기를 아껴 스스로를 보호한다. 적당한 약과 도인법(導引法)을 보조로 하여 생명을 연장시키려고 바라고 있다. 잠시라도 늙지 않으려고 하여 [바른 해석: 생명을 연장시키려고 바라고 있다.] 이미 늦어 돌아올 수 없다 하더라도 글 중에 그것을 써서 후세 사람에게 보이고자 한다.

   '守'·'酒'·'保'·'導'·'老'는 모두 유부(幽部)에 속하며 각운이다. '延'자는 원부(元部)에 속하며 각운이 아니므로 이 글자 뒤에 마침표를 사용할 수 없

----

6) 원문의 注의 번역은 원문과 같으므로 생략하였다.

7) 『論衡』 自紀篇, 中華書局 『諸子集成』本, 1954, 288면.

다. '老'자는 각운이므로 마침표는 '老'자 뒤에 옮겨야 한다. '斯須不老'는 "잠시라도 늙지 않으려고"의 의미이며 "생명을 연장시키려고"의 의미와 관련된다.

제 3 절 고대 중국어 修辭의 특징에 대해 주의할 점

고대 중국어 수사의 특징을 파악하는 것은 고서를 표점하는 데 있어 중요한 의의를 가진다. 고대 중국어 중에는 수사의 방식이 매우 많다. 이 중에서 고서 표점과 비교적 관계가 깊은 대우(對偶)·배비(排比)·용전(用典: 옛 고사를 인용함)·변문피복(變文避復: 같은 글자가 반복되는 것을 피함) 등의 수사 수단에 대해 살펴보겠다.

고대 중국어는 단음절어 위주이어서, 이것이 앞뒤 구절이 대우(對偶)를 이루는 데 편리하게 한다. 중국인은 오랫동안의 실천적 활동과 예술 창조과정을 통하여 관습적으로 대칭미를 좋아하게 되었다. 이 때문에 고대 시부(詩賦)뿐만 아니라 선진(先秦)의 예스럽고 소박하며 간결한 산문에 있어서도 대우의 문장이 적지 않다. 예를 들어보자.

子女玉帛, 則君有之; 羽毛齒革, 則君地生焉。(『左傳』僖公 23년)
미녀나 옥백은 임금님(초나라 成王)께서도 가지고 계시고 우모나 상아나 모피도 귀국에서 생산이 됩니다.

學而不思則罔, 思而不學則殆。(『論語』爲政)
배우고 생각하지 아니하면 종잡을 데가 없어지고, 생각하고 배우지 아니하면 위태롭다.

吾力足以擧百鈞, 而力不足而擧一羽; 明足以察秋毫之末, 而不見輿薪。(『孟子』梁惠王 上)

내 힘은 3천 근을 들기에는 넉넉하지만 새털 하나를 들기에는 부족하고, (시력은) 가을 털끝을 살피기에는 충분하나 수레에 실은 땔나무는 보이지 않는다.

『한비자』·『순자』 및 양한(兩漢)의 서적 중에는 이런 종류의 대우(對偶)로 된 구절이 점점 늘어나게 되었다. 고인이 문장을 지음에 대우를 애용했던 습관을 이해한다면 고서를 표점하는 능력을 높이는 데 도움을 줄 수 있다. 표점할 때 만약 이 점을 주의하지 않는다면 구절을 잘못 끊을 수도 있다. 예를 들어보자.

  * 虞舜爲父弟所害, 幾死再三, 有遇唐堯, 堯禪舜立爲帝。嘗見害未有非; 立爲帝, 未有是前時未到, 後則命時至也。[8]

순은 아버지와 동생에게 박해받아 두세 차례 죽을 뻔하였다. 뒤에 요임금을 만났는데 요는 순에게 선양하여 순은 제왕이 되었다. 일찍이 박해를 받았던 것은 어떤 잘못이 있었기 때문은 아니다. 제왕이 되어서 (박해받지 않았던 것은) 전에는 없었던 좋은 점이 달리 있었기 때문은 아니다. 후에 명(命)이나 시(時)가 왔기 때문이다.

‘堯禪舜’에서 문장을 끊지 않으면 안된다. ‘未有是’ 또한 끊어주어야 한다. 작자는 분명히 ‘未有是’와 ‘未有非’를 대칭시키고 있으며, 뜻은 다음과 같다. “순은 박해를 받을 때에도 어떤 잘못된 점이 있었던 것은 아니다. 그가 제왕이 되었을 때도 무엇인가 달리 옳은 일을 했던 것도 아니다.” 정확한 표점은 다음과 같다.

  ……堯禪舜, 立(不)爲帝。嘗見害, 未有非; 立爲帝, (不見害)未有是。前(命)時未到, 後則命時至也。

요는 순에게 선양하였다. 제왕이 되기 전에 일찍이 박해를 받았던 것은

---

8) 『論衡』 禍虛篇, 中華書局 『諸子集成』本, 1954, 60면.

어떤 잘못이 있었기 때문은 아니다. 제왕이 되어서 (박해받지 않았던 것은) 달리 좋은 점이 있었기 때문은 아니다. 전에는 천명(天命)과 때가 아직 오지 않았지만 후에는 명이나 때가 왔기 때문이다.

동일한 성질 및 동일 범위의 사물은 구조가 서로 비슷한 구절을 사용하여 배열할 수가 있다. 이런 종류의 구절을 배비구(排比句)라고 한다. 예를 들어보자.

吾妻之美我者, 私我也; 妾之美我者, 畏我也; 客之美我者, 欲有求丁我也。(『戰國策』齊策)

아내가 나(추기)를 아름답다고 한 것은 사사로운 감정에서이다. 측실이 나를 아름답다고 한 것은 두려움에서이다. 남(식객)이 나를 아름답다고 한 것은 나를 탐하는 마음에서이다.

王聞書之言, 惕若恐懼, 退而爲戒書: 于席之四端爲銘焉, 于機爲銘焉, 于鑑爲銘焉, 于盥爲銘焉, 于楹爲銘焉, 于杖爲銘焉, 于帶爲銘焉, 于履屨爲銘焉, 于觴豆爲銘焉, 于戶爲銘焉, 于牖爲銘焉, 于劍爲銘焉, 于弓爲銘焉, 于矛爲銘焉。(『大戴禮記』武王踐阼篇)

왕이 단서(丹書)의 말을 듣고 두려워하고 근심하여 물러나 단서를 경계하게 되었다. 자리의 네 모퉁이에 경구를 새기고, 책상에, 거울에, 세숫대야에, 기둥에, 지팡이에, 허리띠에, 신발에, 술잔에, 문에, 들창문에, 칼에, 활에, 창에도 경구를 새겼다.

배비구(排比句)는 고서에서 자주 보인다. 만약 고대 중국어의 이와같은 특징을 주의하지 않으면 표점할 때 틀리기 쉽다. 예를 들어 『한서』구혁지(溝洫志) 중의 한 단락을 어떤 사람은 다음과 같이 문장을 끊었다.

＊ 自是之後。 榮陽下引河東南爲鴻溝。 以通宋鄭陳蔡曹衞。 與濟汝淮泗會于楚。 西方則通渠漢川雲夢之際。 東方則通溝江淮之間。 于吳則通渠三江五湖。 于

齊則通淄濟之間。于蜀則蜀守李氷鑿離堆避沫水之害。穿二江成都中。

　그후 (또) 형양을 지나는 황하의 줄기를 동남으로 끌어 홍구(鴻溝)가 건설되자 (황하는) 송(宋)·정(鄭)·진(陳)·채(蔡)·조(曹)·위(衞)를 지나 초(楚)에서 제수(濟水)·여수(汝水)·회수(淮水)·사수(泗水)와 연결되었다. 서쪽에 한수와 운몽평야를 연결하는 운하와 동쪽에 양자강과 회수를 연결하는 운하가 각각 건설되었고 오에서는 양자강 하류의 3개 지류와 태호를 연결하는 운하가 건설되었다. (한편) 제에서는 치수(淄水)와 제수를 연결하고 (운하가 건설되었고) 촉에서는 촉 태수 이빙(李冰)이 이퇴를 개착하여 말수(沫水)의 수재를 제거하고 성도 지역을 관통하는 2개의 강을 파서 만들었다.

　이 단락은 본래 『사기』 하거서(河渠書)가 원문이다. 후한말(後漢末) 위초(魏初)의 사람 문영(文穎)이 『한서』에 주를 달 때, '會于楚'를 연독하였다. 그는 고제기(高帝紀)의 '鴻溝' 아래 주를 달기를 "형양을 지나는 황하의 줄기를 동남으로 끌어 홍구가 건설되자 (황하는) 송·정·진·채·조·위를 지나 초에서 제수·여수·회수·사수와 연결되었다. 이것이 지금의 관도수(官渡水)이다"라고 하였다. 후에 정대창(程大昌)이 우공(禹貢)을 논하면서 또한 『사기』 하거서를 인용하였는데, 역시 '會于楚'라고 끊었다. 유봉세(劉奉世)는 이에 대해 의문을 표시한다. 그는 말하기를 "하나의 홍구가 육국(六國)을 통과할 수 없고, 또 제수가 천승으로부터 바다에 들어간다면, 어찌 초나라에서 만날 수 있는가?"[9]라고 하였다. 원래 그들이 모두 잘못 읽은 것이었다. '于楚' 이하는 4개 대구로 매 구절은 '于'자로 시작해서, '于楚'·'于吳'·'于齊'·'于蜀'은 각각 4개 지역의 상황을 나누어 서술해주고 있다. 정확한 표점은 다음과 같아야 한다.

　自是之後, 榮陽下引河東南爲鴻溝, 以通宋、鄭、陳、蔡、曹、衞、與濟、汝、淮、泗會。于楚, 西方則通渠漢川、雲夢之際, 東方則通溝江、淮之間; 于吳、則通渠三江、五湖; 于齊, 則通淄、濟之間; 于蜀, 則蜀守李氷鑿離堆避沫

---

9) 『古書句讀釋例』, 中華書局 1954, 78면.

<u>水之害</u>, 穿二江成都中。

　그후 (또) 형양을 지나는 황하의 줄기를 동남으로 끌어 홍구가 건설되자 (황하는) 송·정·진·채·조·위를 지나 제수·여수·회수·사수와 연결되었다. 또 초에서는 서쪽에 한수와 운몽평야를 연결하는 운하와 동쪽에 양자강과 회수를 연결하는 운하가 각각 건설되었고, 오에서는 양자강 하류의 3개 지류와 태호를 연결하는 운하가 건설되었다. (한편) 제에서는 치수와 제수를 연결하고 (운하가 건설되었고) 촉에서는 촉의 태수 이빙이 이퇴를 개착하여 말수(沫水)의 수재를 제거하고 성도 지역을 관통하는 2개의 강을 파서 만들었다.

　용전(用典)은 고인이 문장을 지을 때 늘 사용하는 수사적 수단이다. 유협(劉勰)은 『문심조룡(文心雕龍)』 사류(事類)에서 말하기를 "사류(事類)라는 것은 대개 문장 이외의 내용에서 사실에 근거하여 뜻을 유추하고, 옛것의 도움을 받아 지금의 것을 증명하는 것이다." 용전(用典)의 목적은 자기가 서술한 사건과 관점이 예전에 이미 있었다는 것을 증명하여 문장의 설득력을 더하려는 데 있다. 예를 들어보자.

　臣聞<u>比干</u>剖心, <u>子胥</u>鴟夷, 臣始不信, 乃今知之。(鄒陽「獄中上梁王書」)
　신은 비간(比干)이 심장이 갈라지고 자서(子胥)가 말가죽으로 만든 부대에 넣어져 죽은 일에 대해 들었습니다. 신은 처음에는 믿지 않았으나 이제는 알게 되었습니다.

　여기서는 고서에 기재된 두 사건을 인용하였다. 은(殷)나라 현신 비간(比干)은 걸왕에 충간하였으나 심장이 갈라졌고, 오자서(伍子胥)는 오왕(吳王) 부차(夫差)에게 충성을 다하였으나 자살을 명받았으니, 그 시체는 말가죽부대에 싸여 강물 속에 던져졌다. 이 두 사건을 이용하여 "충성에는 보답이 없을 수 없고 신의는 의심당하지 않는다"는 말이 헛된 말임을 설명하였다.
　고서를 표점할 때, 만일 전거(典據)가 되는 고사(故事)의 출처를 이해하지 못하면, 때로 표점을 잘못할 수 있다. 예를 들어보자.

* 傳書曰: "宋景公之時, 熒惑守心, 公懼, 召子韋而問之曰: '熒惑在心, 何也?' 子韋曰: 熒惑, 天罰也。心, 宋分野也, 禍當君。雖然, 可移于宰相。……是文也, 火星果徙三舍。如子韋之言, 則延年審得二十一歲矣。星徙審則延命; 延命明, 則景公爲善, 天祐之也, 則夫世間人能爲景公之行者, 則必得景公祐矣。"此言虛也。[10]

전해 오는 글에서 말하기를 "송의 경공 때에 화성이 (송국의 분야인) 심수(心宿)에 머물렀다. 놀랍고 두려워 (태사인) 자위(子韋)를 불러 물었다. '화성이 (우리 송의) 심수에 머물러 있는 것은 무슨 이유인가?' 자위가 말했다. '화성은 천벌의 (징조)입니다. 심수는 송국의 분야이기 때문에 임금께 화가 미칠 것입니다. 그렇지만 재상에게 옮길 수 있습니다.'…… 그날 저녁에 화성은 과연 3일분(三日分) 정도를 옮겨 자위가 말한 대로 되었다. 그러면 확실히 21년 정도 수명이 연장될 수 있었다. 별이 확실히 이동했기 때문에 수명의 연장은 확실하고, 수명의 연장이 명백하다면 경공은 선행을 해서 하늘이 도운 것으로 된다. 그렇다면 세간의 보통 사람으로 경공의 행동 방식을 모방하는 자도 경공과 같은 도움을 얻을 것이다"라고 하였다. 이런 말은 (모두) 헛된 것이다. [바른 해석: "…그날 저녁에 화성은 과연 3일분 정도를 옮겼다"라고 하였다. (곧) 자위가 말한 대로 되었다. 그런즉 확실히 21년 정도 수명이 연장될 수 있었다. 별이 확실히 이동했기 때문에 수명의 연장은 확실하고, 수명의 연장이 명백하다면 경공은 선행을 해서 하늘이 도운 것으로 된다. 그렇다면 세간의 보통 사람으로 경공의 행동 방식을 모방하는 자도 경공과 같은 도움을 얻을 것이다. 이런 말은 헛된 것이다.]

'子韋之言'이라는 고사는 『사기』 송미자세가(宋微子世家)에 나오는 것으로 마지막 구절은 다음과 같다. "子韋曰: '天高聽卑。君有君人之言三, 熒惑宜有動。' 于是候之, 果徙三度。(자위가 말하였다. '天帝는 높이 있어도 下界의 일을 모두 듣습니다. 우리 임금이 임금으로 어울리는 일이 세 번 있었기 때문에 화성은 마땅히 움직일 것입니다. 이에 이를 기다리니 과연 三度 정도 이

동했다.)" '三度'는 즉 '三舍'이다. 위의 『논형』 중에서 이 단락의 끝의 인용 부호는 '三舍' 뒤로 옮겨야 한다. 표점자가 출전을 잘 몰라서 작자의 말까지 도 인용문 안에 넣은 것이다.

옛날 사람은 문장을 지을 때 같은 글자가 거듭되는 것을 피한다. 문장을 쓸 때 앞뒤 문장에 같은 글자가 중복되어 나올 때, 그 글자를 다시 바꾼다. 이것을 변문피복(變文避復)이라고 한다. 만일 고서의 이러한 수사적 특징을 주의하지 않으면 문장을 잘못 끊을 수 있다. 예를 들어 『맹자』 등문공 하의 한 단락을 조기(趙岐)가 주석을 붙일 때 다음과 같이 문장을 끊었다.

*湯始征自葛。載十一征而無敵于天下。
탕 임금은 최초의 정벌을 갈(葛)나라로부터 하였다. 다시 11차의 정벌을 감행하였는데 천하에 그를 대적할 상대가 없었다.

조기(趙岐)는 주에서 말하기를, "재(載)는 일설에 의해 재(再)자를 써야 한다면, 재십일정(再十一征)이란 모두 스물두 나라를 정벌한 것이다." 『문 선(文選)』에 있는 사원휘(謝元暉) 『사수왕전(辭隨王箋)』에서 주(注)로 인용 한 『맹자』에서 말하기를 "湯始征自葛'은 '葛'자에서 문장을 끊어야 한다"라 고 하였다. 조기와 사원휘의 문장 끊기와 해석은 모두 정확하지 않다. '載' 자는 이 문장에서 개시(開始)의 뜻이다. 『시경』 대아(大雅) 황의(皇矣)에는 '載錫之光'이란 구절이 있는데, 정현이 주를 달기를 "재(載)는 시작이다"라 고 하였다. 『맹자』 양혜왕(梁惠王) 하에서는 『상서』를 인용하여 "탕 임금은 최초의 정벌을 갈나라로부터 시작하였다 (湯一征, 自葛始)"라고 하였는데 '湯一征'은 '湯始征'이고 '自葛始'는 '自葛載'이다. 『맹자』에서는 왜 '始'를 사 용하지 않고 '載'를 사용하였는가? 이것은 중복을 피하기 위한 것이다. 이 문장의 정확한 표점은 다음과 같다.

"湯始征, 自葛載。"十一征而無敵于天下。
"탕 임금은 최초의 정벌을 갈나라부터 시작하였다."열한 차례 정벌을 감 행하였는데 천하에 그를 대적할 상대가 없었다.

＊徐羨之起自布衣，又無術學，直以志力局度，一旦居廊廟，朝野推服，咸謂有宰臣之望。沈密寡言，不以憂喜見色; 頗工弈棋、觀戲，常若未解，當世倍以此推之。[11]

서선지(徐羨之)는 포의(布衣)에서부터 등용되었고 또 재주도 학문도 없었으나 뜻이 곧고 도량은 컸다. 일단 정전(正殿)에 나가면 조야(朝野) 모든 사람이 추앙하여 복종하였고 모두 재상이 될 만한 재질을 가졌다고 말했다. 침착하고 조용하며 말이 적어 근심과 기쁨을 얼굴에 나타내지 않았다. 자못 바둑과 놀이를 보는 것을 잘 했으나 전혀 이해하지 못하는 것처럼 하였다. [바른 해석: 자못 바둑을 잘 두었으나 바둑을 관전할 때는 전혀 이해하지 못하는 것처럼 하였다.] 당시 이로 인해 그를 추앙함이 배로 높아졌다.

표점자는 '弈棋' 후에 모점을 사용하였는데 이것은 '弈棋'와 '觀戲'를 병렬적인 두 사건으로 만들었고 동시에 '頗工'이란 수식어의 한정을 받게 하였다. 이 표점은 다음 3가지 문제점을 해결할 수 없다. 첫째, '자못 바둑을 잘 두었다'는 이치에 맞다고 하더라도 '바둑을 관전하는 일'에 어디 뛰어남과 졸렬함의 차이가 있겠는가? 둘째, 앞문장에서 이미 '자못 뛰어나다'고 말했는데, 뒷문장에서 또 '이해하지 못하는 듯하다'라고 말하니 어찌 모순이 아니겠는가? 셋째, '當世倍以此推之'에서 '以此'는 무엇을 가리키는가? 그것은 사실 '觀戲'는 즉 '觀弈'으로 '戲'로 '弈'을 대신함으로써 중복을 피한 것이다. '觀戲'는 당연히 뒷문장에 연결되어야 한다. "바둑을 관전할 때는 전혀 이해하지 못하는 것처럼 하였다"는 것은 바로 "근심과 기쁨을 얼굴에 나타내지 않았다"는 표현이며, 그래서 "당시 이로 인해 그를 추앙함이 배로 높아졌다"는 것이다. 이 때문에 '弈棋' 후의 모점은 쉼표로 바꾸어야 하고 '觀戲' 뒤의 쉼표는 없애야 한다.

---

11) 『資治通鑑』，中華書局 1956, 3742면.

제 4 절   문체 특징에 근거하여 표점하기

중국의 고대 문체는 언어의 표현 형식이 다르다는 점에 착안하여 크게 다음 세 가지 산문·운문·변려문으로 나눌 수 있다. 산문의 표점은 앞에서 이미 언급하였다. 변려문의 특징은 매우 분명하여 어구 측면에서 대구와 '4·6'(네자 어구와 여섯자 어구)을 중요시한다. 음절면에서는 평측으로 대응하기를 요구하여 이 때문에 표점하기가 어렵지 않다. 아래에서 운문을 표점하는 방법에 대해 간단히 설명하려 한다.

운문에는 시(詩)·사(辭)·가(歌)·부(賦)·사(詞)·곡(曲) 및 명(銘)·잠(箴)·송(頌)·찬(贊)을 포함한다. 운문에는 압운뿐만 아니라 문장 형식도 비교적 잘 정리되어 있다. 『시경』은 4글자를 주로 한다. 예를 들어보자.

關關雎鳩, 在河之洲。
窈窕淑女, 君子好逑。(『詩經』周南)
물수리는 구구 짝을 부르네 황하의 작은 섬에서
순결하고 아름다운 여인이여 진정 내가 좋아하는 자이리

『초사』는 여섯 자를 주로 하며 구절 중에 '兮'를 덧붙이는데, '兮'자는 소리는 있어도 뜻은 없어 여섯 자로 계산하지 않는다. 예를 들어보자.

帝高陽之苗裔兮, 朕皇考曰伯庸。(『離騷』)
천제 고양씨(高陽氏)의 먼 자손이여, 백용(伯庸)은 선왕의 빛나는 이름이구나.

民離散而相失兮, 方仲春而東遷。(「哀郢」)
처자는 흩어지고 집안은 무너져 인적도 없어졌네, 바야흐로 중춘(仲春)이니 동방으로나 갈거나！

한·위·육조 시대의 고시(古詩)는 다섯 자, 일곱 자를 주로 한다. 예를 들어보자.

白馬飾金羈, 連翩西北馳。
借問誰家子? 幽 幷游俠兒。(曹植「白馬篇」)
흰말은 금굴레로 장식하고, 훌쩍 날아 서북으로 달리네.
감히 어느 집안의 자제인가 물으니, 유주(幽州)와 병주(幷州)를 떠도는 유협(游俠)이라 하네.

秋風蕭瑟天氣凉, 草木搖落露爲霜。
群燕辭歸雁南翔, 念君客游思斷腸。(曹丕「燕歌行」)
가을 바람 소슬하고 날씨 싸늘하니, 초목은 영락하고 이슬은 서리 되네.
제비떼 돌아가고 기러기 남으로 날아오네, 방랑하는 님은 수심도 많으련만.

당송(唐宋) 시대의 근체시(近體詩)는 매 구절마다 자수가 고정되어 있을 뿐만 아니라, 매 수(首) 시의 구절수도 고정되어 있다. 율시(律詩)는 모두 여덟 구로 되어 있고, 절구(絶句)는 모두 네 구로 되어 있다. 예를 들어보자.

國破山河在, 城春草木深。
感時花濺淚, 恨別鳥驚心。
烽火連三月, 家書抵萬金。
白頭搔更短, 渾欲不勝簪。(杜甫「春望」)
나라는 깨져도 산하는 남고, 옛성에 봄이 오니 초목 우거져……
시세를 설워하여 꽃에도 눈물짓고, 이별이 한스러워 새소리에도 놀래는 것
봉화 석 달이나 끊이지 않아, 만금 같은 어려운 가족의 글월

긁자니 또다시 짧아진 머리, 이제는 비녀조차 못 꽂을레라.

花近高樓傷客心, 萬方多難此登臨。
錦江春色來天地, 玉壘浮雲變古今。
北極朝廷終不改, 西山寇盜莫相侵。
可憐後主還祠廟, 日暮聊爲梁甫吟。(杜甫「登樓」)
높은 다락 꽃을 보며 설운 나그네, 만방이 다난한 때 여기 올라라.
금강의 봄빛은 천지에 오고, 옥루산의 뜬구름 고금에 변해
북극이라 소성은 종내 아니 바뀌리니, 서산의 석국이여 침범치 말라.
아 후주조차 사당에 모셔지나니, 해질 녘 가만히 외는 양보음(梁甫吟).

千山鳥飛絕, 萬徑人踪滅。
孤舟蓑笠翁, 獨釣寒江雪。(柳宗元「江雪」)
온 산에 나는 새들 안 보이고, 길마다 인적은 끊어졌네.
외로운 배엔 도롱이 입고 삿갓 쓴 노인, 눈 내리는 추운 강 위에서 홀로
낚시질하네.

故人西辭黃鶴樓, 煙花三月下揚州。
孤帆遠影碧空盡, 唯見長江天際流。(李白「黃鶴樓送孟浩然之廣陵」)
옛친구 맹호연(孟浩然)은 서쪽으로 황학루(黃鶴樓)를 작별하고
꽃이 안개같이 피는 삼월에 양주에 간다.
외로이 돛을 단 배는 그림자를 남긴 푸른 하늘로 사라지고
양자강 물만 그대로 하늘 끝까지 흐르고 있더라.

「춘망」은 오언율시, 「등루」는 칠언율시, 「강설」은 오언절구, 「황학루송맹
호연지광릉」은 칠언절구이다.

부(賦)의 형식은 자수에 구애받지 않지만 네 자 내지 여섯 자 구절이 대
부분이다. 다만 특이한 것은 육조 시대의 부이다. 예를 들어 강엄(江淹)의
「별부(別賦)」는 전부 네 자 내지 여섯 자 구로 되어 있다. 예를 들어보자.

風蕭蕭而異響, 雲漫漫而奇色。 舟凝滯于水濱, 車逶遲于山側; 棹容與而詎前, 馬寒鳴而不息。掩金觴而誰御, 橫玉柱而霑軾。居人愁臥, 怳若有亡。

바람은 소소하고 슬픈 소리를 내고 구름은 흘러 빛도 기이하구나. 배는 물가에서 머물렀고 수레는 산기슭에 구불구불 더디구나. 노를 저어 얼마나 나아가리, 말도 찬바람에 울며 헐떡거린다. 술잔을 감싸 그 누구에게 드리리, 거문고를 비켜잡으나 눈물이 흐르네. 남아 있는 사람은 근심으로 누우니 멍하니 슬픔만 남는구나.

사(詞)와 곡(曲)의 구절은 비록 길이의 장단이 일정하지 않지만, 같은 곡조인 사의 형식은 일치한다. 아래서는 소식(蘇軾)과 진량(陳亮)의 「수조가두(水調歌頭)」 두 수를 비교하였다.

明月幾時有? 把酒問青天。不知天上宮闕, 今夕是何年? 我欲乘風歸去, 惟恐瓊樓玉宇, 高處不勝寒。起舞弄清影, 何似在人間?

轉朱閣, 低綺戶, 照無眠。不應有恨, 何事長向別時圓? 人有悲歡離合, 月有陰晴圓缺, 此事古難全。但願人長久, 千里共嬋娟。(蘇軾「水調歌頭」)

밝은 달은 언제부터 있던 것인가. 술잔을 손에 들고 하늘을 향해 묻노라. 천상의 궁궐에서는 오늘 저녁이 도대체 어느 해인가. 나는 바람을 타고 그곳에 갈거나. 다만 옥으로 된 달의 궁전이 높이 있어 추위를 견디지 못할까 두렵다네. 일어나 춤추며 푸른 빛에 그림자를 희롱하면 어찌 인간이리요.

달빛은 붉은 누각으로 옮기고 비단 창문에 걸려 잠 못 이루는 여인을 비추네. 달은 우리를 미워함이 있는 것도 아닌데 언제나 이별할 때에는 둥근 것은 왜 그러한가. 사람에게 슬픔도 기쁨도 만남도 이별도 있듯이, 달은 구름 낀 날도 맑은 밤도 둥글기도 모나기도 한다네. 이런 일은 예부터 알기 어려운 것이네. 바라건대 사랑하는 사람이 천리 저편에 있어도 언제까지나 저 달빛을 함께 하리.

不見南師久, 謾說北群空。當場只手, 畢竟還我萬夫雄。自笑堂堂漢使, 得似洋洋河水, 依舊只流東。且復穹廬拜, 會向槀街逢。

　堯之都, 舜之壤, 禹之封, 于中應有, 一個半個恥臣戎。萬里腥膻如許, 千古英靈安在, 磅礴幾時涌？ 胡運何須問, 赫日自當中。(陳亮「水調歌頭」)

　남쪽 군사를 본 지 오래되었는데 헛되이 북쪽 무리가 없다고 말만 하네. 당장 빈손이라도 필경 나는 으뜸가는 영웅이 되어 돌아올 것인데, 당당하다는 한나라 사신이 양양한 하수가 변함없이 동으로만 흐르듯 화평만 구하는 것을 스스로 비웃으리. 다시 금(金)나라 조정을 받들고 임안(臨安)의 거리에서 오랑캐를 만날 것인가!

　요·순·우의 옛 영토도 모두 숭화의 땅에 속하는데 반쪽이 치욕스럽게도 오랑캐에게 신복하네. 만리에 퍼진 더러운 것이 이리 많은데, 천고의 영웅호걸은 어디로 갔으며 좋은 세상은 어느 때에 올 것인가? 이미 다한 오랑캐의 운수는 어찌 물을 필요가 있으리요. 빛나는 해가 이제 중화(中華)를 비추리라.

　이 두 수의 「수조가두」는 윗단락 첫구 10자는 '5·5'로 나누어진다. 둘째구 11자는 소식은 '6·5'로 나누었고 진량은 '4·7'로 나누었다. 셋째구 17자는 '6·6·5'로 나누었다. 넷째구 10자구는 '5·5'로 나누었다. 아랫단락 첫구 9자는 '3·3·3'으로 나누었다. 둘째구 11자는 '4·7'로 나누었다. 셋째구 17자는 '6·6·5'로 나누었다. 넷째구 10자는 '5·5'로 나누었다.

　다른 운문은 예컨대 명(銘)·잠(箴)·송(頌)·찬(贊)같이, 비록 문장 형식은 시(詩)·사(辭)·가(歌)·부(賦)·사(詞)·곡(曲) 같은 정제된 형태가 아니라 하더라도 모두 압운이다. 따라서 각운에 따라 문장을 끊을 수 있다. 결론적으로 운문을 표점하기란 산문에 비해서 훨씬 용이하다. 그러나 만약 이와같은 문체의 특징에 주의하지 않으면 역시 잘못 표점할 수 있다. 예를 들어보자.

　＊常羨人間琢玉郞。天敎分付點酥娘。自作淸歌傳皓齒。風起雪飛。炎海變淸涼。萬里歸來年愈少。微微笑。笑時猶帶嶺梅香。試問嶺南應不好。却道此心安處是君鄕。[12]

이 세상의 옥으로 만든 사람 늘 시샘하건만, 하늘은 우유로 빚은 아가씨에게 주고야 말았네. 스스로 노래지어 흰 이빨 사이로 부르면, 바람이 일고 눈발이 날렸으리니 바닷가의 염천(炎天)이 시원하게 변했겠네. 만리길 돌아오니 나이 더욱 젊어지고, 빙그레 웃음지으니, 대유령(大庾嶺)의 매화 향기 아직도 풍겨나네. 영남(嶺南)은 틀림없이 싫었겠지 물어보니, 그녀는 오히려 마음 편한 곳이 바로 고향이라 대답하네.

이것은 소식이 지은 「정풍파(定風波)」라는 사(詞)이다. '정풍파'의 사패의 음률에 근거해 볼 때, 전후 두 단락으로 나눌 수 있고 마지막 세 구의 자수는 '7·2·7'이다. 또한 앞의 2자와 뒤의 7자는 평측 성운이다. 이 윗단락은 당연히 '風起'에서 끊어야 하고, 아랫단락은 '却道' 뒤에서 끊어야 한다. 정확한 표점은 다음과 같다.

……自作淸歌傳皓齒, 風起, 雲飛炎海變淸凉。……試問嶺南應不好, 却道, 此心安處是君鄕。

……스스로 노래지어 흰 이빨 사이로 부르면, 바람이 일고, 눈발이 날렸으리니 바닷가의 염천(炎天)이 시원하게 변했겠네.…… 영남(嶺南)은 틀림없이 싫었겠지 물어보니, 그녀는 오히려 마음 편한 곳이 바로 고향이라 대답하네.[13]

＊維是子産。執政之式。維其不遇。化止一國。誠率是道。相天下君。交暢旁達。施及無垠。於戱四海。所以不理。有君無臣。誰其嗣之。我思古人。[14]

오직 자산(子産)만이 정치의 모범이었다. 그가 때를 얻지 못하여 교화가 일국에 그쳤지만 진실로 그의 도리를 따르면 천하 군주의 재상이 될 것이니 교화가 두루 퍼져 끝없이 베풀어질 것이다. 오호! 사해여! 다스려지지 않

---

12) 『萬有文庫』本 『苕溪漁隱叢話 後集』 卷40, 746면.

13) 이 해석은 柳種睦, 『蘇軾詞研究』, 서울大學校 大學院 中語中文學科 博士學位論文, 1991. 8, 81~82면을 참조하였다.

14) 『國學基本叢書簡編』本 『韓昌黎集』 4, 1면.

는 까닭은 군주는 있으되 신하가 없음이니 누가 자산의 뒤를 이을 것인가. (그러므로) 내가 옛사람을 생각하노라.

이것은 한유의 「자산불훼향교송(子産不毁鄕校頌)」 중의 마지막 부분이다. 이것은 한편의 송(頌)이나 찬(贊) 형식의 문장으로 기본적으로 4자가 한 구절을 이루고 두 구절씩 운이 바뀌었다. '式'과 '國'이 압운으로 똑같이 직부(職部)에 속한다. '君'과 '垠'도 압운이며 두 자 모두 문부(文部)에 속한다. 또한 '臣'과 '人'이 압운이고 똑같이 진부(眞部)에 속한다. 중간에 '於戲'(嗚呼)를 삽입하여 덧붙인 셈이다. 문장을 끊은 자는 이러한 특징을 이해하지 못하여 '於戲四海'를 연결하여, 결국 운(韻)으로 읽을 수 없게 만들었다. 사실 '於戲'는 독립구이며 '四海'는 뒷문장에 속하는 것으로 '四海所以不理'는 '四海之所以不理'를 말하는 것이다. 정확한 표점은 다음과 같다.

維是子産, 執政之式。維其不遇, 化止一國。誠率是道, 相天下君。交暢旁達, 施及無垠。於戲! 四海所以不理, 有君無臣。誰其嗣之, 我思古人。

오직 자산만이 정치의 모범이었다. 그가 때를 얻지 못하여 교화가 일국에 그쳤지만 진실로 그의 도리를 따르면 천하 군주의 재상이 될 것이니 교화가 두루 퍼져 끝없이 베풀어질 것이다. 오호! 사해가 다스려지지 않는 까닭은 군주는 있으되 신하가 없음이니 누가 자산의 뒤를 이을 것인가. (그러므로) 내가 옛사람을 생각하노라.

여기서 설명이 필요한 것은 시(詩)와 사(詞)의 구두(句讀)는 음률 구두와 어의 구두가 있어왔다는 것이다. 시와 사는 일정한 음률과 형식이 있고, 음률상 반드시 쉬는 것을 음률 구두라고 한다. 어의 구두란 어법상의 구두로 이것은 하나의 완성된 의미를 표시한다. 이 두 종류의 구두는 때로 서로 일치하지 않는데, 대체로 다음과 같은 두 가지 경우가 있다.

첫째 음률 구두는 단지 단문(單文)의 일부분이다.

秦氏 羅敷女, 采桑淥水邊。(李白「子夜吳歌」)

진씨 딸 나부(羅敷)란 여인이여, 푸른 시냇가에서 뽕을 따네.

이 10자는 음률상 두 개의 구로 나누어진다. 다만 의미상으로는 하나의 구두이며, 앞의 구는 주어이고 뒤의 구는 서술어이다.

寂寞天寶後, 園廬但蒿藜。(杜甫「無家別」)
쓸쓸하여라 안록산 반란 이후 밭이나 집들 쑥밭이 되었다.

이 10자는 음률상 두 개의 구두로 나누어진다. 단 의미상으로는 하나의 구두로 앞의 다섯 자는 이 문장의 부사어이다.

吳娘夜雨蕭蕭曲, 自別江南更不聽。(白居易「寄殷協律」)
밤비가 소소히 내린다고 하는 오랑의 곡도, 강남을 떠나면서는 다시 듣지 못하리.

앞의 일곱 자는 문장의 전치목적어이다.
둘째, 음율 구두는 어떤 한 복문(複文)의 종지점이다. 예를 들어보자.

國破山河在, 城春草木深。(杜甫「春望」)
나라는 깨져도 산하는 남고 옛성에 봄이 오니 초목 우거져.

'國破'·'山河在'는 모두 완전한 주술문(主述文)인데, 합쳐져 전환복문을 이루었다. 의미는 '國'은 비록 '破'했어도 '山河'는 옛날 그대로라는 말이다. '城春'·'草木深'도 역시 각각 주술문장으로 합해서 하나의 병렬복문을 이룬다. 음률 구두와 어의 구두를 이해하면 시와 사의 내용을 이해하는 데 반드시 도움이 된다.

제 5 절 표점은 校勘 고증과 서로 결합할 것이 요구됨

중국의 고서는 구전(口傳)이나 손으로 베낀 것에서 조판 인쇄에 이르기까지 수천년을 경과하면서 착오·오탈·연문(衍文)·뒤섞임이 불가피하게 되었다. 이것이 고서를 읽기 어렵게 하는 한 요인이다. 바로 손덕겸(孫德謙)이 말한 것처럼 "후인이 그것을 읽을 때 좋은 판본을 구해 서로 비교하지 않으면, 문장의 뜻을 이해하기 어렵고 제대로 해석했는지 알 수도 없다."[15] 적지 않은 고서가 역대 학자들의 끊임없는 교정을 거쳐서 비로소 겨우 읽을 수 있게 되었다. 고서 표점시에는 교감(校勘)에 주의하여야 한다. 그렇지 않으면 문장을 잘못 끊을 수 있다. 예를 들어 『예기』 향음주의(鄕飮酒義) 중의 한 구절을 어떤 사람은 다음과 같이 끊었다.

＊降。說屨。升坐。修爵。無數。
내려왔다가 신을 벗고 당에 올라앉으니 잔을 돌리는 일이 무수하다.

청나라 사람 전대흔(錢大昕)은 『십가재양신록(十駕齋養新錄)』 권2에서 다음과 같이 말했다. "웅씨(熊氏)는 '修爵'을 '行爵'으로 보았는데, 후대의 유자(儒者) 중에 달리 말하는 사람이 없었다." 전씨는 『의례』 향음주례에 근거하여 교감을 했다. 『의례』에서는 말하기를 "說屨, 揖讓如初, 升堂, 乃羞, 無算爵。(신을 벗고 처음과 같이 읍양하고 당에 올라 이에 나아가 잔을 돌림을 수없이 한다)"라고 했다. 전대흔은 "경문에는 본래 '修'자가 없었으니, '修'는 '羞'의 오자임을 비로소 알 수 있다. (이런 잘못은) 소리가 비슷했기 때문이다. '羞'자가 한 문장으로 『예기』의 이른바 내수(乃羞)이다. '爵無數'가 또 한 문장으로 『예기』의 이른바 무산작(無算爵)이다"라고 말했다. 『예기』에서의 '修'자는 당연히 '羞'자로 '進'의 뜻이다. 이 단락의 정확한 표점은

---

15) 『劉向校仇學纂微』 訂訛誤。

다음과 같다.

降, 說屨。升坐, 修, 爵無數。
내려왔다가 신을 벗고 당에 올라앉아 나아가 포(脯)와 잔을 돌리는 일이 무수하다.

고서 표점은 늘 교감을 잘못하여 잘못 끊는다. 또 예를 들어보자.

＊頃來南北務殷, 不容仰遂沖操。恪是何人, 而敢久違先勅, 令遂叔父高蹈之意?[16]

근래에 남북이 (소란하여) 일이 많아 겸양의 예로 받들어 따를 겨를이 없었습니다. 제가 누구라고 감히 오래도록 선군의 조칙을 어기고 숙부님의 고아한 뜻을 따르지 않겠습니까?

이것은 북위(北魏) 선무제(宣武帝) 원각(元恪)이 자신의 숙부 원협(元勰)에게 한 말이다. '先勅'이란 선무제의 부친 효문제(孝文帝)가 임종시 태자에게 직접 내린 조서를 말한다. "너의 숙부 협은 청렴한 행실을 귀히 여기는 것이 마치 흰구름과 같이 고결하며, 영예를 싫어하고 지위를 버리려고 함에는 마치 송죽과 같은 절개가 있다. 나는 어려서부터 그와 함께 지내 차마 멀리 떠나보낼 수 없었다. (내가) 죽은 뒤에 그가 관직을 사양한다는 말을 듣는다면 그의 겸허한 성품대로 하게 하라." 예문 중에 "令遂叔父高蹈之意"의 '令'은 해석하기가 아주 곤란한데 문장 끝의 물음표를 사용함으로써 문장에 반문의 뜻을 포함하게 되었다. 이 표점을 볼 때 '令'자는 당연히 '不'이이다. 함분루본(涵芬樓本)에는 '今'자로 되어 있다. 『위서』 권21, 헌문육왕전(獻文六王傳)에는 이 글자가 '今'자로 되어 있으니, 함분루본이 맞는다는 것을 알 수 있다. 『통감』의 '令'자는 '今'자이고, 물음표는 '勅'자 뒤에 하여야 하며, '意'자 뒤에는 마침표를 해야 한다. 정확한 표점은 다음과 같다.

---

16) 『資治通鑑』, 中華書局 1956, 4483면.

……恪是何人而敢久違先勅？ 今遂叔父高蹈之意。

……제가 누구라고 감히 오래도록 선군의 조칙을 어기겠습니까? 이제 숙
부님의 고상하신 뜻에 따르도록 하십시오.

고서를 표점 교감하는 것은 자료에 대하여 반복 대조하여 확인하여야 하
며, 경솔하게 원문을 깎거나 고쳐서는 안된다. 잘못 표점하거나 원래의 문
장을 잘못하여 삭제할 수도 있다는 점에 주의를 기울여야 한다. 예를 들어
보자.

＊項王聞淮陰侯已擧河北，破齊、趙，且欲擊楚，乃使龍且往擊之。淮陰侯與
(戰)騎將灌嬰擊之，大破楚軍，殺龍且。[17]

항왕(項王)은 회음후(淮陰侯) 한신(韓信)이 이미 하북을 평정, 제나라와
조나라를 격파하고 초나라를 공격할 계획이란 소식을 듣고, 용저(龍且)를
보내 한신을 공격하였다. 한신과 전기장 관영(灌嬰)은 그를 맞아 일전을 벌
여, 초군을 대파하고 용저도 죽였다. [바른 해석: 한신과 기장(騎將) 관영은
용저를 맞아 일전을 벌여, 초군(楚軍)을 대파하고 용저도 죽였다.]

표점본 『사기』의 1959년 초판 때에는 '戰'자를 삭제하였다. 왕백상(王伯
祥)은 『사기선(史記選)』을 지을 때 "淮陰侯與戰騎將灌嬰擊之"라고 하여 '戰'
자를 포함하여 '戰騎將' 세 자를 연독하였다. 진한(秦漢) 시대의 장군 명호
를 살펴볼 때 대장군·거기(車騎)장군·표기(驃騎)장군·효기(驍騎)장군·
경거(輕車)장군·경기(輕騎)장군·위(衛)장군·기(騎)장군, 전·후·좌·우
장군 등이 있으나, '戰騎장군'이라든지 '戰騎將' 따위의 칭호는 보이지 않는
다. 『사기』 번역등관열전(樊酈滕灌列傳)에서는 "한왕께서는 거기장을 군중
(軍中)에서 선정하시려 함에 모두가 이전의 진(秦)나라의 기사(騎士)로서
중천(重泉) 출신인 이필(李必)과 낙갑(駱甲)이 기마에 뛰어나고 현재 교위
(校尉)로 있으니만큼 그들을 기장(騎將)으로 삼는 것이 좋다고 추천하는 것

---

17) 『史記』 項羽本紀, 中華書局 1959, 329면.

이었다. 한왕께서는 그들 두 사람을 임명하시려 했다. (그러자) 이필과 낙갑은 '저희들은 원래 진나라의 백성이었습니다. (그러므로) 아마도 군사들이 저희들을 신뢰하지 않을까 걱정입니다. (그러하오니 부디) 대왕의 측근 중에서 기마술이 좋은 이를 뽑아 장수로 삼으소서. 저희들은 그분의 보좌가 되었으면 하옵니다'라고 말하는 것이었다. 그래서 관영은 연소하기는 했지만 역전(力戰)의 강자이므로 그를 중대부(中大夫)로 하고 이필과 낙갑을 좌교위와 우교위로 삼아 함께 낭중기병(郎中騎兵)의 장수로 삼으셨다"라고 하였다. 당시 관영(灌嬰)과 이필(李必)·낙갑(駱甲)이 공동으로 낭중기병을 거느리게 되고 관영은 낭중기장(郎中騎將)으로 임명되어 '騎將'이라 약칭하였다. 따라서 『사기선』의 '戰騎將'은 잘못된 것이다. 그렇다면 교정본에서 '戰'자를 삭제한 것이 옳은가? 그른가? 『사기』 번역등관열전(樊酈滕灌列傳)에는 또 다음과 같이 기재되어 있다. "(관영은 어사대부에 오르고) 3년 뒤에는 후(侯)로서 두현(杜縣)과 평향(平鄕)을 봉지로 받았다. 그는 어사대부로서 왕명을 받아 친위군의 기병을 이끌고 동진하여, 상국(相國) 한신의 휘하로 들어가서 제나라의 군을 역하(歷下)에서 격파했다. (이때에 그의) 부하 군졸이 거기장군 화무상(華毋傷)을 포로로 잡았다.…… (그리고) 한신을 따라 동으로 쳐들어가서는 용저와 유공 선(留公旋)을 고밀(高密)에서 쳤다. (그의) 병사가 용저의 목을 치고, 또 우사마(右司馬)와 연윤(連尹)의 벼슬에 있는 자를 각각 한 명씩과 누번(樓煩)의 장수 열 사람을 생포했고, 그 자신은 적의 부장 주란(周蘭)을 생포했다."『집해(集解)』에서는 '卒斬龍且'의 구절 다음에 "문영이 말하기를 통솔하는 병사"라고 하였다. 『한서』 관영전에 안사고가 이 구절 아래에 주를 달아 역시 "관영이 통솔하는 바의 병사이다. 그 아래 역시 이와 같다"라고 하였다. 이 기록으로 보건대 이 전쟁에서 한신은 한나라의 주장(主將)이고 관영은 한신 아래의 낭중기장(郎中騎將) 중 한 명이다. 용저를 격살한 자는 관영이 거느리는 병사이다. 따라서 『사기』 항우본기 중 이 문장의 기록은 "淮陰侯與戰, 騎將灌嬰擊之, 大破楚軍, 殺龍且。(한신과 騎將 관영은 용저를 맞아 일전을 벌여, 楚軍을 대파하고 龍且도 죽였다)"고 하였으니 이상의 분석에서 『사기』의 이 구절 중 '戰'자는 있어야 하며, 또한 '戰'자 뒤에는 쉼표를 해야 한다.

고서 표점시는 교감을 하여야 할 뿐만 아니라 때로는 고증도 필요하며, 그렇지 않으면 아주 부정확한 표점이 된다. 예를 들어보자.

＊至秦則不然, 用商鞅之法, 改帝王之制, 除井田, 民得賣買, 富者田連仟陌, 貧者無立錐之地, 又顓川澤之利, 管山林之饒, 荒淫越制, 逾侈以相高; 邑有人君之尊, 里有公侯之富, 小民安得不困？ 又加月爲更卒, 已復爲正, 一歲屯戍, 一歲力役, 三十倍于古; 田租口賦, 鹽鐵之利, 二十倍于古。[18]

진(秦)에 이르러서는 그렇지 않았으니 상앙이 정한 법률에 따르고 옛 제왕의 제노를 고쳐 성선법(井田法)을 폐하고 민에 토시의 매매를 허가하기에 이르렀습니다. 그 결과 부호의 땅은 밭두둑이 서로 이어지고 빈자는 송곳꽂을 땅도 가질 수 없었습니다. (또) 부호는 천택(川澤)에서 나오는 이익을 독점하고 산림의 풍부한 자원을 마음대로 관리했습니다. 따라서 분수를 넘어 놀이와 쾌락에 빠지고 서로 경쟁한 것입니다. 도읍(都邑)에는 인군(人君)과 마찬가지의 권세를 부리는 자가 있고, 촌리(村里)에도 공(公)·후(侯) 들이 부를 영유하고 있게 되었습니다. (이러면) 소농민들이 어떻게 빈궁하게 되지 않겠습니까？ 또 1개월 교대의 경졸로 되고 그 부역을 면제받으면 다시 정졸이 되었으나, (그후에) 1년간 변경에 주둔하여 경비를 맡고 1년간은 부역에 종사하는 제도로 바꾸어 (屯戍와 부역이) 예전의 30배나 되었고 토지세와 인두세 및 염철 전매에 의한 이익 등도 예전의 20배나 되었습니다.

이것은 동중서(董仲舒)가 한 무제(漢武帝)에게 한 말의 일부이다. 이 표점에서는 두 가지 문제를 연구해볼 만하다. 첫째, 진·한대(秦漢代)에 경졸(更卒)을 면한 후 다시 정졸이 되는 제도가 있었는가？ 둘째, 당시 '부역에 1년간 종사하는 제도'가 있었는가？ 이 문장의 정확한 표점 여부는 진한 시기의 이러한 제도에 대한 이해와 관련되므로 그 점에 대해 고증해볼 필요가 있다.

---

18)『漢書』食貨志 上, 中華書局 1962, 1137면.

문헌으로 고증할 수 있는 진·한 시대 요역은 세 가지 종류가 있다. 지방의 잡역(雜役), 군국 병역(郡國兵役), 수위 병역(戍衛兵役)이 그것이다. 이 세 가지 종류의 요역은 동중서가 말한 '更卒' '正' '屯戍'에 해당한다. 당시 일반적인 편호지민(編戶之民)은 성년이 되면 반드시 호적(戶籍)에 올리고, 공가(公家)가 되어 요역에 복무하였다. 진대(秦代)에 호적에 편입되는 나이는 대체로 17세였고, 한대 초에는 아직 개정되지 않아 이에 따랐으나, 전한대 경제(景帝) 2년에 "男子二十而得傅"[19]라 하여 20세로 개정되었다. 요역의 면제는 56세이다. 진·한(秦漢) 두 왕조는 모두 이와 같았고 변화도 없었다. 이 점에 대해서는 이설(異說)이 없다.

동중서가 말하는 '경졸'은 지방에서 차역(差役)을 부담한다. 대개 토목공사, 하천 개수, 제방쌓기, 조운(漕運)의 운수에 종사하거나, 관영수공업 공장에서 졸도(卒徒)로 일하거나, 현정(縣廷) 중의 일상의 용품을 제공하는 등, 지방의 제반 잡다한 업무를 했다. 다시 말해 조조(晁錯)가 말한 '관청에 소속되어 요역을 제공하는 자'이다. 이런 차역은 요역을 져야 하는 해부터 시작하여 늙어서 56세가 되면 끝난다. 각각의 한 명의 정남(丁男)이 1년 1개월씩 복무한다. 그래서 '월위경졸(月爲更卒)'이라고 말하는 것이다.

이른바 '정(正)'은 곧 졸(卒)이며 '정졸(正卒)'이라고도 한다. 이것은 병역으로 잡역이 아니다. 『한서』 고제기(高帝紀) 2년 5월조에 소하(蕭何)가 관중(關中)의 노약자(老弱者)·미적자(未籍者)를 모두 군(軍)에 편성시켰다는 기록이 있는데, 안사고는 여순(如淳)을 인용하여 다음과 같이 말했다. "『한의주(漢儀注)』에서 말하기를 백성은 23세에 정졸이 되어, 1년은 위사(衛士)로 1년은 '재관기사(材官騎士)'가 된다. 활쏘기와 말타기를 배우고 전장을 말달린다." 이것에 근거하면 정졸에는 '위사'와 '재관기사'가 있다. '재관기사'와 '위사'는 다르니, 이들은 군국에 주둔하는 군국병(郡國兵)이며 내지(內地) 지방의 상비군이다. 『한서』 형법지에서 "한왕조가 흥하면서 진을 본떠서 군국에 재관을 두었다"라는 말은 그 증거가 될 수 있다. 이들은 군 혹은 왕국에 주둔하여 활쏘기와 말타기를 배우고 전장을 달리며 훈련하면서 지

---

19) 『史記』 孝景本紀.

방 방위군으로 충원된다. 해가 끝나면 군사훈련의 검열을 받는다. 군사훈련의 예는『한서』한연수전(韓延壽傳)에 보인다. 군사훈련 후에 역을 다 끝내면 고향으로 돌아가고 새 정졸과 교대된다. 정졸의 병역 기한은 1년이다. 때문에 동중서는 '爲正一歲'라고 말했던 것이다.

둔수(屯戍)는 나라를 지키는 병역이다. 여기에는 두 가지 경우가 있는데, 하나는 경사를 지키는 것이고, 다른 하나는 변경을 지키는 것이다. 한대 문헌 중에 경사를 지키는 자는 위사(衛士)로 통칭한다. 즉『속한서(續漢書)』예의지(禮儀志)에 "飧遣故衛士儀'의 '위사'이다. 변방을 지키는 자는 보통 '수졸(戍卒)'이라 칭한다. 예컨대 한간(漢簡) 중에 늘 보이는 수졸명석(戍卒名籍) 중의 '수졸'이다. '위사'와 '수졸'의 명칭은 서로 다르지만 역할은 같은 것이다. 모두 나라를 지키는 병역이다. 경사를 지키거나 혹은 변방을 지키거나 그 수자리 기간은 모두 1년이다. 이 두 역(役)은 함께 하지 않는다. 경사에서 둔수한 자는 다시 변방에서 둔수하지 않고, 변방에서 둔수한 자는 경사에서 둔수하지 않는다. 그러므로 동중서가 '屯戍一歲'라고 말했던 것이다.

경졸·정(정졸)·둔수의 병역을 모두 합해 계산해보면, 한 정남(丁男) 일생의 병역이 1년을 초과하여 적어도 2년 이상이니, 원래 표점대로 '一歲一役'이라고 읽는 것은 역사적 사실과 맞지 않다는 것을 알 수 있다. 또한 당시 근본적으로 어떠한 '一歲一役'의 제도도 존재하지 않았다. 이상의 분석을 통해서 볼 때 위에서 인용한 진한 역역(秦漢力役)에 대한 동중서의 말은 다음과 같이 표점해야 한다.[20]

……又加月爲更卒, 已, 復爲正一歲, 屯戍一歲, 力役三十倍于古;……
……또 1개월 교대의 경졸로 되고 그 부역을 면제받으면 다시 정졸 1년을 복역하고 둔수 1년을 하여 요역과 병역이 예전의 3배나 되었고……

---

20) 董仲舒의 이 말에 대해서는 오늘날까지 여러가지 해석이 존재하기 때문에 저자의 해석이 결정적이라고 보기는 어렵다.

맺 음 말

이상에서 서술한 것을 종합해보면, 고서를 표점한다는 것은 고서의 실제에 근거하여 표점부호를 사용하여 원문의 구조·쉼·어기를 분명하고 정확하게 재현하는 것이다. 표점할 때에는 반드시 의미와 구조 양측면에서 접근해 가야 하고, 표점 후의 고서는 내용상 고문의 원래의 뜻에 일치하여야 하며, 언어상에 있어서도 원문의 구조에 부합하여야 한다. 이러한 목적에 도달하기 위해 표점자는 먼저 고서를 읽어 이해하고, 그 다음에는 고서 표점의 법칙을 파악하여야 한다. 이 두 가지는 서로 보완적이며 한 가지라도 없으면 안된다.

고서를 표점하는 것은 단순히 미세한 문제를 다루는 조그마한 기교가 아니다. 이것은 폭넓은 지식이 필요하다. 고대 중국어(문자·음운·훈고·어법·수사·문체를 포함), 고대 문화 지식(천문·역법·지리·官制·典章·興服·풍속·人情을 포함), 정리된 고적에 대한 기초지식(목록·판본·교감·고증을 포괄) 및 기타 전문지식이 필요하다. 문학서적을 표점하려면 중국의 고전문학을 이해하여야 한다. 역사 저작을 표점하기 위해서는 먼저 중국 역사를 이해하여야 한다. 중국의 철학 저작을 표점하기 위해서는 중국 고대 철학의 이해가 선행되어야 한다. 의학서(醫學書)의 표점에는 중국의학을, 농서를 표점하기 위해서는 중국 고대 농학을 이해하여야 한다는 등등이다. 중국 고적이 번잡하게 많은 관계로 만상(萬象)을 망라하고 있고, 어느 한 개인의 정력·지력은 유한하여 모든 것에 정통하기란 불가능하기 때문에 대형 고서의 표점은 여러 사람의 역량에 의존하여야 한다.

고서 표점은 절대로 사람들이 생각하는 것처럼 멋대로 할 수 있는 것이 아니다. 진실로 표점은 융통성이 있어야 하는 동시에 원칙이 있어야 한다. 원칙이 가장 중요하고 융통성이 그 다음으로 중요하다. 그러므로 고서 표점은 일정한 법칙이 있다는 것이다. 많은 실례를 들어 설명한 대로 표점의 잘못은 문장의 구조와 의미에 변화를 가져올 수 있고, 심지어는 상반된 뜻으로 해석될 수도 있다. 우리가 표점할 때 역시 이와같은 법칙에서 벗어날 수 없다. 고서 표점의 법칙을 제대로 이해하기 위해서는 초학자는 이론 지식의 학습 이외에도 고서백문(古書白文: 표점이 되어 있지 않은 고서)을 다독(多讀)하여야 하며 많은 연습과 경험을 쌓아야 비로소 고서를 표점하는 능력을 점차 높일 수 있다.

고서 표점은 반드시 성실한 태도가 필요하며 절대로 경솔해서는 안된다. 노신(魯迅)은 일찍이 고서를 표점하는 데 있어 좋지 않은 기풍에 대해 엄격하게 비판한 적이 있다. 그는 당시 시중에 나돌던 조악한 급조된 고서 표점본을 비판하면서 매우 흥분하면서 나음과 같이 말했나. "시금 사탐들이 고서를 표점하면서 고서를 엉망으로 만들었다. 그들이 표점을 엉망으로 하여 부처머리에 똥칠한 것처럼 되었다."[1] 노신의 이 지적은 당시 의미 있는 것이었다. 그러나 그의 기본정신은 현재까지도 여전히 우리들에게 깨닫게 해주는 점이 많다. 우리가 고서를 표점하는 것은 많은 독자들에게 봉사하기 위해서이다. 항상 오늘날 사람과 후세 사람을 고려하여, 노신의 "성실하게 표점에 노력해야 한다"는 주장대로 해야 한다. 잘 이해하지 못하거나 불분명한 곳을 만나면 부지런히 묻고 조사하여, 정말 잘 이해하게 될 때까지 계속하여야 한다. 절대로 경솔하게 표점을 해서는 안된다. 결론적으로 말해 표점은 반드시 신중하게 하여야 하며, 정확함에 힘써야 한다. 이와같이 하여야 비로소 고서 표점의 질과 양이 끊임없이 높아질 수 있고, 고대 서적을 정확하게 후대에 전해줄 수 있다.

---

1) 「病後雜談之餘」, 『魯迅全集』 6, 185면.

색 인

ㄱ

가(歌)　337, 341

가의(賈誼)　217, 228

가차의(假借義)　169

가차자(假借字)　169

『간정구경삼전연혁례(刊正九經三傳沿革例)』　37

간책(簡策)　22, 30, 36

갈영(葛嬰)　306

감녕(甘寧)　136, 137

감연수(甘延壽)　193

갑골문(甲骨文)　13

갑본「복전(服傳)」　22~24

갑본「소뢰(少牢)」　24

갑본「연례(燕禮)」　23~25

갑본「유사(有司)」　24, 25

갑본「태사(泰射)」　24, 29

갑본「특생」　24~26

「강설(江雪)」　339

강엄(江淹)　339

강통(江統)　242

『거연한간갑편(居延漢簡甲編)』　27

걸복건귀(乞伏乾歸)　293

걸복심건(乞伏審虔)　293

견풍(甄豐)　202

겸어식복합서술어(兼語式複合敍述語)　289

겸의사(兼義詞)　221, 232, 328

『경독고이(經讀考異)』　40, 234, 258, 262, 298, 311

『경법(經法)』도법(道法)　21

경육(耿育)　281

『경전석문(經典釋文)』　37, 50, 246, 267, 323

『경전석사(經傳釋詞)』　31, 41

『경전이구고증(經傳離句考證)』　40

경포(黥布)　200

계강자(季康子)　313

『계구편(稽求篇)』　274

계획(界劃)　13, 15

고계흥(高季興)　307

고금자(古今字)　169

고누무(顧累武)　327

「고사만가행(古辭滿歌行)」　179

고상(高尙)　165

『고서구두석례(古書句讀釋例)』　204

『고서의의거례(古書疑義擧例)』　31, 33, 149, 276

『고서의의거례속보(古書疑義擧例續補)』　157

고순(高順)　128

고시(高柴)

고양(高洋) 155

고염무(顧炎武) 40, 262, 327

고욱(高郁) 307

고유(高誘) 36, 176

고의(古義) 169

고정신(顧鼎臣) 198, 199

고환(高歡) 269

곡(曲) 337, 340, 341

공광(孔光) 47

공산불요(公山弗擾) 88

공손룡(公孫龍) 128

공손연(公孫淵) 145

공숙우인(公叔禺人) 319, 321

『공양전(公羊傳)』 35

　희공(僖公) 원년 223

공영달(孔穎達) 35, 182, 184, 252,
　263, 315, 323, 327

공자(孔子) 153, 274, 303, 313, 314

『공자송원(孔子訟冤)』 51

공정(恭靖) 288

곽백고(郭伯高) 204

곽해(郭解) 141

관영(灌嬰) 348

『관자(管子)』 30

괄호 22, 26, 29, 41, 43

『광아소증(廣雅疏證)』 41, 180

괴통(蒯通) 325

구(句) 35~37, 43

구두부호 22, 28, 29

『구두서술(句讀敍述)』 35, 40

구호(句號) 25

귀유광(歸有光) 39

근체시(近體詩) 338

금문(金文) 36

금의(今義) 169

기량(杞梁) 182

기무장(綦毋張) 140

「기은협율(寄殷協律)」 344

김정위(金正煒) 309

꺾쇠부호 15, 18, 20, 21, 24, 25, 29,
　30

ㄴ

낙갑(駱甲) 347, 348

난포(欒布) 164

「남군수등문서(南郡守騰文書)」 20

남궁장만(南宮長萬) 298

노동(盧同) 297

노순(盧循) 286

노신(魯迅) 52, 353

노 애공(魯哀公) 314

노이위(盧以緯) 31

『노자(老子)』 21, 33, 98, 109, 229,
　324

　제27장 102

　제67장 102

『노자교석(老子校釋)』 280

『노학암필기(老學庵筆記)』 146

『논어(論語)』 30, 58, 231, 274

　계씨(季氏) 225, 227, 314

　공야장(公冶長) 61

　미자(微子) 226, 236, 250, 255, 274,
　324

　선진(先進) 115, 178, 223, 228, 233,

275

술이(述而) 66, 165, 232, 239, 245

안연(顏淵) 32

양화(陽貨) 88, 153, 228

옹야(雍也) 63, 116, 225

위령공(衛靈公) 67, 231

위정(爲政) 313, 329

이인(里仁) 107, 111

자로(子路) 64, 73, 232, 277

자장(子張) 99

자한(子罕) 63, 112, 222, 227, 230

태백(泰伯) 51, 60, 61, 67, 103, 225, 237, 273

팔일(八佾) 42, 71

학이(學而) 113, 240, 249, 280

향당(鄕黨) 50, 54, 64, 72

헌문(憲問) 222, 223, 274

「논적저소(論積貯疏)」 228

『논형(論衡)』 118, 335

강서편(講瑞篇) 303

담천편(談天篇) 117, 184

도허편(道虛篇) 118

명운편(明雲篇) 65

문공편(問孔篇) 118, 191, 224

변허편(變虛篇) 334

봉우편(逢遇篇) 45

비한편(非韓篇) 62, 77

서허편(書虛篇) 63

설일편(說日篇) 257

순고편(順鼓篇) 296

이허편(異虛篇) 46

자기편(自紀篇) 328

화허편(禍虛篇) 330

뇌차종(雷次宗) 197

느낌표 41, 43, 114~16, 119~22

ㄷ

단옥재(段玉裁) 36

담연(湛然) 37

「답사마간의서(答司馬諫議書)」 202

「답이익서(答李翊書)」 201

『당어림(唐語林)』 191

언어편(言語篇) 86

정사(政事) 하 190

『대대례소변편(大戴禮小辯篇)』 238

대우(對偶) 329, 330

대진(戴震) 206

도연명(陶淵明) 255, 259

『도화원기(桃花源記)』 255, 259

『독서잡지(讀書雜志)』 40

동그라미 23, 24

동중서(董仲舒) 349~51

두(讀) 35~37, 43

두보(杜甫) 39, 214, 338, 344

두업(杜業) 305

두예(杜預) 172, 183, 215, 235, 327

「등루(登樓)」 339

등유(鄧由) 137

등지(鄧芝) 139

따옴표 41, 43

ㅁ

마건충(馬建忠) 32

마궁(馬宮) 202

마목(馬睦) 299

마무(馬武) 316

「마설(馬說)」 223

『마씨문통(馬氏文通)』 32

마융(馬融) 36

마은(馬殷) 307

마침표 41, 43, 53~59, 79~87

마희성(馬希聲) 307

「만흥(晚興)」 191

말늘임표 41, 43, 150·~55

말줄임표 41, 43, 159

『맹자(孟子)』 30, 153, 258

　고자(告子) 236

　고자 상 114

　고자 하 153, 277

　공손추(公孫丑) 상 150, 237, 250, 256, 258, 325

　등문공(滕文公) 상 32

　등문공 하 67, 166, 335

　만장(萬章) 상 65

　양혜왕(梁惠王) 275

　양혜왕 상 74, 99, 232, 255, 308, 329

　양혜왕 하 75, 127, 335

　이루(離婁) 상 43, 98

　이루 하 98, 99, 104

명(銘) 337, 341

『명사(明史)』 198, 199

　고정신전(顧鼎臣傳) 198

　식화지(食貨志) 4 144

　왕석곤전(王錫袞傳) 197

　제왕전 3(諸王傳三) 한왕전(韓王傳) 296

　직관지(職官志) 1 94

『명실록(明實錄)』 204, 210

『명통감(明通鑑)』 49, 204, 205, 208, 209

모기령(毛奇齡) 273, 274

『모시독, 경전자구고이(毛詩讀, 經傳字句考異)』 40

모전(毛傳) 176

모점 41, 43, 87~97

모황(毛晃) 37

「무가별(無家別)」 344

무삼사(武三思) 317

무억(武億) 35, 40, 234, 258, 262, 297, 298, 311, 327

묵점 21

문두어기사(文頭語氣詞) 220

문말어기사(文末語氣詞) 220, 227

『문사전(文士傳)』 203

『문선(文選)』 335

『문심조룡(文心雕龍)』 333

문영(文穎) 332

『문헌통고(文獻通考)』 212

물음표 41, 43, 111~14, 116~19

ㅂ

발어사 227

방선(專名號) 41

배비(排比) 329

배비구(排比句) 331

배송지(裴松之) 171

백거이(白居易) 344

「백마편(白馬篇)」 193, 338

백문(白文) 31

백서(帛書) 30, 36

백서(帛書)『경법(經法)』 28

번간자(繁簡字) 169

번아(樊阿) 292, 293

범응정(范凝鼎) 40

범중엄(范仲淹) 256

『법언(法言)』문신편(問神篇) 203

법정(法正) 241

『법화문구기(法華文句記)』 37

변려문(騈麗文) 143, 337

변문피복(變文避復) 329, 335

『별록(別錄)』 204

「별부(別賦)」 340

「보임안서(報任安書)」 71, 108, 201

『보주(補注)』 265, 312

복사(卜辭) 13, 15

『복사통찬(卜辭通纂)』 13

본의(本義) 169

『본초강목(本草綱目)』용편(龍篇) 48

봉덕이(封德彝) 57

부(賦) 337, 339, 341

부견(苻堅) 78, 290

부법(苻法) 78

부차(夫差) 333

『북몽쇄언(北夢瑣言)』 307

『북사(北史)』 163

『북제서(北齊書)』

　권45 181

　문완전(文宛傳) 194

비간(比干) 333

비취(費聚) 50

빈미인(賓媚人) 131

ㅅ

사(詞) 337, 340~43

사(辭) 337, 341

『사기(史記)』 36, 39, 58, 65, 70, 79,
93, 95, 142, 155, 189, 200, 207, 208,
212, 220, 302, 306, 347, 348

경포열전(黥布列傳) 199

고조본기(高祖本紀) 157, 212, 249

골계열전(滑稽列傳) 256

굴원가생열전(屈原賈生列傳) 124

급정열전(汲鄭列傳) 150

만석장숙열전(萬石張叔列傳) 196

무안후전(武安侯傳) 196

백이열전(伯夷列傳) 187

송미자세가(宋微子世家) 334

악의열전(樂毅列傳) 291

역상전(酈商傳) 301

역서(曆書) 제4 127

예서(禮書) 127

외척세가(外戚世家) 125

위강숙세가(衞康叔世家) 58

위장군표기열전(衞將軍驃騎列傳) 76

유경전(劉敬傳) 128

유후세가(留侯世家) 148, 219

장석지전(張釋之傳) 196

장석지풍당열전(長釋之馮唐列傳)
　156

장승상열전(張丞相列傳) 158

제도혜왕세가(齊悼惠王世家) 286

조상국세가(曹相國世家) 124

조세가(趙世家) 62

진섭세가(陳涉世家) 113, 237

진승상세가(陳丞相世家) 69, 74

진시황본기(秦始皇本紀) 123, 159, 211

태사공자서(太史公自序) 115

평원군열전(平原君列傳) 201

풍당열전(馮唐列傳) 199

하거서(河渠書) 332

항우본기(項羽本紀) 69, 72, 188, 189, 265, 347, 348

혹리전(酷吏傳) 187

회음후열전(淮陰侯列傳) 194, 325

효문본기(孝文本紀) 126, 212

흉노열전(匈奴列傳) 141

『사기독본(史記讀本)』 200

『사기선(史記選)』 347

『사기정의(史記正義)』 187, 206~208

사마광(司馬光) 202

사마의(司馬懿) 304

사마정(司馬貞) 207

사마천(司馬遷) 71, 108, 150, 157, 201, 220

사마흔(司馬欣) 265

「사상견지례(士相見之禮)」 24~26

『사서고이‘구두’(四書考異‘句讀’)』 40

『사서구두석의(四書句讀釋義)』 40

『사서장구집주가숙독본구두(四書章句集注家塾讀本句讀)』 40

「사설(師說)」 249

『사수왕전(辭隨王箋)』 335

사안(謝安) 122

『사원(辭源)』 213

사원휘(謝元暉) 335

사위공(史魏公) 146

『사융론(徙戎論)』 242

『사의(射義)』 180

『사통(史通)』 276

　권1 105, 107, 126

『사해(辭海)』 213

『산당고색(山堂考索)』 212

삼각형 23, 25

『삼국지(三國志)』 171, 313

　오서(吳書) 정병진(程秉傳) 308

　위서(魏書) 208, 297, 346

　위서 고조기(高祖紀) 283, 287

　위서 무제기(武帝紀) 123

　위서 세조기(世祖紀) 84

　위서 술예전(術藝傳) 207, 208, 291

　위서 양파전(楊播傳) 297

　위서 최정전(崔挺傳) 163

　위서 최현백전(崔玄伯傳) 283, 295

　위서 태종기(太宗紀) 264

　위서 토곡혼전(吐谷渾傳) 91

　위서 화타전(華佗傳) 170, 308

『상서(尙書)』 30, 37, 143, 168, 183

　고요모(皐陶謨) 111, 113, 116

　금등(金縢) 71, 87

　목서(牧誓) 42, 115

　반경(盤庚) 60, 99, 114

　서백감려(西伯戡黎) 44, 159, 220

　여형(呂刑) 44

　요전(堯典) 54, 64, 71, 111, 245

　우공(禹貢) 54

　익직(益稷) 115

　입정(立政) 54, 151

　홍범(洪範) 106

360

상수(常壽) 262
상양(商陽) 263
상우춘(常遇春) 209
『상한론자서(傷寒論自序)』 의고문(醫古文) 90
『색은(索隱)』 93, 188, 207
『서(書)』 30, 31
『서계총화(西溪叢話)』 203
서달(徐達) 208
서락(徐樂) 197
서명호(書名號) 41, 43, 165~67
서질(徐質) 210
서평(徐怦) 184
선무제(宣武帝) 346
선자(宣子) 56, 250
『설문(說文)』 172
설문문(設問文) 111, 147
『설문해자(說文解字)』 36, 219
『설문해자주(說文解字注)』 36
설선(薛宣) 305
섭승(葉昇) 210
성락(成樂) 205
세미콜론 41, 43, 97~106
『세설신어(世說新語)』 155
    권하, 태치(汰侈) 제30 125
소무(蘇茂) 316
『소문(素文)』 상고천진론(上古天眞論) 114
소방지(蕭方智) 144
소보인(蕭寶寅) 78, 185
소불의(蘇不疑) 167
소비(蘇飛) 136, 137
소순(蘇洵) 167

소식(蘇軾) 57, 167, 340
소안절(蘇安節) 167
소연명(蕭淵明) 144
『소창산방문집(小倉山房文集)』 214
소환(蘇渙) 167
『속한서(續漢書)』 351
『속한서백관지(續漢書百官志)』 93
손권(孫權) 134, 136, 137
손덕겸(孫德謙) 345
『손빈병법(孫臏兵法)』 22
    위왕문(威王問) 22
손이양(孫詒讓) 238
손호(孫皓) 133
송(頌) 337, 341, 343
『송노주유조거시병인(送魯周儒趙擧詩幷引)』 268
송 문제(宋文帝) 299
『송사(宋史)』 38
『송사기사본말(宋史紀事本末)』 권30 105
송성(宋晟) 210
『수경주(水經注)』 139
수 문제(隋文帝) 57, 117
『수서(隋書)』 208
「수조가두(水調歌頭)」 340, 341
『순자(荀子)』 238, 330
    권학(勸學) 124, 237, 239, 245
    비십이자(非十二子) 238
    영욕(榮辱) 220
    유효(儒效) 173
    정론(正論) 112
    천론(天論) 101
쉼표 41, 43, 59~87

시 (詩) 337, 341, 343

『시 (詩)』 30, 31 → 『시경』

『시경 (詩經)』 30, 31, 37, 168, 180, 230, 335

　　소아 (小雅) 「소반 (小弁)」 233

　　주남 (周南) 337

『시경구두고증 (詩經句讀考證)』 40

『시장구고 (詩章句考)』 40

『시주송열문모전 (詩周頌列文毛傳)』 238

『신교정몽계필담 (新校正夢溪筆談)』 266

신자 (愼子) 153

심괄 (沈括) 266

심동 (沈彤) 175

심이기 (審食其) 70

『심정사서구두 (審定四書句讀)』 40

『십가재양신록 (十駕齋養新錄)』 345

『십삼경단구고 (十三經斷句考)』 40

ㅇ

악가 (岳珂) 37

「악양루기 (岳陽樓記)」 256

안고경 (顔杲卿) 97 → 안상산

안록산 (安祿山) 97

안사고 (顔師古) 171, 175, 193, 202, 217, 251, 264, 281, 300, 302, 326, 348, 350

안상산 (顔常山) 97

안자 (晏子) 152

안천명 (顔泉明) 97

안평중 (晏平仲) 277

「애영 (哀郢)」 337

「야우 (夜雨)」 214

양강 (襄疆) 306

양경 (楊倞) 173, 174, 238

양계초 (梁啓超) 51

양궤 (楊軌) 161

양대안 (楊大眼) 75

양만리 (楊萬里) 191

양 무제 (梁武帝) 75, 78, 110, 185, 269

양석 (梁碩) 290

양소 (楊素) 57

양수달 (楊樹達) 157, 204, 280, 309, 313

양신 (楊愼) 195

양신 (揚信) 204

양오 (揚烏) 203

양웅 (揚雄) 93, 203, 204

양침 (梁琛) 290

양화 (陽貨) 153

양후 (揚侯) 93

양휴 (陽休) 195

『어조사 (語助辭)』 31

언 (言) 35

엄린 (嚴麟) 210

엄안 (嚴安) 197

엄우 (嚴尤) 160

여공 (呂公) 249

여록 (呂祿) 103

여순 (如淳) 218, 350

『여씨춘추 (呂氏春秋)』 30

　　계춘기 (季春紀) 233

　　찰금 (察今) 240

「여오질서 (與吳質書)」 188, 189

여온(呂媼) 249

여음왕(汝陰王) 186

여포(呂布) 128

『여형(呂刑)』 122

『역(易)』 30, 31 →『주역』

『역경(易經)』 22, 33, 274

역기(酈寄) 103

역생(酈生) 294

「연가행(燕歌行)」 338

연동식복합서술어(連動式複合敍述語)
    286~90, 296

『열자(列子)』탕문(湯問) 233

염단(廉丹) 160

「영사시(咏史詩)」 181

영성(寧成) 300, 301

영첩(靈輒) 56, 250

영호도(令狐綯) 68

영호호(令狐滈) 68

『예(禮)』 30, 31

『예기(禮記)』 37, 178, 179, 184, 263,
    314, 323, 345
    곡례(曲禮) 상 177, 179, 229
    단궁(檀弓) 상 42, 251, 275
    단궁 하 182, 262, 318
    악기편(樂記篇) 246
    유행편(儒行篇) 267
    잡기편(雜記篇) 255
    학기편(學記篇) 35
    향음주의(鄕飮酒義) 345

오걸(吳杰) 210

오여륜(吳汝綸) 200

오영(吳英) 40

오자서(伍子胥) 333

오피(伍被) 282, 283

옥석각(玉石刻) 30

「옥중상양왕서(獄中上梁王書)」 333

『옹유한평(瓮牖閑評)』 203

왕건(王建) 289

왕걸기(王乞基) 161

왕국유(王國維) 168

왕기(王基) 137

왕기(汪踦) 321, 322

왕돈(王敦) 244, 290

왕만홍(王萬弘) 289

왕망(王莽) 202, 251, 305

왕백상(王伯祥) 347

왕법지(王法智) 197

왕빈(王彬) 244

왕서(王舒) 244

왕석곤(王錫袞) 198

왕선겸(王先謙) 265, 312

왕숙(王肅) 252, 315

왕승변(王僧辯) 144

왕신(汪信) 210

왕신념(王神念) 164

왕안석(王安石) 202

왕약허(王若虛) 51, 157

왕염손(王念孫) 40, 176, 180, 193, 327

왕응(王應) 244

왕인지(王引之) 31, 40

왕정국(王定國) 57

왕준(王濬) 133

왕패(王霸) 316

왕할(王劼) 40

왕함(王含) 244

왕혼(王渾) 133

요관(姚寬) 203

요사찬(姚思贊) 40

용저(龍且) 348

용전(用典) 329, 333

『용촌어록(榕村語錄)』 274

우공(禹貢) 332

우인(禹人) 320 → 공숙우인

원각(元恪) 346

원문(袁文) 203

원빙(袁滂) 96

원소(袁紹) 162, 295

원인림(袁仁林) 31

원점 23

원차(元叉) 297

원협(元勰) 346

위강(魏絳) 152

위동(韋棟) 204

위 명제(魏明帝) 135, 248

위 숙종(魏肅宗) 297

위여신(蔿呂臣) 138

위청(衛靑) 76

유공 선(留公旋) 348

유기(劉淇) 31

유도(劉度) 299

유등(劉騰) 297

유반(劉攽) 193, 281

유방(劉邦) 149, 158, 249, 293

유봉세(劉奉世) 332

유비(劉備) 241

『유사추간(流沙墜簡)』 봉수류(烽隧類) 27

유세양(劉世揚) 199

유수(劉邃) 164

유수(劉秀) 251

유안(劉安) 282, 283

유우석(劉禹錫) 191, 268, 269

유월(俞樾) 31, 33, 149, 174, 175, 238, 276

유유(劉裕) 76

유의(劉毅) 286

유장(劉章) 286

유종원(柳宗元) 232, 339

유지기(劉知幾) 276

유진(劉眞) 210

유향(劉向) 193, 204

유현좌(劉玄佐) 216, 217

유협(劉勰) 333

『유환기문(游宦紀聞)』 163

유흠(劉歆) 202

육덕명(陸德明) 37, 50, 267, 284, 323

육석모(陸錫謨) 40

육유(陸遊) 146

육종달(陸宗達) 226, 242

윤소직(尹少稷) 146

율시(律詩) 338

『은작산한묘죽간(銀雀山漢墓竹簡)』 22

을본「복전」 23, 25

응소(應劭) 265

『의고문(醫古文)』 292

『의례(儀禮)』 22, 25, 26, 28, 29, 345

의종(懿宗) 68

이견(李堅) 210

이계밀(李繼密) 289

이고(李固) 292

이광지(李光地) 273, 274

이극용(李克用) 254

이당(李當) 190
이무정(李茂貞) 254
이밀(李密) 308
이반(李蟠) 285
이백(李白) 339, 343
이번(李繁) 216
이사막연(伊邪莫演) 136
이성(李成) 170
이성(李晟) 261
『이소(離騷)』 337
이숙(李肅) 299, 300
이시성(李時成) 144
『이아(爾雅)』 172
이왈선(李曰宣) 198
이인(李仁) 198
이제옹(李濟翁) 37, 50
이체자(異體字) 169
이태하(李台嘏) 288
이필(李泌) 216, 217
이필(李必) 347, 348
이한(李漢) 268
이현(李顯) 317
인신의(引申義) 169
『일지록(日知錄)』 40
임안(任安) 202
임연(任淵) 57
임욕줍(林欲楫) 197, 198

ㅈ

「자산불훼향교송(子產不毁鄉校頌)」
 343
「자야오가(子夜吳歌)」 343

자옥(子玉) 138
『자치통감(資治通鑑)』 47, 56, 65, 68,
 75, 76, 78, 82, 83, 85, 89, 93, 96,
 109, 117, 121, 128, 132, 134~36,
 138, 142, 143, 145, 154, 160, 161,
 164, 166, 184~86, 196, 215, 216,
 240, 242~44, 247, 248, 251, 254,
 261, 266, 270, 282, 285, 287~90, 292
 ~95, 298, 304, 306, 315~17, 336,
 346
 송기(宋紀) 5 197
 양기(梁紀) 2 197
 한기(漢紀) 10 196
자하(子夏) 252
『자하집(資暇集)』 37, 50
작은 점 25
잠(箴) 337, 341
장(章) 35
장량(張良) 149, 201
장막(張邈) 162
장수절(張守節) 187, 206~208
장완(蔣琬) 304
장우(張禹) 305
장운(張雲) 68
『장자(莊子)』
 거협(胠篋) 43, 314
 서무귀(徐無鬼) 115
 소요유(逍遙遊) 60, 108, 222, 225,
  228, 253
 양생주(養生主) 108, 237, 253, 257
『장적부(長笛賦)』 36
장제(章帝) 243
장제(蔣濟) 134, 135

장주(張澍) 203

장중경(張仲景) 90

장중지(張仲之) 317

장초(張超) 162

장포(莊暴) 276

장학성(章學誠) 13

장호(章號) 22, 25

장홍(臧洪) 162, 295

장흥(張興) 209

장희(張喜) 134

저거몽손(沮渠蒙遜) 143

저소손(褚少孫) 36

적호(翟灝) 40

『전국종횡가서(戰國縱橫家書)』 21, 28

　　소진위제왕장(蘇秦謂齊王章) 21

『전국책(戰國策)』

　　제책(齊策) 223, 225, 228, 236, 253,

　　　324, 331

　　조책(趙策) 69, 101, 151, 223, 255

　　진책(秦策) 309

『전국책보석(戰國策補釋)』 309

전단(田單) 316

전대흔(錢大昕) 345

전명호(專名號) 43, 159~65

전사(前辭) 14

전역(錢繹) 40

전태길(錢泰吉) 38

전현동(錢玄同) 157

절구(絶句) 338

점 26, 29

점사(占辭) 14, 15

점호(點號) 41

정구완(鄭丘緩) 154

정단례(程端禮) 38

정대창(程大昌) 332

정사(貞辭) 14, 15

『정씨가숙독서분년일정(程氏家塾讀書分
　　年日程)』 38

『정의(正義)』 122, 211

정초(鄭樵) 206

「정풍파(定風波)」 342

정현(鄭玄) 179, 252, 280, 314, 323,
　　335

제갈량(諸葛亮) 139

제 고제(齊高帝) 186

제 명제(齊明帝) 78

제목부호 22

조구(曹劌) 265

조귀(曹劌) 261

조기(趙岐) 335

조비(曹丕) 188, 189, 338

조식(曹植) 193, 338

조운(趙雲) 139

『조자변략(助字辨略)』 31

조조(曹操) 242

조태(曹泰) 210

조홍훈(祖鴻勛) 195

종리목(鐘離牧) 165

좌사(左思) 181

『좌전(左傳)』 37, 65, 229, 231

　　문공(文公) 2년 165

　　문공 7년 87, 111

　　선공(宣公) 2년 72, 55, 232, 272

　　선공 3년 70

　　선공 15년 183

　　성공(成公) 2년 131, 132, 154, 194,

241, 245

성공 3년 248

성공 8년 230

성공 10년 234

소공(昭公) 원년 70

소공 3년 235

소공 4년 42

소공 10년 276

소공 12년 125

소공 13년 262

소공 19년 171

소공 28년 180

애공(哀公) 원년 172

애공 17년 327

양공(襄公) 2년 165, 310

양공 3년 71, 151, 229

양공 4년 106, 152

양공 11년 107

양공 17년 54

양공 19년 72

양공 24년 182, 231

양공 25년 152, 172

은공(隱公) 원년 60, 61, 71, 223,
· 232, 253, 271, 272, 324

은공 2년 64

은공 3년 107, 115

은공 5년 72

은공 8년 215

은공 10년 87

은공 11년 227

장공(莊公) 8년 69

장공 10년 260

장공 12년 297

장공 25년 87, 88

환공(桓公) 2년 115

환공 5년 87, 115

환공 6년 284

환공 11년 113

환공 15년 228

희공(僖公) 4년 130, 226, 249

희공 5년 61, 70, 272

희공 9년 65, 123

희공 23년 329

희공 24년 230

희공 30년 72, 73, 225, 256

희공 32년 222, 231

『좌전두해보정(左傳杜解補正)』 327

주건(周建) 316

『주고(周誥)』 318

『주관사형주(周官司刑注)』 122

주란(周蘭) 348

『주례(周禮)』 고공기(考工記) 280

주명(朱銘) 210

주 목왕(周穆王) 44

주박(朱博) 305

주발(周勃) 89, 103

주보언(主父偃) 197

주수창(周壽昌) 218

『주역(周易)』 30, 31, 324

  계사하전(繫辭下傳) 178

주원장(朱元璋) 50

주전충(朱全忠) 254

주창(周昌) 158

죽간(竹簡) 19, 20

중간원점 23, 24, 29

중문부호(重文符號) 19~21

중산왕(中山王)　75

중항열(中行說)　141

『중화대자전』　181

『증운(增韻)』　37

증자(曾子)　274

『지림(志林)』　62

진군(陳群)　248

진기영(陳其榮)　40

진기질(陳棄疾)　263

진 노공(陳魯公)　146

진덕(陳德)　50

진 도공(晉悼公)　152

진량(陳亮)　340

진몽가(陳夢家)　26

「진법율령(秦法律令)」　20

『진서(晉書)』　207

진섭　306

진 영공(晉靈公)　273

진의(陳義)　210

「진정표(陳情表)」　308

진탕(陳湯)　142, 193, 281

진패선(陳覇先)　144

진후(晉侯)　138

『집주(集注)』　58

『집해(集解)』　265, 348

ㅊ

찬(贊)　337, 341, 343

책문(冊文)　143

『천관점(天官占)』　207

『청우총담(聽雨叢談)』　210

『초계어은총화(苕溪漁隱叢話)』　206

『초사(楚辭)』　337

『촉전(蜀典)』　203

최서(崔杼)　152

최선백(崔宣伯)　163

최자랑(崔子朗)　163

최종(崔鍾)　284

최진(崔振)　163

최창(崔敞)　284, 295

추양(鄒陽)　333

「춘망(春望)」　338, 344

『춘추(春秋)』　30, 31

『춘추공양전해고(春秋公羊傳解詁)』　35

ㅋ・ㅌ・ㅍ

코코테뮈르(庫庫特穆爾)　209

콜론　41, 43, 106~10

탁발규(拓跋珪)　264

탁발사(拓跋嗣)　264

탕(湯)　335

태무제(太武帝)　143

토쿤테뮈르(托昆特穆爾)　209

『통감(通鑑)』　164, 270, 346 →『자치통감』

『통지당경해춘추당본의(通志堂經解春秋堂本義)』　37

편작(扁鵲)　90

편장부호　27~29

편호(篇號)　22

평원군(平原君)　201

「포사자설(捕蛇者說)」　232

『포서잡기(曝書雜記)』　38, 39

표호(標號)　41

풍당(馮唐) 199
필원(畢沅) 280

ㅎ

하묘(何苗) 121
하무(何武) 47
하작(何焯) 37
하진(何進) 121
하침(賀琛) 110
하태후(夏太后) 211
『하훈(夏訓)』 152
하휴(何休) 35
하흔(夏炘) 40
한간『손빈병법』 28
한강(韓絳) 57
한건(韓建) 254
한궐(韓厥) 132, 140
『한기(漢紀)』 192
한 무제(漢武帝) 150, 349
『한비자(韓非子)』 330
　고분(孤憤) 112
　난삼(難三) 278
　오두(五蠹) 127
　외저설 우하(外儲說右下) 130
　외저설 좌하 34, 126
『한서(漢書)』 65, 79, 93, 95, 129,
　164, 302, 311, 312, 326, 332, 350,
　351
　가의전(賈誼傳) 175, 187, 196, 217,
　255
　경포전(黥布傳) 125
　고오왕전(高五王傳) 325

곽광김일제전(霍光金日磾傳) 93
구혁지(溝洫志) 331
하서전(下敍傳) 179
무오자전(武五子傳) 65
무제기(武帝紀) 159, 302
백관공경표(百官公卿表) 상 167
사마상여전(司馬相如傳) 278
소무전(蘇武傳) 171, 302
소제기(昭帝紀) 302, 312
식화지(食貨志) 상 349
양웅전(揚雄傳) 92
외척전(外戚傳) 202
원제기(元帝紀) 107
위상전(魏相傳) 192, 213
유경전(劉敬傳) 128
이릉전(李陵傳) 126
장량전(張良傳) 201
장이진여전(張耳陳餘傳) 124
진준전(陳遵傳) 171
진탕전(陳湯傳) 142, 192, 281
항우전(項羽傳) 125
항적전(項籍傳) 하 95
혹리전(酷吏傳) 300
화식전(貨殖傳) 264
한소(韓昭) 288
한신(韓信) 325, 348
한 애제(漢哀帝) 47, 305
한유(韓愈) 201, 223, 249, 343
『한의주(漢儀注)』 350
「한창려집서(韓昌黎集序)」 268
한황(韓滉) 216
합랄로(哈剌魯) 209
합문호 21

항량(項梁)   265

항우(項羽)   189

해양(解揚)   183

해장(解張)   154

허가(許嘉)   215, 216

허신(許愼)   219

허연수(許延壽)   215, 216

허자설(虛字說)   31

허황후(許皇后)   215, 216

험사(驗辭)   14, 15

『현대한어사전』   181

혜시(惠施)   128

『호남유로집(湖南遺老集)』   51

호맹통(胡孟通)   204

호삼성(胡三省)   251

호상(胡爽)   299

화고(華高)   50

「화령호상공문사제향유감(和令狐相公聞
　　思帝鄉有感)」   191

화무상(華毋傷)   348

화타(華佗)   170, 292, 293, 308

황간(皇侃)   267, 318

『황산곡집주(黃山谷集注)』   57

황완(黃琬)   308

황조(黃祖)   136

「황학루송맹호연지광릉(黃鶴樓送孟浩然
　　之廣陵)」   339

『회남자(淮南子)』   36

　범론훈(氾論訓)   178

　본경훈(本經訓)   176

　시칙훈(詩則訓)   233

　원도편(原道篇)   327

효무제(孝武帝)   247

효문제(孝文帝)   346

『후한서(後漢書)』   299

　광무제기(光武帝紀)   89

　방술열전(方術列傳)   240

　순욱전(荀彧傳)   270

　열녀전(列女傳)   91

　오환선비열전(烏桓鮮卑列傳)   279

　장홍전(臧洪傳)   162

　정태전(鄭太傳)   95

　풍혼전(馮緄傳)   299

　호광전(胡廣傳)   181

『훈고간론(訓詁簡論)』   226, 242

『휘진록(揮塵錄)』   213

고급한문해석법

초판 1쇄 발행 / 1994년 9월 15일
초판 10쇄 발행 / 2020년 4월 20일

지은이 / 管敏義
옮긴이 / 서울대 동양사학연구실
펴낸이 / 강일우
펴낸곳 / (주)창비
등록 / 1986년 8월 5일 제85호
주소 / 10881 경기도 파주시 회동길 184
전화 / 031-955-3333
팩시밀리 / 영업 031-955-3399 편집 031-955-3400
홈페이지 / www.changbi.com
전자우편 / human@changbi.com

ISBN 978-89-364-7017-3 93720